Le Siècle.

❖

ÉLIE BERTHET.

NOUVELLES ET ROMANS CHOISIS

LA MARQUISE DE NORVILLE

LA NIÈCE DU NOTAIRE, LA CONVULSIONNAIRE, LE PÈRE XAVIER

LE MARQUIS DE BEAULIEU, LES DEUX MOURANS

PARIS
BUREAUX DU SIÈCLE
RUE DU CROISSANT, 16.

8

A. VIALON, DEL.   J. GUILLAUME, SC.

Élie Berthet.

LA

MARQUISE DE NORVILLE

I

L'ÉTANG DE THAU.

Les vastes étangs salés qui couvrent le midi de la France préparent dignement le voyageur à l'aspect grandiose de la Méditerranée, dont ils sont séparés seulement par une bande étroite et sablonneuse. Ces plaines d'eau, encadrées de vignes et d'oliviers, communiquent entre elles par des passages ou *graus* qui, de loin en loin, débouchent dans la mer. C'est à elles que vient aboutir le beau canal du Midi, et elles servent de grand chemin au commerce maritime. Aussi sont-elles continuellement sillonnées par une infinité de barques aux voiles blanches, qui donnent de l'animation à leurs eaux glauques, toutes miroitantes sous le ciel brillant du Languedoc.

Dans les anses et les paluds que forment les ramifications infinies des étangs, se groupent de nombreux villages dont les habitans ont conservé des mœurs dures et frugales. Moitié pêcheurs, moitié braconniers, ces gens vivent constamment sur l'eau ; en été ils emplissent leurs filets de ces beaux poissons, de ces délicieux coquillages dont les lacs abondent ; en hiver, armés de leurs pesans fusils, ils font une guerre d'extermination aux oiseaux de marais accourus des extrémités de l'Europe, et les détruisent par centaines de milliers. Malgré cette existence pénible et misérable, malgré les fièvres malignes qui viennent périodiquement les décimer, ces villages sont florissans ; la fécondité proverbiale des femmes, dans les pays où l'on se nourrit surtout de poisson, tend sans cesse à y accroître le chiffre de la population ; et l'inscription maritime, à laquelle les pêcheurs des étangs du Midi sont assujettis comme les matelots du commerce, trouve là chaque année une pépinière de marins braves, sobres et infatigables.

De tous ces étangs, qui se prolongent comme une chaîne depuis Agde jusqu'à Aigues-Mortes, le plus remarquable, sans contredit, est l'étang de Thau. Son éten-due (il a plus de six lieues de long) le fait ressembler à une mer intérieure. Il se distingue aussi par certaines singularités naturelles dont l'explication exerce la sagacité des physiciens et des géologues. Au centre de cette masse d'eau salée se trouve une abondante source d'eau douce appelée *Avysse*, qui parfois soulève avec violence une partie de l'étang. Plus loin, du côté de l'est, au pied d'un rocher qui borde la rive, on rencontre un gouffre non moins étonnant et non moins redoutable. Pendant six mois de l'année il verse dans le bassin de l'étang une énorme quantité d'eau douce ; mais depuis avril jusqu'en octobre les eaux salées de Thau se précipitent à leur tour, avec un bruit épouvantable, dans ses cavernes inconnues ; ce gouffre se nomme Enversac (*inversa aqua*).

Avysse et Enversac sont le Charybde et le Scylla des pêcheurs ; mais ils ne sont pas les seuls dangers à craindre pour les barques légères. L'étang de Thau, comme tous les grands lacs, attire les orages et les rend terribles ; d'ailleurs, comme il n'est séparé de la mer que par une grève plate et nue, les vents du large peuvent fondre sur lui sans obstacles et le bouleverser avec une irrésistible puissance.

A l'une de ses extrémités s'élève le village de Balaruc, pauvre bourgade de cinq ou six cents âmes, avec un château ruiné et une petite église, des maisons malpropres et incommodes comme celles de la plupart des villages méridionaux. Cet endroit, malgré sa situation pittoresque, n'aurait donc rien qui attirât le voyageur, sans les eaux salines thermales auxquelles il doit sa célébrité. Les sources sont à un quart de lieue environ de Balaruc, à une centaine de pas de l'étang, où elles se jettent toutes fumantes, en répandant une odeur sulfureuse. A l'entour s'est formé un second village ou plutôt un hameau qu'on appelle Balaruc-les-Bains ; c'est là que les malades viennent s'établir dans la belle saison. Outre la maison thermale, on y trouve un petit hospice, une chapelle et quelques habitations de paysans et de pêcheurs. Néanmoins, Balaruc-les-Bains, nous devons le dire, ne rappelle en rien par sa conformation et son élégance les établissemens de ce genre à Baden, à Spa, à Plombières ou au mont

Dore ; aussi n'y voit-on pas cette affluence d'étrangers opulens pour qui les eaux sont seulement un prétexte de se réunir et de mener une vie fastueuse. Que ferait là cette bruyante cohue de princes russes, de banquiers allemands, de courtisanes en renom, que l'on rencontre ordinairement dans les maisons thermales ? A Balaruc on ne trouve guère que des malades ; quant aux habitués bien portans des eaux à la mode, ils vont chercher fortune ailleurs, chassés par la simplicité et le peu de ressources de cette paisible localité.

Or, en 1826, époque à laquelle remonte l'histoire que nous avons à raconter, l'établissement des bains était particulièrement dans un état d'abandon et de délabrement bien capable d'éloigner les viveurs et même les malades. Aussi, vers la fin de l'été, n'y avait-il plus à Balaruc qu'un petit nombre de baigneurs notables, avec lesquels nous allons faire faire connaissance au lecteur.

Le plus important, en raison de son opulence apparente, était un Anglais du nom de Corbett ; ce pouvait n'être qu'un marchand épicier de la cité de Londres, mais on l'appelait à la maison thermale *milord* Corbett, par suite de ce préjugé vulgaire qui voit dans tous les Anglais voyageurs des lords du parlement. Ce personnage, gros homme perclus de goutte et de rhumatismes, continuellement enveloppé de flanelle et étendu sur une chaise longue, ne quittait presque pas le salon commun. Là il passait la journée à jouer contre tous venans, et au besoin il jouait gros jeu. Comme il était assez peu familier avec la langue française, il parlait rarement ; le mot qui sortait le plus souvent de sa bouche, quand il était au jeu, était : « Je tiens tout, » d'où on lui avait donné, parmi les pensionnaires, le nom de *milord Je-Tiens-Tout*. Du reste, le portefeuille bourré de bank-notes et de billets de banque français que milord étalait sur la table avec ostentation avait pris un accroissement remarquable pendant la saison des bains ; et cette circonstance, aussi bien que le plaisir de boire du vin de Lunel et de Frontignan authentique, pouvait être pour beaucoup dans le séjour prolongé de monsieur Je-Tiens-Tout à *Balaruc*.

Le taciturne Anglais avait pour partenaire habituel un Parisien qu'on appelait Malevieux, et qui se disait ancien fonctionnaire public ; il était rare que, soit de jour, soit de nuit, on ne les trouvât pas aux prises ensemble. Les autres joueurs n'étaient que de passage ; eux seuls semblaient être les bases et les piliers du whist, du baccarat ou de l'écarté à l'établissement thermal. Malevieux, qui malgré ses cinquante-cinq ans conservait des prétentions à la jeunesse et à la galanterie, assurait n'être pas venu aux eaux de Balaruc dans un intérêt personnel ; il était alerte, bien portant, il le disait du moins ; et s'il prenait les eaux chaque matin c'était uniquement, suivant lui, par curiosité, et afin de combattre par anticipation un rhumatisme de famille dont il redoutait les atteintes pour ses vieux jours. Mais il acceptait cette fastidieuse existence dans l'intérêt de la santé de son neveu et pupille, Adrien de Laroyère, jeune avocat stagiaire sorti récemment de l'école de Paris. Or Adrien ne paraissait pas lui-même bien gravement malade ; vif, joyeux, insouciant, il songeait fort peu à suivre un régime. Il passait sa vie à chasser et à pêcher sur l'étang, dans une petite barque qu'il avait appris à conduire, en compagnie des pêcheurs du village. Pendant que le neveu se livrait à ces distractions lointaines, l'oncle, beaucoup plus casanier, tuait le temps à jouer avec lord Corbett, et le bruit courait qu'il était pour beaucoup dans le gonflement rapide du portefeuille de milord ; mais, comme Malevieux et son pupille paraissaient riches, comme surtout l'étourdi jeune homme ne prenait aucun souci des pertes continuelles de son tuteur, personne ne croyait devoir s'en inquiéter plus que lui.

Deux dames de Montpellier, la mère et la fille, représentaient la plus belle moitié du genre humain à la maison thermale de Balaruc. La marquise de Norville, la mère, était une veuve de trente-quatre ans à peine, de manières distinguées, à laquelle on pouvait seulement reprocher une dose un peu trop marquée de coquetterie. Elle était si jolie et si fraîche encore, que en la voyant près de sa fille âgée de dix-sept ans, on les prenait souvent pour les deux sœurs ; et en effet sa taille svelte, sa tournure élégante, son air enjoué justifiaient aisément cette illusion. Mademoiselle Amélie de Norville, au contraire, était une grande brune à l'œil noir, à l'air sérieux, dont les traits réguliers semblaient pourtant annoncer une exaltation intérieure et une grande énergie. A la dignité du maintien, à la gravité des manières, on eût pu la prendre pour la mère, si un caractère particulier de réserve et de contrainte n'eût rappelé ses habitudes de modeste obéissance.

Ces deux gracieuses personnes étaient naturellement le point de mire de tous les habitans de la maison de bains et des voyageurs de passage. Malevieux, qui, nous l'avons dit, se piquait encore de galanterie, et surtout son neveu Adrien, se montraient fort empressés auprès d'elles. Mais sans doute les assiduités de l'un et de l'autre n'avaient rien de bien sérieux, car elles n'empêchaient pas le tuteur de poursuivre ses interminables parties avec milord Je-Tiens-Tout, et le pupille de passer ses journées sur l'étang, à la pêche ou à la chasse. Du reste, ces dames vivaient très retirées dans leur chambre ; elles ne sortaient qu'un moment, le soir et le matin, pour se promener sur la plage, et paraissaient rarement à la table commune. Cette existence était, on en conviendra, monotone et peu attrayante ; aussi ne s'expliquait-on pas le séjour prolongé de la mère et de la fille à Balaruc. On disait bien tout bas que la marquise était retenue par les hâbleries du médecin de l'établissement, qui lui représentait les eaux minérales comme une fontaine de Jouvence ayant la propriété de rendre la fraîcheur au teint et de prévenir les rides ; mais comme madame de Norville n'avait évidemment aucun besoin de recourir à de pareils moyens pour conserver sa beauté, il fallait chercher une autre cause à sa préférence pour ce maussade village. Quoi qu'il en fût des motifs réels, maintenant que nous avons esquissé rapidement la physionomie des personnages de cette histoire, nous allons passer au récit des événemens qui la feront mieux ressortir encore.

Donc, un soir du mois d'août, à la suite d'une de ces journées brûlantes qui, dans le Languedoc et la Provence, rappellent parfois les ardeurs des régions tropicales, mademoiselle Amélie de Norville, debout à la fenêtre de sa chambre, qui donnait sur le lac, regardait avec une longue-vue l'immense paysage qui s'étendait autour d'elle. Sa mère, assise à quelques pas sur une chaise basse, brodait en face d'une petite table à ouvrage dont la glace lui reflétait sa charmante image. Toutes les deux, bras nus et tête nue à cause de la chaleur, étaient vêtues de robes blanches et légères, qui semblaient encore peser à leurs corps affaissés. De temps en temps la marquise interrompait son travail et se renversait en arrière, à demi suffoquée, incapable d'agir et de parler ; mais Amélie, malgré les perles de sueur qui se montraient sur son front, continuait intrépidement son examen avec sa longue-vue, sans répondre aux interjections d'accablement et aux soupirs de sa mère.

Le beau tableau qui s'offrait à elle méritait bien en effet qu'on bravât un peu de malaise pour l'admirer dans tous ses détails. C'était d'abord le village de Balaruc, avec ses masures et son petit clocher à la flèche aérienne, avec ses plantations d'oliviers et de mûriers, ses vignes où chantaient les cigales, puis les grands rochers où se trouve le gouffre d'Enversac et quelques débris de constructions romaines qui dominent les grèves ; puis enfin l'étang lui-même, splendide nappe d'eau dont l'œil avait peine à reconnaître les bornes dans la brume du soir. Sur la gauche s'étendait une longue ligne noire que dominait une hauteur ; cette ligne était la bande de sable qui sépare l'étang de Thau de la Méditerrannée ; cette hauteur était la butte ou brèche au pied de laquelle la ville de Cette est bâtie. Par delà cette étroite barrière, on apercevait la mer, dans laquelle le soleil semblait s'enfoncer en ce moment comme dans un océan de feu.

Toute la journée avait soufflé un de ces vents du sud qui semblent venir en droite ligne des déserts africains; le ciel, nuageux, lourd, chargé de larges taches grises et cuivrées, annonçait un orage imminent. Les sables du rivage tourbillonnaient en spirales rapides, et chaque bouffée de ce vent enflammé qui les emportait était comme la vapeur qui s'échappe de la bouche d'un four. Les eaux du lac s'enflaient avec une rapidité croissante; une écume blanche couronnait le faîte des lames courtes, rapides, qui venaient bruyamment s'abattre sur la plage. Les oiseaux de mer, goëlands, mouettes, cormorans, regagnaient la terre en effleurant la cime des vagues de leurs longues ailes et en poussant des cris sinistres. Les petites barques de pêche, qui toute la journée avaient pris leurs ébats au large, rentraient au port l'une après l'autre, effrayées comme les oiseaux eux-mêmes. Aussi, quand un coup de tonnerre lointain et dominateur se prolongea sur les eaux, n'apercevait-on plus une seule embarcation à la surface turbulente du lac.

A ce bruit sinistre, la marquise poussa un cri d'effroi.

— Ferme la fenêtre, Amélie ! — s'écria-t-elle ; — voici l'orage qui commence... Eh bien ! tant mieux, — ajouta-t-elle presque aussitôt ; — peut-être la pluie abattra-t-elle cette chaleur dévorante qui me tue. En vérité, j'ai le teint rouge et enluminé comme une pêcheuse ! — Mais la jeune fille ne répondit pas à cette observation ; elle resta immobile, en tenant toujours sa lunette braquée sur un point éloigné de l'étang, — Ne m'entendez-vous pas, mademoiselle ? — reprit madame de Norville avec aigreur ; — je vous dis de fermer cette fenêtre... Que regardez-vous donc là depuis une heure ?

— Pardon, pardon, maman, — répliqua Amélie d'un air distrait, — l'orage n'éclatera pas de sitôt ; et cependant voyez déjà comme les eaux du lac sont agitées ! Bon Dieu ! que sera-ce donc plus tard ? — Tout à coup elle fit un mouvement de joie. Dans la petite anse qui formait le port de Balaruc, en face de la maison des bains, deux hommes, sortis d'une hutte voisine, s'efforçaient de mettre à flot un bateau qu'ils, par précaution, on avait tiré assez loin sur le sable. — Que le ciel soit loué ! — s'écria la jeune fille dont le visage s'illumina d'espérance, — voici le patron Poncet et son fils Étienne qui vont sans doute à son secours.

— De quoi s'agit-il donc, Amélie ? — demanda la mère en s'éventant avec son mouchoir de dentelle. — Notre beau suranné, monsieur Malevieux, dirait que tu parles comme le sphinx.

— Quoi ! maman, ignorez-vous que monsieur Adrien de Laroyère est parti seul depuis ce matin, dans une de ces coquilles de noix que les gens du pays appellent un néguefol, pour aller tirer des flamans roses au rocher de Roquairol ? C'est l'endroit le plus dangereux de l'étang, et si monsieur Adrien, dont vous connaissez la témérité, se laisse surprendre par la tempête...

La marquise, si rouge tout à l'heure, était subitement devenue pâle. Secouant son accablement, elle courut avec vivacité à la fenêtre.

— Amélie, mon enfant, es-tu sûre que monsieur Adrien ne soit pas rentré encore ?... En effet, il serait certainement venu nous voir s'il était à la maison... Bon Dieu ! mais alors il doit courir un grand danger ?

— Je ne sais, — dit mademoiselle de Norville d'une voix altérée ; — mais sûrement il n'est pas rentré ; je n'ai pas quitté cette fenêtre depuis plusieurs heures.

— Ah ! et qu'attendiez-vous donc, Amélie ? — demanda la marquise en fronçant le sourcil ; — mais, — ajouta-t-elle aussitôt, — nous sommes folles de nous tourmenter ainsi ; cet étourdi aura abordé d'un autre côté de l'étang ; nous le verrons revenir sain et sauf dès que la tempête sera passée.

— Puissiez-vous dire vrai, maman ! — répliqua la jeune fille, qui, malgré sa force d'âme, avait peine à cacher ses

angoisses, — mais ce rocher de Roquairol est précisément au milieu du lac et fort loin de la rive. Si ce malheureux jeune homme s'est laissé attarder par son amour pour la chasse, il est possible... Et voyez, — ajouta-t-elle en désignant les deux hommes qui venaient enfin de pousser la barque à l'eau après de violens efforts, — ne faut-il pas des raisons bien fortes pour décider le patron Poncet et son fils Étienne à se mettre à flot par cet effroyable temps ? Mais ces braves gens, qui adorent monsieur Adrien, ont vent le péril auquel il est exposé, et ils braveront tout pour le sauver.

— Oui, oui, tu as raison, ma fille ; ce sont, à ce qu'on dit, les meilleurs marins du voisinage, et ils réussiront, j'en suis sûre... Tiens, tiens, ils prennent leurs rames, ils vont partir... ah ! que Dieu les protége !

Un nouveau coup de tonnerre plus violent et plus rapproché que le premier ébranla le sol ; en même temps le vent se déchaîna avec une puissance irrésistible. Les deux dames reculèrent involontairement ; mais ni l'une ni l'autre ne songea à fermer la fenêtre. Un tourbillon de sable et de pluie obscurcissait l'atmosphère ; le terre et le ciel semblaient se confondre dans un affreux chaos. Enfin le tourbillon se dissipa, et l'on put reconnaître ce qui se passait à quelque distance du rivage.

Les eaux de l'étang se gonflaient comme une cuve de vendange en fermentation ; ce n'étaient pas ces vagues monstrueuses mais régulières de l'Océan qui viennent s'abattre l'une après l'autre sur les grèves, il n'y avait plus de lames distinctes ; c'étaient un tournoiement, un bouillonnement insensé où l'on ne distinguait qu'une écume phosphorescente s'élevant ou s'abaissant au gré d'une force invisible. La pauvre petite barque paraissait et disparaissait derrière ces monstrueuses aspérités du lac ; mais vainement les intrépides marins essayaient-ils de la pousser au large, elle pivotait sur elle-même, fléchissant à droite et à gauche, à demi submergée, sans obéir aux rames et au gouvernail. Sa situation était comparable à celle d'un bateau engagé sur la chute d'eau d'un moulin et à qui l'on voudrait faire remonter le courant. On voyait les muscles des vigoureux rameurs se raidir à mesure qu'ils pesaient sur les avirons ; mais leurs efforts ne pouvaient réussir à avancer d'une longueur. Bientôt une vague, se soulevant avec majesté malgré la pression du vent, prit la barque en travers, l'emporta comme un bouchon et la jeta chavirée sur la plage.

La mère et la fille poussèrent une exclamation d'épouvante ; madame de Norville se couvrit le visage. Plus courageuse, Amélie resta penchée à la fenêtre, malgré les bouffées de vent.

— Les voici ! les voici ! — s'écria-t-elle enfin ; — ils n'ont pas été engloutis... Ils sortent de l'eau, ils relèvent leur barque, ils veulent la remettre à flot... O braves gens ! braves gens ! — La marquise rassurée se décida à rouvrir les yeux. Les deux intrépides marins, en effet, ne paraissaient pas découragés par ce premier échec, et se préparaient à lutter de nouveau contre la tempête. Après avoir écopé leur bateau, ils allaient donc essayer de le pousser au large quand plusieurs personnes, hommes, femmes et enfans, accourant des cabanes voisines, s'y posèrent énergiquement. Les uns s'attachaient à leurs vêtemens, les autres leur parlaient avec vivacité, et, leur montrant l'étang soulevé, le ciel en feu, semblaient leur représenter l'inutilité et le danger de leur entreprise. Les Poncet père et fils hésitaient pourtant ; mais une vieille femme débraillée, en jupon court et jambes nues, qui se démenait au milieu des assistans, finit par trancher la difficulté. Elle s'empara avec résolution du gouvernail, des avirons et du rouquet, chargea le tout sur ses robustes épaules et rentra dans la cabane ; c'était la vieille Marguerite Poncet, la femme de l'un des bateliers et la mère de l'autre. Réduits à l'impuissance par ce coup d'autorité, les deux marins se décidèrent, avec l'aide de leurs voisins, à tirer la barque sur le sable ; puis ils se dirigèrent vers leur demeure, non sans se retourner fréquemment pour jeter un regard de regret sur les eaux furieuses. Aussitôt les curieux disparurent et se réfugièrent dans les maisons voisines, afin d'éviter la pluie qui commençait à tomber par torrens. Ces événemens s'étaient passés en moins de temps qu'il n'en faut pour les raconter. — Vous le voyez, — dit Amélie de Norville avec une douleur profonde en se laissant tomber sur un siége, — le danger est trop grand ; tout secours humain est impossible !

— Tu es une folle ! — s'écria la marquise dans une agitation extraordinaire ; — ce méchant étang ne peut être si terrible ! Il faut aller voir ces pêcheurs, leur offrir de l'argent, les décider coûte que coûte à se rembarquer...

— Croyez-vous que pour aucun argent, pour aucune promesse, ils feraient ce qu'ils n'ont pu faire par affection et par dévouement ?

— N'importe, n'importe... il faut les voir ; on ne peut abandonner ainsi ce noble enfant. Je vais leur parler ; je les déciderai, j'en suis sûre.

— Ma bonne mère, — s'écria la jeune fille en se levant, — permettez-moi de vous suivre.

Ce mouvement chaleureux parut rappeler la marquise à un ordre d'idées différent. Elle jeta un regard oblique sur Amélie.

— Il me semble, mademoiselle, que vous prenez un intérêt trop vif au sort de ce jeune homme.

— Ma mère, — répliqua mademoiselle de Norville en baissant les yeux, — m'est-il donc défendu d'être bonne et humaine comme vous ?... Mais, de grâce, ne perdons pas un instant.

La marquise réfléchit quelques secondes.

— Décidément, — reprit-elle, — une pareille démarche ne nous convient ni à l'une ni à l'autre. Monsieur de Laroyère a ici un parent, un tuteur, à qui seul appartient l'initiative en cette circonstance. Il faut aller trouver monsieur Malevieux, l'avertir de ce qui se passe, s'il l'ignore encore, et l'inviter à prendre les mesures que réclame l'imminence du danger. Toute autre intervention de notre part pourrait être mal interprétée.

— Ah ! maman, — dit Amélie avec désespoir, — monsieur Malevieux a des idées si étranges... il ne fera que rire de vos craintes.

— C'est ce que nous verrons. Eh bien ! mademoiselle, vous qui êtes si exactement au courant du caractère et des actions des gens de la maison, vous pourrez sans doute me dire si monsieur Malevieux est sorti ?

— Maman, maman, — répliqua la pauvre Amélie d'une voix suppliante, — ne me parlez pas sur ce ton de dureté que je n'ai pas mérité ; si vous saviez... — Elle rencontra le regard sec de la marquise attaché sur elle, et refoula brusquement dans son cœur les sentimens tendres qui semblaient vouloir s'épancher au dehors. — Tout à l'heure, en passant devant le salon de conversation, — reprit-elle, — j'ai entendu la voix de monsieur Malevieux et celle de lord Corbett.

— Il suffit... je vais descendre ; donnez-moi mon écharpe et mon chapeau.

— Quoi ! maman, est-il donc nécessaire...?

— Croyez-vous que je veuille paraître au salon dans ce négligé ?

Amélie s'empressa d'obéir et apporta à sa mère ce qu'elle demandait. La marquise se plaça devant une glace, puis elle procéda, avec toute l'attention qu'exigeait cette savante opération, à la pose de son chapeau et à l'arrangement d'une élégante draperie sur ses épaules. La jeune fille bouillait d'impatience.

— Maman, — soupira-t-elle timidement, — l'orage augmente, et une minute de retard peut tout perdre.

— C'est bien, c'est bien ; fermez cette fenêtre ; voilà qui est fini... mettez de l'eau de senteur sur mon mouchoir... allons, je pars cette fois.

— Maman, j'espérais... si vous aviez voulu me permettre...

— De m'accompagner au salon ? c'est inutile. Vous êtes si imprudente dans vos propos ! fiez-vous à moi pour dire ce qu'il faut dire et rien de plus... Restez, je le veux.

Et la marquise sortit d'un pas précipité, tandis que Amélie allait coller tristement son front aux vitres de la fenêtre pour examiner les progrès rapides et incessans de la tempête.

II

LES JOUEURS.

Monsieur Malevieux et lord Corbett étaient en effet dans le salon commun, vieille et sombre pièce du rez-de-chaussée. Assis en face l'un de l'autre, séparés seulement par une petite table couverte d'or et de billets de banque, ils jouaient comme à l'ordinaire et ne s'étaient pas encore aperçus de l'existence de l'orage. Lord Corbett particulièrement présentait le type de ces joueurs déterminés qui croient que Dieu a a faits seulement pour tenir des cartes ou des dés. A demi couché dans un grand fauteuil, emmailloté de flanelle, il était impassible et froid comme une momie, dont ses traits avaient la couleur et l'immobilité. Toute sa vitalité semblait s'être réfugiée dans ses doigts longs et maigres, qui jouissaient en revanche d'une dextérité singulière pour battre les cartes et ramasser son gain. Il n'ouvrait la bouche que pour prononcer la phrase sacramentelle que nous connaissons ou pour annoncer son jeu ; et malgré la chaleur accablante de la soirée, malgré les lainages dont il était couvert, malgré les émotions que devait lui causer l'importance des sommes engagées, pas une goutte de sueur ne paraissait sur son visage de parchemin. De temps en temps un grand laquais à cocarde noire, silencieux comme son maître, venait lui verser un verre de muscat ; milord avalait sans sourciller la généreuse liqueur, mais elle ne paraissait donner ni coloris à ses joues, ni chaleur à son sang.

Malevieux offrait un contraste frappant avec le flegmatique insulaire. Il portait un habit et un pantalon noirs, bien serrés, de manière à faire ressortir ce qu'il appelait « les avantages de sa personne. » Son gilet de piqué jaune, largement échancré, laissait voir sa cravate blanche et une chemise de batiste fermée par une épingle en brillans. Sa main, qu'il étalait avec complaisance, était chargée de bagues. Malheureusement son visage ne répondait pas aux prétentions de son costume et de ses manières : quoiqu'il fût rasé avec un soin particulier, quoiqu'il se fût efforcé de déguiser avec du cosmétique la couleur grisonnante de ses sourcils, quoiqu'une perruque blonde et bouclée cachât la calvitie de son crâne, sa figure anguleuse, ridée, aux petits yeux rouges, n'avait rien de bien séduisant. En ce moment surtout qu'une perte considérable venait le torturer en secret, ses traits avaient pris un caractère effrayant ; ses joues semblaient couperosées sous une couche de fard qui s'enlevait par écailles ; des plis noirs sillonnaient son front, tandis que ses lèvres formulaient un sourire permanent et passé à l'état de tic, dont le but primitif avait dû être de montrer des dents blanches et bien rangées, mais fausses, comme toutes les *beautés* de Malevieux. Une sueur omnicolore ruisselait sur son visage, et il l'essuyait par momens avec son foulard tout imprégné de musc et de vétiver.

Quand la marquise entra, il n'y avait près des joueurs, pour former la galerie, que le médecin directeur de l'établissement, le docteur Moirot, personnage obséquieux, flagorneur et un peu trop enclin à vanter les propriétés curatives de ses eaux minérales. Cependant, comme son thème ordinaire était passablement usé pour les assistans, il avait pris en bâillant un journal de la veille, et il avait l'air de le lire, tout en jetant par intervalles un regard effaré sur l'or et les billets de banque étalés sur la table.

A la vue de madame de Norville, il mit son journal de côté et vint avec empressement au-devant d'elle. Ni Malevieux ni lord Corbett ne parurent d'abord remarquer l'arrivée de la marquise; mais le docteur n'était pas homme à leur permettre une semblable distraction.

— Madame la marquise de Norville, messieurs! — s'écria-t-il; — elle nous arrive fraîche et vermeille comme une fleur du matin... En vérité, madame, si l'on doutait de l'efficacité de nos eaux, vous pourriez en rendre témoignage; sur mon âme! on ne vous donnerait pas plus de seize ans, et votre teint ferait honte au coloris des roses.

Mais la marquise semblait légèrement blasée sur ces banalités polies.

— C'est bon, c'est bon, docteur, — dit-elle d'un ton qui prouvait que ce compliment, dont elle savait si bien la valeur, ne lui déplaisait pourtant pas. — Mais ce n'est pas de moi qu'il s'agit en ce moment.

Tout en parlant, elle s'était avancée vers les joueurs. L'Anglais lui fit une inclinaison de tête lente et mesurée, comme celle des magots chinois qu'on voit à la porte des marchands de thé. Quant à Malevieux, il s'empressa de jeter ses cartes avant même de saluer.

— Atout, atout et atout, — dit-il avec volubilité; — j'ai le *point*, milord, c'est cinq cents francs que vous me devez.

— Puis, quand l'Anglais lui eut passé un billet de banque, il se leva et vint baiser la main de madame de Norville avec toutes sortes de minauderies prétentieuses. Mille pardons, belle marquise, — dit-il en s'inclinant, — Plutus me faisait oublier la mère des amours... Soyez la bienvenue; votre présence changera la veine, si j'en crois la partie que je viens de gagner au moment où vous avez mis le pied dans cette salle. Je perds quelques milliers d'écus, et il faut que vos beaux yeux, madame, me dédommagent des mauvais tours de la fortune. Ne m'accablez pas de vos rigueurs ce soir, ce serait trop à la fois.

Madame de Norville était habituée au pathos mythologique de Malevieux comme aux complimens florianesques du docteur; mais elle ne put se défendre d'une véritable surprise en voyant l'oncle d'Adrien si tranquille.

— Je sais, monsieur. — dit-elle d'un ton distrait, — que vous êtes beau joueur.

— Beau joueur! — répliqua Malevieux, — j'ai l'orgueil de penser que vous avez dit vrai, madame. L'hiver dernier, au jeu de la comtesse de C***, à Paris, la fortune me traitait en marâtre, comme aujourd'hui; je perdais près de six cents louis. Je paraissais soucieux, et la comtesse m'en railla avec une grâce charmante, attribuant ma préoccupation à ces caprices de l'aveugle déesse. Mais je la détrompai en lui récitant un impromptu en vers que je venais de composer en perdant mon or. Depuis ce temps, ma réputation est établie chez la comtesse, et... Mais vous permettez, — ajouta-t-il en reprenant sa place avec une vivacité fiévreuse; — je dois à lord Corbett la revanche de la partie que je viens de gagner... A vos ordres, milord! — L'Anglais poussa une exclamation inarticulée qui pouvait passer, au choix, pour un acquiescement ou pour une protestation. — Je fais mille francs, milord, — reprit monsieur Malevieux en saisissant les cartes; — je compte que les yeux de madame de Norville seront pour moi comme des astres favorables.

— Je tiens tout, — répondit Corbett, cette fois d'une voix distincte.

Et la partie continua. La marquise s'était assise elle-même tout étourdie par le bavardage du mielleux docteur qui l'accablait de fatigantes prévenances. Mais elle ne savait comment aborder l'objet de sa visite; son instinct de femme l'avertissait combien l'intérêt qu'elle portait à Adrien pouvait donner lieu aux suppositions malignes.

— Monsieur Malevieux, — dit-elle enfin, — voici un horrible temps.

— Oui, oui, madame... Ah! vous marquez le roi, milord; c'est bien... Oui, en effet, il me semble que le temps se brouille un peu.

Or, au moment où le joueur s'apercevait que le temps se *brouillait* un peu, la pluie, le tonnerre et le vent rugissaient au dehors avec un redoublement de rage.

— Est-ce ainsi que vous parlez du plus effroyable orage que j'aie vu de ma vie? — s'écria madame de Norville au comble de l'étonnement; — on croirait que cette maison va s'abîmer.

— Vraiment?... Allons, vous avez encore gagné, milord; voici le chiffon, milord; mais il y a ici une chaleur accablante, et, comme je suis très nerveux, j'étouffe... — Il se renversa dans son fauteuil, et on eût dit qu'il allait s'évanouir; une pâleur livide se montrait sous son fard; un léger frémissement parcourait ses membres. Il aspira son mouchoir imbibé d'essence; mais, ce secours étant insuffisant, il saisit sur la table un verre de Lunel que le laquais à cocarde noire venait d'apporter, et l'avala d'un trait. Fortifié par cette boisson bienfaisante, il parut respirer plus librement. L'obscurité qui régnait dans la salle avait empêché de remarquer ce malaise significatif; cependant la marquise devinait qu'on n'était pas encore en état de jouer. Un nouveau grognement, sorti des profondeurs de la cravate de l'Anglais, attira l'attention du joueur malheureux. — Vous voulez me donner ma revanche, milord; — dit Malevieux, habitué à distinguer les sons inarticulés du vieux podagre; — merci de votre courtoisie, mais je suis fatigué ce soir; et puis, s'il faut l'avouer, — ajouta-t-il avec amertume en montrant son portefeuille vide, — vous m'avez complétement *décavé*... Ce sera pour une autre fois... Docteur, savant disciple d'Hippocrate, — continua-t-il en se tournant vers le médecin, — ne saurait-on avoir de la lumière? Nous avons le bonheur de posséder ici la mère des grâces, et nous ne pouvons la voir.

Le docteur sortit pour donner des ordres en conséquence; quant à lord Corbett, dès qu'il avait vu son adversaire refuser de jouer, et pour cause, il avait agité une petite sonnette d'argent placée près de lui; aussitôt son domestique et un garçon d'hôtel étaient venus l'emporter dans son grand fauteuil, après qu'il eût salué à sa manière par une exclamation gutturale et un mouvement de tête.

Malevieux restait immobile et comme accablé, pendant que la marquise allait et venait dans le salon avec anxiété.

— Monsieur, — dit-elle à demi-voix, — j'ai deviné que les pertes considérables de la soirée vous occupent plus que vous ne voulez en convenir; cependant je dois appeler votre attention sur un sujet plus inquiétant encore.

— Il est vrai, très vrai, — répliqua Malevieux d'un air sombre, — que, pour des raisons particulières, mes pertes actuelles m'affectent désagréablement; cet infernal Anglais a un bonheur insolent; il me prend parfois des envies de me jeter sur lui, et... Mais pardon, belle marquise, peut-on avoir de pareilles pensées quand on est près de vous?

— Par pitié, monsieur, laissons là ces frivoles galanteries et écoutez-moi...! Savez-vous que votre neveu est parti seul, depuis ce matin, pour aller chasser sur l'étang, et qu'il n'est pas de retour encore?

— Voyez-vous, l'étourdi! Ma foi il va être joliment mouillé, car il pleut à plein temps. Mais s'il attrape des rhumatismes, les eaux de notre ami le docteur ne sont-elles pas là?...

— Pouvez-vous parler avec cette légèreté, quand il y va de la vie d'un jeune homme à qui vous tenez lieu de père? — s'écria la marquise avec indignation. — Regardez, monsieur, —ajouta-t-elle en soulevant le rideau de la fenêtre et en montrant l'étang converti tout entier en une masse d'écume dont les vents éparpillaient les flocons dans l'air; croyez-vous qu'il s'agisse seulement pour votre neveu d'affronter une pluie d'été?

Et elle raconta rapidement ce qu'elle savait de la situation d'Adrien, sans omettre les efforts inutiles du vieux patron et de son fils pour aller à son secours.

M. Malevieux l'écoutait avec attention, mais, chose singulière ! plus madame de Norville s'efforçait de lui faire comprendre l'immensité du danger, plus le tuteur affectait d'incrédulité et d'insouciance. Quand la belle veuve l'eut conjuré de prendre les mesures les plus promptes pour retrouver Adrien, il dit avec un sourire :

— Heureux garçon ! que j'envie son sort!... et sans doute mademoiselle de Norville partage cette aimable sollicitude ?

— Ma fille est une enfant, monsieur, — dit la marquise sèchement, — et il n'y a pas à s'inquiéter de ce qu'elle pense... Ainsi donc, — ajouta-t-elle après une pause, — vous abandonnez votre neveu à son sort, et...

— Allons, allons, charmante, — reprit Malevieux, — ne vous fâchez pas si je ne puis voir les choses du même point de vue qu'une femme craintive telle que vous! Les beaux et grands garçons ne s'égarent pas ainsi ; et d'un moment à l'autre nous allons voir revenir notre chasseur, alerte, bien portant, quoique un peu mouillé et très affamé peut-être.

Il s'approcha de la cheminée, sur laquelle une servante venait de poser deux bougies allumées ; puis il se mit en devoir de régulariser devant la glace le nœud de sa cravate et de faire rentrer sous sa perruque blonde une mèche indiscrète de cheveux gris.

La marquise, déconcertée par cette assurance, commençait à craindre d'avoir cédé à des frayeurs exagérées.

— Mais enfin, monsieur, — reprit-elle plus tranquillement, — comment expliquez-vous l'absence prolongée...

— Je n'explique pas, madame ; mais Adrien est un des meilleurs nageurs que je connaisse, et au besoin il ne serait pas embarrassé pour traverser d'un bout à l'autre cette mare d'eau salée qui vous paraît si redoutable. Surpris par l'orage, il aura peut-être gagné une autre extrémité de l'étang et se sera réfugié quelque part, ou bien il aura été recueilli par un de ces grands bateaux du canal ; dans tous les cas, il est en sûreté.

Madame de Norville ne se dissimulait pas ce qu'il y avait de probable dans ces suppositions.

— Cependant, monsieur, — reprit-elle, — ces braves gens, les Poncet père et fils, dont vous savez l'expérience nautique et l'affection pour votre neveu, devaient avoir de graves motifs pour s'exposer ainsi?

— Bah! on cherchait un prétexte de nous tirer quelques écus. Je ne crois pas au désintéressement de ces sortes de gens. Nous ne sommes plus au temps de l'âge d'or, belle marquise, et on s'en aperçoit ici comme à Paris.

— Enfin, monsieur, dois-je conclure de tout ceci que vous ne voulez rien tenter pour retrouver monsieur Adrien?

— Eh! monsieur Adrien se retrouvera bien seul... D'ailleurs, chère marquise, que puis-je faire ? Ne venez-vous pas de me dire vous-même que ces pêcheurs avaient inutilement essayé de pousser leur barque au large ? Quel parti nous reste-t-il donc à prendre, sinon d'attendre la fin de ce maudit orage, et de nous tenir tranquilles jusqu'à demain ? D'ici là, certainement, ce jeune coureur d'aventures sera rentré, ou tout au moins aura donné de ses nouvelles.

Madame de Norville était à bout d'objections ; cependant cet excès de sécurité de la part de l'oncle d'Adrien la révoltait.

— Il suffit, monsieur, — dit-elle en se levant ; — il ne m'appartient pas de montrer dans cette circonstance plus de zèle que vous-même, et, puisque vous n'avez pas d'inquiétudes, je ne dois en conserver aucune... Adieu donc, et puisse votre optimisme se trouver justifié de tous points !

— Quoi! madame, vous retirez-vous déjà ? — reprit Malevieux d'un ton de regret.

Mais ce n'était là qu'une politesse, car Malevieux était visiblement en proie à une grande préoccupation ; malgré le sourire stéréotypé sur ses lèvres, on devinait son malaise intérieur, son agitation et son impatience d'être seul.

Aussi madame de Norville, s'excusant sur ce que sa fille attendait son retour, allait-elle regagner sa chambre, quand il se fit un grand mouvement dans la maison ; presque aussitôt le docteur Moirot, conduisant le patron Poncet, ce vieux pêcheur dont nous avons parlé déjà, entra brusquement dans le salon. Les domestiques et les filles de l'hôtel qui les suivaient s'arrêtèrent par respect sur le seuil de la porte, mais on les entendit chuchoter au dehors, comme s'il s'agissait d'un événement de haut intérêt.

Le patron Poncet, sur qui se concentrait l'attention générale, conservait, malgré ses soixante ans, un air de vigueur et de bonne santé ; ses traits rudes exprimaient une âpre franchise en même temps qu'une gravité sereine. Il portait le costume des gens du pays, une veste brune croisée sur la poitrine et munie d'énormes poches, un pantalon de toile retenu par une ceinture rouge, et il était coiffé d'un bonnet de laine bordé de velours noir qu'il retira gauchement en entrant. Du reste ses vêtements étaient ruisselans d'eau, comme si le bonhomme se fût plongé dans le lac, et ses longs cheveux blancs pendaient en mèches humides sur son visage.

Poncet avait une contenance triste qui annonçait de mauvaises nouvelles ; le docteur lui-même avait la figure bouleversée.

— Monsieur Malevieux, — dit-il avec embarras, — j'ai jugé nécessaire de vous amener cet homme, qui vient de faire une découverte... bien fâcheuse, au sujet d'une personne qui vous touche de près... Allons, père Poncet, — reprit-il en s'adressant au pêcheur,— racontez à monsieur ce que vous avez trouvé ; c'est l'oncle et le tuteur de monsieur Adrien.

Le patron leva son œil gris, naturellement plein de défiance, sur Malevieux et parut l'observer avec intérêt. Mais cet examen ne fut pas sans doute à l'avantage du Parisien, car bientôt Poncet détourna la tête en silence.

— Allons, vieux triton, qu'y a-t-il ? — demanda Malevieux impatienté ; — tu dois avoir hâte de te sécher... Quelle nouvelle m'apportes-tu ?

— Pécairé ! vous le saurez toujours assez tôt, si vous aimez vraiment ce pauvre jeune drôle ! — répliqua le marin dans un langage moitié patois, moitié français.

— A ton aise, digne enfant d'Amphitrite, — dit Malevieux en croisant les mains derrière son dos avec tranquillité ; — prends ton temps, mon ami... mais alors pourquoi venir me déranger?

— Parlez, mon brave Poncet, — s'écria la marquise d'un ton suppliant ; — ayez pitié de nos inquiétudes... Qu'avez-vous vu ? que savez-vous?

Le vieux patron se tourna vers la personne qui venait de l'interpeller et l'examina à son tour : sans doute la pâleur et la voix émue de madame de Norville lui inspirèrent des sentimens moins hostiles, car il fit une sorte de petit salut en retirant sa jambe droite en arrière ; cependant il se taisait toujours.

— Excusez ce pauvre homme, — dit le docteur, — il n'a pas l'habitude de se trouver en pareille compagnie... Mais je ne prolongerai pas les angoisses de monsieur Malevieux, il a dû courage, il supportera avec fermeté le malheur dont il est frappé... Sachez donc que le patron Poncet et son fils Étienne, après avoir tenté vainement d'aller au secours d'Adrien qu'ils supposaient en danger, ont eu la pensée de parcourir les bords de l'étang, malgré la tempête. A quelque distance d'ici, ils ont aperçu un objet informe que les eaux ballottaient près du rivage. Ils se sont approchés avec empressement et ont trouvé une nacelle renversée ; ils ne doutent pas que ce ne soit le *néguefol* sur lequel votre neveu est parti ce matin pour la chasse.

Cette révélation fut accueillie par un morne silence. La marquise, toute tremblante, poussa un faible gémissement et tomba sur un siége. Malevieux parut éprouver un trouble extraordinaire, sa figure plâtrée avait pris une expression d'égarement.

— Si cela était ! — murmura-t-il comme à lui-même,

— si le destin avait voulu trancher la difficulté de cette tragique manière... — Puis, se reprenant aussitôt, il dit avec son sourire forcé : — Bah ! ces hommes auront mal vu. Les nèguefois de l'étang de Thau se ressemblent tous, et, à distance, il est facile de se méprendre.

— Oh ! pour cela non, mille tonnerres ! — s'écria Poncet ; — croyez-vous donc que je ne puisse reconnaître à trente pas un bateau que j'ai construit et réparé de mes propres mains ? Je suis un chasseur de canards, voyez-vous, et, par la nuit la plus noire je sais retrouver une pièce démontée, sans compter que mon fils Etienne n'a pas la berlue non plus... Quoique le bateau fût retourné la quille en l'air, nous nous sommes dit, Etienne et moi : « C'est lui pour sûr ! » J'ai vu parfaitement la bande rouge peinte au-dessus de la flottaison ; pas un nèguefol de l'étang n'est point de cette manière, car cette couleur effrayerait les oiseaux d'eau, et j'avais dit à monsieur Adrien... Mais suffit, — ajouta le vieillard avec émotion en levant les yeux au ciel ; — vous devez savoir maintenant à quoi vous en tenir... Le pauvre petit, qui était un brave jeune homme, et généreux et pas fier, a fait sa dernière chasse ; que le bon Dieu et la sainte Vierge prennent pitié de son âme !

Un cri déchirant partit derrière les assistans ; tout le monde se retourna ; Amélie de Norville venait d'entrer sans être aperçue. Le bruit causé dans la maison par l'arrivée du patron Poncet avait excité ses alarmes ; elle était accourue au salon pour demander des nouvelles et elle avait entendu les dernières paroles du vieux marin.

Dans sa précipitation à descendre, elle n'avait pas songé à modifier sa toilette ; aussi ses beaux cheveux bouclés formaient-ils seuls toute sa coiffure ; ses bras et ses épaules étaient nus. Les terribles paroles prononcées par le marin l'avaient frappée de stupeur. La blancheur de son visage et de son cou se confondait avec celle de ses vêtemens, et, n'eussent été les mouvemens oppressés de son sein, on l'eût prise pour une statue du Désespoir en marbre de Paros.

En apercevant sa fille, la marquise, atterrée elle-même par la funeste nouvelle, parut subitement se ranimer ; la rougeur revint sur ses joues, et elle s'élança vers Amélie en lui disant :

— Que faites-vous ici, mademoiselle ? qui vous a permis de venir au salon, et dans ce négligé encore ?... C'est d'une inconvenance !

Mais la pauvre enfant était incapable de répondre ; il lui restait tout juste assez de raison pour lutter contre la faiblesse qui la gagnait.

Poncet contemplait d'un air de naïve admiration cette beauté correcte, expressive, dont jusqu'à ce moment peut-être il n'avait pas conçu l'idée. Malevieux, de son côté, parvint à surmonter ses préoccupations secrètes et puissantes ; son visage reprit le masque d'aménité banale qu'il quittait si rarement, et il s'avança avec empressement vers Amélie de Norville.

— De grâce, madame, — dit-il à la marquise, — ne blâmez pas cette charmante demoiselle d'avoir suivi les inspirations de son cœur ! Il est tout naturel qu'elle ait voulu savoir par elle-même... Mais, voyez ; sa pâleur et son effroi lui donnent un charme nouveau ; ne dirait-on pas d'une des nymphes qui pleuraient sur Narcisse trouvé sans vie au bord d'une fontaine ? Une femme pourrait être sévère pour elle, un homme jamais.

Madame de Norville fut particulièrement blessée en ce moment de cette galanterie opiniâtre.

— Monsieur, — dit-elle avec amertume, — un pareil langage est-il de saison quand on vient vous annoncer que, selon toute apparence, votre malheureux pupille a péri misérablement ?

— Un moment, chère marquise, suspendez vos jugemens téméraires, je vous prie, — reprit Malevieux un peu piqué ; — vous allez être forcée de convenir vous-même qu'il n'y a que les apparences.

— Quoi ! monsieur, malgré la circonstance si décisive de la barque submergée, vous vous obstinez à croire...

— Que tout espoir n'est pas perdu ! oui, madame ! J'admets que le bateau naufragé soit bien celui de mon neveu ; mais s'ensuit-il nécessairement qu'Adrien ait péri ? Je vous le répète ; j'ai confiance dans le destin qui protége les étourdis, surtout quand ils sont de caractère à se protéger eux-mêmes.

— Vivant ! il serait vivant ! — s'écria Amélie, dont la langue se délia tout à coup.

La marquise punit d'un regard irrité ce mouvement irréfléchi. Mais, entraînée par la situation, elle se tourna vers le vieux marin :

— Qu'en pense le patron Poncet ? — demanda-t-elle ; — croit-il en effet que le jeune homme ait pu se sauver ?

Poncet réfléchit quelques instans :

— Si j'étais bon Dieu, — reprit-il, — je vous dirais : « C'est ceci ou cela ; » mais...

Il n'acheva pas et secoua la tête :

— Enfin, s'il y avait une chance, une seule, de retrouver votre parent, — s'écria madame de Norville, — votre devoir, monsieur Malevieux, serait de faire faire des recherches immédiates.

Amélie, qui s'était rapprochée de sa mère, pressa convulsivement le bras de la marquise contre sa poitrine, comme pour la remercier de cette insistance.

— Volontiers, si cela est possible, — dit le tuteur froidement ; — mais, à mon tour, je demanderai l'avis de ce bonhomme ?

Avant de répondre, Poncet alla à la fenêtre et regarda le temps avec attention.

— L'eau bout comme une matelote dans la poële, — dit-il d'un air de réflexion ; — d'ailleurs la nuit est si noire, quand cessent les éclairs, qu'on ne verrait pas à compter ses doigts. Comment une barque pourrait-elle trouver sa route sur cette écume, sur cette pluie endiablée et ce vent infernal ? Aussi, un homme prudent se dirait : « Je ne borderai pas mes avirons avant le quart du matin. »

— Vous l'entendez, mesdames, — reprit Malevieux ; — le parti le plus sage est de dormir paisiblement cette nuit, avec la confiance que nous reverrons notre beau chasseur demain, ou plus tôt peut-être... Par exemple, — ajouta-t-il en minaudant, — il ne saura jamais de moi l'intérêt qu'il inspirait ici ; ce serait le rendre trop présomptueux et trop fat ! — Puis, se tournant vers le patron Poncet : — Tiens, mon ami, — ajouta-t-il en lui remettant une pièce de monnaie, — voici pour tes peines... Tu achèteras de l'eau-de-vie et tu boiras à la santé de mon neveu, quand il sera de retour.

— Ce serait de bon cœur, monsieur, — dit le marin bourru en empêchant l'offrande ; — quoique ce soit un franciman, nous l'aimons tous, votre brave drôle, et mon garçon Etienne, et la mère Poncet, et tous les petits... On ne pourrait peut-être pas en dire autant dans sa famille ! Sur ce, bonsoir à vous et à la compagnie.

Il porta la main à son bonnet, tourna sur ses talons et quitta la salle.

Mademoiselle de Norville avait semblé vouloir le questionner ; sa mère ne lui en laissa pas le temps.

— Allons, mademoiselle, — dit-elle d'un ton sec, — il faut nous retirer aussi, puisque nos craintes sont exagérées, absurdes peut-être... On ne saurait être plus royaliste que le roi ! Adieu donc, messieurs, — ajouta-t-elle en s'adressant à Malevieux et au docteur une révérence cérémonieuse ; — je souhaite vivement que vos espérances se réalisent ; à ce prix, j'accepterais volontiers le ridicule de mes terreurs présentes.

Et, sans écouter Malevieux qui la poursuivait de ses complimens ampoulés, elle sortit en entraînant sa fille.

— Maman, — disait timidement Amélie, — j'aurais désiré savoir encore...

— Allons, mademoiselle, — interrompit la marquise avec dureté, — n'avez-vous pas assez montré vos bras à ces messieurs et aux gens de service ? A la vérité ils sont fort beaux et vous ne l'ignorez pas sans doute ! — Amélie jeta à sa mère un regard où se peignaient la pudeur, la dignité offensée et le reproche ; mais Thérèse, la fille de chambre, étant venue les joindre, une bougie à la main, pour les conduire à leur appartement, elle ne dit rien et dévora ses larmes. En entrant dans sa chambre, madame de Norville jeta sur un meuble son écharpe et son chapeau d'un air de colère. Puis elle ordonna à sa fille de se retirer, en emmenant Thérèse dont le secours lui était inutile. Amélie s'approcha pour embrasser sa mère, suivant l'usage de chaque soir, mais la marquise la repoussa en lui disant froidement : — C'est bon, mademoiselle ; demain nous aurons une explication sur votre conduite et sur l'intérêt au moins étrange que vous portez à ce jeune homme... En attendant laissez-moi, et bonsoir.

La pauvre enfant, le cœur gros et les yeux humides, suivit la servante dans la pièce voisine. Cependant le mécontentement de sa mère l'avait moins frappé qu'en toute autre circonstance, absorbée qu'elle était par une pensée continuelle et dominante. Elle causa un instant à voix basse avec Thérèse ; puis, satisfaite du résultat de cet entretien, elle se jeta ostensiblement sur son lit, bien que le sommeil ne dût pas rafraîchir son sang cette nuit-là.

III

LA MAISON DU PÊCHEUR.

L'orage dura une grande partie de la nuit, et ce fut seulement deux heures avant le jour que sa violence parut diminuer. Le tonnerre, dont les coups répétés avaient ébranlé le ciel, finit par s'éloigner lentement comme une artillerie en retraite ; le vent commença à baisser, les nuages, se déchirant çà et là, laissèrent apercevoir des bandes de ciel bleu scintillant d'étoiles. Cependant l'étang de Thau était encore extrêmement agité ; la nappe d'écume n'avait pas fait place aux lames régulières. Les eaux se ruaient toujours avec force contre la grève. Par intervalles, un grondement sourd et lointain dominait le fracas de l'étang ; la mer semblait vouloir rompre la faible barrière qui la séparait du lac et l'ajouter lui-même, imperceptible conquête, à sa majestueuse immensité.

A cette heure matinale, la porte de l'établissement thermal qui donnait sur la plage s'ouvrit avec précaution ; après deux ou trois minutes de chuchotemens, quelqu'un s'avança dans l'obscurité vers le bord de l'eau, et aussitôt la porte se referma doucement.

La personne qui venait de sortir ainsi était enveloppée d'un ample manteau semblable à ceux des pêcheurs ; un bonnet de laine bordé de velours était enfoncé sur ses yeux de manière à cacher une partie de son visage. Ainsi déguisée, il eût été impossible de la reconnaître, lors même que les pâles éclairs, qui parfois encore sillonnaient le ciel, auraient pu vaincre les ténèbres opaques de la nuit. Néanmoins elle marchait lestement, en regardant autour d'elle avec inquiétude. La solitude la plus profonde régnait partout ; la grève était déserte ; seulement une lumière brillait dans une cabane de pêcheur, à travers les vapeurs blanches et transparentes des eaux minérales qui en cet endroit se jetaient dans l'étang.

Ce fut vers cette lumière que la personne inconnue se dirigea sans hésiter ; son pas était léger, elle glissait comme une ombre sur le gravier. Parvenue à cette habitation, qui appartenait à la famille Poncet, elle frappa un petit coup et attendit en silence.

Ce modeste signal excita comme une alarme. La lumière s'éteignit subitement, on entendit à l'intérieur un murmure de voix, un remuement de meubles ; puis une porte

située de l'autre côté de la maison grinça sur ses gonds, et quelqu'un s'enfuit à toutes jambes dans la campagne.

Mais cette circonstance n'inquiéta nullement le visiteur nocturne ; après quelques minutes, il se décida à frapper de nouveau et plus fort que la première fois.

On ouvrit alors, et le patron Poncet se dit à lui-même en patois du pays :

— Qui diable vient te déranger à pareille heure ? qui ça peut-il être ? qu'est-ce qu'on te veut ?

On a remarqué déjà sans doute que le patron Poncet procédait volontiers dans ses réflexions par monologues et dialogues. Cette forme de langage, ordinaire du reste à tous les habitans du bas Languedoc, était tellement devenue une habitude pour le vieux marin, que ses discours offraient une suite interminable de prosopopées, de *je me suis dit*, de *se dit-il*, à fatiguer la patience la plus robuste.

Mais le visiteur était assez familier avec ces manières de parler pour n'en être pas surpris.

— J'appartiens à la maison des bains, — répondit en français une voix argentine quoique un peu tremblante ; — je m'intéresse vivement au sort de monsieur Adrien de Laroyère, et je viens vous supplier de le sauver, s'il en est temps encore.

Poncet essaya de distinguer dans l'obscurité les traits de celui ou de celle qui se présentait ainsi.

— Allons ! — reprit-il enfin en se parlant toujours à lui-même ; — tu t'es trompé, imbécile ! Tu devais bien savoir que ce n'était pas un gendarme... Je vais rappeler Etienne, il n'y a pas de danger pour cette fois. — Il fit quelques pas hors de la maison et poussa un sifflement aigu, qui retentit au loin par dessus le bruit des eaux. Puis, sans s'inquiéter s'il avait été entendu ou non, il rentra chez lui en disant à la personne inconnue : — Venez par ici ; je vais rallumer la chandelle et nous causerons... Malgré tout, il est bon de savoir à qui l'on a affaire.—Le visiteur obéit et suivit Poncet dans la cabane, dont la porte resta entr'ouverte ; bientôt la lumière brilla de nouveau et permit de reconnaître l'intérieur bizarre de cette habitation. Une toile grossière la partageait en deux parties égales : l'une était la chambre à coucher, comme on pouvait en juger aux ronflemens qui en sortaient ; l'autre servait à la fois de cuisine, de salon et d'atelier à la famille Poncet. Dans cette pièce, un tohu-bohu d'ustensiles de ménage, de filets de chasse, de fusils, de canardières, rappelait la double profession de pêcheurs et de braconniers qu'exerçaient le père et le fils. Près de la fenêtre, en face d'une chaise basse, se trouvait un paquet de ces joncs marins que les femmes préparent pour l'usage des navires de la Méditerranée, industrie locale d'une grande ressource pour ces pauvres familles amphibies ; c'était la place de la mère Poncet. Une odeur nauséabonde de poissons, à laquelle les guirlandes d'oignons et d'aulx suspendues aux poutres du plafond joignaient leur arôme pénétrant, régnait dans ce taudis. Bien qu'elle cherchât à se raidir contre ses impressions, la personne qui venait d'entrer chez Poncet fut presque suffoquée par cette effroyable odeur. Comme elle restait près de l'entrée, sans oser ni avancer ni laisser voir son dégoût, le vieux marin éleva sans façon la chandelle qu'il avait rallumée ; la flamme éclaira alors un visage délicat sur lequel la confusion étendait une teinte rose foncé, des yeux aux longs cils noirs, pudiquement baissés, enfin les traits si beaux, et si difficiles à oublier quand on les avait vus une fois, de mademoiselle Amélie de Norville. Par-dessous son manteau d'emprunt, la jeune fille portait une robe de laine brune ; tout son costume était de couleur sombre et peu voyante. Le patron sourit silencieusement : — Bien, bien, je comprends, — dit-il ; — c'est naturel... Il faut que quelqu'un s'intéresse à ce pauvre jeune homme, puisque cette manière de parent que j'ai vu hier au soir à la maison des bains ne paraissait pas s'inquiéter de lui ! On croirait même, sur ma foi ! qu'il eût préféré savoir le petit au fond de l'étang que partout ailleurs — Amélie répondit seulement par un soupir à cette observation qui lui semblait n'être pas dénuée de tout fondement. — Allons, asseyez-vous, ma petite dame, — reprit le pêcheur avec une douceur dont on l'eût cru incapable, en lui offrant un siège boiteux ; — faut vous dire que, Etienne et moi, nous étions là à raccommoder nos filets pour la pêche d'aujourd'hui quand vous avez frappé. Comme Etienne est de la conscription maritime cette année, et comme il ne se soucie pas d'aller servir sur les vaisseaux du roi, ainsi que je l'ai fait dans mon temps, il a cru que les gendarmes venaient le chercher et il a pris de l'air... Mais,—ajouta-t-il en écoutant un bruit léger venu du dehors,— le voici sans doute, et il pourra nous dire son avis sur la chose. — En effet, un grand jeune homme, aux mouvemens agiles, à la figure vive et intelligente, passa la tête dans l'ouverture de la porte, puis il entra ou plutôt se glissa dans la maison, sans faire plus de bruit avec ses pieds nus qu'un chat aux aguets. Il regarda d'abord mademoiselle de Norville d'un air d'étonnement qui fit place peu à peu à l'admiration et au respect. — Etienne, — dit le patron en clignant des yeux, — c'est la petite dame qui vient pour le pauvre monsieur Adrien.

— Je m'en doutais, — répliqua Etienne. Et il ajouta tout bas en patois, avec naïveté : — Ah ! père, qu'elle est jolie !

Amélie entendit ou n'entendit pas ce compliment, mais elle s'empressa de prendre la parole :

— Mes braves gens, — dit-elle avec chaleur, — je viens vous supplier de commencer vos recherches au plus vite. La tempête a diminué ; le jour ne peut tarder à paraître, et je suis disposée à payer votre temps et vos peines comme vous le voudrez... De grâce donc ne perdez pas un moment ; songez que ce malheureux jeune homme est peut-être, depuis hier au soir, exposé à cet affreux orage, dans quelque marais inabordable ou sur quelque îlot désert ; peut-être même s'est-il attaché à une barque naufragée et flottant au hasard !

— Ça ne serait pas impossible, demoiselle, — répliqua le pêcheur d'un ton grave, — et cependant il est plus probable...

Il se tut et secoua tristement la tête, comme il avait fait la veille.

— Eh bien ! dans ce cas même, — répliqua la jeune fille, qui ne put retenir ses larmes, — son corps ne doit pas devenir la proie des poissons et des oiseaux carnassiers.

Les deux marins parurent eux-mêmes partager cette douleur si profonde et si vraie.

— Allons, père, que ferons-nous ! — demanda Etienne après un moment de silence ; — la nuit est encore bien noire et l'eau écume toujours, comme si l'on avait jeté la charge de cinq cents navires chargés de savon dans l'étang...

— Il n'y faut pas songer de sitôt, — dit le patron en prêtant l'oreille au bruit du ressac ; — ni avirons ni gouvernail ne tiendraient contre ces tourbillons enragés... Attendons le jour, et alors nous agirons pour le mieux.

Etienne fut obligé de convenir qu'une tentative pour mettre la barque à flot en ce moment serait périlleuse et inutile. Ce retard parut frapper de consternation la belle suppliante.

— Etienne Poncet et vous, patron, — dit-elle en sanglotant et en joignant les mains, — vous vous êtes exposés bien des fois, par de sombres nuits d'hiver, à de grands dangers quand vous chassiez à la *rébalade ;* ferez-vous moins pour sauver la vie peut-être à un bon et généreux jeune homme qui, je le sais, vous a comblés de bienfaits ?

— C'est vrai cela, — dit Etienne avec émotion en regardant son père ; — monsieur Adrien vaut bien la peine qu'on se hasarde un peu pour lui, et puis la demoiselle l'aime tant !... cela me fait penser à Simone, qui pleure aussi quand on parle de m'emmener matelot sur les vaisseaux du roi...

Le vieillard était pensif.

— Tu ne sais pas, — dit-il, — comme l'étang est traître après ces bourrasques. Ah ! brigand d'étang ! scélérat d'étang ! — continua-t-il en serrant le poing avec menace.— Cependant, puisque c'est pour ce bon monsieur Adrien, nous pouvons tenter quelque chose... Si nous prenions la grande barque ? elle est plus lourde, plus haute de bord, elle tiendra mieux tête à la lame.

Etienne répondit par un signe d'assentiment, et mademoiselle de Norville, croyant sa cause gagnée, se leva avec précipitation. Mais aussitôt on entendit un certain bruit derrière la toile qui servait de cloison. Depuis un instant, les ronflemens avaient cessé de l'autre côté ; une voix aigre s'écria du ton de la colère :

— Qu'y a-t-il donc là bas ? Quelle est cette enjôleuse qui veut envoyer mon mari et mon garçon sur l'étang, par cette abominable nuit ? Mille diables ! elle va avoir affaire à moi.

Aussitôt la toile se souleva et la vieille mère Poncet, les cheveux en désordre, vêtue seulement d'une chemise et d'un jupon, apparut tout à coup. Jamais femme de pêcheur n'avait si bien fait respecter son autorité au logis ; aussi le patron et son fils baissèrent-ils les yeux comme des coupables.

— C'est donc vous, la fille, — dit la mégère le teint enflammé, en courant à mademoiselle de Norville, — qui venez proposer... mais, — ajouta-t-elle avec un certain mépris, après avoir regardé Amélie presque sous le nez, — c'est une jeunesse de ces *francimans* (1) de là-bas, et ça ne sait rien de rien... Si une femme comme moi fût venue demander pareille chose, je l'aurais dévisagée ! Eh ! dites donc, petite, quand mon mari et mon fils aîné seront noyés, sera-ce vous qui nous nourrirez, moi et mes autres enfans qui ne peuvent se suffire encore ?

Mademoiselle de Norville comprenait imparfaitement le patois ; mais elle fut effrayée de la violence des gestes de la mère Poncet.

— Bonne femme, — répliqua-t-elle en tremblant, — je ne croyais pas le danger si grand pour votre mari et pour votre fils... Du reste, je n'avais pas l'intention de réclamer gratuitement leurs services ; et puis monsieur Adrien est riche, il pourra largement les dédommager de leurs peines, s'ils ont le bonheur de réussir dans leurs recherches. Tenez, permettez-moi déjà de vous offrir ceci.

Elle prit dans son sein une jolie bourse de soie rose, et en tira une pièce d'or qu'elle offrit à la mère Poncet.

Amélie avait trouvé le moyen le plus sûr et le plus expéditif de calmer cette femme. Les gens du peuple en Languedoc, sont durs, avares, égoïstes ; mais, comme partout, l'amour de l'argent dans ce pays peut modifier singulièrement le caractère primitif. La mère Poncet tourna et retourna la pièce entre ses grosses mains.

— Et c'est *de la* bonne or ! — s'écria-t-elle ; — regarde donc, Etienne... regarde, Poncet... on dirait que c'est de l'or pour de bon !

— Oui, et je ne m'en tiendrai pas là, si ces braves marins se mettent courageusement à l'ouvrage, — dit Amélie en montrant la jolie bourse qui contenait ses petites économies ; — tout cela sera pour eux.

Les yeux de la mère Poncet s'allumèrent.

— Vous me remettrez la chose à moi, — s'écria-t-elle ; — allons ! vous êtes décidément un quelqu'un de *comme il faut...* Mais si je risque mon mari et mon garçon, qui me répondra de notre barque ? elle peut être avariée, brisée ou coulée à fond ?

— J'espère qu'un pareil malheur n'arrivera pas, — répliqua mademoiselle de Norville ; - mais, s'il arrivait, je m'engagerais à vous fournir un autre bateau.

La pauvre enfant se fût engagée à fournir un vaisseau de haut bord, si on l'eût exigé, pourvu qu'on ne tardât pas davantage à voler au secours d'Adrien de Laroyère.

— Eh bien alors, qu'attendez-vous là, vous autres ? —

_____

(1) On appelle ainsi en Languedoc tous ceux qui ne parlent pas le patois du pays.

reprit la vieille d'un ton irrité en se tournant vers les deux hommes; — depuis quand êtes-vous devenus des poules mouillées? Laisserez-vous passer une pareille occasion de gagner un peu d'argent pour votre famille? S'il s'agissait de chasser aux foulques, vous seriez déjà partis! Allons, fainéans, à votre ouvrage! Voici votre *rouquet* et vos avirons; prenez aussi le falot, que vous attacherez au bec du bateau, car il fait noir comme chez le loup. Toi, Etienne, charge-toi du manteau et du bonnet fourré que monsieur Adrien laissait ici en revenant de la pêche; ils pourront lui servir si vous le rencontrez, le pauvre diable! N'ayez pas peur que Poncet pense à autre chose qu'à sa gourde d'eau-de-vie... ivrogne, va! Eh bien! donne-m'en une goutte puisque tu y es; voulez-vous donc tout garder pour vous, tas de biberons d'hommes que vous êtes?

Elle arracha la gourde des mains de son mari, et ne la rendit qu'après avoir donné au goulot une assez longue accolade.

— Allons! en route maintenant! — ajouta-t-elle en faisant claquer sa langue; — voyons, êtes-vous prêts? vous n'en finirez pas... Parbleu! vous trouverez le jeune homme noyé et ça sera votre faute. N'avez-vous pas honte de causer tant de chagrin à cette pauvre demoiselle de la ville, dont le cœur en ce moment n'est pas plus gros qu'une noisette, foi d'honnête femme?

Tout en parlant, elle avait chargé sur ses robustes épaules le gouvernail, les rames, les crocs nécessaires pour manœuvrer la barque; puis, prenant à la main une lanterne allumée, qui devait servir de fanal, elle sortit de la maison. Etienne et le vieux Poncet, ayant achevé leurs préparatifs, la suivirent avec cette obéissance passive des hommes de mer en présence de l'autorité féminine, et, comme on peut le croire, Amélie ne resta pas en arrière.

La barque avait été tirée assez loin sur le sable; avec l'aide de la virago, les deux hommes l'eurent bien vite mise à flot et ils s'empressèrent de la gréer.

— Père, — dit Etienne en cherchant à voir au loin, malgré l'obscurité qui couvrait l'étang, — je commence à croire que nous nous en tirerons. Si seulement nous pouvions nous tenir sur les eaux profondes, tout ira bien.

— Pécaïre! l'Avysse et le rocher de Roquairol ne plaisantent pas! — répliqua le père.

— Allez-vous faire les enfans à votre âge? — s'écria Marguerite Poncet en haussant les épaules; — il n'y aurait pas assez de vent pour emporter mon bonnet sur ma tête, si j'avais un bonnet, et l'eau baisse comme une barrique dont on a ouvert le robinet... Je vous dis que vous êtes des fainéans, et que vous ne valez pas le pain que vous mangez!

Cependant le patron et Etienne étaient entrés dans la barque, et, après avoir attaché le fanal à la proue, ils se disposaient à partir. Tout à coup Amélie de Norville s'écria d'un ton résolu:

— Père Poncet, monsieur Etienne, par pitié, souffrez que je m'embarque avec vous!

Cette détermination si subite et si inattendue frappa les pêcheurs de stupéfaction.

— Sainte Vierge! mademoiselle, y pensez-vous? — dit Etienne; — nous partons *sur* la barque, mais nous pourrons bien revenir *dessous*!

— Vous seriez au moins mouillée jusqu'aux os, — ajouta le patron, — et, dans un danger, vous nous embarrasseriez beaucoup.

— Bagasse! eh voilà une idée! — murmura la mère Poncet tout ébahie.

— Ne craignez rien pour moi, — reprit la jeune fille d'un ton entraînant; — je supporte aisément la fatigue; d'ailleurs je sais nager et je pourrais m'aider moi-même... Tenez, j'ai le pressentiment que ma présence ne vous sera pas inutile, et peut-être aurai-je le bonheur de concourir pour ma part au succès de notre entreprise... Mes amis, je vous en conjure, ne me refusez pas!

Le père et le fils, émus de ces supplications, ne sa-

vaient trop s'ils ne devaient pas déférer au vœu de la jeune fille; mais la mère Poncet dit d'un ton tranchant:

— Allons, petite, faut être raisonnable; c'est le métier des hommes d'aller à la mer par tous les temps, que diable!... Ensuite, songez que le bateau ne reviendra qu'au grand jour, et, si l'on vous voyait, si l'on vous reconnaissait... le monde est bien méchant!

Cette objection parut frapper mademoiselle de Norville; l'image de sa mère irritée passa devant ses yeux, et elle fut sur le point de renoncer à son projet. Mais le souvenir d'Adrien abandonné, expirant de fatigue et de froid dans quelque îlot désert, l'emporta sur le soin de sa réputation, sur la crainte de la colère maternelle.

— Nous reviendrons avant le jour, — reprit-elle avec insistance, — et, caché sous ce déguisement, on ne me reconnaîtra pas. D'ailleurs, où est le mal d'accomplir un devoir d'humanité? Je me suis promenée bien des fois sur l'étang à cette heure matinale, sans que personne y trouvât à redire.

— Mais si vous vous noyez? — dit la mère Poncet pour l'effrayer.

— Dans ce cas, croyez-moi, — répliqua Amélie avec une résignation mélancolique, — je serais moins à plaindre que je ne suis, et peu... bien peu de personnes me pleureraient!

— Oui, mais qui me payerait, moi, s'il arrivait un malheur?

Le cynisme de cette objection parut révolter le patron et Etienne, malgré leur soumission habituelle aux volontés de la vieille femme.

— Ah! mère, ce n'est pas bien ce que tu dis là! — s'écria le fils avec un accent de reproche.

— Tiens, femme, — dit le patron de son ton bourru, — décidément tu aimes trop l'argent, et c'est une honte.

Mais la pêcheuse n'écoutait pas; mademoiselle de Norville, connaissant déjà la puissance de l'argument que le seigneur Almaviva employait avec don Basile, avait glissé la petite bourse rose dans la main calleuse de la mère Poncet. A la lueur de la lanterne, celle-ci s'assura que le léger réseau de soie contenait encore plusieurs pièces d'or.

— Au diable la fille! — dit-elle d'un air d'hésitation; — elle est si opiniâtre!... Mais bah! il n'y a pas moyen d'empêcher une folle de faire ce qu'elle veut; à la garde de Dieu donc! et il en arrivera ce qu'il pourra.

Elle souleva brusquement Amélie, et, s'enfonçant dans l'eau jusqu'à mi-jambes, elle la porta dans la barque. Alors, passant à l'arrière du bateau, elle lui communiqua une vigoureuse impulsion qui le lança à vingt pas du bord.

— A l'ouvrage, les hommes! — s'écria-t-elle, — songez à gagner votre argent.

Puis, sans s'inquiéter davantage des voyageurs, elle sortit de l'eau, tordit avec insouciance son jupon mouillé, et rentra dans la cabane. Moins d'une minute après, on entendit le bruit du maillet avec lequel elle frappait les joncs marins dont la préparation faisait son occupation ordinaire.

IV

UN JEUNE HOMME PERDU.

Mademoiselle de Norville, étonnée elle-même de sa résolution et du succès de son audace, regardait le rivage fuir et s'effacer dans l'ombre. Les vagues heurtaient le bordage du bateau, lançant parfois jusque sur elle leurs légers flocons d'écume. Cependant, à mesure qu'on s'éloignait de la terre et qu'on sentait moins l'effet du ressac, la marche de l'embarcation devenait plus douce et le danger de cette navigation aventureuse diminuait visiblement.

Les deux marins, après s'être concertés à voix basse, dirigèrent la proue de leur nacelle vers le milieu de l'étang, comme pour le traverser dans toute sa largeur; tandis qu'Etienne continuait seul de ramer, le père vint s'asseoir au gouvernail, à côté d'Amélie.

Celle-ci, encore étourdie par la nouveauté de la situation, restait immobile au fond de la barque, respirant à peine; elle regardait d'un œil hagard ces mobiles montagnes d'eau sur lesquelles la lanterne suspendue à la proue jetait en passant un lugubre reflet, et elle se croyait le jouet d'un rêve.

— Mettez-vous à l'aise, ma petite dame, — dit le vieux marin en disposant plus commodément les cordages et les manteaux sur lesquels Amélie était assise; — n'ayez-pas peur, tant que nous courrons cette bordée, il n'y a rien à craindre... Oh! comme vous voilà tremblante! Le fait est que la nuit n'est pas belle; mais j'ai vu bien des nuits plus laides encore! « Ensuite, » me direz-vous, « c'est » ton état... » Allons, couvrez-vous bien; ce brouillard glace jusqu'aux os, quand on n'y est pas habitué.

Pour répondre aux avances obligeantes du patron, mademoiselle de Norville essaya de surmonter sa faiblesse et lui demanda de quel côté il comptait commencer ses recherches.

— D'après la position du nèguefol renversé, il est possible que monsieur Adrien se soit sauvé à la nage du côté des marais; il se sera dit : « Il y a là des hauts fonds, des flots, où je peux me réfugier, » et il y sera resté peut-être, vu l'impossibilité de traverser les lagunes par la nuit et le mauvais temps. Nous allons donc d'abord mettre le cap sur ce point; et, si les choses se sont passées comme je le crois, ce sera la chance la plus favorable.

— Appelez-vous cela une chance favorable? — dit Amélie en frémissant.

— Ah! demoiselle, ce serait bien pis si le pauvre garçon avait été jeté sur le Roquairol!

— Que serait-il arrivé alors, patron Poncet?

— Il ne faut rien vous cacher, car ça serait trop dur ensuite quand vous sauriez... Si le jeune monsieur avait été jeté sur le Roquairol, l'eau y brise avec tant de violence qu'il n'aurait pu aborder et qu'il aurait probablement été écrasé contre le rocher, comme cela est arrivé il y a deux ans au pauvre Bergeas. — Amélie étouffa un soupir et se cacha le visage dans son manteau. Le vieux marin employa tous les moyens pour distraire la belle passagère de ses lugubres pensées. Comme il avait servi long-temps dans la marine royale, il lui raconta ses voyages lointains, ses combats, ses naufrages; mais la jeune fille l'écoutait à peine. Le bruit de cette voix rauque semblait se confondre pour elle avec le grondement des flots qui couraient le long du bateau. Cependant Etienne ramait toujours avec ardeur, et l'on atteignit bientôt une partie de l'étang où l'eau était relativement tranquille. On apercevait dans l'ombre, à peu de distance, des masses noires et immobiles, comme des vaisseaux à l'ancre; c'étaient les flots dont avait parlé le pêcheur. Entre ces flots, le regard fuyait sur de grands marais où les roseaux, agités par le vent, faisaient entendre des plaintes continuelles. Quelques oiseaux d'eau, éveillés par le bruit des rames, venaient battre des ailes avec curiosité au-dessus de la lumière tremblotante qui se balançait à l'avant de l'embarcation. — Voici un endroit où j'ai fait de belles chasses et par des nuits autrement froides que celles-ci, — dit le patron Poncet en changeant de conversation; — il m'est arrivé, mademoiselle, de tuer ici, en quelques heures, plus de foulques et de canards que cette barque n'en pourrait porter... Mais attention, Etienne, — ajouta-t-il en s'adressant à son fils; — le jeune monsieur pourrait s'être réfugié sur ce côté. Essayons! Il se leva debout, et, fermant un cornet de ses deux mains, il poussa un cri aigu, puissant, qui dut être entendu à une grande distance. Mais vainement prêtèrent-ils l'oreille à la suite de cet appel. Le calme le plus pro-

fond régnait sur les eaux et dans les vastes paluds qui s'étendaient jusqu'aux limites de l'horizon. Rien ne répondit, pas même l'écho. Les bateliers parcoururent en criant ainsi les anses, les criques, les passages où le naufragé aurait pu se réfugier, Souvent le père et le fils unissaient leurs voix pour les rendre plus perçantes; Amélie elle-même joignait son timbre argentin aux sons graves sortis de ces robustes poitrines; mais le résultat était toujours le même. Pas un cri ne répondait aux leurs, excepté parfois celui d'un plongeon effrayé dans sa couche d'algues et de zostères. Partout le silence, l'immobilité; et sans doute si des habitans de la rive remarquaient au loin cette lumière qui dansait à la surface de l'étang, s'ils entendaient ces sons inarticulés perdus dans le vague des airs, ils croyaient qu'un feu follet voltigeait sur le marais et que l'âme des morts mêlait ses gémissemens aux derniers souffles de la tempête. — Rien, de par le diable! — dit enfin le patron Poncet; — pour sûr, monsieur Adrien n'est pas de ce côté.

— Eh bien! alors, — s'écria mademoiselle de Norville avec un empressement fébrile, — rendons-nous bien vite au Roquairol.

— Le Roquairol! le Roquairol! — répliqua le pêcheur dont le visage s'assombrit; — il n'y a pas de temps de perdu! c'est à peine si, dans une heure d'ici, nous pourrons en approcher de cinquante pas, tant le flot y court avec violence.. Mais, n'importe! allons! Etienne, mon garçon, — ajouta-t-il en s'adressant à son fils, — cède-moi les avirons, Il y aura assez à faire pour tous les deux quand nous serons près de l'Avysse ou du Rocher; repose-toi, c'est mon tour maintenant.

Le jeune homme obéit et le père, prenant les rames, poussa la barque avec vigueur, pour regagner le centre de l'étang.

Bientôt on se retrouva sur les eaux agitées et le mouvement saccadé du bateau rendit à Amélie ses terreurs. Etienne, qui venait de s'asseoir à son côté, la vit frissonner.

— Demoiselle, — dit-il avec douceur, — ne craignez rien... si nous chavirons, je vous sauverai ou je mourrai avec vous!— Amélie murmura un remerciement timide.— Il n'y a pas de quoi, — répliqua le jeune marin avec simplicité; — vous rendre service ce serait encore rendre service à ce pauvre monsieur Adrien, car je sais combien il vous aimait!

— Quoi? vous l'a-t-il dit? — demanda la jeune fille d'une voix étouffée.

— A moi? Comment un monsieur de la ville tel que lui m'aurait-il fait des confidences? Mais je l'ai vu plusieurs fois avec vous, quand vous veniez vous promener sur la grève, et quelques mots qui lui sont échappés..,

— Veille, Etienne! — cria le père; — nous ne devons pas être loin de l'Avysse.

En effet, depuis un instant l'eau tourbillonnait avec plus de force autour de la barque, et on entendait un grondement sinistre à peu de distance. Le jeune marin ne parut pas remarquer ces symptômes effrayans.

— Ah! demoiselle, — reprit-il avec mélancolie, — comment n'aurais-je pas deviné monsieur Adrien, quand moi-même je suis amoureux fou de la jolie Simone, la fille à la mère Martin?.., une belle créature, demoiselle, et qui me prendrait volontiers pour mari, car elle est bien malheureuse chez elle. La mère Martin n'est pas tendre tous les jours; elle bat quelquefois cette chère Simone, qui se tue à travailler pour la nourrir.

— Pauvre fille! — répliqua mademoiselle de Norville en soupirant; — elle doit être bien malheureuse en effet si elle n'a pas l'affection de sa mère..,. Eh bien! mon ami, pourquoi ne l'épousez-vous pas, puisqu'elle vous aime?

— Eh! le puis-je, demoiselle? — dit Etienne qui parut près de pleurer; — je suis de la conscription maritime cette année et on veut que j'aille servir le roi sur ses vaisseaux. Mais les gendarmes ne me tiennent pas encore; qui consolerait Simone quand je ne serais plus là? Aussi je jure bien...

Il n'acheva pas. La barque venait d'être saisie comme

par la main d'un géant, et l'avant se souleva presque perpendiculairement, tandis que l'arrière s'enfonçait dans
l'eau.

— Bâbord la barre !—s'écria le patron Poncet d'une
voix contenue. Etienne obéit avec une rapidité qui tenait
de l'instinct. Aussitôt la barque s'abaissa par saccades et
reprit sa position horizontale, quoiqu'elle bondît encore
convulsivement à la surface raboteuse de l'étang. Puis elle
sortit du tourbillon qui avait pensé l'engloutir, et vogua
sur des eaux moins furieusement agitées. Pendant cette
crise, pas une parole n'avait été prononcée ; quand on se
crut en sûreté, un souffle bruyant s'échappa de toutes les
poitrines. — Merci, bonne Vierge ! — dit le patron Poncet ;
— nous l'avons échappé belle ; nous portions en plein sur
l'Avysse... où avais-tu donc les yeux, Etienne, mon garçon ?
Et il montra du doigt, à quelque distance de l'arrière,
une espèce de renflement de la surface du lac. On eût dit
d'un monticule qu'une ceinture d'écume brillante faisait
reconnaître de loin dans la nuit ; c'était la source d'eau
jaillissante si redouté des pêcheurs. Partout à l'entour, l'é-
tang était soulevé par une force irrésistible qui y formait
comme une nouvelle tempête.
— Voilà peut être l'endroit fatal où Adrien a péri ! —
pensa la jeune fille, oubliant déjà le danger qu'elle venait
de courir elle-même.
Etienne, dont la distraction avait été cause de cette
fausse manœuvre, s'empressait de vider l'eau qui était entrée dans la barque. Sa besogne achevée, il vint prendre
la seconde rame. A l'air grave et réfléchi des bateliers,
mademoiselle de Norville comprit qu'alors seulement la
lutte contre les flots allait sérieusement commencer.
Déjà une teinte blanche d'abord, puis rose, envahissait
le ciel du côté de l'Orient. Des nuages, invisibles jusqu'à
ce moment, apparaissaient dans les hautes régions de l'atmosphère avec des franges violettes. Cependant l'obscurité
pesait encore sur les régions basses, et le petit fanal, ballotté à l'avant de l'embarcation, permettait seul de voir à
quelques toises autour de soi.
Tout à coup surgit du sein des eaux, comme une pyra-
mide noire et irrégulière, le Roquairol, cet écueil redouté
où Adrien de Laroyère avait dû venir la veille chasser aux
flamans. La cime se dessinait nettement sur le ciel. Mais
un bruit sourd, continuel, semblable à des décharges pré-
cipitées d'artillerie, se faisait à sa base, sans qu'il fût possible encore d'en distinguer la cause.
On courut en droite ligne sur le Roquairol et bientôt
Amélie elle-même put reconnaître que Poncet n'avait pas
exagéré le danger d'approcher de ce lieu terrible. De hautes lames concentriques venaient s'abattre tour à tour sur
le rocher avec fracas ; l'eau rejaillissait contre ses flancs à
une hauteur considérable, puis retombait en écume que la
lame suivante lançait de nouveau contre les rocailles. L'é-
cueil paraissait taillé à pic, inabordable ; sa surface était
lisse et unie ; c'était à peine si quelque plantes marines,
des cristes aux teintes glauques, des tamarins, des salicor-
nes, végétaient dans ses humides anfractuosités.Ce tableau
empruntait à la lumière fausse et blafarde qui commençait à venir d'en haut une teinte lugubre. De grands oiseaux de mer planaient lentement autour du Roquairol,
et leurs glapissemens de sinistre augure ajoutaient encore
à l'effroi qu'il inspirait.
Bientôt le patron ordonna à son fils de cesser de ramer.
— Impossible d'aborder,—dit-il après un moment d'examen ;— le bateau chavirerait dix fois avant de toucher la
roche, et, s'il la touchait, il serait brisé comme une coquille
d'œuf... Il est trop tôt !
Etienne lui-même fit un signe d'assentiment. Mais
Amélie, qui comprenait moins le danger, ne se montra
pas abattue :
— Courage ! mes amis, — s'écria-t-elle ; — songez que
monsieur Adrien est là peut-être, à quelques pas de nous,
et qu'un dernier effort peut le sauver.
— J'en doute, ma pauvre petite dame du bon Dieu, —

répliqua Poncet avec un accent de tristesse ; — du reste
nous allons le savoir. — En même temps il poussa de
nouveau son cri d'appel ; mais, cette fois encore, personne
ne répondit. Etienne et mademoiselle de Norville joigni-
rent leurs voix à la sienne ; toujours même silence et
même solitude. — Vous voyez, — dit Poncet, — il n'est
pas sur le Roquairol... S'il y était, il a des yeux, il pourrait nous voir ; il a des oreilles, il pourrait nous entendre ;
il a une voix, il pourrait nous répondre... Allons, il ne
nous reste plus qu'à retourner à Balaruc.
— Oh ! de grâce ! patron, ne vous éloignez pas, — dit
Amélie avec instance ; — peut-être ce malheureux jeune
homme se trouve-il épuisé de fatigue, transi de froid,
mourant, incapable de parler. Le rocher doit être abor-
dable sur quelque autre point.
— La demoiselle a raison, — dit Etienne avec vivacité ;
— filons encore à bâbord, père, j'ai mon idée.
Il reprit sa rame, et son père l'imita uniquement par
complaisance, car il n'attendait rien de bon de cette nouvelle tentative.
On manœuvra donc pour tourner le rocher, mais de
loin, afin d'éviter les grosses lames qui étendaient leurs
anneaux autour du Roquairol, et dont la moindre eût inévitablement submergé le bateau.
En effet, de l'autre côté de l'écueil le danger était moins
effrayant. Le flot ne brisait pas avec la même violence ; la
pente du rocher semblait aussi beaucoup plus douce, et
quelques arbustes l'égayaient de leurs touffes vertes. Sur
ce point une veine de pierre plus tendre et plus friable
avait cédé à l'action corrosive des vagues et formait une
échancrure ou brèche dans laquelle s'engouffrait l'étang.
L'embarcation s'arrêta en face de cette échancrure.
Etienne, l'œil fixé sur ce point, paraissait combiner quelque hardi projet.
— Patron Poncet, — demanda la jeune fille, — n'est-ce
pas dans cet enfoncement que se trouve le petit bassin
appelé la *baignoire de saint Guilhelm* ? Je me souviens
qu'on y poussa 'notre barque 'le jour que je fis avec ma
mère et monsieur Adrien une visite au Roquairol.
— Oui, — répliqua le patron, — mais ce jour-là, sans
doute, l'étang était tranquille comme une jatte de lait.
Oh ! je connais bien cet endroit ; que de fois j'y suis venu
pour détacher avec un morceau de fer les glands de mer,
les oursins, les lépas adhérens au rocher !... Mais, triple
diable ! si saint Guilhem est ce matin dans sa baignoire,
il doit y prendre de fameuses douches d'eau salée ! Entendez-vous le vacarme qui se fait là-dedans ?
— Et pourtant, — dit Etienne d'un air pensif, — il y
aurait moyen peut-être...
Il s'arrêta comme effrayé lui-même de l'audace de son
plan.
— Voyons, parle ; quel est ton avis ?
— Ah ! père, si j'étais seul dans mon nèguefol, ou si
même nous n'étions que toi et moi dans cette barque...
— Ne pensez pas à moi ! — s'écria mademoiselle de
Norville avec chaleur ; — agissez comme si j'étais restée
à Balaruc. Braves gens, ma vie est-elle donc plus précieuse que la vôtre ?
Alors Etienne expliqua son projet au patron ; il s'agissait de porter droit sur la *baignoire de saint Guilhelm*, en
s'abandonnant au mouvement des lames, et de pénétrer
dans le petit havre, au risque d'être submergé avant d'y
arriver, ou d'être fracassé en y arrivant.
Poncet réfléchit à son tour.
— C'est bien hardi, mon garçon, — dit-il enfin, — mais
ça peut réussir. Il y a gros à parier, par exemple, que
notre pauvre bachot passera un vilain quart d'heure ;
mais si je voyais seulement la moindre chance que ce
brave monsieur Adrien fût au Roquairol...
— Qu'aperçois-je là ? — dit tout à coup Amélie en désignant un objet qui servait de jouet aux vagues non loin
du bateau. Etienne saisit le croc et attira un chapeau de
paille dont la finesse du tissu et la forme toute mondaine
avaient un caractère particulier. Mademoiselle de Norville

poussa un cri faible, mais déchirant. — C'est le chapeau d'Adrien! — murmura-t-elle.

Les deux marins l'avaient reconnu aussi, et ils se concertèrent à voix basse. Bien que ce chapeau eût pu être apporté de fort loin par les flots, il y avait maintenant apparence que son maître se trouvât vivant ou mort au Roquairol. Aussi les incertitudes du patron cessèrent elles tout à coup; son visage, comme celui de son fils, prit une expression de détermination.

— Pécaïré, mon drôle, — dit-il de sa voix rude, — il faut tirer tout cela au clair... Borde tes avirons; moi, je vais me mettre au gouvernail, et à la garde de Dieu!

Chacun prit son poste aussitôt.

— Demoiselle, — dit Etienne d'un ton solennel en se penchant vers la jeune fille, — ayez confiance, je suis là... fermez les yeux et ne bougez pas.

— Qu'importe la mort maintenant! — soupira mademoiselle de Norville.

Les deux marins firent le signe de la croix en silence.

— Nage! — dit enfin le patron. Aussitôt la barque, emportée par un effort vigoureux, se rua au milieu du danger. Amélie regarda d'abord d'un œil ferme la manœuvre des téméraires bateliers. Mais bientôt le mugissement des flots, l'effrayante élévation des lames lui donnèrent le vertige; l'instinct de la vie l'emporta sur sa résolution; elle ferma les yeux. L'avant et l'arrière du bateau montaient et descendaient, de manière à imiter le mouvement d'une escarpolette. A chaque instant des *paquets* d'eau, tombant sur la jeune fille, ruisselaient le long de son manteau. Elle pensait être à sa dernière heure et adressait à Dieu une fervente prière. Ce supplice dura cinq minutes environ et ces cinq minutes lui parurent avoir duré un siècle. Tout à coup la barque tomba lourdement sur sa quille comme si elle se brisait en éclats; l'eau rejaillit par-dessus la tête de mademoiselle de Norville éperdue.

— Nous y voici! — s'écria Poncet d'une voix joyeuse, — et sans avarie grave, j'espère... Ma foi! saint Guilhelm nous a protégés.

Amélie, qui avait cru à une catastrophe, osa alors regarder autour d'elle. Le bateau se trouvait en effet dans l'espèce de petit bassin rocailleux qu'on appelait la *baignoire de saint Guilhelm;* déjà les deux marins avaient sauté à terre pour le tirer autant que possible hors de la portée des vagues qui s'engouffraient dans ce port en miniature.

Mademoiselle de Norville s'empressa aussi de débarquer, et, sans même s'apercevoir que ses vêtemens imprégnés d'eau salés gênaient sa marche, elle se mit à gravir le rocher avec rapidité.

Le crépuscule était devenu assez lumineux pour permettre de distinguer les formes et les couleurs; d'ailleurs, comme nous l'avons dit, le Roquairol, de ce côté, montait en pente douce, et les couches de pierre y formaient des espèces de degrés d'un accès facile. Amélie, tout en poussant par intervalles des cris d'appel, en atteignit la cime avant même que les bateliers, occupés à mettre leur barque en sûreté, eussent songé à la suivre.

Parvenue au point culminant, elle promena autour d'elle un regard avide. La perspective, du haut de ce promontoire, était splendide. Les nuages resplendissans projetaient sur les eaux une éblouissante traînée de pourpre et d'or. Les lames semblaient surmontées d'aigrettes brillantes, tandis que la terre, enveloppée dans la brume formait une barrière sombre et mystérieuse. Mais aussi loin que la vue pouvait s'étendre on n'apercevait pas une voile blanche, pas un bateau luttant avec ses longues rames contre les courans, pas un objet étranger ballotté dans l'écume des brisans. Le Roquairol, dont elle pouvait voir à la fois toutes les faces, était aussi complétement désert; rien ne se mouvait sur ses pointes rocailleuses si souvent battues par la tempête.

Après s'être assurée de l'inutilité de ses recherches, la jeune fille se prépara à redescendre auprès de ses compagnons. Un grand découragement s'était emparé d'elle.

Tant d'efforts, tant de dangers bravés n'avaient d'autre résultat que de constater la mort misérable d'Adrien de Laroyère. A cette pensée, le cœur de la jeune fille était serré comme dans un étau, et des larmes que personne ne pouvait voir coulaient silencieusement sur ses joues.

Tout à coup elle remarqua au dessous d'elle, à l'ombre de quelques arbustes, un objet d'un rose éclatant qui tranchait sur les tons sombres du rocher. Elle s'en approcha avec empressement et reconnut un de ces grands et beaux oiseaux, si rares en France, qu'on appelle flamans ou phénicoptères. Depuis longtemps Adrien, dans son enthousiasme de chasseur, ambitionnait une pareille proie, et c'était pour la conquérir qu'il était venu au Roquairol. L'oiseau, arrangé avec soin au pied d'un arbrisseau, semblait avoir été mis à l'abri du vent et de la pluie. Sans doute le pauvre jeune homme, au moment de braver la fureur des eaux, n'avait pas voulu exposer son glorieux trophée aux chances d'un naufrage et l'avait caché là, espérant le retrouver plus tard. Mais selon toute apparence le chasseur ne devait jamais se vanter de son exploit.

Des cris perçans attirèrent l'attention de mademoiselle de Norville; le patron et Etienne l'appelaient d'une espèce de plate-forme située à douze ou quinze pas du rivage. Elle tourna les yeux de ce côté; quel fut son étonnement en reconnaissant que les bateliers n'étaient plus que deux! A leurs pieds, sur la roche nue, était étendue une troisième personne que les accidens du sol n'avaient sans doute pas permis de remarquer jusque-là.

Un profond saisissement s'empara d'Amélie. Laissant tomber le flamant qu'elle avait eu d'abord la pensée d'emporter, elle descendit le Roquairol de toute sa vitesse, au risque de se tuer; en quelques secondes elle se trouva sur la plate-forme, où l'attendait un navrant spectacle.

C'était en effet Adrien de Laroyère que les marins avaient trouvé en furetant dans les crevasses du rocher. Adrien était vêtu d'habits de coutil tout imprégnés d'eau salée. Il ne faisait aucun mouvement; la pâleur de la mort couvrait son visage. Ses mains étaient comme déchirées; sa chemise, entr'ouverte sur sa poitrine, laissait voir des traces nombreuses de contusions. Il avait au-dessus du front une large et profonde coupure d'où s'était échappée une grande quantité de sang. Evidemment il s'était traîné jusque-là après avoir été lancé plusieurs fois par les vagues contre les rochers; ses blessures ne lui permettant pas d'aller plus loin; il était tombé sans doute pour ne plus se relever. Malgré le désordre où l'avait jeté cette lutte acharnée contre les flots, il était impossible de rien voir de plus beau que ce jeune homme inanimé; sa pâleur faisait ressortir la noirceur de ses élégantes moustaches et celle des longs cils de soie abaissés sur ses yeux; une sorte de placidité était empreinte sur ses traits, et ses lèvres décolorées semblaient encore sourire.

— Grand Dieu! il est mort! — s'écria mademoiselle de Norville.

— Non, non, grâce à la bonne Vierge! — répliqua le patron; — mais il était temps... Dans un quart d'heure peut-être on aurait pu dire « Bonsoir! » Passe-moi la gourde d'eau-de-vie, Etienne... Et vous, demoiselle, prêtez-moi, je vous prie, votre mouchoir pour bander cette affreuse plaie.

Le bonhomme, après avoir lavé la blessure, appliqua dessus une compresse imbibée d'eau salée; puis il se mit à frictionner les tempes du blessé avec de l'eau-de-vie, et parvint même à en glisser quelques gouttes entre les dents serrées du pauvre Adrien. Amélie et Etienne attendaient avec angoisse le résultat de ces soins.

L'évanouissement du jeune chasseur avait moins pour cause la gravité de sa blessure que la perte de son sang, la fatigue, le froid et l'humidité. Aussi, après un quart d'heure d'attente, commença-t-il à donner des signes de sentiment; un peu de chaleur revint dans ses membres, et enfin il ouvrit les yeux. Mais dans le premier moment son regard était terne, éteint, sans intelligence. Le patron

73

fit alors avaler au blessé une dose plus forte de son élixir souverain, c'est-à-dire d'eau-de-vie ; puis il enveloppa Adrien du manteau de laine dont on s'était précautionné pour une circonstance semblable. Alors seulement le naufragé parut reprendre entièrement l'usage de ses facultés.

Il regarda d'abord avec étonnement ces visages anxieux penchés sur le sien ; en reconnaissant le patron et Etienne, il les remercia d'un sourire amical. Mais quand ses yeux se fixèrent sur les traits gracieux de mademoiselle de Norville, il parut douter du témoignage de ses sens. Après une minute de contemplation, il murmura d'une voix à peine distincte :

— Amélie...! mademoiselle de Norville!

La jeune fille fondait en larmes, mais cette fois c'était la joie qui les faisait couler.

— Il vit! — s'écria-t-elle avec transport ; — il nous reconnaît... il est sauvé !

— Et il peut bien dire que c'est grâce à vous, ma petite dame ! — s'écria le patron en se redressant ; — car si vous n'aviez pas été là, du diable si nous eussions osé de nous-mêmes entreprendre ce qui a si heureusement réussi. Oui, regardez-la bien, monsieur Adrien, — ajouta-t-il en s'adressant au blessé ; — vous lui devrez un fameux cierge, allez! Et véritablement il y plus de nerf, de sang-froid et d'insouciance du danger dans cette jolie petite créature-là que dans bien de vieux chiens de mer comme moi et d'autres... Mais voyons, comment ça va-t-il maintenant? êtes-vous mieux? ne voulez-vous pas essayer de vous relever un peu?

Adrien tenta de se redresser, mais il retomba aussitôt en poussant un gémissement douloureux.

— J'ai les membres brisés, — murmura-t-il.

— Oui, oui, vous avez été rudement secoué, je crois,— reprit le vieux marin ; — tenez, je pourrais vous dire maintenant tout ce qui vous est arrivé comme si je l'avais vu de mes yeux. Hier au soir, vous vous êtes attardé à l'affût des flamans, n'est-ce pas? et quand vous avez voulu retourner à Balaruc, l'orage était déjà commencé...? — Adrien fit un mouvement affirmatif. — Aussi, — continua Ponçet, — votre barque a chaviré ; mais, comme vous êtes bon nageur, vous êtes revenu au Roquairol, et vous avez été lancé plusieurs fois contre le roc avant de pou voir aborder...

— Pendant près d'une demi-heure j'ai lutté contre les barres et le ressac, — répliqua Adrien en frémissant à ce souvenir ; — c'est un miracle de Dieu que j'aie pu enfin prendre pied et me traîner jusqu'ici, où j'ai perdu connaissance...

— Et vous êtes resté toute la nuit en cet état ; la chose est claire comme le jour maintenant... Ah! mon brave monsieur Adrien, voilà une partie de plaisir qui vous coûte bien cher !

Amélie intervint avec embarras.

— Patron, — dit-elle, — il peut être imprudent d'exciter monsieur Adrien à parler... D'ailleurs il a besoin de secours plus efficaces que ceux que nous pouvons lui donner ; ne seriez-vous pas d'avis de le transporter dans la barque et de le conduire le plus promptement possible à Balaruc?

— Un moment donc, ma petite dame ! laissez-le respi rer un peu, ce pauvre monsieur. Plus nous attendrons, mieux ça vaudra ; les lames s'abaissent de minute en minute, et d'ici à une heure l'étang sera tranquille comme de l'huile. Bagasse! notre garçon a bu assez d'eau salée pour longtemps, je pense.

Cependant Etienne, voyant que le jeune chasseur avait repris connaissance, était venu lui serrer la main :

— Je suis content, bien content de vous voir encore en vie, monsieur Adrien, — dit-il avec sa simplicité naïve et cordiale ; — vous avez été joliment maltraité à ce qu'il paraît. Eh bien! voyez, je voudrais, au prix des mêmes dangers, que ma pauvre Simone eût fait pour moi ce que cette brave demoiselle a fait pour vous.

— N'exagérez pas la part que j'ai pu prendre à cet heu-

reux résultat, — dit mademoiselle de Norville avec confusion ; — sans vous et votre père, dont la constance et l'intrépidité ont surmonté les obstacles, à quoi eût servi mon impuissante bonne volonté?

— Je vois, — dit Adrien en s'animant un peu, — que j'ai contracté aujourd'hui de nombreuses obligations... J'essayerai de m'acquitter envers ces bonnes gens ; mais vous, mademoiselle, — poursuivit-il plus bas, — comment vous prouver ma reconnaissance, sinon en vous consacrant tout entière la vie que vous m'avez conservée?

Il voulut ajouter quelques paroles, mais il fut pris d'une nouvelle faiblesse et la voix lui manqua. Amélie s'empressa de lui faire respirer des sels, tandis que le patron recommen ait ses frictions. Adrien se remit bientôt et tenta encore de parler, mais on ne le lui permit pas et on se prépara à regagner le bateau.

Cependant le grand jour était venu ; le soleil, dégagé des nuées brillantes qui l'avaient enveloppé à son lever, inondait l'horizon de lumière. Les légères vapeurs du crépuscule s'étaient dissipées ; l'air avait cette transparence qu'un violent orage laisse après lui. Du haut du Roquairol on pouvait distinguer maintenant les rives du lac avec leurs villages pittoresques, leurs plantations d'oliviers, leurs vignes luxuriantes, puis leurs garigues stériles et leurs marécages onduleux. D'un autre côté s'étendaient les grèves blanches et les eaux azurées de la mer, A l'ouest, dans un immense éloignement, on apercevait la chaîne des Pyrénées et le majestueux Canigou, sentinelle avancée de cette ligne de géans.

Une circonstance frappa les deux marins : l'agitation des eaux autour du rocher diminuait plus rapidement encore qu'ils ne l'avaient pensé ; les flots, qui s'engouffraient tout à l'heure avec tant de force dans la baignoire de saint Guilhelm avaient perdu leur violence brutale ; rien ne s'opposait donc à ce qu'on s'embarquât sans retard.

Les Ponçet enlevèrent Adrien avec précaution sur leurs bras et le portèrent dans la barque, dont l'eau avait été soigneusement étanchée. Mais là se présenta une difficulté ; le blessé ne pouvait soutenir sa tête, qui retombait à droite et à gauche sur son épaule. Amélie s'offrit en rougissant à lui servir d'appui : elle s'assit à l'arrière du bateau, et Adrien posa la tête sur ses genoux, pendant que la jeune fille le soutenait de ses deux mains un peu tremblantes.

Une seule impulsion suffit pour lancer l'embarcation hors du bassin où elle était entrée avec tant de péril et tant de peines. Les barres et contre-barres qui se formaient encore autour du Roquairol donnèrent bien certaines inquiétudes aux bateliers, mais, après quelques coups de rames, leurs alarmes se dissipèrent et l'on sortit enfin des brisans.

On vogua alors paisiblement vers le rivage. Adrien était dans une immobilité complète ; à sa pâleur on l'eût cru encore évanoui, si son regard brillant n'eût exprimé qu'il avait conscience d'une situation si délicieuse pour lui, si délicate pour sa compagne. Amélie, embarrassée par la fixité de ce regard, détournait souvent la tête ; mais les soins continuels qu'exigeait le malheureux jeune homme, incapable de s'aider lui-même, l'obligeaient bientôt à ramener les yeux vers lui, parfois même à le serrer doucement entre ses bras. Alors les traits d'Adrien reflétaient une béatitude céleste, tandis qu'Amélie, émue et palpitante, se reprochait ses caresses involontaires.

En dépit de ces sensations innocentes et nouvelles, la jeune fille ne songeait pas sans effroi au danger de rentrer ainsi à Balaruc. Que penserait-on d'elle en la voyant revenir sous ce déguisement? Que dirait sa mère, si rigide, si jalouse de son autorité? La réputation d'Amélie serait compromise si l'on avait connaissance de cette excursion nocturne à la recherche d'un beau jeune homme ; et la conscience de mademoiselle de Norville lui disait que ce blâme ne serait pas tout à fait immérité.

Ses angoisses devenaient plus vives à mesure qu'on

approchait du terme du voyage. Sur la rive, devant la maison de Poncet, un certain nombre de personnes allaient et venaient, en se tournant fréquemment vers l'étang. Sans doute, on avait aperçu de loin les arrivants, et on attendait avec anxiété le résultat de leurs recherches. La fenêtre de la chambre de madame de Norville était ouverte, malgré l'heure matinale, et Amélie croyait voir sa mère, armée de la longue-vue, l'examiner avec attention. Elle frémissait ; toute palpitante, elle s'enveloppait dans son manteau et tirait son bonnet de marin sur son visage ; il lui semblait que, de cette distance, on pouvait déjà y lire sa honte et sa confusion.

Bientôt elle put s'assurer combien ses craintes étaient fondées ; elle reconnut, parmi les personnes réunies sur la rive, Malevieux, le docteur et d'autres habitués de l'établissement thermal. Une forme blanche et svelte se dessinait aussi de plus en plus distinctement dans l'encadrement de la fenêtre. Comment Amélie pourrait elle conserver son incognito au milieu de tout le monde ? En d'autres circonstances, elle eût prié les bateliers de débarquer ailleurs ; mais l'état alarmant d'Adrien ne permettait pas de prolonger le voyage ; d'ailleurs, un mouvement de retraite en ce moment eût certainement excité des soupçons.

— Allons, — murmura-t-elle, — je suis perdue... Mon Dieu ! j'eusse donc été trop heureuse !

Tout à coup une des nacelles légères appelées nègucfois se détacha du rivage et s'avança avec rapidité audevant des arrivants. Cette nacelle était montée par la mère Poncet, qui la faisait voltiger comme une plume à la surface de l'étang. En quelques minutes, la vigoureuse néréide se trouva bord à bord avec son mari et son fils. Elle jeta un regard curieux dans le bateau et reconnut Adrien :

—Ah ! —dit-elle avec satisfaction,—vous avez rencontré le jeune monsieur ! C'est bien, je ! il est un peu avarié, je crois, mais la barque n'a pas eu d'accident... Allons ! les hommes, vous avez gagné votre goutte d'eau-de-vie !... Quant à vous, ma petite, — ajouta-t-elle en s'adressant à mademoiselle de Norville, — trouvez-vous bien nécessaire que ces grands flandrins de la maison des bains vous voient débarquer avec les garçons ? Passez bien vite avec moi, j'irai vous mettre à terre là-bas, derrière les arbres, pendant qu'on sera occupé de monsieur Adrien, et comme ça les méchantes langues auront un pied de nez. — Amélie s'empressa de déférer à cette invitation, après qu'Étienne se fut chargé de soutenir le malheureux blessé, à qui ce changement arracha un petit gémissement de regret. Elle sauta dans le nègucfol, si heureuse de ce secours inattendu qu'elle eût volontiers embrassé la sordide et acariâtre vieille qui le lui apportait. Alors la barque continua d'avancer, tandis que le batelot restait en arrière. — A la bonne heure ! — dit Marguerite Poncet ; — de cette manière, ils n'y verront que du feu... Vraiment, ma fille, il eût été dommage qu'on fît des caquets sur votre compte, car vous êtes gentille à croquer, et vous n'êtes pas trop regardante ; mais j'y ai mis bon ordre. Ce matin, la Thérèse, cette servante qui vous a prêté le manteau et le bonnet de son amoureux et vous a ouvert la porte pour sortir la nuit, pendant qu'on vous croyait endormie dans votre chambre, est venue me trouver ; elle m'a dit combien elle était inquiète de ne vous avoir pas encore vue rentrer. Prévoyant ce qui arrive, elle a eu l'idée d'apporter chez nous un de vos châles et votre chapeau de paille. Vous entrerez à la maison par la porte de derrière ; puis vous sortirez habillée en dame, comme si vous étiez venue demander des nouvelles tout en faisant votre promenade du matin.

Ce plan était fort bien imaginé, et la jeune fille battit des mains avec transport.

— Merci, merci, ma bonne mère Poncet, — s'écria-t-elle, — je vous devrai plus que la vie !

Cependant le bateau venait d'aborder en face de la maison des bains, et les personnes qui se trouvaient sur la grève étaient accourues pour assister au débarquement. Malevieux, frisé, rasé de frais, en habit noir et en cravate blanche, selon son habitude, s'avança vers les bateliers d'un air dégagé ;

— Eh bien ! mes amis, — dit-il avec son sourire forcé, — vous nous ramenez donc notre don Quichotte des chasseurs, notre beau coureur d'aventures aquatiques, un peu moulu, désenchanté et passablement dégoûté des exploits d'Actéon et de Phœbus !... Et mais, — ajouta-t-il aussitôt avec plus d'étonnement que d'effroi, en voyant son neveu privé de sentiment, — le pauvre garçon aurait-il vraiment payé de la vie sa folle témérité ?

— N'y comptez pas, mon vieux monsieur, — répondit le patron d'un ton narquois ; — faut vous dire : Il a la peau dure quoiqu'elle soit un peu déchirée. Mais il ne s'agit pas de lanternier ; voici monsieur Moirot qui va lui boucher ses voies d'eau et le visiter de pied en cap, afin de le calfater à fond... Allons, Étienne !...

Et tous les deux s'empressèrent de porter le malheureux jeune homme jusqu'à la maison.

Pendant que la curiosité se concentrait ainsi sur Adrien, mademoiselle de Norville débarquait dans une anse écartée avec la mère Poncet. Elle gagna furtivement la maison du pêcheur, revêtit le costume préparé pour elle, et reparut bientôt comme si elle fût venue de faire une promenade matinale sur la plage. A la vérité, un observateur attentif eût aisément remarqué, malgré son grand châle, sa robe imbibée d'eau salée, ses souliers tachés de vase et de limon ; mais les habitants de Balaruc n'y regardaient pas de si près, et Amélie put rentrer à la maison de bains sans que personne en apparence se fût douté de sa périlleuse excursion sur l'étang de Thau.

V

LA MÈRE ET LA FILLE.

La marquise de Norville était fille d'un riche négociant de Nîmes. Fort jeune encore, elle avait épousé monsieur de Norville, gentilhomme de fortune modeste, mais, d'une famille estimée dans sa province. Un amour réciproque avait été, disait-on, le mobile de ce mariage ; cependant l'intérêt d'une part, de l'autre le désir d'échanger un nom roturier contre un titre nobiliaire, en avaient été peut-être les motifs réels. Monsieur de Norville, dépourvu d'avantages personnels, était de faible santé et d'un esprit borné ; sa nouvelle épouse, au contraire, vive, sémillante, étourdie, poussait la coquetterie aussi loin que le permettait le soin de sa réputation. Aussi cette union n'avait-elle jamais causé pour fort heureuse ; le marquis, obligé de céder aux exigences de sa femme, s'était résigné bientôt à la laisser à peu près maîtresse de ses actions, et quand il mourut, quelques années seulement après son mariage, madame de Norville se trouvait déjà tout habituée aux allures indépendantes d'une veuve riche et adulée.

Une femme de ce caractère et dans cette situation ne pouvait manquer, selon l'opinion du monde, de se remarier bientôt ; il n'en fut rien. Soit que la belle veuve, au lieu de se donner un maître, eût préféré jouer le rôle du soleil qui est admiré de tous sans être à personne, soit qu'elle n'eût pas trouvé dans la foule des soupirans un mari digne de son choix, elle avait éconduit les partis avantageux qui s'étaient présentés. Elle avait justifié ces refus par le désir de se consacrer exclusivement à l'éducation de sa fille unique, et, devant une prétention si respectable, les poursuivants les plus opiniâtres avaient bien été forcés de se retirer.

Amélie, en effet, pendant ses premières années, était l'idole de sa mère, qui ne pouvait assez admirer ses grâces naïves, sa gentillesse, son intelligence précoce. Jeune elle-même, la marquise avait joué avec sa fille, qu'on nous passe le mot, comme un enfant joue avec sa poupée. Sa préoccupation constante à cette époque était d'inventer des ajustemens nouveaux pour la parer, de répéter ses mots charmans, de l'élever au-dessus des autres petites filles de son âge. Plus tard, elle prit plaisir à voir les rapides progrès de la jeune écolière dans toutes les branches de connaissances, dans tous les arts d'agrément qu'on lui enseignait. Aussi, tant qu'Amélie avait pu passer pour une enfant, madame de Norville avait-elle été la plus fière, la plus heureuse des mères, nulle n'avait éprouvé pour sa fille une affection plus tendre et dévouée.

Mais, deux ans environ avant l'époque où commence cette histoire, il s'était opéré un changement étrange. Au lieu de cette mignonne créature, de cette pensionnaire studieuse d'autrefois, la marquise vit tout à coup à son côté une grande demoiselle, belle, instruite, pleine de sens. Elle, habituée jusque-là aux adulations sans partage, remarqua bientôt qu'en entrant dans un salon elle n'attirait plus exclusivement l'attention; sa fille interceptait au passage et regards et sourires admiratifs. On ne formait plus cercle autour d'elle. Si quelques hommes faits, quelques fashionables mûrs comme Malevieux, paraissaient parfois prendre plaisir à écouter son babil spirituel, les jeunes élégans et les cavaliers à la mode se pressaient autour d'Amélie à l'envi les uns des autres.

A partir de ce moment, l'affection de la marquise pour sa fille se changea en froideur d'abord, puis en quelque chose qui ressemblait à de l'hostilité. La coquetterie aigrie est le plus méchant levain que puisse contenir le cœur d'une femme. Madame de Norville voyait dans Amélie une rivale qui la surpassait en jeunesse et en beauté; de plus elle avait conscience que la jeune fille devinait la basse et honteuse jalousie de sa mère. Aussi, mécontente des autres et d'elle-même, la marquise était-elle toujours dans un état d'irritation contenue qui la rendait sévère, injuste, souvent cruelle.

C'était particulièrement depuis l'arrivée des dames de Norville aux eaux de Balaruc que cet éloignement de la marquise pour la pauvre Amélie avait pris une force nouvelle. Elle eût voulu la tenir constamment enfermée dans sa chambre, pendant qu'elle-même descendait au salon ou allait à la promenade avec les autres pensionnaires de la maison. Il ne se passait pas de journée, pas d'heure où elle n'adressât à sa fille quelque reproche amer sur sa tenue, sur sa mise, sur ses actions et sur ses paroles. La malheureuse enfant supportait avec une résignation muette ces mille piqûres d'épingles, qui se succédaient avec une constance désespérante. Malgré la fierté, la hardiesse même de son caractère, elle devenait humble devant sa mère, qui l'avait tant aimée et qui semblait prendre plaisir à la torturer. Le sentiment du devoir la maintenait toujours dans les limites les plus rigoureuses de la soumission, et justifiait à ses yeux jusqu'à un certain point cette révoltante tyrannie.

Qu'on juge donc de l'effroi qu'elle resentit en entrant dans sa chambre, au retour de sa pénible excursion sur l'étang de Thau, quand elle se trouva tout à coup en présence de madame de Norville! A cette heure peu avancée, la marquise d'ordinaire n'était pas levée; Amélie avait donc pu raisonnablement espérer de pouvoir rentrer sans être aperçue. Mais sa mère lui apparut sur le seuil de la porte de communication des deux chambres, drapée dans un peignoir de mousseline, et lui demanda d'un ton sévère :

— D'où venez-vous, mademoiselle?

Amélie avait préparé une fable en réponse à cette question; mais la conscience de ses torts ne lui permit pas de la débiter. Elle balbutia, se troubla, et, tombant aux genoux de son juge, elle fondit en larmes sans pouvoir prononcer autre chose que ces mots :

— Ma mère! ma bonne mère, pardonnez-moi!

— Allons, mademoiselle, relevez-vous; je n'aime pas les

scènes... seulement je veux savoir ce qui s'est passé; je veux tout savoir, entendez-vous?

Amélie obéit et raconta d'une voix entrecoupée comment, avec l'aide de la fille de service, elle était sortie de l'hôtel avant le jour, comment elle avait décidé les Poncet à mettre leur barque à l'eau, malgré l'imminence du danger; comment Adrien de Leroyère avait été trouvé expirant sur le Roquairol, comment enfin elle avait eu le bonheur de rentrer sans être reconnue.

— Ma mère, — ajouta-t-elle en terminant, — j'ai eu tort sans doute d'accomplir cette démarche inconsidérée, mais songez à la funeste position de ce jeune homme, abandonné de tous, même de son plus proche parent, et vous trouverez, j'en suis sûr, dans la bonté de votre cœur, une excuse à ma faute.

La marquise, assise dans un fauteuil, avait écouté d'un air froid ce récit franc et sincère.

— A merveille, mademoiselle, — dit-elle enfin avec ironie, — rien ne vous manque pour être une parfaite héroïne de roman! ce déguisement, cette barque ballottée par les flots, la nuit, dans une tempête, ce naufragé à qui vous sauvez la vie, c'est magnifique cela!... Cependant il me vient un doute; était-ce seulement à un sentiment d'humanité que vous cédiez en courant ainsi les aventures, au risque de votre existence et de votre bonne renommée? N'y avait-il entre ce jeune homme et vous d'autres rapports que ceux de la simple politesse? Ne vous aurait-il jamais, par exemple, adressé de ces galanteries frivoles qui tournent parfois la tête aux petites filles comme vous?

— Maman, — dit Amélie toute rouge, en baissant les yeux, — monsieur Adrien en effet m'a montré en diverses circonstances de l'empressement, de l'intérêt.. Mais je vous jure que jusqu'à ce jour...

— Ah! aujourd'hui sans doute il a été plus clair? — reprit la marquise, dont le front se plissa.

— Songez donc à l'état affreux où nous l'avons trouvé; c'était à peine s'il lui restait un souffle de vie, et il n'a pu m'adresser qu'une parole de reconnaissance. Cependant, s'il faut l'avouer, cette parole était si profondément sentie, accompagnée d'un regard si éloquent, elle partait si bien du cœur, que j'ai cru la deviner.

— Deviner quoi? — interrompit la marquise d'une voix brève; — voudriez-vous me faire entendre que monsieur Adrien aurait pour vous une... préférence? — La jeune fille baissa la tête en silence. — Cela n'est pas, cela est faux! — dit madame de Norville avec une chaleur extraordinaire; — lui, un Parisien, un homme du meilleur monde, s'amouracher d'une petite fille, d'une pensionnaire insignifiante telle que vous? Cela n'est pas, vous dis-je; vous êtes une folle et vaniteuse enfant; vous interprétez dans le sens de votre coquetterie une parole sans portée... Il ne peut vous aimer; je vous défends de dire, de penser qu'Adrien de Leroyère vous aime!

Et des larmes jaillirent de ses yeux, malgré ses efforts pour les retenir.

Amélie l'examinait avec un étonnement mêlé de frayeur. Trop naïve pour comprendre la cause de cette agitation, elle craignit d'avoir laissé échapper à son insu quelques paroles blessantes.

— Au nom du Ciel, ma mère, — reprit-elle, — comment ai-je pu vous affliger à ce point? Je vous en supplie, faites-moi connaître ma faute.

— Laissez-moi, — interrompit la marquise avec dureté. — Mais je ne sais pas encore, — ajouta-t-elle, — tout ce qu'il est nécessaire que je sache... Vous, mademoiselle, qui avez l'art de lire dans les regards ce qu'on ne vous dit pas, ce qu'on ne songe pas à vous dire, répondez avec franchise : aimez-vous ce jeune homme, vous?

Amélie se cacha le visage dans ses mains :

— Ma mère, de grâce! excusez-moi...

— Allons, pas de grimaces... Il faut que je sache la vérité, je veux la savoir... L'aimez-vous?

— Eh bien! ma mère, je l'ignore.

— Vous l'ignorez, effrontée! — dit la marquise en éclatant et en repoussant avec force la jeune fille ; — mais au fait, — ajouta-t elle aussitôt d'un air de réflexion en s'efforçant de se calmer, — j'ai tort de prendre au sérieux de pareils enfantillages ! Il n'y a que puérile vanité d'un côté, politesse, vaine galanterie de l'autre... N'importe, n'importe, je veillerai !

Mademoiselle de Norville cherchait toujours vainement à comprendre le motif de cette grande colère.

— Que me reprochez-vous ? — reprit-elle avec candeur ; — maman, si vous pouvez être indulgente pour ma téméraire démarche d'aujourd'hui, de quoi donc suis-je coupable à vos yeux ?

— Coupable ! coupable ! allez-vous discuter avec moi ?... Et pourquoi serais-je indulgente pour une faute dont toute votre vie peut-être vous porterez la peine ?

— Laissez moi espérer que je ne serai pas si cruellement punie de mon imprudence ; ceux qui en ont connaissance m'ont promis le secret.

— Beau secret, qui est à la garde de quatre ou cinq personnes ! Déjà sans doute vous êtes la fable du pays, et la malveillance ne manquera pas d'ajouter à cette aventure les inventions les plus outrageantes. Mais je ne dois pas le souffrir, moi votre mère ; il faut trancher dans le vif et sans hésiter... Demain nous quitterons Balaruc, nous retournerons à Montpellier.

— Demain ! — s'écria Amélie en tressaillant. Elle resta un moment abattue du coup et versa quelques larmes. — Il suffit, ma mère, — dit-elle enfin avec soumission ; — j'obéirai à votre volonté sans murmurer. Mais, du moins, ne m'accablez pas de votre colère, de votre inimitié ! Je souffre, oh ! je souffre bien... qui me consolera, qui me soutiendra, si vous me manquez ?

Elle voulut prendre la marquise dans ses bras ; madame de Norville se détourna brusquement :

— C'est bon ! — dit-elle, — maintenant restez ici... j'ai besoin d'être seule.

Et elle rentra dans sa chambre, dont elle ferma la porte sur elle, laissant Amélie stupéfaite et consternée de cet emportement inexplicable.

Plusieurs heures s'écoulèrent. Bien qu'Amélie n'eût pas dormi la nuit précédente et que les fatigues de la matinée l'eussent brisée, elle ne songea pas à se reposer un seul instant. Mille réflexions pénibles remplissaient son esprit ; elle était en proie à une espèce de rêverie fiévreuse, où les images réelles se mêlaient aux illusions les plus sombres de son imagination malade. Un grand bruit qui se fit entendre tout à coup dans l'hôtel la tira de cette torpeur douloureuse. On allait et venait dans les corridors, les portes et les fenêtres se fermaient avec fracas. Amélie, violemment surexcitée, s'inquiéta de ce mouvement inaccoutumé. Elle eût voulu pouvoir descendre au salon pour en demander la cause ; mais comment l'oser sans exciter les soupçons, peut-être les reproches de sa mère déjà irritée ?

Dieu sans doute eut pitié de ses angoisses. Thérèse, la fille de service qui avait procuré à mademoiselle de Norville les moyens de sortir la nuit précédente, entra dans la chambre.

Thérèse était une jeune soubrette alerte et pimpante ; avec la croix d'or suspendue à son col par un ruban noir et la longue chaîne d'argent qui attachait ses ciseaux à la ceinture de son tablier ; elle représentait assez bien le type de la grisette languedocienne, vive, agaçante, coquette, dévote, au demeurant bonne fille, malgré son goût décidé pour la moquerie. Elle était assez jolie, ce qui l'exposait dans l'exercice de ses fonctions à des provocations de plus d'un genre ; mais Thérèse avait la main aussi leste que la langue, et des voyageurs trop hardis l'avaient appris à leurs dépens. En la voyant entrer tout effarée, Amélie courut au-devant d'elle :

— Que se passe-t-il, ma bonne Thérèse ? — demanda-t-elle avec effroi ; — serait-il arrivé quelque malheur ?

— Un malheur ! — répliqua la soubrette en rajustant sa coiffe un peu chiffonnée ; — non, non, grâce au Ciel,

mademoiselle. C'est seulement un nouveau voyageur qui vient de descendre ici... un monsieur de Paris, un vicomte. J'ai été chargée de le conduire à sa chambre, et, tout grand seigneur qu'il est, il vous a des manières si drôles !...

— Ainsi donc, — reprit Amélie qui respira plus librement, — il n'est rien arrivé de fâcheux au pauvre blessé ?

— Rien que je sache, mademoiselle. Monsieur Adrien a eu un peu de fièvre et de délire, mais il dort maintenant. Le docteur Moirot prétend que nos eaux minérales le guériront bientôt. Ensuite vous savez comme le docteur vante les eaux minérales ! Ne voulait-il pas que Catherine, la cuisinière, en mît jusque dans les sauces, pour guérir les voyageurs sans qu'ils le sussent ? Ponah ! l'horreur !...

— Je ne doute pas de vous, ma chère Thérèse, — interrompit Amélie ; — mais dites-moi encore qui est auprès du malade ? Son oncle sans doute ?

—Non, mademoiselle ; c'est Joseph qui soigne le pauvre garçon... Quant au vieux, il est allé à la poste de Balaruc, pour s'informer si une lettre qu'il attend était enfin arrivée. Il n'a pas joué de la journée, et nous n'en revenons pas, à la cuisine ; aussi milord Je-Tiens-Tout est-il dans sa chambre, les bras ballans, comme un corps sans âme. Dame ! on prétend que l'oncle de monsieur Adrien a perdu des sommes énormes cet été, et qu'il est à sec en ce moment. Joseph pense qu'il doit y avoir de l'argent dans cette lettre attendue avec tant d'impatience, car...

Une fois lancée dans les caquetages, Thérèse ne se serait peut-être pas arrêtée de sitôt ; mais la porte de communication entre les deux chambres s'ouvrit brusquement, et madame de Norville parut.

— Que faites-vous ici, Thérèse ? — demanda-t-elle avec sévérité ; — qu'avez-vous à dire à ma fille ?... et vous, mademoiselle, que signifient ces chuchotemens mystérieux et déplacés ?

Amélie baissa la tête d'un air d'embarras ; mais la soubrette répliqua avec un aplomb parfait :

— Eh ! madame la marquise, il n'y a pas de mal, j'espère ; je venais demander si ces dames descendront aujourd'hui pour dîner ou si elles mangeront dans leur chambre.

— Vous nous servirez ici, — dit madame de Norville sèchement.

— Fort bien... Alors ces dames ne verront pas le nouveau voyageur qui vient d'arriver ; un assez bel homme, ma foi ! et puis un vicomte ! il vient dans le coupé de la diligence de Montpellier. A peine descendu de voiture, il s'est informé des personnes qui habitent l'hôtel, et, quand on les lui a nommées, il a eu l'air de les connaître toutes. M. le docteur assure qu'il vient à Balaruc pour se guérir d'un reste de paralysie ; mais pour sûr la paralysie n'est pas à la langue, car ce voyageur parle en patois et en français avec une facilité...

— Et vous, ma mie, — répliqua aigrement la marquise, —vous ne lui en devez guère, j'imagine... mais que nous importe cela ! Vous m'avez entendue ? laissez-nous. — Thérèse fit une courte révérence d'un air piqué, et elle allait sortir quand la marquise la rappela. — Tout bien considéré, — reprit-elle, — nous dînerons à la table commune... Comme nous devons partir demain, ce sera une occasion de prendre congé des personnes de connaissance.

— Quoi ! madame, vous partez demain ? — dit Thérèse en ouvrant de grands yeux ; — ah ! monsieur le docteur en fera une maladie, sans compter que d'autres...

La marquise réprima d'un air hautain cette loquacité opiniâtre.

— Allez ! — dit-elle, — vous reviendrez nous habiller dans quelques moments. — Restée seule avec sa mère, Amélie fit de nouveaux efforts pour obtenir son pardon. — Allons, n'en parlons plus, — dit la marquise froidement ; — mais vous ne pouvez descendre au salon avec cette robe mouillée et ces cheveux en désordre... songez à votre toilette ; moi, je vais songer à la mienne.

Et elle rentra dans sa chambre.

Une heure après, quand une cloche fêlée donna le signal du dîner, les deux dames, vêtues avec élégance, entrèrent dans la salle à manger, où se trouvaient déjà réunis les principaux pensionnaires de l'établissement thermal. Cette salle, vieille et sombre, était lambrissée en bois ; sa peinture rougeâtre était toute craquelée et souillée de piqûres de mouches. Une glace à plusieurs pièces, encadrée dans une bordure jadis dorée, une pendule dite à armoire, dont les lentes et bruyantes oscillations dominaient le murmure des conversations, une table immense et un régiment de chaises pour la plupart inoccupées, lui donnaient l'apparence d'un réfectoire d'ancien régime. De petits rideaux à carreaux rouges, qui couvraient sous prétexte de chaleur les quatre fenêtres de la salle, y répandaient un jour sombre et pourpré du plus détestable effet.

Les pensionnaires, par respect pour les dames, ne s'étaient pas encore mis à table, quoique le dîner fût servi. Lord Corbett seul, toujours enveloppé de flanelle, avait été installé par son domestique à sa place ordinaire, et s'impatientait fort en lui-même contre ces retards. Les autres hommes, debout dans une embrasure de fenêtre, causaient avec gaieté ; et le fameux vicomte dont Thérèse avait annoncé l'arrivée semblait être le lion du moment.

Ce nouveau venu, quoique bien mis, avait plutôt l'apparence d'un commis voyageur que d'un gentilhomme parisien. Sa figure ronde, encadrée d'un collier de barbe brune, était assez belle et annonçait trente-six ans environ. Son œil était vif et perçant, sa physionomie extrêmement mobile. Le ruban d'un ordre inconnu, mais d'une couleur très voyante, ornait sa boutonnière. Cependant sa personne manquait de cette distinction, signe caractéristique de l'homme de bonne compagnie. Il parlait beaucoup et riait haut.

Ces défauts, ou plutôt ces travers, avaient pour résultat de désarmer la défiance que le regard fixe et parfois inquisiteur du vicomte eût pu inspirer. On ne se tenait pas en garde contre un homme si expansif, qui semblait dire tout ce qu'il pensait et penser tout ce qu'il disait. Aussi le nouvel hôte de l'établissement thermal semblait-il déjà au mieux avec les pensionnaires ; on formait cercle autour de lui, on l'écoutait avec un plaisir visible, et le vicomte témoignait par son aisance parfaite qu'il n'était nullement embarrassé de son succès.

L'arrivée des dames de Norville interrompit la conversation ; on s'empressa d'aller au-devant d'elles pour les saluer.

— Ah ! madame la marquise, — dit le docteur Moirot, qui remplissait les fonctions de maître des cérémonies, — vous avez donc daigné honorer de votre présence notre modeste dîner ? C'est là une faveur d'autant plus précieuse pour nous qu'elle est plus rare. Aujourd'hui surtout, nous avons un nouveau venu qui éprouvait une grande impatience de vous présenter ses hommages... monsieur le vicomte de Mornas, — ajouta-t-il en désignant l'étranger, qui s'inclina ; — eh bien ! monsieur le vicomte, je croyais que vous connaissiez madame de Norville ?

— Je n'ai pas cet honneur, — répliqua le vicomte avec aisance ; — vous m'avez mal compris, docteur... Je vous ai dit seulement qu'à Montpellier, d'où je viens et que j'ai habité autrefois, on m'avait vanté les grâces, la beauté, l'amabilité des dames de Norville ; je vois maintenant par moi-même que l'admiration publique n'a rien exagéré,

et je serais heureux d'être admis quelquefois à leur rendre mes devoirs.

Malgré cette assurance, ironique peut-être, que le vicomte rencontrait ces dames pour la première fois, la marquise, en le saluant, avait éprouvé une sorte de tressaillement. En dépit de sa grande habitude du monde, sa contenance trahit un peu d'étonnement et de malaise. Mais cette impression dura peu ; avant même qu'on eût pu s'en apercevoir, elle répondit avec politesse :

— Je regrette, monsieur, que nos rapports doivent être si courts... malheureusement je suis sur le point de quitter Baruc avec ma fille.

— Est-il donc vrai ! — s'écria le docteur avec une apparence de désespoir ; — quoi ! déjà ? dans la plus belle saison de l'année ? quand chaque jour vous sentez davantage l'action bienfaisante de nos eaux minérales ? Ah ! madame la marquise, c'est de l'ingratitude !

— Qu'allons-nous devenir ? — dit Malevieux avec sa galanterie renouvelée de la régence ; — Baruc ne sera plus habitable dès que les gracieuses nymphes des eaux les auront abandonnées ; pour ma part, je sais quelqu'un qui ne survivra pas à ce malheur.

— Vous sans doute, monsieur, — dit la marquise en souriant ; — allons donc ! il vous restera la table de jeu.

Les autres assistans se récrièrent sur le départ prochain des dames ; lord Corbett lui-même balbutia d'un ton presque inintelligible :

— Ho !... madame... he !

Au moment où l'on se mettait à table, la marquise prit le docteur à part.

— Êtes-vous sûr, — demanda-t-elle bas, — que la personne que vous venez de me présenter porte réellement le nom et le titre de vicomte de Mornas ?

— Comment ! si j'en suis sûr ! J'ai vu son passe-port, qui est resté, selon l'usage, entre mes mains... C'est un homme de haute distinction ; il a une charge importante à Paris, sans que j'aie pu savoir laquelle.

— C'est... c'est étrange ! — murmura la marquise. En allant prendre sa place à côté d'Amélie, elle vit le regard à la fois scrutateur et malin du vicomte attaché sur elle, comme s'il eût deviné qu'on s'occupait de lui. Pendant le dîner, le nouveau venu dirigea la conversation ; il semblait avoir beaucoup voyagé, il connaissait le monde, sa verve était intarissable. Aussi la plupart des convives l'écoutaient-ils avec une satisfaction extrême. Un coin de la table seulement paraissait indifférent aux piquantes anecdotes, aux saillies parfois spirituelles du vicomte de Mornas ; c'était celui où se trouvaient les dames de Norville et Malevieux. La marquise, tout en prêtant une attention distraite au parlage du conteur, affectait de ne pas entendre ; Amélie, les yeux baissés sur son assiette, restait silencieuse ; en proie à de pénibles réflexions, Malevieux lui-même semblait soucieux et préoccupé. Madame de Norville, désirant peut-être indiquer davantage son indifférence pour la conversation générale, demanda poliment à son voisin : — Vous ne m'avez pas dit, monsieur Malevieux, comment votre jeune homme se trouve ce soir. L'accident, je l'espère, n'aura pas de suites fâcheuses ?

— En effet, madame la marquise ; notre étourdi va de mieux en mieux. Il y a vraiment un dieu pour les enfans comme pour les ivrognes. Mais, je vous le disais hier, je connais mon endiablé de neveu ; il en réchappera, comme il en réchappe toujours... Dix honnêtes gens auraient succombé à ce qu'il a supporté déjà sans qu'il y paraisse. Il est invulnérable comme Achille, et, quand il essaye de se casser le cou, il réussit seulement à se faire une bosse au front.

— Eh ! mais, vraiment, on dirait que vous en êtes fâché ?

— Moi ! allons donc... ! Mais il est des momens où je souhaiterais qu'il reçût une bonne leçon dont il profitât. Abuser ainsi de mon affection pour lui, de ma sensibilité !

— Madame de Norville savait à quoi s'en tenir sur la sensibilité du tuteur d'Adrien, et fit une petite grimace de mépris. Malevieux continua d'un ton plus sérieux. — Ensuite il serait cruel de malmener ce pauvre enfant dans un moment où il est menacé d'un si grand chagrin; en apprenant votre départ, il sera capable d'éprouver une rechute.

— Lui! — dit la marquise en affectant de rire, — il se consolera avec les canards et les foulques de l'étang de Thau, comme vous avec les cartes et le jeu.

— Vous êtes ingrate pour lui et pour moi, belle dame, — reprit Malevieux, — et si vous saviez ce que je sais...

— Quoi donc?... Oh! je suis très curieuse!

— Hum! vous voulez me faire parler contre mes intérêts... mais, ma foi! que le jeune drôle, puisqu'il est avocat, plaide sa cause lui-même; vous ne saurez pas à qui appartenait un certain ruban rose et bleu qu'on a trouvé sur son cœur en le déshabillant, et dont il n'a pas voulu se séparer...

— Bah! à quelque jeune bergère du voisinage, — répondit la marquise avec une légèreté affectée.

— Le croyez-vous, charmante? Pourtant, ces petits jeunes gens se passionnent rarement pour les beautés encore en bouton. Ils préfèrent de beaucoup les femmes qui sont dans tout l'éclat de leur esprit et de leurs grâces.

— Allons, c'est assez, — dit madame de Norville en cessant de rire; — les secrets de monsieur Adrien n'appartiennent qu'à lui, et cette plaisanterie a déjà été poussée trop loin... Mais que faites-vous là, mademoiselle? — ajouta-t-elle avec impatience en s'adressant à sa fille; — allez-vous donc vider la carafe dans mon assiette?

En effet, la pauvre Amélie, à qui sa mère avait demandé de l'eau, ne s'apercevait pas que le verre était plein et que le liquide se répandait sur la table. Quand elle remarqua sa gaucherie, elle voulut déposer la carafe et pensa la briser. Elle rougit jusqu'aux oreilles; l'attention générale, qui se concentra un moment sur elle, augmenta sa confusion.

Bientôt pourtant elle se décida à lever les yeux. Le regard de monsieur de Mornas était encore attaché sur elle; mais ce regard n'avait plus un caractère hostile et railleur comme lorsqu'il s'adressait à la marquise; il était doux, caressant, plein de pitié et de sympathie. Sans savoir pourquoi, Amélie éprouva une sorte de bien-être intérieur, comme si, dans son isolement, elle venait de trouver un ami.

Le dîner terminé, on se leva pour se retirer. Le vicomte de Mornas s'approcha de Malevieux, qui causait toujours avec madame de Norville d'un ton moitié sérieux, moitié enjoué, mais à voix basse.

— Souvenez-vous, monsieur, — dit-il avec aisance, — qu'aussitôt que votre cher neveu sera en état de recevoir, j'ai une grande impatience de lui serrer la main... Il me tarde de renouer connaissance avec lui.

Les deux dames regardèrent le vicomte d'un air surpris.

— Quoi donc! monsieur, — demanda la marquise involontairement, — vous connaissez déjà...

— Monsieur Adrien de Laroyère? Oui, madame, — reprit le vicomte en s'inclinant; — nous nous sommes vus à Paris, où j'ai, comme partout, un grand, un très grand nombre de connaissances!

Il y avait encore dans ces paroles une intention railleuse qui n'échappa pas à la mère d'Amélie.

— Eh! madame, · reprit Malevieux, — ne vous ai-je pas raconté comment Adrien et monsieur le vicomte se sont trouvés en rapport à Paris? C'est une aventure merveilleuse, du roman tout pur, où Adrien a joué le rôle de chevalier errant. Un soir de l'hiver dernier, mon neveu, en revenant à pied d'une soirée au faubourg Saint-Germain, eut le bonheur de sauver monsieur le vicomte des mains de trois ou quatre inconnus qui l'avaient attendu dans une rue écartée et allaient l'assassiner...

— C'étaient des voleurs sans doute? — demanda la marquise.

— Non, il paraît que ce guet-apens avait pour cause des passions politiques; monsieur de Mornas est un royaliste pur, un *ultra*, comme on dit aujourd'hui, et ses agresseurs étaient, à ce qu'on croit, des libéraux, des conspirateurs, des *carbonari* peut-être...

— Cela importe peu, — interrompit le vicomte avec empressement; — il suffira à ces dames de savoir que monsieur de Laroyère me rendit alors un service que je n'oublierai de ma vie... Peu de temps après cet événement je dus quitter précipitamment Paris, car mes fonctions m'appellent constamment en voyage, et jusqu'ici je n'ai pu témoigner suffisamment ma reconnaissance à mon libérateur. Aussi, en apprenant qu'il se trouvait à Balaruc, ai-je ressenti une grande joie, et je suis impatient de voir ce brave jeune homme, qui m'a inspiré une si vive amitié.

— Je pense que cette satisfaction ne vous sera pas longtemps refusée, — dit Malevieux, — et demain matin sans doute...

Madame de Norville ne jugea pas à propos d'en entendre davantage, elle salua les interlocuteurs, et sortit avec sa fille.

Quand elles arrivèrent à leur chambre, la marquise était un peu rêveuse; néanmoins elle semblait plus irritée; parfois même elle laissait voir quelques symptômes de gaieté.

— Amélie, — dit-elle en se mirant avec complaisance, — j'ai réfléchi; ce départ subit pourrait paraître singulier, et il est convenable de le retarder de quelques jours encore. D'ailleurs j'ai acquis la certitude que tu es une petite folle qui t'es créé des chimères auxquelles personne ne pense;.. Il n'y a pas d'inconvénient pour nous à rester encore à Balaruc, et nous resterons.

— Comment! ma mère, — balbutia Amélie, — vous voulez...

— C'est une affaire arrangée; j'ai changé d'avis, voilà tout; n'en parlons plus... Que penses-tu de ce vicomte de Mornas, qui nous est tombé des nues aujourd'hui? On dit qu'il est de ce pays et qu'il parle patois comme s'il n'avait fait autre chose de toute sa vie. Cependant ce nom m'est complétement inconnu.

— Mais, — répliqua la jeune fille, qui savait à peine ce qu'elle disait, — ce voyageur m'a paru... très bien.

— C'est le plus insupportable bavard que j'aie jamais vu. Et puis un ton, des manières! Allons! décidément nous ne pouvons nous entendre sur rien aujourd'hui... Je te laisse à tes caprices.

Et elle entra en fredonnant dans sa chambre.

Demeurée seule, Amélie réfléchit longtemps.

— Plus de doute, — disait-elle en fondant en larmes; — je connais enfin la cause de ces bizarreries, de ces colères, dont j'ai eu tant à souffrir depuis peu... Eh bien! je serai forte et courageuse. Mon Dieu! secourez-moi.

VI

L'ONCLE ET LE NEVEU.

Adrien se rétablit promptement; la jeunesse et la vigueur de sa constitution aidant, au bout de quelques jours il était guéri. Pendant cette courte maladie, sa chambre avait été le rendez-vous commun des pensionnaires de l'établissement; mais le vicomte de Mornas s'était montré l'un des plus assidus et semblait être avec lui sur un pied de parfaite intimité. Mornas avait consacré au malade tous les instans dont il pouvait disposer, car il faisait de fréquentes excursions dans le voisinage, bien qu'on ignorât la cause réelle de ses absences. Madame de Norville elle-même était venue rendre visite au blessé dès que les convenances l'avaient permis, et plusieurs fois par jour elle envoyait demander de ses nouvelles. Enfin il n'était pas jusqu'à lord Corbett qui n'eût voulu donner une preuve de sympathie à l'enfant gâté de la maison ; une fois ou deux le noble goutteux s'était fait porter chez Adrien et lui avait secoué la main en grondant « Ho ! jeune homme, ho ! » excès d'éloquence et de cordialité auquel devait certainement être fort sensible celui qui en était l'objet.

Le soir du cinquième jour après l'accident, Adrien s'était donc trouvé assez bien pour sortir et, appuyé sur le bras de son oncle qui lui témoignait depuis peu une grande tendresse, il se promenait à pas lents sur la grève de l'étang de Thau. Quoiqu'on fût déjà au mois de septembre, la soirée était tiède et parfumée, comme il arrive encore dans ces heureuses contrées au commencement de l'automne, quand le mistral ne souffle pas. Une molle vapeur, rougie par les derniers reflets du couchant, enveloppait l'atmosphère ; l'étang, uni comme une glace, ne semblait avoir été jamais bouleversé par les tempêtes. Des barques aux voiles blanches le sillonnaient dans tous les sens, et des chants lointains, glissant sur les eaux, venaient mourir sur le rivage. Par intervalles des coups de feu isolés retentissaient du côté des paluds et témoignaient que les chasseurs étaient déjà à l'affût des oiseaux aquatiques.

L'oncle et le neveu causaient avec cette familiarité qui règne entre deux égaux et deux camarades. Adrien en effet avait déjà seize ans quand il avait perdu sa mère, veuve d'un ancien receveur des finances sous l'Empire, et à cet âge il n'avait pu être traité tout à fait comme un enfant. D'ailleurs, Malevieux, avec ses éternelles prétentions à la jeunesse, n'était pas homme à se poser en mentor sévère. Une similitude de goûts frivoles, une même propension pour le monde, peut-être aussi un calcul secret d'une des parties, avaient achevé d'effacer la ligne de démarcation qui eût dû subsister entre l'oncle et le neveu. Aussi, dès le commencement de sa tutelle, Malevieux ne s'était-il jamais prévalu de l'autorité légale dont il était armé, n'avait-il contrarié en quoi que ce fût les désirs de son pupille. Adrien, encore sur les bancs du collège, n'avait jamais vu une demande d'argent repoussée, si peu justifiée qu'elle parût. Devenu étudiant en droit et livré à toutes les habitudes de dissipation que comporte cet état, il n'avait jamais reçu un reproche, entendu la réprimande la plus légère de la part de son tuteur.

L'oncle et le neveu étaient depuis longtemps déjà des amis intimes, n'ayant qu'une bourse où chacun puisait sans compter, vivant de la même vie et se faisant mutuellement confidence de leurs fredaines. L'insouciance d'Adrien pour toute autre chose que ses plaisirs l'avait même empêché jusque là de demander à Malevieux un compte de tutelle, bien qu'il fût majeur depuis longtemps et que son titre d'avocat le mit à même de diriger lui-même ses affaires. Une procuration en blanc avait permis au tuteur de continuer sa gestion ; et tandis que l'étourdi eût eu tant de raisons de se défier de ce parent à qui il confiait ainsi sa fortune, il s'abandonnait sans soupçon à ses goûts turbulens et dissipés.

On s'expliquera donc aisément qu'entre ces deux hommes il n'y eût pas cette tenue, cette réserve que la différence d'âge et de position semblait exiger. Cependant, ce soir-là, Malevieux avait un air sombre et solennel ; il parlait par sentences emphatiques, à voix basse, quoique sur cette grève solitaire il ne pût être entendu que des musaraignes qui cherchaient leur proie dans les algues et les glaïeuls. Il avait entamé sans motif apparent une tirade sur l'honneur et sur la nécessité pour un homme de cœur de ne pas survivre à une honte méritée, quand Adrien l'interrompit brusquement :

— Ah çà ! à qui diable en as-tu ce soir ? — dit-il avec raillerie ; — tu es gai comme un catafalque ! Voyons, mon pauvre oncle, qui a dérangé le cours ordinairement si joyeux de tes pensées ? Tiens, tu as joué aujourd'hui avec cette noble momie de lord Corbett, et tu te seras encore fait battre, je le gage.

— Ne saurais-je donc avoir d'autres motifs d'être sé-

rieux, Adrien ?... La vérité est, — continua Malevieux d'un ton plus ouvert, — que nous avons joué aujourd'hui plus d'une heure et que lord Corbett n'a pu m'entamer.

— Et tu te réjouis de cela, mon oncle ? tu es fier d'avoir passé une journée sans rien perdre ?... Il faut que ce coquin d'Anglais t'ait rudement frotté depuis peu !

— Adrien, — reprit le joueur de son ton sentencieux, — crois-tu à cette divinité puissante, impitoyable, que les anciens appelaient *Fatum* et qui se plaît à rendre inutiles tous les efforts, toutes les combinaisons, tous les calculs de la prudence humaine ? Eh bien ! j'ai la certitude que cette implacable divinité existe, et que de plus elle a fait un pacte avec ce vieux paralytique de Corbett... Tu n'as pas idée de son bonheur ! Les choses en sont venues à ce point que, s'il n'était pas si lourd, si profondément stupide, je croirais que Sa Seigneurie réussit parfois à corriger la fortune ; tu sais ce que cela veut dire dans notre langage. Croirais-tu qu'il m'avait complétement, râflé, il y a quelques jours, le contenu de mon portefeuille ? Si notre notaire de Paris ne m'avait envoyé de nouveaux fonds qui me sont parvenus hier au soir...

— Ah ! voilà donc pourquoi tu n'as pas joué ces derniers temps ? — dit Adrien en riant ; — et moi qui avais la bonté d'attribuer cet événement à ma maladie ! je n'aurais pas dû oublier que tu ne cesseras de jouer qu'en cessant de vivre. Mais si ce monsieur Corbett est si dur à gagner, ne pouvais-tu te rejeter sur le vicomte de Mornas, mon nouvel ami ? Il était aussi, je crois, de votre partie, et il se pique d'être beau joueur ?

— Lui ! un gentilhomme ! lui un beau joueur ? — s'écria Malevieux avec une sorte d'indignation ; — c'est un bourgeois poltron qui n'a jamais fait que la partie d'une vieille femme. Alors que milord et moi nous jouions de l'or et des billets de banque, ton ladre Mornas se contentait de parier cinq francs, tantôt pour l'un, tantôt pour l'autre, de sorte qu'en fin de compte il n'a eu ni perte ni bénéfice. Encore, en risquant son misérable écu, avait-il l'air si ému, si attentif, il suivait nos mouvemens avec un intérêt si soutenu, qu'on eût dit qu'il y allait de sa fortune. Son regard avait un caractère singulier, fascinateur, comme s'il eût voulu *charmer* les cartes. Corbett lui-même en a paru troublé, et il a perdu coup sur coup deux ou trois parties qui ont rétabli les chances entre nous.

— Cela prouve, — reprit Adrien, — que ce cher vicomte est un garçon économe et rangé.

— Cela prouve aussi que ton monsieur de Mornas n'est peut-être pas ce que tu penses, Adrien. Écoute : je ne vois pas sans inquiétude ta liaison étroite avec cet étranger que personne ne connaît et qui connaît tout le monde, qui va et vient, sort et rentre sans qu'on sache pourquoi ; dont la position n'est pas nette dans le monde et qui pourtant affecte un aplomb, une suffisance... Qui est-il ? que fait-il ? de quoi s'occupe-t-il dans ce pays, où rien en apparence ne l'appelle ? Voilà des questions que tu ne t'es jamais posées, mon garçon, et qui pourtant devraient te donner à penser.

— J'avoue que Mornas est un peu mystérieux, — répondit Adrien avec légèreté, — mais il est si dévoué, si cordial... Il m'a laissé entendre que la politique était pour quelque chose dans ses allées et ses venues, et je n'ai pas jugé à propos de le presser à ce sujet. Que nous importe ! il ne peut y avoir rien que d'honorable dans un pareil homme. Mais laissons cela ; aussi bien j'ai des choses à t'apprendre pour lesquelles je réclame toute ton attention.

Les promeneurs étaient arrivés à quelques débris de constructions romaines placés sur le bord du lac, au milieu des mûriers et des figuiers sauvages. Un tapis de mousse et de gazon s'étendait au pied des ruines. Cet endroit solitaire invitait à la causerie.

Adrien vint s'asseoir sous l'arche sombre d'un ancien aqueduc, et invita son oncle à prendre place à son côté. Malevieux y consentit avec une complaisance où perçait une certaine inquiétude ; on eût dit qu'il craignait l'explication que semblaient annoncer ces préparatifs.

Cependant Adrien ne se pressait pas de parler. Il resta un moment pensif et comme embarrassé pour aborder un sujet épineux. Enfin il parut prendre sa détermination et dit brusquement :

— Tiens, mon oncle, je n'irai pas par quatre chemins... moque-toi de moi, si tu veux, mais je t'avouerai que je suis amoureux et amoureux tout de bon.

Le visage ridé et plâtré de Malevieux prit une expression de malice :

— N'est-ce que cela ? — dit-il ; — nous avons été blessé par une flèche du carquois de Cupidon ? A merveille, mon garçon, à merveille ! j'en suis d'autant moins surpris que je ne l'ignorais pas.

— Toi ! — s'écria Adrien avec étonnement.

— Tu oublies que je suis depuis longtemps initié aux mystères de Vénus Cythérée, et que je sais interpréter le langage des soupirs et des regards. Aussi, non-seulement je suis sûr que tu l'aimes, mais encore qu'elle te paye d'un tendre retour.

— Serait-il possible ? J'espérais... j'avais cru deviner... mais je n'avais pas de certitude...

— Ne doute plus, mon garçon ; à la vérité elle ne m'a rien avoué, elle est trop coquette et trop fine pour cela ; mais elle s'est trahie sans le savoir. L'intérêt extraordinaire qu'elle a témoigné pour toi lors de ton aventure sur l'étang, mille autres signes trop clairs pour un preux chevalier des dames tel que moi, m'ont révélé son secret. Ma foi ! c'est une belle conquête. Seulement, Adrien, j'ai à te reprocher d'être allé sur les brisées de ton pauvre oncle, de ton premier maître ès sciences amoureuses ; car tu as dû remarquer que moi aussi je papillonnais autour de cette charmante fleur. Enfin, je me suis sacrifié pour toi, et je t'ai cédé sans arrière-pensée la séduisante marquise.

— La marquise ! — reprit Adrien en tressaillant, — que me dis-tu là ? mais ce n'est pas de la marquise qu'il s'agit.

Un étonnement réel se peignit sur les traits de Malevieux.

— Me serais-je trompé à ce point ? — s'écria t-il ; — ô Amour ! voilà de tes coups ! Cependant, voyons ; que signifiait donc ce ruban bleu rayé de rose que je trouvai l'autre jour sur ton cœur et que je reconnus pour avoir appartenu à la marquise ?

— Tu oublies que la mère et la fille portent des parures absolument semblables.

— Mais enfin cette femme adorée que tu appelais continuellement dans le délire de la fièvre, à qui tu adressais les plus chaleureuses protestations !

— Je n'ai pas pu nommer la marquise.

— En effet, mais tu la nommais lorsque, l'accès fini, tu t'informais avec tant de soin si l'on n'était pas venu de sa part ?

— Eh ! j'espérais, en m'informant de la mère, que l'on me parlerait de sa fille.

Malevieux réfléchit quelques secondes.

— Ainsi donc, — reprit-il, — tu t'es pris d'une belle passion pour une petite provinciale qui ne prononce pas quatre paroles en vingt-quatre heures et...

— Malevieux, — interrompit Adrien avec force, — ne parle pas ainsi de mademoiselle de Norville. Ce n'est pas là un de ces caprices passagers comme j'en ai éprouvé jusqu'ici, mais un sentiment durable, basé sur l'estime, sur la reconnaissance, et je prétends le faire respecter de tous.

— Bravo ! mon garçon, c'est toujours ainsi que cela commence. Mais enfin, si tu aimes réellement, on ne t'aime pas, j'imagine ?

— Qui sait, mon oncle ? Sous cette enveloppe pudique, il y a pourtant une âme généreuse et ardente... Juges-en plutôt !

Et il raconta en peu de mots comment Amélie avait été le principal instrument de son salut, lors de son naufrage

sur le Roquairol. A mesure qu'il parlait, Malevieux montrait de l'étonnement et une sorte d'inquiétude.

— Voyez-vous ça ! — dit-il enfin, — fiez-vous donc à ces jeunes innocentes qui semblent pétries de glace et de neige ? C'est qu'elle annonce de la résolution cette petite fille-là, et, si on la poussait à bout..... Eh bien ! Adrien, supposons, comme je serais disposé à le croire d'après ton récit, que la demoiselle en question partage tes sentiments, que prétendrais-tu faire ?

— Ce que je ferais ? belle demande ! Je l'épouserais, et sans retard, si j'avais le bonheur de voir agréer ma recherche.

Malevieux pâlit et ne répondit pas d'abord. Il reprit d'une voix altérée, après un moment de silence :

— Tu veux te marier, Adrien ? A ton âge, au printemps de la vie, tu veux enchaîner ta liberté, te séparer de ton oncle qui a été si bon pour toi ? Mais songes-y donc, tu n'as pas d'état, de position faite. A quoi sert un diplôme d'avocat lorsqu'on manque de causes et de cliens ? D'un autre côté, cette demoiselle de Norville n'est pas riche, je le sais. La fortune vient de la mère, fort capable elle-même de se remarier...

— Tout cela ne m'arrêtera pas, — interrompit le jeune homme avec fermeté ; — je travaillerai, je prendrai enfin la vie au sérieux. D'ailleurs, si la fortune de cette charmante enfant est insuffisante, n'en ai-je pas assez pour deux ?... Au moment de la mort de ma pauvre mère, j'avais quinze bonnes mille livres de rentes, et certainement, depuis cette époque, je n'ai pas dépensé mon revenu de chaque année.

— Ah ! tu as calculé cela, — dit le tuteur en dissimulant sous un sourire forcé la contraction de ses traits ; — mais réfléchis, Adrien, — continua-t-il d'un ton sombre ; — la Fortune est une déesse inconstante, perfide, qui trahit parfois ses favoris... Elle est aveugle, comme le Destin, et sa roue tourne sans cesse, écrasant ceux que tout à l'heure elle élevait au...

— Pour Dieu ! mon oncle, où veux-tu en venir avec cette mythologie? Te refuserais-tu à demander pour moi la main de mademoiselle de Norville?

— Eh bien ! pauvre fou, si je cédais à ton désir, sais-tu ce qui arriverait ?

— Quoi donc ?

— On repousserait ta demande.

— Pourquoi ?

— Pourquoi ? mais ne t'ai-je pas dit que la marquise t'aimait ? Oui, elle t'aime avec passion ; j'en ai acquis la certitude l'autre soir, quand je lui racontais, croyant te servir, l'histoire du ruban, les paroles que tu prononçais dans ton délire et que je supposais s'adresser à elle. Si maintenant on venait lui révéler ta préférence pour la petite, comme elle fière, emportée, jalouse, elle deviendrait furieuse et quitterait sur-le-champ Balaruc avec sa fille, ainsi qu'elle a été sur le point de le faire il y a quelques jours, peut-être sur un soupçon de la vérité.

Adrien fut frappé de stupeur. Maintenant que son attention était fixée sur ce point, il se souvenait comment ses politesses empressées et ses prévenances avaient été accueillies par la mère, quand il croyait ne les adresser qu'à la fille. Evidemment son oncle avait raison et cette certitude renversait tous ses projets. Il appuya le front sur sa main et resta abîmé dans ses réflexions.

La nuit était venue, une obscurité complète régnait dans les ruines. Mais la lune se levait à l'horizon et éclairait la campagne d'une lumière nacrée ; le lac, doucement ridé par la brise de mer, réflétait les millions d'étoiles qui marquetaient le velours bleu du ciel. Tous les bruits du soir avaient cessé les uns après les autres ; aussi, lorsque la conversation tomba subitement, Adrien et Malevieux auraient-il pu entendre un léger frémissement dans le feuillage des arbustes voisins, comme celui que produiraient les mouvemens lents et embarrassés d'une personne en embuscade.

Mais l'oncle et le neveu ne remarquaient pas cette circonstance. Adrien s'épuisait à chercher la solution d'un problème insoluble; et Malevieux épongeait constamment avec son foulard la sueur rouge, blanche et noire qui coulait sur sa figure peinte. Enfin le jeune homme reprit, dans un transport d'impatience et de douleur :

— Mon oncle, mon oncle, qu'as-tu fait? C'est ton zèle inconsidéré qui a donné l'éveil à madame de Norville sur je ne sais quelle impression frivole dont elle-même peut-être n'avait pas conscience d'abord !

— Ingrat ! — repliqua le tuteur d'un ton d'attendrissement, — est-ce ainsi que tu reconnais mes bonnes intentions ?... Mais, je le vois, si jamais un nuage s'élevait entre nous, je ne dois attendre de toi ni modération ni indulgence. Tu méconnais l'affection du frère de ta mère, et cependant, Adrien, mon affection pour toi n'est pas un sentiment banal et passager, mais l'amitié franche, loyale, dévouée d'un père pour son fils, d'un frère pour son frère, de Castor pour Pollux, de Pirithoüs pour Thésée..... Et c'est ainsi que tu m'en récompenses ! Ah ! je ne le sens que trop, si un jour ou l'autre le malheur s'attachait à moi, tu me renierais, tu me repousserais avec horreur!

Ces déclamations à la manière classique ne laissèrent pas que d'émouvoir Adrien.

— Allons, mon oncle, pardonne-moi, — dit-il en lui tendant la main; — tu pousses trop les choses au tragique, que diable ! Je t'aime, tu le sais bien; mais ma position est si fausse et si cruelle! Tiens, causons froidement; conseille-moi, ma pauvre tête bourdonne comme si elle allait se fendre.

— Mon avis, le voici, — répliqua Malevieux, qui tout à coup quitta le ton pleurard pour prendre un ton malin et enjoué : — il ne faut pas épouser, quoi qu'il arrive. Tu as là deux femmes charmantes qui t'aiment toutes les deux peut-être; choisis à loisir; prends l'une et l'autre, si tu en as la fantaisie; mais n'épouse pas, mon garçon; surtout, je t'en supplie, n'épouse pas !

Adrien n'était pas assez gâté par la vie parisienne pour comprendre les conseils du vieux débauché. Il se leva impétueusement.

— Mon oncle, — dit-il avec indignation, — ceci est odieux; et si je n'étais sûr que tu as voulu plaisanter...

Il s'interrompit, les yeux fixés vers le bouquet d'arbustes dont nous avons parlé; il lui avait semblé voir remuer le feuillage.

— Qu'y a-t-il donc, Adrien? — demanda Malevieux en se levant à son tour.

— Quelqu'un nous épie ! — dit le jeune homme d'un air irrité. Il se mit à courir, mais on avait sans doute prévu son intention; d'ailleurs, le fourré étant très épais, il fut obligé d'en faire le tour. Malgré son agilité, Adrien ne trouva donc personne lorsqu'il eut atteint l'autre côté du buisson. Il entendit bien un bruit de pas précipités dans une vigne voisine, mais l'obscurité de la nuit et la hauteur des ceps l'empêchèrent de distinguer aucune forme humaine. Aussi ne poussa-t-il pas plus loin ses recherches et rejoignit Malevieux. — C'est quelque enfant maraudeur qui se sera caché là pour nous faire une niche, — dit-il avec indifférence; — nous n'avons pas à craindre d'indiscrétions... Mais rentrons, mon oncle, — continua-t-il; — je me sens fatigué, et la fraîcheur du soir ne convient pas à un convalescent.

En même temps ils gagnèrent le bord de l'étang et reprirent le chemin du village.

Ils atteignirent les premières maisons de Balaruc sans avoir échangé une parole. Bientôt ils se trouvèrent devant la petite habitation du patron Poncet. La famille était réunie sur la porte. Etienne et le patron travaillaient à leurs filets, tandis que la mère Poncet, toujours active, préparait ses joncs marins.

— J'ai une dette à m'acquitter envers ces braves gens, — dit Adrien, — excuse-moi, mon oncle, je ne te retiendrai pas longtemps.

Ils furent accueillis avec cordialité par le père et le fils aîné; la mère seule se contenta d'adresser aux nouveaux

venus un signe de tête d'un air sournois, et continua de tordre ses joncs.

— Bonsoir, monsieur Adrien et la compagnie, — dit le patron dans son mauvais français; — ah ! vous voilà donc sur vos jambes, monsieur Adrien ? C'est bien, cela ! hier encore je disais à Etienne : « Ma foi ! Etienne, je serai content tout de même quand je verrai monsieur Adrien se donner de l'air. »

— Comme vous voilà brave! — dit Etienne à son tour, — vous n'étiez pas si fier quand nous vous trouvâmes là-bas sur le Roquairol !

— En effet, mes amis; mais pourquoi n'êtes-vous pas venus me voir pendant ma maladie? vous m'aviez rendu assez de services pour être sûrs d'un bon accueil.

Les deux Poncet se regardèrent avec embarras.

— Je n'osais pas, — répliqua le fils.

— Moi j'aurais bien osé, — dit le père, — mais ça aurait eu l'air... d'avoir l'air... Seulement chaque jour j'épiais la petite Thérèse, la servante, ou bien Joseph, le garçon de bains, et je leur demandais : « Comment va-t-il ? » Ils me répondaient toujours : « De mieux en mieux; » et ça me réjouissait le cœur.

— Mes amis, — dit Adrien avec effusion, — je comprends votre délicatesse; vous craigniez qu'on n'attribuât à un motif d'intérêt une démarche de pure affection. Mais moi je n'ai pas oublié ce que vous dois la vie, et je veux à mon tour vous prouver ma gratitude... Patron Poncet, un jeune marin de ce pays était disposé à remplacer Etienne au service; vous êtes-vous informé à quelles conditions ce remplacement pourrait avoir lieu?

— Ah ! monsieur Adrien, vous pensez encore à ça, — répliqua le patron dont le front se rembrunit; — c'est bien à vous, mais ne faut pas compter sur ce petit vaurien de Millerat... un moussaillon qui ne saurait pas distinguer un foc d'une misaine, et qui s'estime son pesant d'or !

— Mais enfin combien s'estime-t-il ?

— Bah ! des bêtises... Je lui ai dit : « T'es-t'un orgueilleux. » Croyez-vous qu'il a eu le front de me demander cinquante pistoles pour prendre la place d'Etienne? Cinquante pistoles ! avec ce que j'ai, ça me ferait cinquante pistoles. Aussi ce pauvre Etienne que voilà, s'est dit : « Pas moyen d'y arriver; j'épouserai la Simone plus tard et je partirai tout de suite. »

— Oui, oui, que je me suis dit ça, — répéta Etienne les larmes aux yeux.

— Cinquante pistoles, — répéta Adrien tranquillement, — c'est cinq cents francs, je crois. — Et se tournant vers Malevieux : — Mon oncle, — dit-il, — ton portefeuille?

— Qu'en veux-tu faire ?

— Tu le verras.

— Adrien, mon enfant, tu es trop généreux, et...

— Ce que je prendrai sera remplacé ce soir par un billet d'égale somme sur notre notaire; donne vite.

Malevieux s'exécuta en poussant un sourd gémissement. Adrien ouvrit le portefeuille, qui contenait plusieurs billets de banque, et en tira un qu'il remit à Poncet.

— Patron, — dit-il, — je n'ai pas la prétention de m'acquitter envers vous avec de l'argent; néanmoins prenez ceci, ce morceau de papier vaut mille francs... cinq cents seront employés à payer le remplacement d'Etienne, les cinq cents autres lui permettront de se marier au plus tôt avec sa chère Simone et de monter son ménage; il est bien entendu que je serai de la noce.

Rien ne saurait rendre l'effet de la libéralité d'Adrien sur cette pauvre famille. Le père avait pris du bout de ses gros doigts le billet de banque; Etienne et lui le regardaient d'un air stupide. Marguerite Poncet, depuis un moment, avait interrompu son travail; mais, comprenant imparfaitement de quoi il s'agissait, elle demeurait bouche béante. Tout à coup le père et le fils se mirent à pleurer à chaudes larmes.

— Bêtes que vous êtes, — demanda en patois Marguerite

impatientée, — qu'avez-vous donc à beugler ainsi? n'êtes-vous pas des hommes?

— Mère, — dit Etienne avec naïveté, — c'est monsieur Adrien qui nous donne mille francs pour acheter un remplaçant et pour me marier avec la Simone.

— Mille francs! — répéta la vieille qui se leva comme par un ressort. — Où sont-ils?

— Les voilà.

— Où donc? — répliqua la mère Poncet en retournant gauchement le papier maculé et déchiré sur lequel flamboyait en grosses lettres le mot *mille;* — vous voulez vous moquer de moi... c'est un chiffon pour allumer la pipe.

— Femme, — dit Poncet à son tour, — Etienne a raison. Ce papier-là vaut mille francs partout; j'en ai vu de pareils chez la directrice de poste de Balaruc et chez monsieur le maire, qui est marchand de mulets. C'est de l'argent comptant, que je dis, et... Mais, brute que tu es, — continua-t-il en s'adressant à lui-même, suivant son habitude, — on te donne des mille francs comme ça, et tu ne songes pas à remercier!... Ah! monsieur Adrien, vous pouvez vous vanter d'être un ange du meilleur acabit! vous pouvez vous dire : « Je suis bon comme le bon Dieu et j'ai mérité le paradis, de faire ainsi le bonheur de ces pauvres diables-là! »

— Père, — s'écria Etienne, à qui ces remercîmens ne semblaient pas sans doute suffisamment chaleureux, — est-ce ainsi que tu parles? Dis donc que nous aurions dû nous noyer tous les deux pour cet excellent monsieur Adrien, que nous aurions dû nous faire écraser comme des pommes cuites contre le Roquairol! Penser que nous n'avons pas attrapé le moindre atout, que nous ne nous sommes cassé ni bras ni jambes, que nous ne nous sommes pas enfoncé une côte! Tiens, nous sommes des ingrats! nous n'avons pas mérité ça...

Adrien ne pouvait s'empêcher de rire de cette simplicité; Malevieux lui-même, quoique fort contrit de la perte de son billet, parut se dérider un peu.

— Allons, allons, calme-toi, mon pauvre Etienne, — reprit Adrien en riant; — que diable! si tu t'étais noyé en cherchant à me sauver, tu n'aurais pas eu besoin de remplaçant et tu n'aurais pu épouser la Simone... Mais, pardon, je me sens mal à l'aise, et il est temps de rentrer à l'hôtel; vous me rendrez compte du résultat de vos démarches... Allons, adieu, adieu; vous voyez que mon oncle m'attend.

Mais il ne put se débarrasser aisément des deux pêcheurs; chacun d'eux s'était emparé d'une de ses mains qu'il serrait avec vigueur, en balbutiant des paroles de reconnaissance. Pendant ce temps, la mère Poncet continuait à retourner le billet dans tous les sens et grommelait :

— Ils auraient bien de quoi attendre leurs bêtises d'être sûrs qu'on ne se moque pas d'eux.... On ne m'ôtera pas de la tête qu'il ne se trouvera pas un imbécile pour donner mille francs d'un chiffon de papier sale. Pardieu! j'en aurai le cœur net, et tout de suite, aussi vrai que je suis honnête femme!

Et, avant même que le bienfaiteur se fût éloigné, elle se dirigea sans rien dire vers Balaruc. Elle n'avait pas pris le temps de mettre sa coiffe et sa chaussure; demi-nue, telle qu'elle était, elle courait à toutes jambes chez la directrice des postes et chez le maire pour faire contrôler le présent qu'elle n'osait prendre au sérieux.

Enfin pourtant Adrien parvint à se dégager des étreintes de ses obligés. Cette petite scène avait changé ses idées, disposé son âme aux sentimens tendres et à l'espérance; il marchait avec cette légèreté que donne le contentement de soi-même. Son oncle se hasarda à lui dire avec rancune :

— Voilà, mon garçon, une bien forte somme dépensée en pure perte. Tu aurais pu te montrer moins libéral.

— Je ne t'ai jamais adressé d'observations au sujet de sommes plus considérables dépensées d'une manière moins utile, — répliqua Adrien sèchement; tu me porteras celle-ci en compte; n'en parlons plus, je te prie.

Malevieux fut atterré de cette ferme réponse. Au moment où ils approchaient de la maison, Adrien, levant les yeux vers la fenêtre des dames de Norville, aperçut une blanche silhouette qui passait et repassait derrière les rideaux.

— C'est elle, mon oncle! — s'écria-t-il avec transport, — c'est ma belle, c'est ma courageuse Amélie, à qui je dois la vie bien plus qu'à ces braves gens!

— Ainsi donc, — reprit Malevieux, — tu aimes décidément cette petite fille?

— Oui, oui, je l'aime.

— Mais alors quel parti comptes-tu prendre? Tu sais quel obstacle...

— J'ignore quel parti je prendrai. Je vais m'informer, provoquer des explications, m'assurer par moi-même... Seulement, quoi qu'il arrive, mon oncle, j'irai par le droit chemin.

Et il regagna sa chambre.

Demeuré seul à la porte du salon, Malevieux resta comme frappé de la foudre. Ses traits, qui tout à l'heure grimaçaient un sourire, s'étaient contractés subitement.

— Je ne le connais plus, — murmura-t-il; — il tranche, il donne, il décide sans s'inquiéter de mes avis... Se douterait-il de quelque chose? Non; mais il raisonne, il calcule, et son fatal amour est cause de ce changement. Qu'il épouse ou non, il va me demander des comptes, et quand il saura... Allons! il n'y a pas à hésiter. Précisément aujourd'hui la chance a commencé à tourner en ma faveur; il faut que je trouve lord Corbett, que je joue mon vatout, que je le ruine, ou bien...

Il n'acheva pas et se précipita dans le salon, où il trouva en effet lord Corbett qui l'attendait devant une table de jeu.

VII

LA CATASTROPHE.

Rentré chez lui, Adrien se mit à se promener rapidement dans sa chambre, éclairée seulement par un faible rayon de lune. Plus il réfléchissait à la singularité de sa position, aux étranges révélations de Malevieux, plus il sentait le besoin de consolations et de conseils. Après quelques instans de cette promenade solitaire, il tira vivement le cordon de la sonnette; Thérèse parut avec une lumière.

— Le vicomte de Mornas est-il chez lui? — demanda-t-il.

— Non, monsieur; il est sorti depuis plus de deux heures, en annonçant qu'il rentrerait fort tard dans la nuit. Sans être curieuse, on pourrait se demander où il va comme ça dans un pays où il n'a pas d'affaires, car il n'est ni chasseur ni pêcheur, et...

— Quel contre-temps! — interrompit Adrien, comme à lui-même; — tout me manque à la fois... Eh bien! Thérèse, et mon oncle, que fait-il?

— Votre oncle, monsieur Adrien, pardieu! il est déjà attablé avec milord Je-Tiens-Tout; ne craignez seulement pas qu'ils se lèvent l'un et l'autre avant deux heures du matin, si bien que ce pauvre Joseph sera obligé de passer la nuit à les attendre.

— C'est bien, Thérèse, vous pouvez vous retirer.

Et il se remit à se promener avec vivacité; mais Thérèse ne bougea pas.

— Monsieur paraît être mal à l'aise, — reprit-elle en l'examinant avec un intérêt visible.

— Non, non, ce n'est rien... Mais dites-moi encore, Thérèse, — continua-t-il en affectant l'insouciance, — les dames de Norville sont-elles visibles?

La jeune fille sourit finement, comme pour témoigner qu'elle n'était pas dupe de cette apparente indifférence. Néanmoins elle répondit avec une nuance de mélancolie :

— Madame la marquise est au bain ; c'est aujourd'hui son jour. Quant à la pauvre petite demoiselle, on la trouverait sans doute seule à pleurer dans sa chambre, comme à l'ordinaire.

Adrien tressaillit.

— Elle pleure, dites-vous? elle pleure? Thérèse, supposeriez-vous donc que mademoiselle de Norville fût... malheureuse?

— Faut croire, monsieur ; elle ne mange plus, elle maigrit et pâlit; on n'a pas besoin d'être sorcier pour deviner qu'il y a du chagrin là-dessous.

— Et vous, Thérèse, vous ne soupçonnez pas quelle peut être la cause...

— Je ne sais rien, monsieur.

Les regards de la friponne démentaient cette assurance; évidemment elle voulait se faire prier pour donner plus de valeur à ses confidences ; mais Adrien ne devina pas cette différence entre la pensée et les paroles de la caméiste. Elle semblait attendre une nouvelle question et jouait avec la longue chaîne d'argent de ses ciseaux.

— Bonsoir, monsieur ! — dit-elle enfin impatientée du silence d'Adrien. Et elle sortit en murmurant : — Pauvre garçon ! il ne comprend pas...

Dès qu'il se vit seul, Adrien s'abandonna librement à l'agitation que lui avait causée la révélation de la soubrette.

— Elle pleure ! — disait-il, — elle souffre! oh ! si je pouvais savoir... Eh bien ! — ajouta-t-il frappé d'une idée, — pourquoi ne profiterais-je pas de l'occasion qui se présente? L'heure n'est pas indue; je dois une visite de remercîmens à ces dames pour l'intérêt qu'elles m'ont témoigné pendant ma maladie; j'ai un prétexte tout naturel... oui, oui, Amélie est seule , il faut que j'apprenne enfin mon sort.

Il fit à la hâte quelques préparatifs de toilette, ramena ses cheveux sur son front pour cacher la cicatrice de sa blessure ; puis, saisissant son chapeau, il se dirigea sans lumière vers le corridor voisin, où se trouvait l'appartement des dames.

— Tiens, tiens, pas si bête ! — marmotta Thérèse qui s'était cachée à tout hasard dans un angle obscur de l'escalier. — Scélérats d'hommes ! comme ça trompe !

Et elle s'enfuit légèrement de peur de se heurter dans l'ombre au visiteur nocturne.

Adrien, comme on peut le croire, n'avait pas eu soupçon de sa présence. Plus il approchait de l'appartement des dames, plus son cœur battait avec violence. Quand il atteignit la porte, dont les fentes laissaient échapper un rayon lumineux, il pouvait à peine se soutenir. Néanmoins, après une pause de quelques secondes, il frappa.

— Est-ce vous, maman? — demanda-t-on de l'intérieur.

En même temps la porte s'ouvrit et Amélie parut dans un flot de lumière, en élégant négligé du soir, mais abattue, languissante, les joues sillonnées de larmes, bien qu'elle eût essayé de les effacer avec le mouchoir qu'elle tenait encore à la main.

A la vue d'Adrien elle devint pourpre et recula en poussant un petit cri de surprise. Le jeune homme n'était pas moins ému qu'elle-même.

— Mademoiselle, — balbutia t-il d'une voix presque inintelligible, — j'espérais que madame de Norville... J'aurais voulu...

Il ne put parvenir à achever sa phrase et resta immobile sur le seuil de la porte.

— Ma mère est absente, monsieur, — répondit la jeune fille les yeux baissés.

— Eh bien ! mademoiselle, — reprit Adrien qui s'enhardit un peu et fit quelques pas dans la chambre, — ce n'est pas elle seulement que je voulais remercier du touchant intérêt que j'ai inspiré dans une circonstance ré-

cente... C'est à vous, charmante Amélie, c'est à vous surout que je dois une reconnaissance éternelle; c'est vous qui m'avez sauvé lorsque tout m'abandonnait pendant cette funeste nuit d'orage, je ne puis l'oublier.

Il s'animait davantage à mesure qu'il parlait; sa voix avait repris son timbre, sa gaucherie avait disparu. Il faisait même déjà un mouvement pour saisir la main d'Amélie, quand la jeune fille, conservant toujours la distance qui existait entre eux, répliqua d'un ton froidement poli :

— Vous exagérez, monsieur, l'importance d'un prétendu service que j'aurais eu l'occasion de vous rendre. Ceux qui vous ont vraiment sauvé la vie, ce sont ces dignes gens qui ont bravé le danger avec tant d'habileté et de courage. J'étais seulement un obstacle pour eux dans cette difficile entreprise, et je dois leur laisser le mérite du succès... Quant à l'intérêt que vous avez inspiré pendant votre maladie, il ne doit pas vous surprendre ; votre oncle, vos amis, tous les habitans de l'hôtel ont certainement plus de droit que nous à votre reconnaissance.

En l'écoutant, Adrien éprouvait une douloureuse surprise :

— Ah ! mademoiselle, — dit-il d'un ton de reproche, — est-ce ainsi que vous recevez l'expression d'un sentiment si vrai, si profond ? Il me semblait pourtant que vous aviez d'abord entendu sans colère...

— J'avais attribué à la fièvre, — répliqua la jeune fille avec embarras, — quelques paroles échappées à monsieur Adrien de Laroyère le jour de sa cruelle aventure. Mais un premier mouvement de reconnaissance, l'état de souffrance où il était alors, pouvaient justifier un peu d'exaltation. — Cette conversation avait lieu debout, et la porte était restée toute grande ouverte derrière Adrien. Mademoiselle de Norville ne paraissait pas songer à offrir un siége au visiteur; elle reprit même après un court silence : — Je n'ose vous retenir, monsieur; ma mère ne peut tarder à rentrer, tous les habitans de l'hôtel sera fatiguée à son retour. Demain, je l'espère, elle aura du plaisir à vous recevoir.

Adrien, sombre et consterné, tenait ses yeux fixés sur le plancher. Tout à coup il s'écria avec un élan irrésistible :

— Non, je ne puis m'être trompé à ce point ! Que s'est-il passé depuis cette matinée heureuse et funeste où vous m'avez donné tant de preuves de générosité, de dévouement, de courage ? Je l'ignore ; mais je ne saurais m'être mépris si grossièrement sur les motifs de cet acte héroïque. Oh ! je n'ai pas oublié l'expression touchante de vos traits quand j'étais étendu mourant sur ce rocher, quand vous vous penchiez sur moi avec tant de douleur et tant d'effroi ! Je n'ai pas oublié ce regard où vous laissiez tomber sur moi, quand j'appuyais sur vos genoux ma tête sanglante! Il y avait alors dans vos yeux, dans ce silence que nous gardions, des promesses éloquentes, des sermens qui engageaient notre avenir, le vôtre et le mien ! Non, tout cela n'a pu mentir; tout cela est réel, tout cela est vivant à ma pensée, Amélie... Pourquoi reniez-vous maintenant ces engagemens muets, mais sacrés?

Mademoiselle de Norville était vivement troublée, malgré ses efforts pour paraître calme. Son sein palpitait; ses paupières se gonflaient de larmes. Cependant elle répondit d'un ton qui n'avait presque rien perdu de sa fermeté :

— Je ne vous comprends pas, monsieur. J'ai obéi à un sentiment d'humanité que votre position critique expliquait parfaitement. En vous voyant blessé, expirant, j'ai ressenti une pitié sincère que je ne désavoue pas, car elle n'a rien que de simple et de naturel. De votre côté, vous vous êtes montré reconnaissant du service que le hasard m'avait permis de vous rendre; cette reconnaissance vous honore, du moment qu'elle est maintenue dans des limites raisonnables. Il n'y a rien de plus entre nous, monsieur; et je ne puis reconnaître aucun engagement, car je n'en ai pris aucun, ni dans ma volonté, ni dans mes paroles.

Le pauvre garçon était atterré; cependant il refusait encore de se rendre à l'évidence.

— Mademoiselle, — reprit-il avec énergie, — il y a là-dessous un mystère qui m'échappe. De grâce, soyez franche avec moi ! Dites-moi, s'il le faut, qu'un obstacle nous sépare, que je dois renoncer à vous ; mais ne me donnez pas à entendre que mes espérances étaient des chimères, que ce dévouement dont j'étais si fier n'était qu'une banale pitié ; ne me donnez pas à entendre que je vous suis indifférent, que vous avez seulement pour moi...

— Monsieur !

— Oh ! dites-moi seulement, Amélie, qu'un moment, un seul moment, vous avez éprouvé ce sentiment tendre que j'avais cru deviner, et je vous jure...

— Assez, monsieur, — interrompit la jeune fille toute tremblante malgré son courage ; — à la réflexion, vous vous expliquerez aisément que je n'aie pas répondu à vos questions... Vous comprendrez aussi qu'un semblable entretien ne puisse se continuer, et vous m'excuserez de me retirer.

Elle s'inclina et entra précipitamment dans une pièce voisine, dont elle ferma la porte sur elle.

Adrien avait vu avec un affreux serrement de cœur ce renversement subit de ses espérances ; il n'avait même plus la pensée qu'un incident nouveau et inconnu eût pu forcer Amélie à étouffer ses sentimens véritables, ou du moins à les cacher avec soin. La jeune fille, en lui parlant, s'était exprimée avec tant de froide politesse, son intention de désespérer absolument le pauvre amoureux était si claire, qu'Adrien ne conservait plus aucun doute sur les sentimens réels d'Amélie de Norville.

— Allons ! — dit-il tout haut après un moment de silence, — je m'étais trompé... elle ne m'aime pas, et j'ai joué un rôle souverainement ridicule. — Un faible gémissement lui répondit dans l'autre pièce ; mais ce gémissement, Adrien ne l'entendit pas, et il reprit à pas précipités le chemin de sa chambre. Au moment où il traversait le corridor, quelqu'un montait l'escalier au-dessous de lui. C'était madame de Norville qui rentrait chez elle ; Thérèse la précédait un flambeau à la main, et parlait très haut afin sans doute d'annoncer à qui de droit le retour de la marquise. Adrien resta immobile dans l'ombre pendant qu'elles passaient. La belle veuve était enveloppée d'un ample peignoir qui flottait d'une manière gracieuse à chacun de ses mouvemens ; ses traits blancs et rosés, rafraîchis par le bain, ses boucles blondes dont l'extrémité, humide encore des atteintes de l'eau, retombait sur son col blanc et effilé, ses mouvemens pleins de langueur, formaient un ensemble séduisant bien capable de frapper l'imagination ardente d'un jeune homme de vingt-trois ans. — Oui, oui, c'est une belle créature, — pensait-il en la contemplant avec admiration, — et Malevieux prétend qu'elle m'aime... Vraiment, je n'avais pas remarqué jusqu'ici combien elle ressemble à sa fille.

La marquise avait disparu à l'extrémité du corridor. Quand le reflet du flambeau se fut entièrement effacé, Adrien rentra chez lui et tomba accablé sur un siège.

Pendant plusieurs heures il conserva la même attitude. Vers le milieu de la nuit, il voulut se jeter à demi vêtu sur son lit ; mais la fièvre le dévorait et l'exaltation de ses idées ne lui permit pas de trouver un instant de repos. Pour échapper à cette agitation maladive, il prit une fiole de laudanum, dont le docteur lui avait prescrit l'usage, et s'en administra une triple dose.

Grâce à ce puissant narcotique, il s'endormit enfin, mais d'un sommeil entrecoupé, plein de rêves bizarres, de visions effrayantes. Tantôt il croyait reconnaître, à la pâle lueur d'une lampe près de s'éteindre, son oncle et lord Corbett, les yeux en feu, l'écume à la bouche, jouant en silence une effroyable partie sur une table couverte d'or et de sang. Tantôt il se voyait encore étendu sur le rocher du Roquairol, par une nuit d'orage ; de grands oiseaux de mer, aux longues ailes noires, venaient déchirer à coups de bec sa chair palpitante. Il lui semblait aussi qu'il se promenait dans une riante campagne, par un brillant soleil de printemps, au milieu des fleurs et de la verdure ; une femme vêtue de blanc était à son côté, la

main dans la sienne, écoutant les yeux baissés, un sourire de pudeur sur les lèvres, les paroles d'amour qu'il prononçait tout bas ; cette femme, il l'aimait et il était aimé d'elle. Mais. chose étrange ! parfois elle avait le teint rose, la bouche souriante, les boucles blondes de la marquise, puis tout à coup c'était le visage noble et pur, le regard majestueux, les bandeaux de jais de mademoiselle de Norville. Ces changemens rapides le jetaient dans une anxiété affreuse dont il ne pouvait se défendre. Suffoqué, haletant, il s'éveillait à demi en poussant des gémissemens ; mais bientôt il retombait sous l'influence de son pénible sommeil.

La nuit se passa ainsi ; il était déjà tard quand on frappa vivement à la porte de sa chambre. Adrien, la tête lourde et les idées confuses, demanda ce qu'on lui voulait.

— C'est moi, monsieur, — dit une voix altérée que le jeune homme reconnut pour celle du docteur Moirot ; — ouvrez-moi vite, au nom de Dieu ! J'ai des choses graves à vous apprendre.

Adrien sauta lestement à bas de son lit, et, sans prendre le temps d'achever de s'habiller, il alla ouvrir.

Le docteur Moirot parut en effet. Ses traits bouleversés annonçaient une sinistre nouvelle ; mais Adrien, luttant encore contre l'engourdissement causé par l'opium, ne remarqua pas d'abord ces signes alarmans.

— Eh bien ! cher docteur, qu'y a-t-il donc ? — demanda-t-il en réparant le désordre de sa toilette ; — vous n'êtes pas homme à venir ainsi éveiller vos malades sans motif, surtout quand ils ont passé une mauvaise nuit.

— Excusez-moi, excusez-moi, — répliqua Moirot d'un ton lugubre, — mais le cas est si sérieux ! Monsieur Adrien, mon cher enfant, armez-vous de tout votre courage pour supporter ce coup terrible.

Adrien se redressa avec effroi.

— Que voulez-vous dire, docteur ? — demanda-t-il en frémissant ; — de grâce, ne me faites pas languir ; je suis fort ; un malheur serait-il arrivé à...

— Un grand malheur est arrivé... du moins je le crains.

— Docteur, laissez les ménagemens, apprenez-moi de suite la vérité... de quoi s'agit-il ? Parlez donc, vous voyez bien que l'inquiétude me tue.

— Il s'agit de monsieur Malevieux, votre oncle.

— Eh bien ! où est-il ? pourquoi ne le vois je pas lui-même ?

— Malheureux jeune homme ! — répliqua le docteur d'un ton dramatique, — vous ne le reverrez sans doute jamais !

— Grand Dieu ! il serait... — Moirot baissa la tête sans répondre ; Adrien pâlit. — Mais c'est impossible ! — s'écria-t-il bientôt impétueusement ; — lui si robuste, si bien portant hier encore... Il y a là-dessous quelque méprise. Voyons, docteur, par pitié, dites-moi ce que vous savez.

— Maintenant que le coup est porté, je ne vous cacherai rien. Votre malheureux parent a passé une partie de la nuit à jouer avec lord Corbett, et il a perdu une somme considérable qui entraîne sa ruine. Joseph, qui l'a vu rentrer dans sa chambre, m'a dit qu'il avait la figure décomposée ; il parlait seul, et ses paroles incohérentes témoignaient d'un complet dérangement d'esprit. Au lever du jour, il est sorti de l'hôtel ; depuis cet instant il n'a pas reparu. On présume que, poussé par le désespoir...

— Non, non, cela ne peut être, — répéta Adrien dans une agitation extrême ; — je connais mon oncle ; c'est une âme froide, raisonnable, qui n'est pas susceptible de ces passions désordonnées. D'ailleurs, fût-il ruiné, comme on le dit, il serait venu me trouver ; il m'aurait confié son malheur, et je me serais empressé de le réparer, car moi je suis riche, et ce que je possède est à lui.

Le docteur regarda son interlocuteur d'un air de compassion,

— Allons, — reprit-il, — je vois que vous ne comprenez

pas toute l'étendue de votre malheur. Il vous faut des preuves; hélas! j'en ai de concluantes.

— Des preuves?

— Oui, une lettre ouverte que j'ai trouvée dans la chambre de votre oncle, lorsque Joseph est venu me faire part de ses craintes... Lisez donc et vous ne douterez plus.

Il remit à Adrien un papier chiffonné, couvert d'une écriture informe et presque illisible. Cet écrit était ainsi conçu :

« Adrien, lorsque tu liras ceci, je n'existerai plus. Je » me serai précipité dans ce gouffre sans fond d'Inversac » qui, dit-on, ne rend jamais ses victimes. Je ne puis » survivre à l'honneur, et je n'oserais affronter ton mé- » pris, ta colère, car je t'ai ruiné, Adrien; cette somme » que je viens de perdre était le dernier débris non de » ma fortune, qui est dévorée depuis longtemps, mais de » la tienne. Fils de ma sœur, pardonne-moi! Le destin » avait conspiré notre perte à tous deux; le jour où, pour » la première fois, j'osai risquer sur une carte une somme » qui t'appartenait, je tombai sous les griffes de fer de » cette impitoyable divinité. Depuis ce temps, elle m'a » alléché sans cesse par l'espoir du gain, et elle m'a » poussé peu à peu dans l'abîme où je tombe... O destin! » inexorable destin!... Mais je me vengerai, si je te ren- » contre dans l'empire de Pluton... J'emporte mes pis- » tolets... »

Le reste se composait de mots sans suite où perçait une véritable aliénation mentale. Evidemment, à mesure qu'il écrivait, la tête du joueur s'était exaltée, et, vers la fin, il en était venu à l'extravagance, à la folie. On avait joint à ce papier la dernière lettre écrite par le notaire de Paris, dépositaire de la fortune d'Adrien. Dans cette lettre, qui avait dû contenir une somme importante en billets de banque, l'homme d'affaires annonçait qu'il ne lui restait plus en caisse aucune somme provenant de la succession de feu madame de Laroyère, et que par conséquent il se trouverait dans l'impossibilité de faire droit désormais aux demandes d'argent de monsieur Malevieux.

La ruine d'Adrien était donc constante; mais, en ce moment, le digne jeune homme ne parut pas songer à la perte de sa fortune. Absorbé par une seule idée, il fondit en larmes et murmura avec un accent de douleur :

— Mon pauvre oncle! pourquoi as-tu douté de moi?

Pendant quelques instans les sanglots lui coupèrent la parole.

— Voyons, mon jeune ami, du courage! — reprit le docteur; — je comprends ce chagrin... mais, en définitive, votre tuteur a bien mérité son sort; il n'a fait que se rendre justice. Le misérable! abuser ainsi de la confiance de son pupille!

— Ne l'insultez pas! — dit Adrien avec force; — moi, moi seul, j'aurais le droit de l'accuser, et, en présence de sa terrible expiation, je n'éprouve plus que de la pitié. Mais pourquoi serait-il mort? — ajouta-t-il avec réflexion; — ne se pourrait-il pas qu'une cause indépendante de sa volonté... Il avait perdu la tête en écrivant cette lettre fatale; peut-être un nouveau caprice de son cerveau malade l'aura-t-il détourné de sa résolution première. Mon cher docteur, tout espoir n'est peut-être pas perdu. Il faut mettre le pays sur pied; il faut fouiller le voisinage. Que les gens de l'hôtel se joignent à moi : nous allons battre la contrée et peut-être aurons-nous le bonheur de retrouver mon pauvre oncle vivant!

— Il ne montrait pas tant d'intérêt pour vous la nuit où vous pensâtes périr sur le Roquairol, — dit le docteur; — mais, croyez-moi, ces recherches n'aboutiraient à rien; si cet homme s'est précipité dans le gouffre d'Inversac, il n'y a plus de ressources. D'ailleurs, mon ami, — poursuivit Moirot en donnant à sa figure une expression hypocrite, — réfléchissez un peu... ces recherches avec beaucoup de monde vous coûteraient gros; et, d'après ce que je vois, vous êtes complétement ruiné.

— Oui, oui... je le crois du moins.

— Vous le croyez?... diable! c'est que, si je ne me trompe, vous êtes redevables l'un et l'autre d'une somme assez forte à l'hôtel, et...

— Alors je chercherai seul! — s'écria Adrien sans même s'apercevoir de cette odieuse défiance; — non, je n'abandonnerai pas mon malheureux parent tant que je conserverai une lueur d'espoir de le retrouver, même sans vie!

— Hum! — grommela le docteur, — et dans ce cas il faudra payer des frais d'enterrement... la belle avance!

Cependant, le bruit de cet événement tragique s'était répandu dans l'hôtel. Les pensionnaires et les domestiques eux-mêmes accouraient éperdus pour avoir des nouvelles.

Bientôt la chambre fut pleine de monde. Chacun s'empressait de donner au pauvre jeune homme des marques de sympathie. Tout à coup la foule s'entr'ouvrit, le vicomte de Mornas s'élança vers Adrien et lui serra chaleureusement la main.

— Mon cher Laroyère, — lui dit-il d'un ton cordial, — j'arrive de Cette, où une affaire imprévue m'avait appelé hier au soir, et j'apprends à l'instant votre malheur... Mais on l'a exagéré, sans doute; quoi qu'il en soit, me voici, disposez de moi.

— Oh! merci, merci! — répondit Adrien en lui rendant son étreinte; — c'est en ce moment surtout que j'ai besoin d'un ami!

— Et il s'en présente un qui ne vous manquera pas. Mais venons au fait tout de suite, car en pareille circonstance les actes sont plus nécessaires que les paroles .. Que me parle-t-on de ruine, de suicide? Ce sont encore de simples suppositions, je l'espère?

Pour toute réponse, Adrien baissa la tête d'un air sombre.

— Ce sont des réalités, monsieur le vicomte, — dit le docteur; — vous savez avec quelle passion monsieur Malevieux se livrait au jeu; il a perdu depuis quelques mois des sommes considérables contre lord Corbett, et la nuit dernière a consommé sa ruine, ainsi que celle de ce brave enfant... Tenez, lisez plutôt, et voyez si aucune incertitude est possible.

Il montra au vicomte les deux papiers qu'on avait trouvés dans la chambre de Malevieux.

— Eh bien! je persiste à penser que rien n'est perdu, — reprit Mornas; — du courage, mon cher Adrien! nous opérerons des merveilles et, s'il le faut, nous ressusciterons les morts.

— Quoi! vicomte, vous croyez que mon oncle...

— Je ne sais si je me trompe, Adrien, mais il me semble que, fou ou non, votre oncle aime trop sa précieuse personne pour se porter contre elle aux dernières extrémités; vous verrez qu'au dernier moment il n'aura pas eu le courage d'anéantir ce corps délicat qu'il a tant choyé toute sa vie.,. Ne vous offensez pas de m'entendre parler ainsi, Adrien; il est temps que vos illusions tombent au sujet de ce coupable parent.

— N'importe, Mornas, — s'écria Adrien avec entraînement; — je vais le mettre à sa recherche. C'était le frère chéri de ma mère; dès que je l'aurai retrouvé, je supporterai tout le reste avec résignation.

— Soit! Mais alors nous devons prendre certaines précautions... Docteur, vous allez vous rendre chez le maire de Balaruc et vous l'inviterez de ma part à s'assurer de la personne d'un individu que vous appelez lord Corbett.

— Lord Corbett! — s'écria Moirot tout effaré, — un homme si comme il faut... un seigneur anglais!

— Votre seigneur anglais n'est peut-être pas autre chose qu'un... Enfin prévenez le maire; qu'on épluche avec soin le passe-port et les autres papiers de cet aventurier; surtout qu'on ne le laisse sortir de l'hôtel sous aucun prétexte pendant mon absence et celle de monsieur de Laroyère. On s'emparera aussi de son domestique et on les gardera séparément... J'expliquerai moi-même à l'autorité la cause de cette mesure, dont j'accepte la responsabilité.

Le docteur était abasourdi de l'air d'assurance de monsieur de Mornas en donnant ces ordres, et restait bouche béante.

— Monsieur le vicomte, — dit-il enfin, — ce que vous me demandez est impossible.

— Pourquoi cela ?

— Parce que lord Corbett est parti ce matin dans sa voiture avec son domestique, et ils ont pris la route de Montpellier.

Le vicomte ne put retenir une imprécation.

— Niais que je suis ! — s'écria-t-il, — je me suis laissé duper par ce fripon ! Je doutais encore, quand j'avais tant de preuves... Adrien, — continua-t-il vivement, — oubliez, s'il vous plaît, pour un moment votre oncle, qui n'en sera pas plus malade ; nous allons nous procurer des chevaux et galoper à la poursuite de lord Corbett.

— Quoi donc ! Mornas, — dit Adrien stupéfait, — soupçonneriez-vous ce vieux podagre, infirme, qui sait à peine notre langue...

— Ce vieux podagre est, selon toute apparence, un grec émérite qui, dans le cours de cette saison, a volé une soixantaine de mille francs à votre imbécile d'oncle. L'autre jour, j'ai voulu assister à leur partie ; tout en parlant des sommes légères, j'ai pu m'assurer que le prétendu lord Corbett, malgré sa goutte et ses rhumatismes, avait dans les doigts une agilité passablement suspecte. Sans doute, de son côté, il devina mes soupçons, car il parut mal à l'aise et se laissa gagner coup sur coup des enjeux importans. Je n'avais donc pas de certitude complète, et je me promettais de faire de nouvelles observations avant de le démasquer ; mais ce qui vient d'arriver me confirme dans ma première pensée. Il a profité de mon absence pour donner le coup de grâce à Malevieux ; puis, sentant qu'il allait arriver quelque catastrophe où il se trouverait impliqué d'une manière dangereuse pour lui, il s'est hâté de déguerpir. Maintenant il s'agit de recouvrer cette somme volée, et nous y parviendrons avec de l'activité et de l'énergie. Partons de suite ; nous trouverons des chevaux au village. Si ce coquin est celui que je suppose, il nous donnera certainement de l'occupation, et pourtant je puis recevoir d'un moment à l'autre une lettre qui m'oblige à quitter Balaruc.

Il essayait d'entraîner Laroyère ; mais celui-ci résistait.

— Quoi ! Mornas, — dit-il en sanglotant, — vous voulez que je songe à de misérables intérêts quand une si terrible incertitude pèse sur le sort du malheureux parent qui m'a élevé, qui m'a tenu lieu de père !

— Mais, enfant que vous êtes ! vous vous laissez tromper par une sotte comédie... Voyons, Adrien, décidez-vous ; il y a d'un côté un infâme tuteur qui vous a ruiné, de l'autre un dernier et important débris de votre fortune si honteusement gaspillée... Choisissez !

— Je n'hésite pas, — dit Adrien avec exaltation ; — cherchons d'abord mon oncle ; quand je me serai assuré qu'il est sain et sauf, Mornas, je m'en remettrai entièrement à votre direction.

Le vicomte ne put retenir un geste d'impatience.

— Allons, soit ! — reprit-il à faisant un violent effort sur lui-même ; — vous êtes un honnête garçon, Adrien et ce n'est pas à moi de m'en plaindre ; mais cette générosité vous coûtera cher peut-être... Enfin il faut vous servir à votre guise et non à la mienne ; vous voulez retrouver votre oncle ; nous le retrouverons.

— Que Dieu vous entende ! — dit Adrien.

Et il fit ses dispositions pour sortir.

— Messieurs, — dit le docteur d'un ton gourmé, — comme chef de cette maison, je dois m'inscrire en faux, jusqu'à preuve du contraire, contre les imputations dont est victime un de nos commensaux, un lord anglais, messieurs, un homme qui a toujours payé généreusement sa dépense... L'honneur de cet établissement...

— Eh ! laissez-nous donc tranquilles, docteur, avec vos protestations, — interrompit le vicomte d'un air de mépris : — écoutez les aubergistes, ils vous diront que les escrocs et les courtisanes sont toujours les meilleures pratiques... Si vous craignez que des pensionnaires plus honnêtes ne puissent aussi bien que ce prétendu Corbett acquitter leur dépense, écoutez...

Il lui glissa quelques mots à l'oreille : aussitôt Moirot redevint poli et empressé.

— Messieurs, — dit-il, — voulez-vous que je vous fasse assister dans vos recherches par les gens de l'hôtel ? Tous les domestiques sont à vos ordres, et...

— C'est inutile, — répondit Mornas ; — nous aurons besoin seulement de deux hommes intelligens et connaissant le pays ; nous en trouverons aisément de pareils parmi les pêcheurs... Allons, mon ami, partons.

Ils s'écartèrent les curieux, qui pendant cette conversation observaient Adrien avec avidité, comme pour lire sur son visage l'excès de sa douleur. Quelques-uns lui serrèrent la main en silence ; mais il allait passer indifférent à ces marques d'un intérêt équivoque, lorsqu'il reconnut dans la foule madame de Norville. La marquise était enveloppée d'un grand châle ; elle semblait être accourue précipitamment, à la première nouvelle de l'événement. Elle écoutait Thérèse, qui lui racontait à sa manière l'accident de la nuit, et des larmes coulaient de ses yeux. Quand Adrien fut près d'elle, madame de Norville murmura d'une voix étouffée :

— Courage ! courage ! monsieur Adrien, et souvenez-vous que vous avez des amis qui vous aiment bien !

L'émotion lui coupa la parole, et un regard perçant du vicomte lui fit détourner la tête.

Adrien la remercia d'un signe ; mais, en levant les yeux, il aperçut, à l'extrémité d'un corridor obscur, dans une chambre dont la porte, au milieu du trouble, demeurait toute grande ouverte, une jeune fille à genoux, qui semblait prier avec ardeur : c'était Amélie, que les convenances, peut-être un ordre de sa mère, retenaient dans son appartement, et qui offrait à Dieu les vœux mystérieux de son cœur.

VIII

LE SUICIDÉ.

Avant de quitter l'hôtel, le vicomte de Mornas prit encore des informations sur lord Corbett, dont la disparition subite semblait être particulièrement l'objet de ses préoccupations. L'Anglais était parti deux ou trois heures auparavant. Il paraissait très souffrant de sa goutte et de ses rhumatismes ; il avait fallu le porter en robe de chambre jusque dans la voiture, où le domestique à cocarde noire était monté avec lui ; puis on avait suivi la vieille route de Montpellier, et, vu la faiblesse de milord, vu surtout la lenteur des deux rosses poussives chargées de le traîner jusqu'à la poste voisine, les voyageurs ne pouvaient être bien loin.

Le vicomte recueillit ces renseignemens avec une grande attention, sans écouter son ami, qui le suppliait de partir.

— Tout cela n'est probablement qu'une ruse, — disait-il d'un air de réflexion, — et pourtant il serait possible qu'avec deux bons chevaux... Allons, allons, Adrien, — ajouta-t-il en soupirant, — que votre volonté s'accomplisse ! Mais l'argent est comme l'oiseau : si l'on ne profite de sa belle pour l'atteindre, il joue des ailes et s'envole... enfin, vous le voulez !

Ils se mirent à côtoyer le lac dans la direction du gouffre d'Inversac, qui heureusement n'était pas éloigné.

La nouvelle de cet événement tragique venait aussi de se

répandre dans le village. Au bout de cinquante pas, Adrien et son compagnon s'aperçurent qu'ils étaient suivis par une troupe d'oisifs, enfans pour la plupart. Le vicomte, impatienté, fit face aux importuns en brandissant son jonc à pomme d'or; il attacha sur eux un regard si fier, si menaçant, que le plus grand nombre s'empressa de retourner sur ses pas. Les autres, plus opiniâtres, se tinrent à distance, de manière à ne pas troubler par leur indécente curiosité les tristes réflexions du pauvre Adrien.

Les deux amis atteignirent bientôt l'endroit redoutable où l'on présumait qu'avait eu lieu le suicide. Il était situé en face de l'église de Balaruc, au pied d'une montagne escarpée. Depuis quelques instans on entendait un bruit sourd, profond, semblable au grondement lointain du tonnerre; la terre tremblait sous les pieds des promeneurs, comme si elle allait s'entr'ouvrir. A mesure que l'on approchait, le bruit devenait plus assourdissant, plus majestueux; enfin, au détour du chemin, les deux amis se trouvèrent tout à coup en face de ce singulier phénomène de la nature qu'on appelle le gouffre d'Inversac ou la fontaine d'Alésieux.

A la base d'un rocher pittoresque servant de contrefort à la montagne, et au niveau de l'étang de Thau, une large ouverture semble servir de soupirail aux abîmes souterrains dont cette contrée est remplie. Comme nous l'avons dit, pendant six mois de l'année ce gouffre vomit avec abondance des flots d'eau douce qui se jettent dans l'étang; et pendant six autres mois l'étang lui rend avec usure en eau salée ses libéralités de la saison précédente. Or, on était alors à la fin de la saison de l'été, époque où le lac se trouve à son niveau le plus élevé; aussi se précipitait-il avec rage dans les sombres profondeurs où il paraissait devoir s'absorber tout entier. Une prairie, qui s'étendait au-dessous de l'église, avait été elle-même envahie; il s'y formait mille petits gouffres partiels, dont le bourdonnement se mêlait au fracas continuel du gouffre principal.

Dans ce bassin tumultueux les vagues se livraient des combats désespérés. Parfois l'une d'elles bondissait convulsivement au-dessus des autres, comme pour échapper avec effort à l'attraction invisible qui agissait sur elle; mais bientôt on la voyait s'enfoncer en tournoyant dans des profondeurs inconnues. La voix humaine avait peine à se faire entendre au-dessus de celle des eaux; une cloche argentine, qui sonnait en ce moment dans le clocher rustique de l'église, semblait elle-même une variation bizarre des sons étranges sortis de l'abîme. Les alentours étaient âpres, solitaires. Aucun troupeau ne venait brouter les herbes parfumées qui croissaient en abondance dans l'intervalle des rochers; aussi loin que la vue s'étendait, on ne voyait aucune embarcation, tant les bateliers redoutaient d'être entraînés par ce formidable *vortex* dont rien n'eût pu les sauver. Les goëlands n'osaient en approcher et se balançaient à une grande hauteur en poussant des cris d'effroi.

Les deux amis s'arrêtèrent sur un monticule d'où ils pouvaient embrasser d'un coup d'œil cet ensemble pittoresque et terrible. Les curieux avaient aussi fait halte à l'écart, et s'étaient groupés en silence sur des rochers. Adrien examina avec anxiété les localités environnantes; son regard osa même sonder le gouffre, comme pour y chercher la trace de son malheureux oncle.

— La mort, ici, a des formes effrayantes! — murmura-t-il d'une voix étouffée.

— Votre parent, mon cher enfant, aura dû penser de même, — dit le vicomte tout assourdi du fracas des eaux; — en présence de cet agréable tableau, il aura certainement réfléchi et sera revenu en arrière... Il y a de la ressource avec les gens nerveux.

— Puissiez-vous dire vrai, Mornas! Mais descendons au bord de l'étang; je ne demande pas mieux que d'espérer.

Ils se mirent à longer la rive autant que le permettaient les inégalités du sol rocailleux. Mais vainement cherchaient-ils des yeux une canne, un chapeau, un débris de

vêtement rejeté par les eaux ou abandonné sur la grève, une empreinte de pas dans les hautes herbes; ils ne découvrirent rien, malgré les plus minutieuses investigations. Cependant ils ne se décourageaient pas et ils poursuivaient leurs recherches, quand ils virent un groupe assez nombreux se diriger de leur côté. Ce groupe, composé de curieux, avait pour chef un homme portant le costume des douaniers, dont un poste existait à Balaruc. Le vicomte, toujours attentif, devina qu'il s'agissait de quelque renseignement important, et invita son compagnon à attendre.

Quand le douanier fut près d'eux, il retira de sa bouche une petite pipe noire et brûlante, qui semblait à demeure entre ses lèvres; puis il leur demanda, dans un langage moitié patois, moitié français, s'ils n'étaient pas à la recherche d'un bourgeois, d'un *franciman*, comme il disait, dont il donna un signalement qui se rapportait entièrement à Malevieux.

— Oui, oui, c'est lui! — s'écria Laroyère avec chaleur; — où et quand l'avez-vous vu?

— Ce matin, ici, — répliqua l'homme du fisc en désignant de la main une espèce de plate-forme de rocher qui dominait le précipice; — un peu avant le lever du soleil, j'étais en sentinelle, là-bas derrière ce buisson, quand j'ai vu venir ce monsieur, qui marchait à grands pas, d'un air égaré... Il est monté sur le rocher, a regardé l'étang, puis il est descendu; il est remonté, s'est penché sur l'eau...

— Et il s'est précipité? — demanda Adrien.

— Non; tout à coup il s'est rejeté en arrière, il est descendu de nouveau et s'est mis à courir à toutes jambes du côté des marais de Frontignan.

Le vicomte partit d'un éclat de rire.

— Bah! je m'en doutais, — s'écria-t-il.

Adrien essuya son front couvert de sueur.

— Mornas, — reprit-il, — ne nous pressons pas de concevoir des espérances qui peuvent encore être déçues... Eh bien! — continua-t-il en s'adressant au douanier, — pourquoi ne vous êtes-vous pas montré, pourquoi n'avez-vous pas adressé quelques observations à ce malheureux insensé?

— Oh! il m'a vu, monsieur, et il m'a dit des paroles auxquelles je n'ai rien compris. Mais comme son œil n'était pas bon et comme il avait des pistolets à la main, je n'ai pas jugé à propos de me faire tuer sans nécessité... Ce n'était pas dans mon service.

Et le gabelou se remit à fumer sa pipe.

Mornas, qui parlait aisément la langue du pays, adressa encore quelques questions au douanier sur la direction prise par Malevieux.

— Adrien, mon garçon, — dit-il enfin à son ami, — vous voyez que décidément vous devez bannir toute inquiétude au sujet de votre parent; si la mort lui a fait peur ici, elle lui aura aussi fait peur plus loin... Ne songeons donc plus à lui pour le moment, et mettons-nous sans retard aux trousses de ce fripon de lord Corbett.

— Non, non, mon oncle d'abord, mon oncle avant tout! — s'écria le jeune homme; — il avait des armes, et qui sait si dans un moment de frénésie..,

— Soit donc, — reprit le vicomte en haussant les épaules;—mais, avant de nous enfoncer là-bas dans ces grands marais, il serait bon de prendre des guides.

— Le premier venu suffira.

Comme le vicomte cherchait parmi les curieux un homme du pays capable de diriger leurs nouvelles recherches, le cercle s'ouvrit tout à coup, et les deux Poncet parurent. Le père portait sur son épaule un croc ou *rouquet* dont il se servait comme de canne lorsqu'il était à terre; Étienne avait le bras passé dans l'anse d'un petit panier couvert de joncs.

— Monsieur Adrien, — dit le patron, — nous voici; nous étions en pêche, ce matin, quand on est venu nous conter la chose. Alors j'ai dit à Étienne : « Le pauvre jeune monsieur a de la peine, allons-y! » Étienne m'a répondu :

« — *Pécaïre!* oui, faut aller. » Et nous avons crânement joué des avirons.

— Merci, mes bons amis, — répondit Adrien avec distraction ; — c'est un heureux hasard qui vous amène ; justement nous avions besoin de guides pour nous conduire au marais de Frontignan. Vous savez que nous avons l'espoir d'y retrouver vivant mon malheureux oncle?

— Celui qui vous a ruiné?— s'écria le père Poncet avec étonnement ; — ma foi ! ce serait être trop bon enfant ! Le vieux gredin mériterait...

— Assez, — interrompit Adrien en lui jetant un regard sévère ; — songez, patron, qu'il s'agit de sauver un chrétien !

Le bonhomme ne répliqua pas, mais il fit une grimace.

— Nous allons vous conduire, monsieur Adrien, — dit Étienne à demi-voix, — mais auparavant je veux vous tirer une épine du pied... On dit que l'autre vous a laissé comme un petit saint Jean ; prenez donc cette chose-là ; elle est toujours à vous.

En même temps il retira de son bras le panier dont nous avons parlé, et l'offrit à Adrien.

— De quoi s'agit-il ? — demanda celui-ci avec surprise.

Il écarta les joncs et découvrit par-dessous une certaine quantité de pièces de cinq francs.

— Tout y est, — continua Étienne avec simplicité ; — c'est ce que le chef de la douane a remis à ma mère pour le mauvais papier d'hier. Vous nous avez donné cette somme quand vous étiez riche ; maintenant que vous ne l'êtes plus, elle vous revient de droit... Mais hâtez-vous de cacher le magot, — ajouta-t-il avec inquiétude ; — faut vous dire que ma mère ne sait pas que nous l'avons repris, car...

Adrien était ému jusqu'aux larmes de cet acte de probité ; cependant il répondit en rougissant :

— Étienne, cet argent t'appartient, et ce serait m'offenser que de me croire capable de le reprendre.

— Mais...

— Pas un mot de plus ; et, si je ne savais que tu ignores ce qu'il y a d'humiliant pour moi dans une pareille offre...

— Monsieur Adrien, — dit le père Poncet à son tour, — nous serions des sans-cœur si nous profitions de votre générosité quand vous êtes malheureux... Vous êtes bien jeune, et on n'accepte pas comme ça le bien d'un *innocent*.

Tout à coup une femme, les cheveux en désordre, les ongles tendus, se jeta comme une louve sur l'objet en litige, et s'en empara en s'écriant :

— Ah! voleurs, brigands, vous avez profité de ce que je n'étais pas là pour me piller ! Venez-y maintenant, et je vous poserai mes cinq griffes sur vos faces de singes. Cet argent est à moi ; serait-ce vous qui auriez pu changer pour de beaux écus d'argent un sale chiffon de rien du tout ?... Oui, approchez-vous, et, foi d'honnête femme ! je vous arrache les yeux.

— Mère, — dit Étienne. — songe donc...

— Femme, — reprit le patron, — ceci n'est pas de jeu ; faut pas être des vilains qui abusent de la jeunesse. On pourrait nous dire...

Adrien se hâta d'intervenir.

— Mes amis, — dit-il avec fermeté, — la mère Poncet a raison. Cet argent est à vous, et je préférerais mille fois le jeter au fond de l'étang de Thau que d'en employer un sou à mon usage.

La vieille Poncet serra le panier contre sa poitrine, et un léger sourire éclaira sa physionomie farouche.

— Pécaïré ! — s'écria-t-elle, — voilà qui est parler ! Quand on reprend ce qu'on a donné, on va en enfer ; les enfans savent ça... Pour ce qui est de jeter *mon* argent au fond de l'eau, essayez donc ! vous ne connaissez pas encore la Poncette, vous autres !

Elle recula de quelques pas d'un air de défi ; puis, faisant volte-face, elle repartit avec toute l'agilité de ses pieds nus dans la direction de sa cabane.

Malgré leur désintéressement, ni le patron ni son fils

ne parurent fâchés du résultat final de cette scène. Leurs traits prirent une expression de joie mal dissimulée ; leur poitrine parut déchargée d'un grand poids. Ils voulurent bien encore balbutier de nouvelles instances ; mais Adrien leur imposa silence, et tous ensemble se mirent en marche pour atteindre l'endroit où l'on espérait trouver Malevieux.

Les quatre hommes traversèrent le village à grands pas, afin de se débarrasser des curieux qui s'obstinaient à les suivre ; et, en effet, à peine eurent-ils marché pendant une demi-heure, qu'ils se trouvèrent seuls au milieu des marais qui s'étendaient alors entre l'étang de Thau et celui de Frontignan.

Pendant ce trajet, le vicomte avait recueilli divers renseignemens importans sur le fugitif. Un paysan l'avait vu traverser une vigne et cueillir plusieurs grappes de ces délicieux raisins muscats appelés *passerilles*, qui étaient alors en pleine maturité. Un autre assurait qu'un *franciman* dont la description se rapportait encore à Malevieux venait de passer en chantant à quelques pas de lui. Mornas fit gaiement l'observation que, si l'oncle d'Adrien était fou, sa folie du moins s'annonçait pour être joyeuse et ne lui ôtait pas l'appétit ; mais il cessa bientôt ses railleries en voyant l'air triste et abattu de son compagnon.

Dans les marais, les recherches devenaient plus difficiles. On traversait des bas-fonds où la vue se trouvait fort resserrée. Le terrain était couvert de roseaux desséchés, rudes et coupans, qui cachaient aux yeux des flaques d'eau ou des abîmes de vase. Des arbustes vigoureux, parmi lesquels le botaniste eût remarqué le tamarin aux feuilles salifères et le galé ou piment royal, dont l'arome corrige les émanations malsaines des paluds, formaient une espèce de petite forêt sur ce sol spongieux. Des plantes d'espèce rare, l'astragale de Montpellier, le chénopode à feuilles de kali, et le pancration maritime fleurissaient au milieu des élégantes parnassies, des centaurées roses et des véroniques à fleurs de lapis. De brillans insectes voltigeaient autour de ces fleurs en faisant entendre un bourdonnement que dominait le chant monotone et assourdissant des cigales. A chaque instant des oiseaux habitans de ces retraites amphibies, les fauvettes de roseaux, les hérons pourprés, les bécasseaux, les chevaliers, partaient effarouchés sous les pieds des promeneurs, et témoignaient par leur effroi de la rareté de semblables visites.

On était arrêté souvent par la multiplicité des sentiers formés par les troupeaux qui venaient paître avidement les plantes salines. Lequel de ces sentiers avait pris l'homme que l'on cherchait? La connaissance parfaite que le patron Poncet et son fils avaient des localités leur était souvent inutile ; mais, en pareil cas, le vicomte ne paraissait pas embarrassé.

— Songez au caractère de ce bon Malevieux, — disait-il d'un ton d'ironie... bien qu'il ait annoncé l'intention d'en finir avec la vie, il ne se sera jamais décidé à crotter ses bottes... De tous ces chemins prenons le plus propre ; je gagerais un rien que son désespoir aura fait comme nous.

On suivait son conseil, et bientôt des traces de pas imprimées dans la vase humide témoignaient qu'on avait eu raison.

Cependant vint un moment où la sagacité de Mornas lui-même se trouva en défaut. Le sentier aboutit tout à coup à une grande route que les Poncet reconnurent pour être celle de Montpellier à Cette. De quel côté avait tourné Malevieux? avait-il suivi la route à droite ou à gauche ? s'était-il enfoncé dans les marais qui s'étendaient de l'autre côté jusqu'aux rives de l'étang de Frontignan ?

La petite troupe fit halte au bord du chemin, les pieds dans cette abondante poussière, blanche et impalpable, qui caractérise les grandes voies de communication, surtout dans le midi de la France. Ils regardaient attentivement autour d'eux pour chercher quelle direction ils devaient prendre, quand un paysan perché, les jambes pendantes, sur un mulet empanaché, avec lequel il causait tout en marchant, vint à passer près d'eux.

— Hé! l'homme! hé! l'homme! — cria le vicomte en patois. Cette exclamation est la manière d'appeler usitée dans le pays. L'individu ainsi interpellé tourna la tête; voyant un monsieur bien mis qui lui parlait sa langue, il voulut s'arrêter. Mais il avait compté sans l'obstination proverbiale de son mulet, qui continua sa route vers Cette avec un flegme imperturbable. Le cavalier jura, menaça, tira la bride à la briser; la monture ne parut pas s'en apercevoir et secoua son panache rouge d'un air de défi.

— Hé! l'ami, un mot seulement, — reprit le vicomte.

Et il lui demanda s'il n'avait pas rencontré sur la route un voyageur qu'il dépeignit rapidement.

Le paysan, tout occupé de sa rétive bête, n'écoutait pas et adressait au mulet de superbes discours avec accompagnement de coups de fouet, mais le mulet n'en tenait compte; il pivotait comme une toupie, en renâclant avec une sorte de fureur. Le cavalier ne semblait pas très rassuré; néanmoins son amour-propre était en jeu, et il essayait de vaincre l'opiniâtreté de l'animal.

— Si tu me *tombes*, — disait-il, — prends garde à toi...! Ne me mets pas en colère...! Tiens, me voilà en colère, et nous serons deux! — Il sauta à bas de la selle; puis, la bride passée dans son bras gauche, il se plaça devant le mulet, qui alors se mit à reculer de toute sa force. — Eh! tu me tiens tête! — reprit le paysan; — je te parie un petit écu que tu t'arrêteras!... Est-ce parié? capon qui s'en dédit! — Aussitôt il fit pleuvoir de la main qui lui restait libre un déluge de coups de fouet sur sa monture, tant et si bien que la bête, à demi aveuglée par la poussière et par les coups, finit par rester immobile, les oreilles basses. — Je te l'avais bien dit, — répliqua le paysan d'un air de triomphe; — tu as perdu; tu rentreras à la maison sans ton plumet.. Ah! *pécaïré*! — continua-t-il en s'adressant aux voyageurs, — le coquin a trouvé son maître! — Cette petite scène, que nous avons raconté en détail pour donner une idée du caractère local, avait fort diverti le vicomte, quoique Laroyère et les deux marins donnassent des signes d'impatience. Mornas, voyant le conflit à peu près apaisé, répéta la question. — Oui, oui, monsieur, — répliqua le paysan, — il a passé tout à l'heure... Voyez-vous le glorieux! — ajouta-t-il en s'adressant à son mulet, — il a voulu me faire la loi, et devant le monde encore! Va, je t'ôterai tes sonnettes et je te mettrai un bouchon de paille à la queue, tu peux en être sûr!

— Mais enfin, mon ami, je vous demande si vous avez vu...

— Oui donc, que je vous dis, à preuve qu'ils étaient deux et qu'ils arrivaient par le chemin de traverse de Balaruc. Ils ont sauté sur la grand'route à côté de moi.

— Celui que nous cherchons était seul, — répliqua Mornas désappointé.

— Eh! *pécaïré*! il aura trouvé un camarade; en route ça désennuie d'être deux: moi je suis avec mon mulet, et, quand il n'est pas méchant, nous nous entendons fort bien. L'homme était pourtant habillé comme vous le dites, et puis l'autre, qui était plus grand, avait une cocarde noire... Faudra que je demande à mon fils, qui a été soldat, à quel corps appartient cette cocarde-là.

— Une cocarde noire! — s'écria impétueusement le vicomte; — diable! diable! ceci est une autre affaire.

Et il posa à l'interlocuteur de nouvelles questions sur les deux voyageurs. Le paysan, tout en adressant des parenthèses conciliantes à sa monture devenue docile, répondit avec complaisance. A un quart de lieue environ de l'endroit où l'on se trouvait, deux messieurs, fort bien mis, avaient quitté un chemin de traverse et s'étaient dirigés vers Frontignan. Ils avaient adressé en passant quelques mots au muletier; mais, comme c'étaient des *francimans*, ils n'avaient pu se faire comprendre et avaient continué leur route.

Adrien, ne devinant pas vers quel but tendaient ces informations, interrompit brusquement la conversation.

— Pour Dieu! vicomte, — dit-il, — que nous importent ces étrangers?

— Ce qu'ils nous importent? — répéta Mornas; — ne voyez-vous pas que ces voyageurs sont précisément lord Corbett et son acolyte? Je n'ai plus de doute maintenant.

— Réfléchissez donc, Mornas; comment ce vieillard infirme aurait-il pu faire plusieurs lieues à pied, par des chemins difficiles?

— Ce vieillard infirme en ferait bien d'autres, s'il est celui que je suppose.

— C'est incroyable, vous dis-je; lord Corbett et son domestique sont partis ce matin dans une voiture de poste pour Montpellier...

— Et nous les retrouvons maintenant sur la route de Cette, à pied, par cette poussière suffocante et ce ciel de feu; voilà où est la diablerie, Adrien, et la ruse serait excellente si votre bonne étoile ou Dieu, qui veut réintégrer dans vos poches les soixante mille francs volés à votre oncle, ne nous avait conduits de ce côté. Notre filou s'est bien douté que, après avoir arraché si rudement les dernières plumes à son pauvre pigeonneau, il allait y avoir de l'esclandre ce matin; craignant d'être poursuivi, il s'est avisé du tour que vous voyez. Il est descendu de voiture au relai, et a filé d'un autre côté; de sorte que, si nous avions suivi mon premier projet, nous nous serions acharnés à la poursuite d'une voiture vide, et nous aurions perdu un temps précieux dont nos coquins auraient profité. Mais on ne s'avise jamais de tout; le maître est parfaitement grimé, malheureusement la maudite cocarde noire du prétendu laquais m'a mis sur la voie des découvertes... Maintenant achevons bien vite de trouver votre malencontreux parent, et je réponds que nous ne rentrerons pas à Balaruc les mains vides.

Le vicomte remercia le paysan, qui pendant cette conversation était remonté sur sa bête, et on se remit en marche pour continuer les recherches. Un moment encore les voyageurs entendirent le muletier, qui s'éloignait dans une direction opposée, représenter au mulet vaincu l'inutilité de la résistance, et lui promettre un généreux pardon s'il se montrait plus sage, à quoi l'animal répondait en agitant humblement ses sonnettes fêlées; puis tout disparut au détour du chemin.

Mornas et Adrien rejoignirent le patron Poncet. Appuyé sur son rouquet, il s'était arrêté à l'ombre des peupliers qui ombrageaient la route, et semblait être en observation. De ce côté, les marécages se continuaient jusqu'à une vaste plaine d'eau qui devait être ou l'un des grands étangs salés avoisinant celui de Thau, ou même la Méditerranée. Le vieux marin indiqua du geste son fils Etienne, qui rôdait à quelque distance au milieu des buissons et des roseaux.

— Attendez, — dit-il laconiquement, — Etienne voit quelque chose.

Les deux amis regardèrent dans la direction du monticule boisé, situé à deux cents pas environ du grand chemin. Etienne se courbait dans les herbes sèches, comme un chasseur qui veut surprendre le gibier. Tout à coup il se tourna vers ses compagnons et les appela du geste. Lui-même se dirigea rapidement vers le revers opposé du monticule; mais presque aussitôt l'explosion d'une arme à feu se fit entendre et le jeune pêcheur disparut derrière une ondulation du terrain.

— Que la bonne Vierge nous protège! — dit le patron Poncet, qui devint blanc comme un linge, — il est arrivé malheur à notre Etienne!

Il se mit à courir vers l'endroit où il avait vu disparaître son fils; Adrien et le vicomte le suivirent avec un élan irrésistible. Ils atteignirent en quelques secondes le pied de l'élévation dont nous avons parlé. Alors ils aperçurent Etienne, qui n'était nullement blessé, mais qui se tenait tapi derrière une touffe d'arbustes. Il leur montra en silence une sorte de banc de gazon, vers la cime du monticule; sur ce banc était majestueusement assis Malevieux.

L'oncle d'Adrien avait encore cette mise prétentieuse et recherchée qui lui était habituelle: vêtemens noirs, cravate blanche, diamans et chaîne d'or : une véritable toilette de bal. Malgré la course longue et fatigante de la matinée, les boucles de sa perruque blonde n'étaient nullement dérangées ; une imperceptible humidité souillait à peine l'extrémité de son pantalon. En revanche, ses traits n'avaient plus ce calme, cette placidité riante d'autrefois. Son visage, sans fard ni peinture, conservait une teinte terreuse, cadavérique. Ses gros sourcils d'un blanc roussâtre se hérissaient au-dessus de ses yeux qu'il roulait avec une expression sinistre. Cependant il essayait de prendre un air imposant, et brandissait avec une lenteur solennelle les pistolets qu'il tenait à chacune de ses mains; ses lèvres remuaient comme s'il eût prononcé des paroles qu'on n'entendait pas.

La petite troupe s'était arrêtée à trente ou quarante pas du monticule. Adrien, en reconnaissant son tuteur, voulut s'élancer vers lui, les bras ouverts ; Etienne le retint de force :

— Défiez-vous, — dit-il à voix basse, — il a déjà tiré sur moi.

— Mais tu n'as pas été touché, mon drôle ?— demanda son père avec un reste d'inquiétude.

— Non, non ; la balle a passé à plus de dix pieds au-dessus de ma tête. Mais n'importe ! il n'est pas prudent d'approcher d'un fou.

— En effet, — dit Adrien avec désespoir, — mon malheureux oncle ne nous reconnaît pas !

— Tiens, tiens,— reprit le vicomte en examinant attentivement l'insensé, — est-ce vraiment...?

Adrien le pria de se taire ; Malevieux jetait sur eux des regards enflammés, et s'écriait en faisant des gestes d'énergumène :

— Approche, Destin, approche, implacable divinité, je ne te crains plus... Je suis Jupiter, le roi des dieux, et je suis assis sur mon Olympe. Je te traiterai comme je traitai autrefois les Titans qui voulaient escalader le ciel. Quoi ! n'es-tu pas encore vaincu ? faut-il que je lance encore contre toi ma foudre et mes éclairs ? faut-il que je t'écrase sous le mont Etna, comme Encelade ? Par le Styx ! prends garde de me pousser à bout.

Et il agitait son pistolet, en regardant toujours Etienne qui semblait être particulièrement l'objet de sa haine.

— Vous l'entendez, Mornas ? — dit Adrien avec désespoir ; — plus de doute maintenant... il a perdu la raison !

— Hum ! — fit le vicomte.

Les deux Poncet écoutaient le monologue de l'insensé sans y comprendre grand'chose.

— Père, — demanda Etienne, — ce monsieur Destin à qui il en veut tant, n'est-ce pas celui qui lui a gagné son argent ?

— Non ; je me suis laissé dire que c'était ce marsouin d'Anglais qu'on appelle lord Corbett.

Cependant Malevieux s'était apaisé peu à peu et avait repris sa pose majestueuse. Après un moment de silence, sa folie sembla revêtir un caractère moins belliqueux.

— Ames des morts, que me voulez-vous ? — dit-il d'un air de sérénité en s'adressant aux assistans ; — vous êtes ici dans les sombres marais de l'Averne ; ces fleuves que vous voyez là-bas sont le Cocyte et le Phlégéton. Moi, je suis Jupiter; je suis descendu dans le noir empire de mon frère Pluton pour protéger ceux que j'aime. S'il est parmi vous des joueurs malheureux à qui il ne reste une obole pour payer leur passage dans la barque de Caron, qu'ils viennent à moi ! Je payerai pour les pauvres joueurs ; puis je les recommanderai à Minos et à Rhadamanthe, afin qu'on les envoie bien vite aux Champs-Elysées, car ils ont déjà souffert sur la terre tous les supplices de l'enfer.

En même temps Jupiter laissa aller sa tête sur sa poitrine et versa d'abondantes larmes.

— Mon oncle, mon pauvre oncle, — murmurait Adrien en pleurant lui-même ; — devais-je te revoir dans cet affreux état !

— Allons, finissons-en, — dit brusquement le vicomte ;

— le roi des dieux ne peut être aussi méchant qu'il en a l'air, et nous perdons un temps précieux... Adrien, braves gens, suivez-moi.

Il se mit à gravir précipitamment le monticule, et ses compagnons l'imitèrent. L'insensé, se voyant ainsi entouré, se leva brusquement et menaça de son pistolet le vicomte de Mornas qui se trouvait le plus près de lui. Mais Mornas attacha sur lui son regard perçant ; Malevieux, comme fasciné, abaissa son arme, puis resta immobile et tremblant, sans songer à fuir ou à se défendre.

— Mon oncle, — criait Adrien, — reconnaissez-nous ; ce sont des amis... je suis votre neveu, votre enfant ; je vous pardonne tout et je vous aime toujours.

— Je ne suis pas ton oncle, je suis Jupiter, le roi des dieux et des hommes, — balbutia Malevieux.

— Eh bien! moi, je suis le Destin, je vais mater Jupiter, — dit le vicomte d'un ton goguenard en s'élançant sur le fou et en lui enlevant prestement ses pistolets ; — allons, te voilà vaincu, roi des dieux et des hommes; maintenant, je l'espère, tu céderas au Destin qui va te ramener au plus vite dans ta chambre de Balaruc et qui te fera donner à déjeuner, car tu dois être mort de faim.

Adrien prit Malevieux dans ses bras et le serra avec effusion.

— Mon oncle, pour Dieu ! rappelez vos souvenirs, — dit-il, — reconnaissez Adrien, le fils de votre sœur... Une considération de fortune pourrait-elle rompre des relations si longues et si amicales entre nous ? Vous avez usé de mon bien comme du vôtre ; je vous pardonne et, je vous le jure, jamais un mot de reproche ne sortira de ma bouche.

Malevieux se laissait caresser avec impassibilité. Il sembla bien qu'en écoutant le généreux pardon du jeune homme son œil fût tout à coup devenu humide ; mais il reprit aussitôt sa mine refrognée et répéta :

— Je suis Jupiter.

— Allons ! allons ! — dit le vicomte, — votre oncle, mon cher Laroyère, vous reconnaîtra plus tard ; maintenant il faut songer à vos affaires. Nous allons nous rendre bien vite à Frontignan, qui doit être peu éloigné d'ici ; le patron et Etienne reconduiront monsieur Malevieux, ou Jupiter, s'il l'aime mieux, jusqu'à Balaruc, et le remettront entre les mains du docteur Moirot... Eh bien! mes amis,— continua-t-il en s'adressant aux deux Poncet,— vous chargez-vous de cette besogne et me répondez-vous corps pour corps de l'oncle d'Adrien ?

— Oh ! pour cela, oui, — répliqua le patron ; — maintenant qu'il n'a plus ses pistolets...

— Pécaïré ! — dit Etienne en jetant un regard oblique sur les formes grêles du Jupiter Olympien, — j'en viendrais bien à bout tout seul, du moment qu'il s'agirait de jouer des mains ou des jambes... Soyez tranquille, monsieur Adrien ; nous le ramènerons sans accident, je vous le promets.

Pendant cette conversation, on avait regagné la grand'route. Malevieux se laissait conduire avec une extrême docilité ; morne, les yeux baissés, il gardait un silence farouche. Cependant une sorte d'inquiétude vague se trahissait dans chacun de ses mouvemens. Cette inquiétude devint plus appréciable encore lorsqu'on fit halte à l'embranchement des chemins. Néanmoins il ne prononça pas une parole et attendit ce qu'on déciderait de lui :

— Mon cher Mornas, — dit Adrien d'un air d'hésitation, — est-il donc nécessaire que je quitte mon oncle dans un pareil moment, pour aller courir les hasards d'une aventure dont, je l'avouerai, je n'attends aucun bon résultat ?

— Que risquez-vous de la tenter, Adrien ? n'êtes-vous pas maintenant rassuré complétement sur le sort de Malevieux ? Ayez confiance en moi, vous dis-je, et dans quelques heures nous aurons raison de ce misérable escroc de lord Corbett !

Malevieux tressaillit et, de pâle qu'il était, devint verdoisi.

— Lord Corbett! scélérat! — murmura-t-il en grinçant des dents. Puis, se calmant aussitôt, il ajouta avec une gravité comique : — Je suis le roi des dieux, j'exterminerai tous les coquins.

— Ne nous y fions pas et partons, — dit brusquement le vicomte. — Des affaires urgentes peuvent réclamer ma présence d'un moment à l'autre ; d'ailleurs les coquins jouent des jambes pendant que nous lanternons ici. Laroyère, êtes-vous prêt ?

— Mon cher Mornas, je ne sais si je dois...;

Le vicomte se pencha à son oreille :

— Adrien, — dit-il, — comment pourrez-vous aspirer à la main d'une femme riche et noble si vous êtes un pauvre diable ruiné ?

Adrien parut vivement surpris en voyant connu de Mornas un secret qu'il croyait enfoui dans les plus secrets replis de son cœur. Cependant il répondit avec résolution :

— Oui, oui, vous avez raison, ami ; partons sans retard.

Il embrassa son oncle, qui se laissa faire machinalement, et il le recommanda de nouveau aux deux Poncet ; puis il suivit rapidement la route poudreuse de Frontignan avec Mornas, pendant que Malevieux et ses gardiens reprenaient, non sans retourner fréquemment la tête, le sentier des marais.

IX

LA POURSUITE.

Le vicomte de Mornas et Adrien de Laroyère s'avançaient à l'ombre des hauts peupliers qui bordaient la route. La chaleur devenait accablante, et, pour comble de malheur, le siroco, ce vent de mer si redouté des contrées méridionales, commençait à souffler. Le ciel, du reste, avait pris une teinte roussâtre, le soleil apparaissait comme un globe rougi. Par momens, des bouffées puissantes bouleversaient les herbes sèches des marais, puis, s'abattant sur les grands arbres, semblaient devoir les courber en arcs gigantesques jusqu'au sol ; la poussière de la route s'envolait en tourbillons impétueux. Le voyageur, pris dans ces vastes spirales, tournait sur lui-même, aveuglé par le sable, suffoqué par ce vent brûlant qui desséchait la bouche et embrasait les poumons. Cependant le siroco n'avait pas encore atteint toute sa force et ne faisait que préluder aux violences dont il menaçait le reste de la journée.

Adrien, affaibli par sa récente maladie, supportait avec peine cette température accablante. Son compagnon, au contraire, marchait d'un pas leste, d'un air indifférent ; les tourbillons de vent et de poussière lui arrachaient seulement une exclamation plaisante. Néanmoins, voyant quelle peine Adrien avait à le suivre, il vint lui prendre affectueusement le bras et lui dit avec gaieté :

— Allons, courage ! mon jeune Parisien ; la Fontaine nous l'assure :

Aucun chemin de fleurs ne conduit à la gloire,

il aurait pu ajouter : *et à la fortune*. Mais prenez patience, Frontignan ne doit pas être éloigné, et nous y trouverons des chevaux, s'il est nécessaire, pour aller plus loin.

— Et à quoi nous servira cette pénible course ? — demanda Laroyère avec abattement. — Je suppose que celui que nous poursuivons soit réellement lord Corbett, je suppose encore que nous finissions par l'atteindre ; croyez-vous qu'il se laissera facilement dépouiller d'une somme considérable légitimement ou illégitimement gagnée ? Et

s'il refuse de la restituer, quel parti nous restera-t-il à prendre ?

— Que nous nous trouvions seulement face à face avec lui, et je réponds de tout.

— Quoi donc ! Mornas, seriez-vous disposé à employer la violence ? Pour ma part, je ne consentirais jamais...

— Ayez l'esprit en repos, homme de peu de foi... A la rigueur, Adrien, j'aurais pu me charger seul de cette besogne ; mais j'ai désiré, pour des raisons que vous comprendrez peut-être plus tard, être assisté par vous dans cette affaire délicate.

— Vous êtes mystérieux, Mornas, et il y a en vous bien des choses qui me passent..... Ainsi, par exemple, je ne puis m'expliquer encore comment tout à l'heure vous avez fait allusion à mes sentiments les plus intimes et les plus secrets...

— Ah ! votre amour pour une aimable personne de Balaruc ? — répliqua le vicomte en souriant ; — eh bien! Adrien, je ne veux pas vous paraître mystérieux quand je ne le suis pas, et je vais vous apprendre tout bonnement comment ce secret est venu à ma connaissance... C'est un aveu pénible, mais bah ! je ne tiens pas non plus à ce que vous me preniez pour un sorcier. Hier, dans les ruines, ne vous êtes-vous pas aperçu que quelqu'un écoutait votre conversation avec votre oncle ?

— Quoi ! Mornas, cet indiscret à qui j'ai donné la chasse dans les vignes...

— C'était moi, mon cher Adrien, — répliqua Mornas avec un mélange de bonhomie et de confusion. — Je revenais d'une excursion dans le voisinage, et je m'étais endormi à l'ombre d'une arcade romaine. J'ai été réveillé par le bruit de votre conversation, et j'ai entendu malgré moi vos confidences à votre oncle... Cependant un faux mouvement m'a trahi, et, craignant d'être surpris dans la désagréable position d'écouteur aux portes, j'ai pris honteusement la fuite. Mon châtiment est dans l'aveu que je vous fais de ma faute involontaire. Voilà comment j'ai pénétré ce grand secret... Mais tenez, — ajouta-t-il avec une sorte d'émotion, en baissant la voix,—je l'avoue, Adrien, il y a peut-être en moi des choses qui doivent vous surprendre, et je veux vous mettre en garde contre des impressions fâcheuses... Quelque mystère que vous remarquiez maintenant ou plus tard dans ma conduite, ne vous défiez jamais de moi. Dites-vous que je suis un homme à qui vous avez rendu un grand service, et que tous mes vœux tendent à votre bonheur ; dites-vous que, dans le cas où j'aurais mérité la haine et le mépris des hommes, j'aurais voulu encore acquérir des droits à votre affection, à votre estime, et cela parce que vous êtes un des caractères les plus francs, les plus loyaux, les plus généreux que j'aie rencontrés. — Ces dernières paroles avaient été prononcées avec une sorte de solennité mélancolique. Laroyère examina curieusement son interlocuteur. Le visage d'ordinaire si railleur du vicomte avait pris une expression de tristesse ; ses yeux si hardis étaient humides de larmes. Le jeune homme, tout en lui exprimant sa sympathie avec effusion, voulut lui adresser quelques questions. — De grâce, Adrien, ne me demandez rien, — interrompit brusquement Mornas ; — peut-être ne saurez-vous jamais ce que j'ai voulu dire ; pour vous comme pour moi, souhaitez qu'il en soit ainsi !

En même temps il changea de conversation et se mit à causer sur toutes sortes de sujets avec une verve, une gaieté qui, malgré le vent, la fatigue et l'inquiétude, appelèrent plus d'une fois le sourire sur les lèvres de son compagnon de route.

Ils atteignirent ainsi Frontignan ; c'est une ville petite, mais ancienne, assise, dans une situation pittoresque, au bord de l'étang du même nom. Les tours qui la défendaient autrefois ont entièrement disparu, mais elle a conservé son enceinte de murailles comme au temps de Pierre d'Aragon et de la reine Marie. Sans s'arrêter à prendre des informations, les deux voyageurs franchirent les portes de la ville et se dirigèrent vers l'unique auberge du lieu.

Comme on se trouvait alors dans la saison des vendanges, partout sur leur passage les maisons étaient tapissées du haut jusqu'en bas de magnifiques raisins qui séchaient au soleil en exhalant un délicieux parfum. Mais cette décoration singulière attira à peine un de leurs regards. Adrien, épuisé, ne pouvait marcher, et le vicomte était obligé de le soutenir, ou plutôt de le porter, en l'encourageant tout bas.

Enfin un bouquet d'herbes sèches et un écriteau de papier peint, suspendu au-dessus d'une porte, leur apprirent qu'ils étaient arrivés à l'auberge tant désirée. Ils furent reçus par l'hôte lui-même, qui avait bien voulu quitter l'odorante bouillabaisse dont se régalait sa famille pour venir au-devant de deux voyageurs bien couverts. Mornas demanda des rafraîchissemens pour son compagnon, qui s'était jeté sur un siége; quant à lui, il resta debout, et, pendant qu'on servait Adrien, il se mit à questionner l'hôte en patois sur les deux individus qu'il supposait avoir dû passer par Frontignan une heure auparavant. L'aubergiste reconnut en effet que deux voyageurs assez semblables à ceux qu'on lui dépeignait s'étaient arrêtés chez lui; mais le plus grand n'avait ni chapeau ni cocarde noire, et portait une casquette galonnée.

— Ah! ils se sont aperçus enfin que le chapeau et la cocarde les rendaient trop reconnaissables! — dit le vicomte en secouant la tête, — et le tout aura fait un plongeon dans l'étang; seulement la précaution vient trop tard... Eh bien! mon ami, — continua-t-il en s'adressant à l'aubergiste, — vous devez savoir de quel côté ces messieurs se sont dirigés.

— Pauvre de Dieu! si je le sais...? ils m'ont demandé deux chevaux et un guide pour les conduire à la grotte de Mireval, un trou noir que tous les *francimans* qui passent par ici veulent visiter.

Cette réponse déconcerta Mornas.

— Vous le voyez, mon cher vicomte, — dit Adrien, — les gens que nous poursuivons ne peuvent être lord Corbett et son domestique; leur signalement actuel ne se rapporte plus à celui que nous connaissons. Comment deux hommes qui ne doivent pas se croire en sûreté s'amuseraient-ils à visiter les curiosités naturelles du pays? Nous avons affaire sans doute à de paisibles touristes qui seraient fort étonnés des soupçons qu'ils inspirent.

— Vous pouvez dire vrai, Laroyère, et cependant j'ai le pressentiment que nous sommes sur la bonne voie; croyez-en mes instincts, et laissez-moi faire... Si vous êtes trop fatigué pour continuer ce voyage, attendez-moi ici. J'agirai seul, et j'espère...

— Non, non, interrompit Adrien avec fermeté en se levant; — il ne sera pas dit, mon généreux ami, que je resterai tranquille tandis que vous affronterez pour moi de grandes fatigues, des dangers peut-être; procurons-nous des chevaux, je vous accompagnerai aux grottes de Mireval, ou même plus loin s'il le faut.

— A la bonne heure! — dit le vicomte d'un air de satisfaction, — et votre courage mérite d'autant plus d'éloges que vous n'avez pas confiance dans le résultat de notre poursuite,.. Mais patience! Adrien, vous me remercierez plus tard de mon opiniâtreté.

Puis, s'adressant à l'aubergiste, il demanda à son tour des chevaux et un guide pour se rendre aux grottes. L'hôte refusa d'abord; son écurie était dégarnie; il pouvait bien prêter son fils, jeune drôle de douze à treize ans, pour servir de guide, mais les chevaux qui restaient lui étaient nécessaires, et il résista longtemps à toutes les instances. Enfin le vicomte le prit à l'écart et lui glissa quelques mots à l'oreille. Aussitôt les manières de l'aubergiste changèrent; il devint respectueux, timide même. Moins de dix minutes après, les deux voyageurs et l'enfant, bien montés, sortaient au grand galop de Frontignan.

Bientôt ils se retrouvèrent en rase campagne; mais, quelle que fût leur impatience d'arriver à la grotte, ils durent ralentir leur marche. Le siroco était alors dans toute sa force, comme le soleil dans toute son ardeur. L'air que l'on respirait était de flamme; le gravier, fouettant le visage des voyageurs, leur causait de cuisantes piqûres. Les oliviers, les mûriers, se tordaient sous l'effort de ce vent turbulent qui menaçait de les arracher malgré leurs robustes racines. A chaque instant les chevaux s'arrêtaient, tournaient sur eux-mêmes, et les voyageurs, disputant leurs vêtemens à l'orage, aveuglés par le sable, étaient dans l'impuissance de les maîtriser. Ces obstacles, ajoutés à la réverbération insupportable du soleil sur les blanches sinuosités de la route, retardaient beaucoup la marche de la caravane; mais le vicomte se consolait en songeant que ceux qu'il poursuivait avaient été exposés aux mêmes retards, et que, grâce à ses excitations, on devait certainement gagner du temps sur eux.

On marcha ainsi pendant plus d'une heure; plusieurs fois Mornas avait demandé au jeune guide si l'on atteindrait bientôt la grotte; mais l'enfant, uniquement occupé à fermer les yeux de manière à laisser le moins de passage possible au rayon visuel, se contentait de répondre : « Tout à l'heure, » et on continuait d'avancer.

Enfin on quitta le grand chemin pour gagner des rochers situés à quelque distance, et on s'engagea dans un sentier qui longeait un ruisseau descendu des hauteurs. Le sol maintenant était accidenté, ombragé d'arbres verts; le ruisseau coulait dans un lit de fleurs. Aussi le vent n'avait-il plus son indomptable violence, le nuage de sable et de poussière n'avait plus sa suffocante intensité. Cavaliers et montures commençaient à respirer librement. Plus on approchait de l'abri des rochers, plus ce calme devenait sensible. Les cigales, qui se taisaient dans le voisinage de la route, reprenaient leurs chants sous le gazon frais qui bordait le ruisseau; de beaux papillons se hasardaient à voltiger autour des épis de la verge-d'or et du laurier Saint-Antoine. Enfin, quand on atteignit une petite enceinte circulaire formée par les rochers, on devinait, seulement à la teinte rougeâtre du ciel et à des mugissemens sourds, que le siroco continuait ses fureurs dans la plaine;

Ces rochers étaient tapissés d'arbustes, de fougères, et de ces concombres sauvages qui, au moindre contact, lancent au loin leurs graines visqueuses. Les fonds produisaient abondamment des plantes fleuries, qu'on n'eût pu cueillir toutefois sans courir le risque de déranger de venimeuses familles de scorpions, de lézards ocellés ou de vipères, épiant le soleil à travers les touffes mouvantes des napels et des campanules. En face des voyageurs, au pied d'une montagne escarpée, s'enfonçait la grotte que l'on venait chercher. L'entrée en était commode, riante, encadrée de scolopendres et surmontée de vignes dont les fruits mûrs pendaient en festons à la voûte. Le ruisseau s'en échappait, et l'œil pouvait remonter mes méandres argentés dans l'intérieur de la grotte obscure. Mais une circonstance frappa les voyageurs plus encore que les charmes pittoresques du site : trois chevaux, attachés à un figuier à l'entrée de la caverne, semblaient attendre, tout sellés et bridés, le retour prochain de leurs maîtres.

Le vicomte sauta joyeusement à bas de sa monture.

— Nous arrivons à temps! — s'écria-t-il; — *ils* sont encore ici... nous réussirons.

Adrien s'était empressé également de mettre pied à terre.

— Mornas, — dit-il avec inquiétude, — encore une fois, souvenez-vous de mes recommandations, et prenez garde aux méprises. Un procès au criminel n'arrangerait ni mes affaires ni sans doute les vôtres.

Le vicomte se mit à rire.

— Eh bien! Laroyère, n'êtes-vous pas avocat? Ce serait une belle occasion de faire des économies d'argent, et de donner carrière à votre éloquence.

Adrien goûta médiocrement cette plaisanterie; mais il se promit de ne pas quitter d'un moment son compagnon et d'intervenir au besoin dans la discussion.

On attacha les chevaux à côté des autres; puis le jeune guide ayant assuré qu'on ne risquait rien de les abandonner pour un moment, les voyageurs s'empressèrent de pénétrer dans la grotte.

Il y régnait une agréable fraîcheur, bien précieuse par cette température brûlante. Pendant une centaine de pas environ, la lumière qui venait de l'entrée permettait d'y voir suffisamment pour se conduire; mais à cette distance il fallut allumer des torches dont le vicomte avait eu la précaution de s'approvisionner à Frontignan; puis on s'enfonça dans les ténèbres, en suivant le cours du ruisseau, à qui sans doute ces galeries devaient leur existence.

Bientôt les merveilles de ce lieu souterrain surgirent de toutes parts aux yeux éblouis des visiteurs. C'étaient des stalactites affectant les formes les plus gracieuses ou les plus bizarres. Ici des choux-fleurs s'épanouissaient à la voûte comme des végétations de pierre; plus loin l'albâtre formait des obélisques, des jeux d'orgues, des draperies, des palmiers, des culs-de-lampe, on eût pu prendre ces œuvres de la nature pour des œuvres de l'art. A chaque instant on entrevoyait dans l'ombre des fantômes immobiles, des statues de femmes enveloppées de longs voiles flottans, des figures effrayantes d'animaux fantastiques; il fallait un effort d'imagination pour ne pas attribuer ces créations à un musée statuaire. La lueur des torches, pénétrant ces formes à demi transparentes, leur donnait une apparence aérienne presque surnaturelle, et les filets d'eau ruisselant à l'entour les encadraient de perles et de diamans.

Adrien, malgré ses préoccupations, parcourait avec admiration ce musée splendide de la nature; il eût bien voulu s'arrêter un peu devant chacune de ces merveilles, mais Mornas, beaucoup plus prosaïque, ne lui en laissait pas le temps. Mornas songeait uniquement à l'homme qu'il était venu chercher dans les entrailles de la terre, et s'étonnait de n'en apercevoir aucune trace. Plusieurs fois il fit signe à ses compagnons de s'arrêter, et on prêta l'oreille; mais on n'entendit autre chose que le murmure bas et timide du ruisseau, semblable au chuchotement de deux jeunes filles qui se font des confidences le soir, et le bruit des gouttes d'eau qui tombant de la voûte sur les stalactites, produisaient les notes douces et musicales d'un harmonica.

— La grotte a-t-elle plusieurs issues? — demanda le vicomte au jeune guide. L'enfant répondit que non. — C'est bien, avançons donc; il n'y a pas à craindre qu'il nous échappe. — Et on continua de marcher sur ce sol humide. Parfois la galerie était fort étroite, et les concrétions d'albâtre semblaient devoir obstruer le passage; puis elle devenait tout à coup si large que les flambeaux n'en pouvaient éclairer l'étendue. Alors on croyait apercevoir à une prodigieuse élévation des condors et des hippogriffes, aux ailes étendues, planant dans l'espace, tandis que des spectres blancs, du fond des niches sombres, menaçaient du doigt les curieux. Ces apparitions se montraient plus nombreuses, plus colossales à mesure que l'on pénétrait plus avant dans la grotte; elles semblaient s'animer au mouvement des torches, et le gémissement du ruisseau leur servait de voix pour protester contre les profanations des hommes. Tout à coup Mornas, qui marchait le premier, s'arrêta et tendit le bras en avant pour désigner un objet nouveau : à une grande distance, dans l'obscurité, deux points lumineux brillaient comme des étoiles dans un ciel noir. — Ce sont eux, — dit-il avec satisfaction; — j'aperçois leurs torches.

— Oui, oui, — répliqua le guide; — ils sont arrivés au lac et ils ne peuvent aller plus loin; dans quelques minutes nous les rejoindrons.

Encouragés par cette nouvelle, les voyageurs doublèrent le pas.

Enfin on atteignit une salle vaste comme une place publique, et dont le regard ne pouvait sonder les effrayantes profondeurs. De grands piliers d'albâtre soutenaient la voûte; mais la lumière des torches les éclairaient seulement dans une partie de leur élévation, et leurs extrémités supérieures se perdaient au milieu des ténèbres. Sans doute cette salle s'étendait fort loin, mais il était impossible d'avancer davantage; un lac aux eaux limpides, qui donnait naissance au ruisseau de la grotte, formait une barrière infranchissable. La lueur des flambeaux se reflétait en traînée rougeâtre sur ces eaux dormantes que le classique Malevieux eût pu comparer à celles du Cocyte ou du Léthé. Des poissons, enfans de la nuit, attirés par cet éclat insolite, nageaient curieusement à la surface et faisaient par momens étinceler leurs écailles argentées sous ce transparent cristal. Du reste, l'immobilité, le silence, une obscurité glaciale étaient à demeure dans ce souterrain où l'homme semblait si faible et si petit.

L'imagination d'Adrien était vivement frappée. Ses impressions extérieures, se combinant avec ses pensées secrètes, lui présentaient ce lugubre lieu comme devant être le théâtre d'une lutte acharnée, d'une scène tragique. Un frisson qui n'était pas dû seulement à la fraîcheur de la grotte, parcourut ses membres, et il éprouva une véritable anxiété à examiner les étrangers, qui semblaient attendre avec complaisance, au bord du lac, leurs flambeaux à la main.

Ils étaient deux, outre le guide qui se rapprocha amicalement du fils de l'aubergiste dès qu'il l'eut reconnu. L'un des voyageurs se tint à l'écart comme un inférieur, et se contenta de saluer respectueusement. L'autre vint au-devant des survenans d'un air de politesse; c'était un homme d'un certain âge, mais vert et vif encore, d'une mise convenable et de manières distinguées.

— Soyez les bienvenus, messieurs, — dit-il d'un ton ouvert; — je regrettais de n'avoir pas de compagnons pour partager mon admiration en présence de ces belles horreurs; et nous autres Français nous nous lassons bien vite d'admirer seuls, comme vous savez.

Adrien et le vicomte s'inclinèrent; mais ni l'un ni l'autre ne se pressait de répondre à ces avances, ils gardaient le silence et observaient l'étranger avec curiosité.

Rien ne ressemblait moins à lord Corbett, le vieil anglais pedagre et taciturne de Balaruc, que le personnage alerte, dispos, plein d'aisance et de naturel, qui se trouvait devant eux. Cependant Mornas dit enfin avec ironie :

— Eh bien! milord, si vous êtes content de nous voir, monsieur Adrien de Larroyère et moi, nous sommes également enchantés de vous rencontrer; nous avons eu assez de mal pour cela,.. En vérité, milord Corbett, je vous félicite de votre prompte guérison; hier encore vous étiez perclus dans un fauteuil, et aujourd'hui vous courez à pied et à cheval par les grands chemins; votre langue elle-même s'est déliée, et, pour comble de merveille! vous Anglais pur sang, qui ne pouviez prononcer deux mots de français, vous vous exprimez avec une netteté, une facilité... Le docteur Moirot sera bien fier quand il saura que les eaux de Balaruc ont accompli si rapidement de pareils miracles.

Le voyageur à qui s'adressait ce persiflage n'en parut nullement troublé; il manifesta seulement un grand étonnement.

— Monsieur, — reprit-il tranquillement, — vous vous méprenez sans doute... Je ne suis pas Anglais, je ne viens pas de Balaruc. Je viens de Cette et je voyage pour mon plaisir. Comme j'aime passionnément les arts, je m'arrête de temps en temps pour prendre des croquis; c'est pour cela que j'ai désiré visiter la grotte de Mireval...

En même temps il montrait un magnifique album qu'il portait sous le bras, et qui semblait contenir des dessins. Adrien fut tout à fait convaincu d'une méprise.

— Mon cher vicomte, — dit-il, — nous ne devons pas craindre de reconnaître une erreur, et je prie monsieur d'agréer nos excuses...

— Paix, Adrien! êtes-vous fou? — interrompit le vicomte avec impatience; — vous laisserez-vous donc prendre à toutes les comédies qu'on prendra la peine de jouer devant vous? Celle-ci, je l'avoue, est fort bien conduite, mais elle ne réussira pas... Milord Corbett, — ajouta-t-il avec raillerie, — remplit fort bien son personnage, il sait avec un art consommé prendre de nouvelles figures ; par malheur son Crispin n'est pas d'égale force... Approchez, John, — mon ami, — continua-t-il en s'adressant à l'autre voyageur, qui s'était glissé derrière les guides ; — quoique vous n'ayez plus votre chapeau à cocarde noire, vous n'êtes pas moins reconnu, et il est inutile de vous cacher plus longtemps. — L'individu qu'on interpellait s'approcha comme par habitude, et Adrien lui-même ne put se méprendre à la haute taille, à la figure effrontée du laquais de lord Corbett. — Vous voyez, dit Mornas, — celui-ci du moins ne cherche pas à se renier lui-même.

— Ce garçon-là est Anglais en effet, — reprit l'étranger sans se laisser désarçonner par les soupçons du vicomte ; — Or, comme le savent ces messieurs, tous les domestiques anglais se ressemblent ou s'appellent John...

— Vous comptez trop sur notre stupidité et sur l'obscurité de cette grotte, mon cher ; vous êtes le prétendu lord Corbett, comme ce gaillard-là est le prétendu John ; vous essayeriez vainement de soutenir le contraire.

— Enfin, quand cela serait ? — demanda le voyageur avec impatience, — que nous voulez-vous ? qu'attendez-vous de nous ?

— Ah ! vous l'avouez donc ? Eh bien ! milord, dans ce cas monsieur Adrien de Laroyère, ici présent, ne serait pas fâché de rentrer dans une certaine somme de soixante et quelques mille francs, à lui appartenant, dont vous avez adroitement débarrassé son tuteur...

— Débarrassé ! — répéta lord Corbett avec indignation.

— Débarrassé ou volé, ou escroqué, comme vous voudrez, je ne tiens pas aux termes... toujours est-il que vous allez me remettre immédiatement cette somme, qui est sans doute en ce moment sur vous, dans votre portefeuille.

— Monsieur, voilà une demande d'une audace !... et si je n'écoutais que ma juste colère...

— Pas si haut, milord, — dit le vicomte d'un ton d'autorité ; — il ne vous appartient pas d'élever la voix. Vous étiez moins insolent quand vous ne vous étiez pas encore affublé d'un titre d'emprunt et quand vous vous appeliez tout simplement Joseph Bernard.

A ce nom, le soi-disant Corbett recula d'un pas et devint livide.

— Joseph Bernard ! — s'écria Laroyère au comble de l'étonnement. — Quoi ! ce grec fameux dont j'ai tant entendu parler par mon oncle, et qui a fait des dupes dans toutes les maisons de jeux de l'Europe !

— Lui-même, Adrien, et il est fâcheux pour vous que votre oncle n'ait pas connu sa figure aussi bien que sa réputation. — Puis, s'apercevant que le soi-disant lord venait de tirer de sa poche, en frémissant de rage, une paire de pistolets, le vicomte marcha hardiment vers lui. — Laisse ces armes, Bernard, — dit-il d'un air méprisé ; — tu sais bien que tu ne t'en serviras pas... ce n'est pas ton genre d'industrie, et tu as dû calculer à quoi t'exposerais en jouant avec ces petits instrumens-là. — Il s'empara des pistolets et les lança dans le lac. Les eaux éternellement immobiles du souterrain rejaillirent avec un bruit lugubre qui se répercuta d'échos en échos dans l'immensité de la grotte. — Tiens, crois-moi, — ajouta-t-il, — exécute-toi sans brave... rends de bonne volonté à monsieur de Laroyère l'argent qui lui appartient. A cette condition je pourrai me montrer indulgent pour toi et pour ton fidèle associé John, dont le véritable nom, si je ne me trompe, est Théodore Barbachu, ou quelque chose d'approchant.

Le domestique à son tour montra une grande frayeur.

— Mais, de par tous les diables ! — s'écria l'ex-lord subjugué par une autorité dont il ne comprenait pas la nature, — qui donc êtes-vous, vous qui nous connaissez si bien ?

— Je vais te le dire, — répliqua le vicomte ; — cela te décidera peut-être. — Passant familièrement son doigt dans la boutonnière de Bernard, il l'entraîna à quelque

distance, et ils se mirent à causer bas. Les appréhensions secrètes d'Adrien ne diminuaient pas pendant cette conversation. Une lutte lui semblait inévitable entre ces deux hommes. Les bords escarpés et les eaux noires du lac formaient à leurs pieds un abîme béant où une brusque attaque pouvait précipiter l'un d'eux. Aussi Adrien se tenait-il prêt à s'élancer au secours de celui qui roulerait dans le gouffre. Le soi-disant domestique et les guides semblaient partager ces craintes ; ils épiaient chaque mouvement des causeurs et écoutaient d'un air d'inquiétude leur chuchotement, qui se prolongeait en se renforçant sous les voûtes sonores de la caverne. Néanmoins ces alarmes étaient vaines : bientôt l'attitude hostile de Bernard ou de lord Corbett changea brusquement ; il prit un ton soumis et parut implorer humblement sa grâce. Après quelques pourparlers, il remit au vicomte un objet qu'il tira de sa poche ; Mornas revint vers Adrien. — Mon cher Laroyère, — dit-il avec une tranquillité parfaite, — n'est-ce pas une somme de soixante-deux mille cinq cents francs environ que votre oncle a perdue contre lord Corbett depuis deux mois ?

— Vous avez vu comme moi la lettre du notaire, — répondit Adrien avec étonnement ; — mais pourquoi cette question, Mornas ?

Sans répondre, le vicomte s'assit sur une stalactite renversée, et, ouvrant un gros portefeuille que venait de lui remettre lord Corbett, il se mit à compter un à un des billets de banque.

A cette vue, le domestique ou plutôt l'associé de Bernard fit un soubresaut.

— Comment ! imbécile, — s'écria-t-il avec un accent de rage, — tu as consenti à rendre ? mais je m'y oppose, moi, et je ne souffrirai pas...

— Paix ! — répliqua l'autre.

Il prononça un mot à voix basse ; aussitôt John se montra aussi souple et aussi humble que son prétendu maître.

Le vicomte acheva de compter les billets de banque ; puis il se leva et vint présenter à Laroyère une liasse de ces précieux chiffons.

— Voici votre bien, mon cher Adrien ; et vous pouvez voir, — ajouta-t-il en ouvrant le portefeuille encore très convenablement garni, — que milord (il appuya sur le mot) ne restera pas tout à fait dépourvu. Ou je me trompe fort, ou Sa Seigneurie pourra tripler son capital en quelques jours, pourvu que Dieu ou le diable le favorise. Seulement, — continua-t-il en regardant Corbett d'un air significatif, — il aura soin d'aller le tripler hors du territoire français... Tu entends, Bernard ? je te laisse trois jours pour franchir la frontière ; passé ce délai, si tu te trouves encore en France, tu pourras t'en repentir.

— Oui, oui, monsieur, — répondit Corbett d'un ton soumis en empochant son portefeuille.

Cependant Adrien retournait entre ses mains le paquet de billets et semblait hésiter encore à l'accepter.

— Je crois avoir des droits réels à cette somme, — dit-il avec fermeté ; néanmoins je désire savoir si c'est de plein gré et sans y être forcé par aucune violence que l'on opère cette restitution ?

— Voilà de singuliers scrupules ! — dit le vicomte en haussant les épaules ; — eh bien ! parle, Bernard, et rassure un peu la conscience de ce brave garçon... Il est avocat et croit devoir se montrer pointilleux sur la légalité.

En même temps, il attachait son regard impérieux sur Bernard. Celui-ci, cédant peut-être à une inexorable nécessité, dit à Adrien d'un air maussade :

— Prenez cela, monsieur ; j'ai gagné cet argent à votre oncle, c'est un fait certain ; mais il paraît que votre parent n'avait pas le droit de le perdre, et je suis trop honnête homme pour... Enfin je vous le rends, — ajouta-t-il brusquement en voyant la grimace du vicomte à ce mot « d'honnête homme, » — et c'est apparemment qu'il ne m'est pas permis de le garder.

— A la bonne heure, — s'écria Mornas, — tu as pris franchement ton parti... Et maintenant, Adrien, êtes-vous satisfait ?

— Tous ceux qui sont ici ont entendu cette déclaration, — dit Laroyère avec dignité, — et, du moment que la restitution est entièrement libre, je dois l'accepter.

— Ainsi donc c'est une affaire arrangée, — reprit le vicomte. — Maintenant messieurs, si vous le voulez bien, nous allons admirer à loisir les merveilles de cette grotte qui plaît tant à milord Corbett... Hein ! milord, — continua-t-il d'un ton de raillerie, — je ne vous savais pas ce goût prononcé pour les curiosités de la nature. Vraiment, si vous ne vous étiez pas arrêté ici afin de visiter cette *cette belle horreur*, comme vous dites, nous eussions pu avoir beaucoup de peine à vous rejoindre. Mais je connais votre manière de procéder ; vous fréquentez les lieux où vous croyez avoir chance de rencontrer des voyageurs riches ; on s'extasie ensemble sur la belle nature, on fait route ensemble, on se rend aux mêmes hôtels, on se lie peu à peu, et les pauvres pigeonneaux ne se défient pas d'une liaison ainsi commencée. N'est-ce pas cela, milord ? Vous voyez que je suis au courant de vos gentillesses, quoique parfois elles tournent mal pour vous, comme aujourd'hui, par exemple.

Corbett répondit par un sourire amer à cette observation ; quant à la proposition ironique de visiter la grotte, il déclara qu'il avait assez de ce spectacle et qu'il désirait continuer sa route avec son compagnon.

— Fort bien ! milord a raison, car il peut éprouver des retards pour s'embarquer à Marseille ou pour traverser la frontière du Piémont, et trois jours sont bien vite écoulés... Allons, messieurs, s'il en est ainsi, à vous l'honneur ; passez les premiers, je vous prie. — Corbett et son acolyte se dirigèrent en effet vers l'entrée de la grotte, précédés par leur guide ; Adrien et le vicomte les suivirent. Pendant le trajet, Mornas, malgré son assurance apparente, ne perdait pas de vue les deux fripons, et sa main était passée dans une poche de son habit où se trouvaient les pistolets de Malevieux. On sortit ainsi de la grotte et chacun se mit en devoir de remonter à cheval. Les adieux furent courts, comme on peut le croire. Corbett et John étaient consternés, taciturnes ; cependant, quand ils se virent en selle, ils saluèrent avec un mélange de crainte et d'effronterie. — Bon voyage, messieurs, — dit le vicomte de son ton railleur ; — beaucoup de succès à l'étranger !... mais je ne vous dis pas : « au revoir, » car, si nous nous rencontrions jamais, cette rencontre pourrait ne pas être à votre avantage.

Les deux associés ne répondirent rien et s'éloignèrent rapidement avec leur guide. Quand ils furent à quelque distance, ils se mirent à gesticuler avec violence, comme si une grande querelle se fut élevée entre eux.

— Eh bien ! Adrien, — demanda joyeusement Mornas, — regrettez-vous encore d'avoir bravé la fatigue et le siroco pour courir après ces honorables personnages ?

— Mon ami, — répliqua Laroyère avec effusion, — vous m'avez rendu un service que je n'oublierai de ma vie. Grâce à vous, mon malheureux oncle et moi nous n'aurons plus à craindre la misère, et, avec les autres débris que je pourrai recueillir de ma fortune passée, il me sera facile de me créer une position convenable. Mais, je vous en supplie, dites-moi par quel sortilége vous êtes parvenu, sans efforts apparens, à faire rendre gorge à ces escrocs ?

— Il n'y a pas de sortilége là-dedans ; je les connaissais pour les avoir vus à Paris et aux bains de Baden ou des Pyrénées ; je les ai tout bonnement menacés de la justice : c'est une dame avec laquelle ils n'aiment pas à avoir des rapports trop intimes ; vous avez vu l'effet de mes manœuvres... Mais laissons cela ; j'espère, Adrien, vous rendre bientôt des services plus sérieux, car je ne me crois pas quitte encore avec vous.

— Plus sérieux ! — répliqua le jeune homme en soupirant ; — ah ! Mornas, il est des chagrins contre lesquels ne pourrait rien le dévouement de l'ami le plus fidèle et le plus puissant !

— Vous croyez, Adrien ? Cependant nous essayerons.

— Que dites-vous, Mornas ? Vous connaissez la passion secrète qui occupe toutes mes pensées : pourriez-vous donc m'aider à atteindre l'objet de mes plus ardens désirs ?

— Pourquoi non, mon cher Adrien ?

— Mais alors quels moyens aurez-vous pour...

— C'est mon secret.

— Mornas, par pitié, apprenez-moi d'où vient cette influence singulière que vous exercez sur tout ce qui vous entoure. Quoique nous soyons liés par les circonstances et par une sympathie mutuelle, c'est à peine si je vous connais... A votre tour, prenez confiance en moi, je vous en conjure ; qui êtes-vous donc ?

— Rien... moins que rien ; mais le hasard me sert et j'ai à cœur de prouver ma reconnaissance au brave jeune homme qui m'a sauvé la vie... Partons, Adrien.

Il poussa son cheval dans le sentier fleuri qui conduisait à la grand'route. Laroyère le rejoignit bientôt ; mais le souffle brûlant du siroco, les tourbillons de poussière, les mouvemens rapides des montures, empêchèrent toute conversation entre les cavaliers pendant le reste du voyage.

On ne s'arrêta qu'une minute à Frontignan pour prévenir l'aubergiste que l'on gardait les chevaux jusqu'à l'embranchement du chemin de Balaruc. Arrivés à la lisière des paluds, les voyageurs mirent pied à terre ; ils allaient renvoyer le guide avec les chevaux, pour faire à pied le reste du trajet, lorsqu'ils aperçurent au milieu des marécages un homme qui s'avançait vers eux à grands pas et leur faisait des signes en élevant un papier au-dessus de sa tête. Bientôt ils reconnurent le patron Poncet lui-même, toujours appuyé sur son rouquet.

— Je gage que cette lettre est pour moi ? — dit le vicomte avec désappointement.

— *Pécaïré !* oui, monsieur, — dit le marin tout en sueur dans son mauvais français ; — cette lettre vient d'arriver par exprès de la préfecture de Montpellier, et comme il y a dessus *Très pressée*, le docteur Moirot m'a dit comme ça : « Patron Poncet, » m'a-t-il dit, « puisque vous savez où est monsieur le vicomte, portez-lui cela de suite ; il y aura un petit écu pour vous ! » alors j'ai répondu...

— Donnez, donnez donc, — interrompit Mornas en lui arrachant la lettre.

Il brisa le cachet et se mit à lire précipitamment.

— Patron Poncet, — demanda Adrien avec inquiétude, — et mon oncle ! qu'en avez-vous fait ?

— Il est maintenant dans sa chambre à Balaruc, sage comme une image de deux liards. Seulement il dit toujours : « Je suis le papa du bon Dieu... Je suis jupe-à-terre... » mais ça passera, et le docteur Moirot promet de le guérir avec les eaux de la source.

— Et tout le monde à l'hôtel se... se porte bien ?

— Oui, oui, monsieur, et on parle joliment de vous... Il y a surtout une petite dame que j'ai vue à sa fenêtre, en passant, et qui semblait bien triste !

En ce moment le vicomte venait d'achever la lecture de sa lettre d'un air soucieux. Il se tourna vers Adrien qui n'osait l'interroger :

— Ce que je craignais arrive, — reprit-il ; — je vais, mon ami, vous laisser continuer seul votre chemin pour Balaruc ; moi je garde les chevaux ; je me rends à Cette en toute hâte ; il faut que je parte ce soir même pour Bordeaux.

— J'espère, vicomte, — demanda timidement Adrien, — que vous ne venez pas de recevoir une fâcheuse nouvelle ?

— Il s'agit d'intérêts qui ne me sont pas personnels, — répliqua évasivement Mornas ; — si je regrette le contretemps qui m'oblige à partir sans retard, c'est moins pour moi que pour vous-même, Adrien. Mais je serai de retour à Balaruc dans une semaine ou deux et nous tâcherons de réparer le temps perdu. En attendant, prenez courage et écoutez... — Il se pencha à l'oreille du jeune homme : — Défiez-vous de la marquise de Norville, — murmura-t-il.

Adrien, exaspéré de tous ces mystères, voulut encore le presser de questions ; mais le vicomte, sans l'écouter, sauta de nouveau en selle, fit de la main un signe amical, et s'éloigna dans un nuage de poussière.

X

L'AVEU.

Un mois s'était écoulé, et le vicomte n'avait ni reparu à Balaruc, ni donné de ses nouvelles.

Pendant ce temps, une intimité assez étroite s'était établie entre Adrien et la marquise, malgré l'avis de Mornas. Peu à peu, une sorte de familiarité amicale avait remplacé leurs anciens rapports de politesse et de convenances. A la promenade, c'était toujours le bras d'Adrien que prenait madame de Norville ; dans les réunions des pensionnaires de l'hôtel, sa place était toujours à côté de celle du jeune avocat. Celui-ci passait souvent des soirées dans l'appartement de la belle veuve ; on les voyait continuellement chuchoter ensemble et se sourire. Il n'en fallait pas tant pour exciter la médisance des malades et des oisifs qui habitaient l'établissement des bains. D'abord, on observa à la dérobée, on se fit des signes, on se communiqua ses soupçons à voix basse ; puis on finit par assurer comme une chose de notoriété publique que monsieur de Laroyère et la marquise étaient *au mieux* ensemble ; cette expression était d'une vieille bourgeoise dévote, arrivée récemment à Balaruc pour guérir des rhumatismes invétérés.

Jusqu'à quel point la médisance était-elle fondée dans ses suppositions ? Voilà ce qu'il était assez difficile d'apprécier. Adrien, se voyant repoussé par Amélie, et bien accueilli par la marquise, avait-il sacrifié son ancien amour ? Avait-il voulu seulement, comme il arrive parfois, capter les bonnes grâces de la mère pour arriver à obtenir la main de la fille, et, en jouant ce jeu souvent dangereux, s'était-il laissé prendre à son insu aux grâces irrésistibles de la séduisante madame de Norville ? Une femme qui aime est si puissante ! Quoi qu'il en fût, cette liaison était l'objet des plus offensans commentaires.

On ne sait comment, en effet, le bruit de l'ancienne passion d'Adrien pour mademoiselle de Norville et du dévouement de la jeune fille, la nuit de l'orage, s'était répandu à l'hôtel et à Balaruc. Trop de personnes avaient eu connaissance de ce secret pour qu'il fût facile de remonter jusqu'à la source des indiscrétions, mais le fait semblait établi d'une manière indubitable. Aussi le monde, qui n'y regarde pas de si près quand il s'agit d'affirmer les plus monstrueuses calomnies, se montrait-il très sévère pour ce revirement apparent dans les affections d'Adrien. La sainte femme dont nous avons parlé avait été la première à faire remarquer, en se signant d'horreur, que ce petit jeune homme courtisait la mère après avoir courtisé la fille. Sans vérifier autrement une assertion si outrageante pour tant de personnes, on s'éloignait peu à peu d'Adrien et de la marquise ; le vide se faisait autour d'eux sans qu'ils parussent s'en apercevoir. Néanmoins le scandale n'était pas tellement patent que l'on ne dût encore garder quelques ménagemens avec eux ; on les fuyait, on se tenait sur la réserve, mais personne n'avait osé jusque-là leur manifester ouvertement du mépris.

A la vérité, le genre de vie d'Amélie semblait jusqu'à un certain point confirmer ces soupçons. Pendant que madame de Norville courait les assemblées, les promenades, assistait en bateau aux pêches et aux chasses d'Adrien sur l'étang, la pauvre enfant restait enfermée dans sa chambre, sans autre distraction que les romans qu'on lui apportait d'un cabinet de lecture du voisinage, ou le babillage de Thérèse.

On assurait qu'elle était malade, incapable de prendre aucun exercice ; en effet, le coloris de la santé s'était effacé de ses joues creuses ; une fièvre lente la consumait incessamment. Souvent sa mère l'avait sollicitée avec affectation devant le monde de prendre part aux divertissemens communs ; Amélie avait toujours refusé, en s'excusant sur sa faiblesse. Deux ou trois fois elle avait cédé à ces instances ; mais elle avait été obligée de rentrer aussitôt comme si elle eût été prise d'un malaise subit. Elle sortait donc très rarement ; seulement quelquefois, le soir, pendant que la marquise et Adrien allaient visiter au loin, soit en voiture, soit en bateau, les sites pittoresques du pays, elle faisait une courte promenade au bord de l'étang, appuyée sur le bras du docteur Moirot ou même de Malevieux, exclu comme elle des parties intimes d'Adrien et de madame de Norville.

Malevieux se montrait bien différent de ce que nous l'avons vu au début de cette histoire ; ce n'était plus que l'ombre de lui-même. Les ressorts de son âme, déjà usés depuis longtemps par les émotions violentes du jeu, s'étaient brisés lors de la catastrophe que nous connaissons. Il était devenu sombre, morne, taciturne ; son assurance, ses prétentions, sa galanterie d'ancien régime avaient disparu. Ne pouvant plus jouer, ruiné lui-même et dépouillé de l'administration des biens de son neveu, il vivait dans un désœuvrement complet. Il ne s'exprimait que par monosyllabes, ou, s'il parlait, ses paroles étaient incohérentes et sans suite. Néanmoins, comme il avait parfois des momens lucides, c'était un objet de doute pour les habitans de l'hôtel si sa folie était feinte ou sérieuse. Les uns, comme Mornas, n'avaient vu dans les propos insensés de Malevieux qu'une comédie destinée à cacher l'embarras de sa situation. D'autres, parmi lesquels se trouvait le docteur Moirot, considéraient le dérangement de son intelligence comme très positif ; mais la maladie ayant un caractère calme et concentré, on n'avait cru devoir prendre aucune précaution contre l'insensé, et on le laissait aller seul partout où il voulait.

Le malheur fort réel de Malevieux excitait très peu de sympathie parmi ceux qui l'entouraient. On éprouvait une vive répulsion pour le tuteur infidèle qui avait si indignement abusé de la fortune de son pupille. Il ne rencontrait que mépris ou raillerie, et semblait avoir conscience de la haine générale dont il était l'objet. Une seule personne lui montrait de l'intérêt, de la pitié ; mademoiselle de Norville, triste et délaissée elle-même, n'avait jamais pour lui ni parole dure, ni silence méprisant. Aussi Malevieux la recherchait-il avec une sorte d'instinct qui survivait même à la raison ; il passait près d'elle tous les instans qu'elle pouvait lui accorder ; il l'écoutait avec respect, et la jeune fille avait pris sur lui un tel pouvoir, d'un mot, elle le calmait au milieu de ses accès les plus violens. Souvent l'insensé restait de longues heures à la contempler en silence ; alors il y avait dans ses yeux tant d'admiration, tant de tendresse et de douleur, qu'on se prenait à douter si l'altération de l'intelligence n'avait pas ramené dans cette âme sèche et blasée de vieux libertin les émotions nobles et généreuses de la jeunesse.

Un soir de septembre, les pensionnaires de la maison thermale étaient descendus sur la grève pour assister à une partie de quilles engagée devant la maison du patron Poncet. On célébrait les préliminaires du mariage d'Etienne avec la Simone, sa fiancée, par ce divertissement, réservé d'ordinaire aux dimanches et aux jours de fête. Une partie de quilles, pour certaines régions du midi de la France, a toute l'importance d'une course de chevaux ou d'une joute sur l'eau pour les environs de Paris. L'écartement des quilles, la petitesse de la boule, la grande distance où se placent les joueurs, exigent beaucoup d'habitude et une adresse remarquable pour y réussir. Les habiles joueurs de quilles sont donc fort estimés, et les amateurs viennent souvent de très loin pour les voir à l'œuvre. Or Étienne Poncet et quelques autres jeunes gens de son âge passaient pour des joueurs de premier ordre; dans les défis portés de village à village, ils avaient assuré en ce genre la supériorité de Balaruc-les-Bains sur toutes les bourgades du canton. Aussi la population se rendait-elle chaque soir sur le rivage du lac; il était de mode même parmi les pensionnaires de ne pas manquer une de ces réunions où l'oisiveté trouvait l'occasion d'employer le temps en excès. On applaudissait aux beaux coups, on huait les maladroits, on pariait ou l'on faisait des vœux pour tel ou tel joueur, et le divertissement durait jusqu'à ce que la nuit vînt y mettre un terme.

Le soir dont nous parlons, l'assemblée était particulièrement brillante et la partie animée. Malgré la brise qui soufflait de la mer, on ne se sentait pas encore, dans ce climat fortuné, des fraîcheurs de l'automne. Le soleil se couchait sans nuages; une lumière douce et blanche éclairait le ciel. Les spectateurs étaient disposés en deux longues files sur le chemin de la boule. Au point de départ, devant la maison de Poncet, Simone, la reine de ces jeux, trônait sur un escabeau de bois à côté de sa future belle-mère et de sa mère; c'était une fille fraîche, rieuse, rondelette, qui témoignait d'une grande disposition à l'embonpoint. Ornée de ses beaux atours, un poing sur la hanche, elle applaudissait à tout propos, particulièrement quand son promis avait donné une preuve de force ou d'habileté; elle décidait des coups en dernier ressort et récompensait les vainqueurs par un baiser. Les deux mères, assises par terre, travaillaient à leurs joncs marins, pour utiliser le temps; le bruit de leurs maillets se mêlait aux éclats de rire et aux propos joyeux des assistans, joueurs et spectateurs. Quelques promeneurs allaient et venaient au bord du lac, et ne donnaient qu'une attention secondaire à la partie, tandis que deux ou trois vieux pêcheurs, retirés à l'écart, causaient politique en mâchant leur tabac.

Adrien et la marquise étaient au nombre de ces spectateurs distraits pour lesquels le quille et le requillon n'avaient pas un intérêt suffisant. Ils causaient à voix basse. Le bras de madame de Norville était passé sous celui du jeune homme : elle avait ôté son chapeau, et la brise de mer jetait parfois les boucles blondes de sa chevelure parfumée jusque sur les lèvres d'Adrien. A mesure que le jour baissait et que l'attention autour des joueurs devenait plus vive, ils s'éloignaient davantage et prolongeaient leurs bordées, comme eût dit un marin, vers la campagne solitaire. De la sorte, ils gagnèrent insensiblement une pointe de terre où des ruisseaux et des buissons les cachaient tout à fait aux yeux des gens du village.

Cette circonstance, demeurée inaperçue pour les joueurs et pour les oisifs, n'avait pas échappé au regard d'Amélie de Norville, qui, de sa fenêtre, suivait avec attention tous les mouvemens de sa mère. Longtemps elle avait regardé, pensive et calme, le même point du rivage. Mais, quand Adrien et la marquise eurent disparu derrière les ruines, elle commença à donner les signes d'une extrême agitation; ses yeux éteints s'animèrent; les pommettes de ses joues se colorèrent d'un rouge pourpre. Elle se mit à parcourir sa chambre d'un pas inégal, revenant fréquemment à la fenêtre pour regarder encore dans la direction qu'avaient prise les promeneurs. Enfin, ne les voyant pas reparaître, elle se jeta sur une chaise et fondit en larmes. Son pied frappait convulsivement le plancher, et elle avait peine à étouffer dans son mouchoir de bruyans sanglots.

Elle était depuis un moment déjà dans cet état violent, quand on frappa à la porte.

La jeune fille tressaillit et s'essuya les yeux. Lorsqu'elle crut avoir effacé toute trace d'émotion, elle alla ouvrir et Malevieux entra.

L'oncle d'Adrien était habillé avec son élégance et sa recherche ordinaire, sa canne à la main. Il salua d'un air lugubre et cérémonieux, puis il resta immobile devant Amélie qu'il examinait en silence.

— Le temps est beau, — dit-il enfin laconiquement. Et comme la jeune fille ne se hâtait pas de répondre, il ajouta du même ton : — Voulez-vous venir faire un tour de promenade?

Amélie, convaincue de l'état d'imbécillité de l'ancien joueur, se contenait moins devant lui que devant toute autre personne. Elle courut à la fenêtre, regarda de nouveau les ruines, puis, revenant précipitamment, elle répondit :

— Volontiers, mon ami; merci de vos attentions... Je suis à vous dans un instant.

Elle entra dans la chambre voisine et reparut bientôt avec sa mante et son chapeau. Pendant qu'elle faisait ses dispositions dernières, Malevieux la suivait des yeux; une expression singulière se peignait sur ses traits flétris. Au moment où elle essuyait furtivement une larme, l'insensé eut comme un mouvement de rage.

— Je prendrai mon tonnerre, — s'écria-t-il en tendant le poing vers la campagne, — et je les foudroierai tous !

Amélie lui toucha l'épaule, et dit de l'air dont on parle à un enfant :

— Encore, mon ami; ah ! vous m'aviez promis d'être sage.

Malevieux baissa la tête avec confusion en balbutiant des paroles inintelligibles, et ils sortirent.

En quelques minutes ils furent sur la grève. Leur présence ne produisit aucun effet sur les joueurs et leurs partisans passionnés; mais certains pensionnaires de l'hôtel, parmi lesquels se trouvait madame Deforges, la vieille dévote aux observations charitables, se poussèrent du coude en chuchotant. Amélie s'inquiéta peu de cette curiosité hostile. Le teint animé, l'haleine oppressée, elle allait et venait d'un pas irrégulier sur la plage. Malevieux obéissait avec docilité à son impulsion; depuis la réprimande amicale qu'il avait reçue de la jeune fille, son attitude raide, automatique, faisait contraste avec l'activité fiévreuse de mademoiselle de Norville.

Ils se promenaient, ou plutôt ils erraient ainsi depuis un moment, quand le patron Poncet, qui était en train de fumer sa pipe un peu à l'écart avec les politiques du village, s'approcha d'eux avec empressement.

— Pécaïré! demoiselle, est-ce bien vous? — dit-il en dissimulant sa bouffarde toute brûlante dans la paume de sa main calleuse; — j'étais là à me dire : « C'est elle ! ce n'est pas elle ! » Faut avouer que vous devenez rare... Mais avançons donc un peu; vous pourrez vous asseoir et vous amuserez à regarder le jeu; vous verrez Étienne, la mère Poncette, et puis la Simone, une jolie drôlesse, ma foi ! qui va devenir ma bru...

— Excusez-moi, patron Poncet, — répliqua mademoiselle de Norville distraitement; — je cherche ma mère et je pensais la retrouver ici.

— Votre mère? — répéta le marin dont la figure se rembrunit, — elle était là tout à l'heure. Elle se promène sans doute avec... quelqu'un, celui-ci ou celui-là. Faut pas vous chagriner pour ça; faut vous dire : « N'y a pas de mal à se promener !... » Mais, pécaïré ! demoiselle, — continua-t-il en examinant Amélie avec plus de soin, — vous avez donc été bien malade? vous êtes si pâle, si défaite...

— Ce n'est rien, patron, un peu de faiblesse... Cette soirée est magnifique, et le grand air me fait du bien. — Elle ajouta, en désignant un bateau amarré au rocher à quelques pas d'eux : — Patron, n'est-ce pas votre barque que j'aperçois encore à flot?

— Bête que tu es ! — s'écria Poncet en se parlant à lui-même et en se frappant le front, — tu ne songeais pas à lui proposer... Venez, venez, mademoiselle; venez aussi, monsieur *l'oncle*; parbleu! je vais vous promener sur l'étang.

Malevieux se tourna vers Amélie, qui s'empressa d'accepter l'invitation. Ils prirent place dans la barque encore munie de ses avirons.

Poncet parut d'abord avoir l'intention de gagner le large; mais mademoiselle de Norville, dont l'agitation ne se calmait pas, lui dit en étendant la main vers les ruines :

— Par ici, par ici! Ne vous écartez pas du bord; nous trouverons peut-être ma mère de ce côté.

Le patron prit la direction indiquée, mais avec une répugnance visible. Il se mit à ramer lentement.

— Eh bien! mademoiselle, — dit-il bientôt, — notre Étienne se marie dans quelques jours; les tambours et les hautbois sont loués pour jeudi prochain... Vous serez de la noce, j'espère?

— Merci, Poncet, — répliqua mademoiselle de Norville en secouant tristement la tête; — une pauvre malade troublerait votre joie... Ainsi donc, — ajouta-t-elle, — ce mariage est convenu, et les fiancés s'aiment toujours?

— Toujours, demoiselle? Et pourquoi diable ne s'aimeraient-ils plus? Tenez, ma femme, la Poncette, qui est bien une bonne créature, mais qui, il faut l'avouer, aime un peu trop l'argent, disait l'autre jour à notre Étienne : « Étienne, maintenant que tu as de quoi, ne pourrais-tu pas trouver mieux que cette Simone qui n'a ni sou ni maille? La fille à Nicot est gentille aussi; elle portera pour dot à son mari cent écus d'argent blanc et une belle garniture de chambre; tu ferais mieux de choisir la fille à Nicot. » Ah! demoiselle, je voudrais pour beaucoup que vous eussiez vu Étienne pendant que sa mère lui disait ça; il était rouge et pâle, et il ne se tenait plus sur ses jambes. « Mère, » lui dit-il, « je n'épouserais pas la fille à Nicot quand elle m'apporterait son pesant d'argent. J'aime la Simone, et, riche ou pauvre, la Simone sera ma femme, ou nulle autre! »

— C'est un honnête garçon, — dit mademoiselle de Norville en soupirant, — et sa fiancée sera bien heureuse.

— Pendant cette courte conversation la barque avait doublé la pointe de terre dont nous avons parlé. Les ruines de l'aqueduc romain apparurent tout à coup; dessinant leurs arcades à demi brisées sur le ciel. Dans l'écartement de deux touffes de feuillage, la jeune fille attentive aperçut un pan de robe aux nuances éclatantes. — Arrêtez un instant, patron, — dit-elle d'une voix altérée; — ma mère est là, je vais essayer de la rejoindre à pied.

— Quoi! demoiselle, vous voulez...

— Vite, patron, je vous en prie.

La barque s'étant approchée du bord, mademoiselle de Norville sauta légèrement à terre. Malevieux demeurait debout, ne sachant s'il devait la suivre ou rester. Le patron agitait à grand bruit son rouquet et ses avirons.

Amélie, qui avait gravi avec rapidité la pente du rivage, fut obligée bientôt de ralentir sa marche; il lui fallait disputer à chaque pas les plis de sa robe aux épines des ronces et des églantiers. Cependant elle atteignit le fourré épais situé derrière l'arche romaine; c'était de là que Mornas, volontairement ou non, avait entendu autrefois une conversation confidentielle entre Adrien et son tuteur. Sans aucun doute la pauvre Amélie eût repoussé avec horreur l'idée d'épier les actions de sa mère; mais quand, toute palpitante, elle eut écarté le feuillage et jeté un coup d'œil dans les ruines, elle fut prise d'un saisissement extraordinaire; ses yeux se troublèrent, ses jambes fléchirent, et elle tomba sur ses genoux. Elle voulut se relever, elle ne put y parvenir; elle voulut parler, elle ne put que faire entendre un faible gémissement. Néanmoins l'espèce de torpeur qui s'était emparée de ses facultés ne l'empêchait ni de voir ni d'entendre.

Madame de Norville et Adrien étaient là, en effet, assis à l'ombre d'un pilier décharné couvert d'œillets sauvages. Ni le gémissement d'Amélie, ni le bruit que faisait le patron Poncet au bord du lac n'avaient pu attirer un instant leur attention. La belle veuve, revêtue d'une robe gracieuse, dont les nuances claires avaient de loin trahi sa présence, se reposait nonchalamment; à ses pieds, les rubans flottans de son chapeau ondulaient comme des serpens roses sur la mousse d'un vert sombre. Adrien avait pris une main de la marquise et la pressait contre ses lèvres. Leurs yeux semblaient humides de langueur, leur conversation était entrecoupée de silences et de soupirs.

Enfin madame de Norville dégagea sa main, mais en consolant Laroyère de cette disgrâce par un sourire.

— Laissez-moi, Adrien, — dit-elle; — nous pourrions être aperçus par les promeneurs, et ces gens de Balaruc sont si méchans...! D'ailleurs voici la nuit, et il est temps de retourner à l'hôtel.

— Oh! de grâce, un moment encore!—s'écria le jeune homme transporté.—Cette belle soirée, cette nature splendide, et surtout votre présence, éveillent en moi des sensations délicieuses... Ne m'enviez pas cet instant, le plus beau de ma vie peut-être.

La marquise appuya sur la tête d'Adrien cette main charmante qu'elle venait de dérober à ses caresses.

— Romanesque enfant, — dit-elle avec un sourire mélancolique; — ce silence de la nature, ce lac magnifique, cette brise tiède, ces bois parfumés, donnent à la femme qui se trouve près de vous un charme que sans doute elle n'aurait pas par elle-même. Votre imagination s'exalterait également pour toute autre à ma place.

— Ne le croyez pas, madame! — interrompit Laroyère avec feu; — non, jamais aucune femme ne m'a inspiré cette admiration passionnée que je ressens pour vous.

— Quoi! — demanda madame de Norville en attachant sur lui son regard velouté plein d'une vivacité féline, — pas même celle qui par une nuit de tempête alla vous chercher mourant sur le rocher du Roquairol?

Adrien se troubla. La marquise s'éloigna de lui par un mouvement brusque.

Amélie, toujours cachée dans le feuillage, se souleva péniblement sur le coude.

— Je ne pensais pas, — reprit le jeune homme après une pause, — que cette circonstance fût connue de vous... Eh bien! je l'avouerai, — continua-t-il avec un accent plus ferme, — d'abord ma reconnaissance fut sans bornes pour celle qui avait accompli cet acte de générosité et de courage. Croyant être aimé, je crus aimer moi-même; je m'étais trompé des deux parts. L'humanité, cette pitié banale qu'une femme éprouve naturellement pour ce qui souffre, avaient été les mobiles de ce dévouement; moi-même sans doute j'admirais dans une autre qui est toute votre image ce charme et cette grâce indéfinissable, cette grâce irrésistible que je trouve en vous.

La marquise se tourna de nouveau vers Adrien.

— Ne vous trompez-vous pas? — reprit-elle; — ce que vous aimez en moi ne serait-ce pas, au contraire, cette vague ressemblance, ce reflet lointain de ce que vous admiriez tant dans une autre?

L'altération de sa voix, l'angoisse peinte sur ses traits, témoignaient de l'intérêt qu'elle attachait à la réponse du jeune homme; toute son âme avait passé dans son regard.

Adrien hésitait à répondre.

— Que sais-je? — dit-il enfin impétueusement; —à quoi bon, madame, me demander compte de ces impressions? Je n'ai jamais cherché à les définir. Je sais seulement que vous occupez ma pensée jour et nuit, que sans vous l'existence me semblerait odieuse, insupportable. J'ignore la cause de cette fièvre qui brûle mon sang quand je vous vois, quand je pense à vous, quand votre image m'apparaît dans mes rêves; je subis une influence à laquelle je ne saurais me soustraire, qui fait à la fois mon bonheur et mon supplice... Et cependant, madame, que prouverait tout cela, sinon que je vous aime?

Cet aveu embarrassé appela une rapide **expression** de

joie sur le visage de la marquise. Mais presque aussitôt elle baissa la tête et répliqua d'un ton d'indulgence :

— Adrien, vous n'y pensez pas ; ceci est de l'enfantillage... Je ne saurais prendre au sérieux ce langage, qui m'offenserait s'il n'avait une excuse dans son exagération même.

— Oh ! ne feignez pas, madame, de vous méprendre sur la portée de mes paroles ! Vous ne pouvez ignorer l'impression que vous avez produite sur moi du jour où votre sympathie pour mes malheurs vous a inspiré tant d'attentions délicates, de consolantes paroles. Non, ne dites pas que ces sentimens vous étonnent et vous irritent, car alors je vous demanderais pourquoi vous ne les avez pas étouffés dans leur germe ; pourquoi, depuis un mois, vous avez paru constamment agréer mes assiduités, mes efforts pour vous plaire? Seriez-vous donc une de ces coquettes sans cœur qui se font un jeu d'inspirer des passions auxquelles elles ne pourront ou ne voudront jamais répondre ?

Adrien parlait avec une sorte de colère brusque dont il eût été assez difficile d'analyser la cause. La marquise elle-même semblait stupéfaite de cette singularité. Cependant elle murmura d'une voix étouffée :

— Ingrat ! ingrat !

Adrien s'agenouilla devant elle.

— Pardonnez, oh ! pardonnez-moi, — s'écria-t-il ; — je suis injuste et cruel, je le sens, mais je ne comprends rien de moi-même à ce qui se passe en moi... Cependant vos larmes, vos reproches devraient me combler de joie, et si j'osais les interpréter...

— Adrien, — reprit madame de Norville à demi-voix et rouge de pudeur, —ne m'accusez ni de calcul ni de coquetterie. Je suis une pauvre femme qui, malgré les protestations de sa conscience, malgré les considérations de convenance, d'âge et de position, malgré la réprobation dont le monde ne manquera pas de la frapper, cède à un sentiment plus fort que sa volonté... Est-il donc nécessaire d'avouer ce qui est si visible dans sa conduite, dans ses gestes, dans ses regards?

Un cri déchirant retentit derrière le pilier voisin. La marquise et Adrien s'éloignèrent vivement l'un de l'autre et prêtèrent l'oreille. Le cri ne se renouvela pas.

— On nous écoutait ! — reprit Adrien avec colère ; — voilà deux fois qu'au même lieu....

— Oui, oui, et cette voix m'a pénétrée jusqu'au cœur... il m'a semblé... mais voyons qui ce peut être. — Ils tournèrent rapidement l'angle des ruines ; Malevieux et le patron Poncet secouraient une personne évanouie que l'obscurité toujours croissante du soir empêchait de reconnaître. Poussés par un même soupçon, le jeune homme et madame de Norville se penchèrent vers elle. — C'est ma fille ! dit la marquise d'une voix sourde.

— Amélie ! — s'écria Adrien.

Tous les deux restèrent atterrés.

— Y a-t-il longtemps que vous êtes là? Que s'est-il passé ! — demanda enfin madame de Norville en soulevant la malheureuse enfant.

Le patron se taisait.

— Nous sommes venus en bateau et elle a voulu vous rejoindre ici, — dit Malevieux avec son laconisme habituel ; — en l'entendant crier nous sommes accourus.

Madame de Norville prodiguait à Amélie les soins usités en pareille circonstance.

— Grand Dieu ! mais elle ne donne plus aucun signe de vie ! — dit Adrien d'une voix étouffée.

La marquise lui jeta un regard étrange.

— Rassurez-vous, monsieur, — répliqua-t-elle d'un ton froid ; — je crois au contraire qu'elle est mieux... la couleur revient sur ses joues.

En effet, Amélie recommençait peu à peu à respirer ; bientôt elle parut s'éveiller comme d'un paisible sommeil. En se voyant dans les bras de sa mère, elle sourit faiblement et murmura avec un accent plein de douceur :

— Merci, ma chère maman, merci... que vous êtes bonne !

— Elle n'a rien entendu ou elle a oublié, — pensa la marquise, qui respira elle-même plus librement.

Cependant, quand elle vit sa fille un peu remise, elle renouvela ses questions.

— Que vous dirai-je? je vous cherchais quand la tête m'a tourné tout à coup et je suis tombée... L'air frais du lac a produit sur moi quelque révolution fâcheuse.

Cette explication semblait assez naturelle ; aussi madame de Norville reprit-elle avec un intérêt sincère pour cette fois :

— Imprudente enfant ! si tu voulais sortir, ne pouvais-tu m'en témoigner le désir quand j'ai quitté l'hôtel ?

— Pardonnez-moi, maman ; je ne sais quel caprice m'a prise tout à coup... Mais tenez, l'accident qui vient de m'arriver me prouve que décidément il faut prendre un parti à mon sujet, et je compte vous demander la permission...

— Allons, allons, nous causerons dans un autre moment, — interrompit madame de Norville ; — tu ne peux rester plus longtemps sur ce gazon humide, mon enfant ; vraiment tu frissonnes... Veux-tu que l'on te porte jusqu'à la barque ?

— Ce sera fait en un tour de main, — dit Poncet en allongeant ses bras musculeux.

— Merci, patron, je marcherai, — répondit Amélie en se soulevant avec l'aide de sa mère.

Malgré cette assurance, sa démarche était chancelante ; Adrien s'élança pour offrir l'appui de son bras.

— Non, non, pas vous ! — dit Amélie avec un sentiment indéfinissable en le repoussant.

Elle prit le bras de Malevieux, tandis qu'Adrien restait à l'écart et murmurait tristement :

— Comme elle me hait !

On atteignit enfin le bateau. La marquise y entra avec sa fille et le patron.

— Messieurs, — dit-elle à Adrien et à Malevieux, — cette barque est bien petite pour contenir tant de monde ; obligez-moi d'aller à pied jusqu'à l'hôtel, nous nous y retrouverons dans un instant.

L'oncle et le neveu demeurèrent donc sur le rivage, tandis que l'embarcation s'éloignait à force de rames. Un moment encore ils distinguèrent les couleurs éclatantes de la robe de la marquise, puis tout se confondit dans les teintes brunes du crépuscule.

Cependant Adrien ne se pressait pas de reprendre le chemin de la maison.

— Mon oncle, — demanda-t-il d'un air pensif, — tu as vu ce qui vient de se passer ; ne pourrais-tu m'expliquer comment mademoiselle de Norville s'est trouvée là d'une manière si inattendue ? — Malevieux se taisait. — Réponds-moi donc, — reprit le jeune homme avec impatience ; — tu sais être raisonnable quand tu veux, que diable ! Je te demande si mademoiselle de Norville a pu entendre...

— La nymphe Calypso veut traverser les amours de Télémaque et d'Eucharis, — répliqua Malevieux avec égarement ; — Calypso, nymphe orgueilleuse, je t'ôterai ta beauté et ton immortalité ! Je suis le roi des dieux, et je saurai bien détruire le dangereux prestige de tes charmes.

— Ah ! si nous boitons encore de ce pied-là, — dit Adrien d'un ton d'humeur en haussant les épaules, — salut au roi des dieux ! Quand tu commences cette antienne, c'est que tu ne veux pas répondre ou que tu as l'intention de déguiser ta pensée... Tiens, retournons à Balaruc ; j'aime mieux cela.

Malevieux le saisit par la basque de son habit et le retint avec vigueur dont on l'eût cru incapable.

— Écoute, — lui dit-il, — tu es devenu cruel comme Thésée lorsqu'il abandonna la pauvre Ariane dans l'île de Naxos. Je voudrais te punir, mais le destin m'a dépouillé de mon tonnerre et précipité de mon Olympe... Sais-tu à quoi je pense ?

— Eh! qui diable s'occupe de cela? — dit Adrien impatienté, en cherchant à se dégager.

Mais l'insensé tint bon et se mit à rire.

— Ah! tu ne veux pas savoir à quoi je pense? — reprit-il; — cela t'intéresse pourtant, mon jeune Télémaque... Je pense que je devrais me précipiter avec toi dans l'empire de Neptune, pour te sauver des embûches de la nymphe Calypso.

Il lui montrait du doigt les eaux profondes de l'étang et l'entraînait insensiblement vers le précipice.

Adrien, rappelé à lui-même par l'imminence du danger, se raidit de toutes ses forces et fit un bond en arrière. Il savait par expérience qu'une grande énergie imposait toujours au malheureux fou. Aussi, après s'être dégagé de ses étreintes, le saisit-il lui-même par la main, en lui disant d'un ton d'autorité:

— Allons, mon oncle, rentrons... je le veux.

Malevieux fit un soubresaut et hésita quelques secondes; puis son sourire égaré disparut, il baissa la tête et se laissa conduire sans résistance.

Ils marchèrent en silence le long du rivage. La nuit était complétement tombée; on n'apercevait plus qu'un petit nombre de promeneurs dans le voisinage des habitations. Adrien ne cessait de surveiller les mouvemens de son oncle et se tenait en garde contre une agression nouvelle; mais Malevieux ne paraissait plus y songer. Après ses accès il se montrait timide et confus; dans de pareils momens le plus petit enfant eût suffi pour le conduire.

A l'entrée du village, ils rencontrèrent le père Poncet, qui était allé reconduire les dames jusqu'à l'hôtel.

— Patron, — demanda Laroyère avec empressement, comment va-t-elle?

— Pas bien, monsieur, — répliqua le bonhomme en détournant les yeux; — tenez, ceux qui sont cause du chagrin de cette pauvre petite créature doivent se dire: « Ce n'est pas beau ce que je fais là! »

Adrien fut frappé de l'air contraint et embarrassé du marin.

— Voyons, Poncet, — reprit-il avec aigreur, — à qui en avez-vous? Prétendriez-vous, par hasard, reprocher à quelqu'un les souffrances de...

— Je ne prétends rien, monsieur, je ne prétends rien du tout, — répliqua le patron d'un ton un peu bourru; — je dis seulement que c'est une belle jeune fille, et bonne, et courageuse comme un lion, et que sans elle vous ne seriez peut-être plus de ce monde... voilà ce que je dis. Et je me dis encore: « Vaudrait peut-être mieux que ton Etienne fût parti sur les vaisseaux du roi, qu'il n'épousât pas la Simone, et que la chère petite dame... » Enfin suffit; vous me direz: « Chacun ses affaires. » Bonsoir donc, monsieur Adrien et la compagnie... Ma famille et la famille à Simone m'attendent pour souper; la mère Poncette va joliment me gronder si le court-bouillon est brûlé.

Il fit un léger salut et s'éloigna ou plutôt se sauva, comme s'il eût craint d'en trop dire.

Adrien se frappa le front.

— Ils me rendront fou aussi! — murmura-t-il; — ils semblent tous m'accuser... Et pourtant c'est la mère qui m'aime, c'est la mère seule que je dois aimer!

Le soir même, le bruit se répandit dans l'établissement des bains que, d'après l'avis du docteur Moirot, l'état d'Amélie de Norville avait considérablement empiré.

XI

LE RETOUR.

Le matin du quatrième jour après ces événemens, il se fit un grand mouvement dans le village de Balaruc-les-Bains; on allait célébrer le mariage d'Etienne Poncet avec Simone, et, en raison de cette solennité, le pays entier était en émoi. Le cortége, après s'être formé lentement devant la maison du pêcheur, se mit en marche pour se rendre à l'église, précédé des tambours et des hautbois, musique obligée de toutes les fêtes languedociennes. Les invités s'avançaient deux à deux, les fiancés en tête, et formaient une interminable file dans les rues du village. Une bande de gamins pieds nus, mal débarbouillés et encore plus mal peignés, galopait en avant, en arrière et sur les flancs, en poussant des cris de joie. Ces cris, joints aux accords peu harmonieux des instrumens, aux coups de fusil et de pistolet que tiraient incessamment les camarades d'Etienne, aux sons de la cloche du village qui se démenait d'une manière furieuse dans son clocher, formaient une effrayante cacophonie capable de faire tomber en syncope une personne aux nerfs délicats.

Cependant la cour intérieure de l'établissement thermal présentait un spectacle bien différent. Elle était presque déserte; les fenêtres, fermées pour la plupart, témoignaient que les pensionnaires désœuvrés avaient voulu assister à la fête de la journée.

Les bruits du dehors n'y arrivaient que comme un faible bourdonnement et s'y éteignaient sans écho. En face de l'escalier principal, une vieille patache, attelée de deux mules empanachées, semblait attendre quelqu'un qui se disposait à partir. Un postillon en sabots était en train d'attacher une malle et des cartons sur l'impériale. Thérèse, la camériste de l'hôtel, encore vêtue de ses habillemens de la semaine, malgré la solennité du jour et son amour bien connu pour la danse, se tenait debout sur le marchepied et disposait des oreillers dans l'intérieur de la voiture. L'un et l'autre faisaient leur besogne en silence; n'eussent été les piétinemens des mules sur le pavé de la cour et le tintement des grelots quand une mouche importune venait troubler ces paisibles animaux, les habitans de la maison n'eussent pu soupçonner qu'un de leurs hôtes allait les quitter. Il y avait dans ces apprêts furtifs de départ, dans ce silence morne, un caractère de tristesse qui contrastait avec les transports bruyants de la gaieté villageoise.

Thérèse et le postillon, tout occupés de leur ouvrage, ne parurent pas remarquer l'arrivée d'un voyageur qui franchit la porte cochère et chercha des yeux quelqu'un pour le recevoir. Ce voyageur venait de descendre d'une diligence qui s'arrêtait à l'autre extrémité du village; mais pour aucun prix les polissons du pays n'avaient voulu transporter son bagage à l'hôtel en ce jour de fête; si bien qu'il avait dû se charger lui-même de sa valise et de son carton à chapeau. Comme personne ne se présentait pour le débarrasser de ses paquets, il se mit à appeler d'une voix retentissante; on ne lui répondit pas. Le postillon était étranger à la maison, et Thérèse sans doute n'avait pas entendu.

— Ah çà! à qui diable en ont-ils? — reprit le voyageur avec impatience; — est-ce que cette maison est devenue le palais de la Belle au bois dormant? — Il allait redoubler ses cris, quand Thérèse, ses arrangemens terminés dans la voiture, descendit du marchepied et se dirigea vers l'escalier. Alors le voyageur, jetant son fardeau à terre, courut après elle et la retint vivement par le bras.

— Thérèse! eh! Thérèse... morbleu!... vous êtes plus pressée ordinairement de montrer votre joli minois! — La camériste consentit enfin à se retourner, et il fut facile de comprendre pourquoi elle avait feint de ne pas entendre. Elle était tout en larmes, et sa coquetterie ne lui permettait pas de se montrer ainsi défigurée. Cependant, à la vue du voyageur, le sourire reparut sur son visage.

— Pécaïré! monsieur le vicomte, — s'écria-t-elle, — est-ce bien vous? Ah! si vous étiez revenu plus tôt, vous eussiez pu sans doute empêcher beaucoup de mal... mais il est trop tard maintenant,

Et elle se mit à sangloter dans son tablier.

— Quoi! vous pleurez? — s'écria Mornas que le lecteur a sans doute reconnu; — je me serais plutôt attendu à voir l'étang de Thau se changer en vin de Frontignan... Voyons, petite, tâchez d'être raisonnable; que se passe-t-il donc ici? quand j'appelle on ne me répond pas, et quand j'interroge on pleure.

— Ah! monsieur, c'est que ces gens-là font tant de bruit... et puis nous avons tant de chagrin...

— Du chagrin! et quel chagrin pouvez-vous avoir, ma chère, à moins que l'un de vos amoureux ne vous ait été infidèle?

— L'un de mes amoureux! — s'écria Thérèse avec indignation; — sachez, monsieur, que je n'ai pas d'amoureux, excepté toutefois ce bon Joseph, et puis le petit Baptiste qui me fait un doigt de cour, et puis... Mais, — ajouta-t-elle aussitôt en se reprenant, — monsieur le vicomte aime à rire et l'on ne doit pas relever ses plaisanteries. Ce n'est pas pour moi que je suis affligée, monsieur, mais pour des personnes de votre connaissance qui sont bien à plaindre.

— Des personnes de ma connaissance! — reprit Mornas alarmé, — que voulez-dire? serait-il arrivé malheur à ce cher Adrien... à monsieur de Laroyère?

La soubrette secoua la tête d'un air d'ironie mutine :

— Monsieur Adrien! — reprit-elle, — il est en ce moment à la noce d'Etienne; il ne pouvait s'en dispenser, puisqu'il est cause de ce mariage... Ensuite, — ajouta-t-elle avec réflexion, — faut avouer qu'il n'avait pas l'air très content ce matin; je l'ai vu de la fenêtre quand il marchait derrière les mariés, et il ne paraissait guère disposé à s'amuser. Sans doute il pensait à cette pauvre créature qu'il ne reverra plus... car elle va partir, monsieur le vicomte, et, malade comme elle est, qui sait si elle n'arrivera pas morte à Montpellier!

— Malade! qui donc? — demanda Mornas; — j'essaye en vain de vous comprendre, ma pauvre Thérèse... Qui donc va partir pour Montpellier?

— Tiens, c'est juste, vous ne savez pas...

— Thérèse, sotte fille, — cria le docteur Moirot qui parut tout à coup sur le perron, — est-ce le moment de bavarder? Montez de suite, on a besoin de vous.

— Me voici, monsieur le docteur, — répliqua Thérèse.

Et elle rentra vivement dans la maison, en faisant sonner ses ciseaux au bout de leur chaîne d'argent. Le docteur allait la suivre quand il reconnut Mornas.

— Bonjour, monsieur le vicomte, — dit-il d'un air le plus aimable, — soyez le bien revenu parmi nous... Mais, miséricorde! — ajouta-t-il en voyant le bagage du voyageur au milieu de la cour, — vous n'êtes pas logé encore? Excusez, monsieur le vicomte; tout est en désordre aujourd'hui. Les domestiques sont allés à cette maudite noce, et Thérèse et moi nous sommes occupés de notre pauvre malade qui va partir... Mais ayez la bonté de monter au nᵒ 12, vous savez? c'est votre ancienne chambre, et elle vous a été scrupuleusement réservée.

— Bien, bien, ne vous inquiétez pas, je me caserai n'importe où... Mais, pour Dieu! docteur, quelle est cette malade que les eaux de Balaruc n'ont pu guérir?

— Il y a une cause morale, — répliqua Moirot d'un ton grave, — et nos eaux n'ont pas la propriété de guérir les maux de l'âme. S'il s'agissait d'une maladie organique, aiguë ou chronique, ce serait une autre affaire.

— Vraiment? J'aurais cru que les eaux de Balaruc... mais parlons raison : vous ne m'avez pas nommé cette malade.

— Vous la connaissez, monsieur le vicomte, vous avez admiré bien des fois sa grâce et sa beauté... Comme elle est changée maintenant!... Mais pardon, vicomte, il faut que je retourne près d'elle; j'ai encore à donner mes dernières instructions pour le voyage.

— Fort bien, mais au moins, docteur, dites-moi...

— Je suis à vous... Prenez le numéro 12... Maudites coureuses qui me laissent dans un pareil embarras!

Et le docteur s'enfuit comme avait fait Thérèse.

— Allons, — reprit Mornas, — décidément je ne dois rien savoir, et pourtant je donnerais beaucoup pour avoir le mot de cette énigme.

Il voulut questionner le postillon, qui fumait philosophiquement sa pipe appuyé contre la caisse de la voiture, mais cet homme savait seulement qu'il devait conduire *quelqu'un* à Montpellier, et il ne put donner d'autre explication.

En désespoir de cause, le vicomte allait se décider à porter lui-même ses effets dans la chambre numéro 12, quand, levant les yeux par hasard, il aperçut en face de lui, à une fenêtre du premier étage, la figure refrognée de Malevieux. Mornas salua avec une familiarité cordiale.

— Bonjour, mon cher Malevieux, — dit-il, — comment vous portez-vous? comment se porte Adrien? Enfin je trouve à qui parler, ce qui n'est pas facile aujourd'hui, à la maison thermale de Balaruc.

Le vicomte se flattait trop tôt d'avoir trouvé *à qui parler* : la tête resta immobile et silencieuse, comme une tête de marbre.

— Ah! ah! — reprit-il en souriant, — me conservez-vous rancune de nos derniers rapports? Vous me devez cependant un fameux cierge pour avoir fait rendre gorge à ce fripon de lord Corbett.

A ce nom, Malevieux parut enfin sortir de son impassibilité de statue; ses yeux s'abaissèrent vers Mornas et se fixèrent sur lui avec une sorte d'intelligence. Au bout d'un moment, il fit signe de la main et dit laconiquement :

— Montez!

Mornas prit son bagage, gravit l'escalier, et se dirigea vers la chambre de Malevieux, voisine de celle qu'il devait occuper lui-même.

Il fut surpris que l'oncle d'Adrien, dont il connaissait la politesse méticuleuse, ne fût pas venu au-devant ne lui jusque sur le seuil de la porte. Il frappa discrètement.

— Entrez, — répliqua-t-on du dedans.

La clef était à la serrure; mais le vicomte remarqua avec étonnement qu'il eut à la faire tourner deux fois avant d'ouvrir, ce qui prouvait que Malevieux avait été bien et dûment enfermé dans sa chambre.

Cette circonstance était de nature à donner des soupçons à Mornas; mais comme il ne croyait guère au dérangement d'esprit de Malevieux, la pensée ne lui vint pas qu'on eût pu avoir pris certaines précautions à l'égard d'un homme inoffensif.

Cependant, quand il entra dans la chambre et quand il vit le désordre qui y régnait, quand il se trouva surtout en présence de Malevieux, les vêtemens négligés, la perruque de travers, il commença à se douter que tout n'était pas en règle et se mit à observer les mouvemens de son hôte avec une espèce de défiance.

L'accueil de l'insensé n'eut rien d'abord que de fort convenable. Il se leva, s'avança vers Mornas et le salua avec sa politesse d'ancien régime :

— Mes respects, monsieur le vicomte, — dit-il. — Je suis heureux de vous revoir parmi nous, et je suis sûr que mon neveu Adrien...

Mais, à ce nom, ses idées parurent se troubler et il se tut.

— Vous voulez dire qu'Adrien aura du plaisir à me serrer la main? — dit Mornas en achevant complaisamment la phrase commencée; — ma foi! et moi aussi. Nous nous sommes quittés un peu brusquement, il y a un mois; des affaires, un ordre supérieur, m'ont appelé loin d'ici, et depuis ce temps j'ai été constamment en voyage... Mais enfin me voici, et j'espère réparer le temps perdu. Voyons, mon cher Malevieux, donnez-moi des nouvelles; où en sont les amours de notre jeune homme? vous pouvez me mettre au courant, vous qui êtes son confident, je ne l'ignore pas.

Comme on le voit, Mornas se laissait prendre à l'air parfaitement calme de son interlocuteur. Celui-ci se pencha vers lui :

— Quoi ! vous ne savez pas ? il s'est passé des choses bien graves... Mais vous m'aiderez à sauver ce pauvre enfant.

— Que s'est-il donc passé ? En vérité, vous m'effrayez...

— Télémaque s'est amouraché de Calypso, et voilà maintenant que Calypso persécute la pauvre nymphe Eucharis.

Mornas fit un saut en arrière.

— Télémaque ! Calypso ! — s'écria-t-il ; — ah çà ! à qui diable en avez-vous, mon cher? Est ce que vraiment la cervelle...

Malevieux ne parut nullement s'apercevoir de l'effet que produisaient ses révélations.

— Les choses sont ainsi, — reprit-il en s'animant, — et, pour comble de malheur, moi le roi des dieux, je ne peux rien pour sauver cette nymphe infortunée ! Vous savez que j'ai été vaincu par le Destin ; il m'a dépouillé de mon tonnerre, de mon aigle, de tout... Mais, vous qui êtes Minerve, vous pourrez la couvrir de votre égide, et la jalouse Calypso verra beau jeu.

Peut-être y avait-il dans ces paroles un sens secret qui avait des rapports avec la réalité, mais le vicomte, en entendant prononcer ces noms de Minerve et de Jupiter, ne songea pas à le chercher.

— Tiens, tiens, — dit-il avec un grand flegme ; — il faudra que j'aille m'assurer par moi-même si cette... Calypso a vraiment des intentions telles que vous les dites.

Il s'avançait à reculons vers la porte, afin de s'esquiver à l'improviste. Mais le fou devina son intention.

— Vous n'irez pas seul, — dit-il impétueusement, — moi aussi je veux protéger la malheureuse Eucharis !

— Mais songez-y donc, Jupiter, — répliqua Mornas, en cherchant pour l'apaiser à flatter la manie de l'insensé,— puisque vous n'avez ni éclairs ni tonnerre...

— Je ne laisserai pas à Minerve seule la gloire de cette action ! — s'écria Malevieux avec une exaltation inexprimable ; — je suis le roi des dieux et je le montrerai.

Il écarta le vicomte d'un mouvement vigoureux et s'élança dans le corridor voisin.

Cette fuite avait été si soudaine que Mornas n'avait pu s'y opposer, mais il en sentit aussitôt les conséquences.

— J'ai fait là une belle équipée ! — dit-il ; — donner la liberté à ce fou, qui m'a tout l'air disposé à devenir furieux ! Qui diable m'aurait dit...! Mais voyons, il faut se hâter de le rattraper et de le réintégrer dans sa prison, ou il arrivera quelque malheur.

Tout en parlant ou plutôt tout en pensant ainsi, Mornas n'était pas resté oisif et s'était mis à la poursuite de Malevieux. Il fut bientôt rassuré sur un point : l'insensé n'avait pas pris le chemin de l'escalier, et sans doute il n'avait pas l'intention de quitter la maison. Comme il traversait un long corridor dans lequel s'ouvraient les chambres des voyageurs, le vicomte entendit un cri de frayeur et un brouhaha de voix partir d'une pièce voisine. Il doubla le pas, poussa vivement une porte qui était restée entr'ouverte, et une scène inattendue frappa ses regards.

Il se trouvait chez les dames de Norville. Des malles et des paquets encombraient le plancher. Thérèse était en train de plier et d'emballer des robes, sous la surveillance de la marquise, tandis que le docteur Moirot rédigeait quelques notes sur le coin d'une table. Amélie, en toilette de voyage et couchée sur une bergère, attendait le moment du départ. Ses mouvemens languissans, sa blancheur de cire, trahissaient les ravages de la maladie ; on eût dit que l'âme allait s'échapper à travers ces lèvres décolorées. Sa main diaphane, qu'elle laissait pendre le long de son corps souple, semblait déjà privée de chaleur et de sang.

Le vicomte fut vivement frappé du changement opéré

en quelques semaines dans cette jeune fille qu'il avait connue si fraîche et si charmante. Mais on ne lui laissa pas le temps de compléter ses observations. Malevieux s'était réfugié dans la chambre, et, debout près d'Amélie, il prononçait des paroles incohérentes d'un ton animé. Madame de Norville se retranchait avec une terreur d'enfant au milieu des siéges et des paquets.

— Qui l'a laissé sortir ? — s'écria-t-elle ; — comment est-il venu ici ?... Pour Dieu ! Thérèse, monsieur le docteur, renvoyez-le au plus vite... il me tuerait, c'est à moi qu'il en veut ! — Mais cet ordre était plus facile à donner qu'à exécuter ; Moirot et son aide de camp en jupons ne se souciaient pas de se commettre avec Malevieux, robuste encore et dont la folie doublait les forces. Aussi, quand Mornas parut, la marquise courut-elle à lui avec empressement, sans le reconnaître. — Protégez-nous, monsieur, — s'écria-t-elle ; — ce fou qui s'est échappé de sa chambre est très dangereux. L'autre jour il a voulu précipiter dans l'étang son propre neveu, monsieur Adrien de Laroyère... De grâce, ne nous quittez pas ; nous ne sommes ici que des femmes, et il n'y a pas à compter sur le docteur Moirot.

— Je suis d'autant plus disposé à vous protéger, madame, — répliqua le vicomte qui s'inclina poliment, — que j'ai été l'auteur de tout le mal, en rendant par ignorance la liberté au prisonnier. J'ose croire cependant qu'il n'y a rien à craindre de lui ; malgré le dérangement de sa raison, je ne le crois pas méchant.

À mesure qu'il parlait, la marquise l'examinait avec plus d'attention.

— Monsieur le vicomte de Mornas ! balbutia-t-elle.

— Oui, madame la marquise, et j'ai des droits au souvenir des dames de Norville, comme ancien commensal.

— Monsieur de Mornas ! — dit Amélie à son tour en se soulevant, — l'ami de monsieur...

Elle n'acheva pas et une nuance rosée apparut sur sa figure pâle.

À la vue de cette reconnaissance, il y eut une minute de silence embarrassé.

— Je craindrais d'être indiscret en restant ici plus longtemps au milieu des apprêts d'un départ, — reprit enfin le vicomte, — et je me retire... Allons ! monsieur Malevieux, — ajouta-t-il en s'adressant au fou qui s'était calmé peu à peu et était retombé dans sa taciturnité mélancolique, — votre présence n'est pas agréable à ces dames, et vous êtes trop galant pour leur imposer votre compagnie.

— Oui, oui, emmenez-le ! — s'écria madame de Norville.

Mornas allait entraîner Malevieux ; mais Amélie étendit la main, dans l'intention évidente de le protéger :

— Monsieur le vicomte, ma bonne mère, — dit-elle d'un ton suppliant, — ne repoussez pas ce pauvre homme qui a voulu me voir avant mon départ. Toutes les marques d'intérêt me sont précieuses, même celles qui me viennent d'un... Voyez comme il est tranquille maintenant ; après tout, il n'a encore fait de mal à personne ; et puis, avec quelques précautions, il est toujours facile de modérer les écarts de cet esprit blessé... Approchez-vous, Malevieux, — ajouta-t-elle avec affection, — et venez dire adieu à votre pauvre petite amie... Peut-être, — continua-t-elle bas, — ne la reverrez-vous plus.

La marquise parut vivement contrariée.

— En vérité, ma fille, — dit-elle, — tu as d'étranges fantaisies... Mais elle est malade, — ajouta-t-elle avec un sourire forcé en se tournant vers Mornas, — et il faut bien se prêter à ses caprices.

C'était avertir le vicomte qu'il pouvait se retirer. Cependant le vicomte n'eut pas l'air de comprendre ; il resta immobile et attentif.

Malevieux s'était approché de la jeune malade, et la regardait d'un air de profonde douleur, en murmurant.

— Eucharis ! pauvre Eucharis !

— Je ne m'appelle pas Eucharis, vilain homme, — dit Amélie en donnant un léger coup sur les doigts de l'insensé ; — c'est encore là un de ces noms de la mythologie que vous allez chercher on ne sait où... Je suis Amélie de Norville, et j'aurais quelque chose à vous dire ; mais êtes-vous en état de me comprendre ? — Le fou ne répondit pas, seulement l'expression de son visage témoignait que l'accès était fini. — Ecoutez, — reprit mademoiselle de Norville : — je vais à Montpellier chez mon oncle, parce que l'air de ce pays marécageux me rend malade ; peut-être n'y reviendrai-je plus ? Cependant ma mère reviendra, elle ; les eaux de Balaruc lui sont extrêmement favorables, et dans deux jours sans doute elle sera ici. J'espère qu'à son retour vous ne lui ferez plus cette mine sombre et ces gros yeux qui l'épouvantent. Pourquoi ne l'aimez-vous pas ? Elle est bonne, allez !... Elle m'a permis de quitter ce pays qui m'est devenu odieux ; elle consent à s'absenter dans un moment où elle pourrait trouver ici tant de distractions et de plaisirs... Allons, mon ami, laissez-moi emporter votre promesse qu'en mon absence vous entourerez ma mère d'égards et de respects comme autrefois.

Malevieux poussa une interjection ambiguë.

— Que m'importe la haine ou l'affection de certaines gens ? — dit la marquise avec aigreur ;— en vérité, chère petite, tu prends trop de soin... Imaginez-vous, monsieur le vicomte, — ajouta-t-elle plus bas en s'adressant à Mornas, — qu'elle a par momens un peu de délire.

— Cela ne doit pas vous surprendre, — dit le docteur Moirot d'un ton sentencieux ; — la maladie de mademoiselle de Norville est ce que nous appelons une fièvre nerveuse, à défaut d'autre nom. Or, ces fièvres nerveuses sont accompagnées souvent de légers transports au cerveau.

Mornas ne quittait pas des yeux la jeune fille, qui continuait à parler bas avec Malevieux.

— Madame la marquise, — dit-il d'un ton poli mais plein de fermeté, — il ne me conviendrait pas sans doute de me montrer plus craintif au sujet de mademoiselle de Norville que sa tendre mère, ou plus prudent qu'un savant praticien tel que le docteur Moirot. Cependant permettez-moi d'acquitter un devoir de conscience en vous exprimant une opinion qu'un seul moment passé ici a suffi pour rendre inébranlable ; mademoiselle Amélie est tout à fait hors d'état de se mettre en route, et ce voyage pourrait avoir les résultats les plus funestes pour sa santé.

— En effet, — repartit le docteur avec empressement, — je n'ai pas caché à madame la marquise qu'il était à craindre... Mademoiselle est d'une si grande faiblesse...

— Que dites-vous donc, docteur ? — reprit madame de Norville avec humeur ; — est-ce moi qui désire voir partir ma fille ? Ne l'ai-je pas suppliée à mains jointes de rester ? Mais elle n'a rien voulu entendre, et vous avez reconnu vous-même que la contrariété pouvait lui faire beaucoup de mal.

— Une personne malade, — reprit le vicomte froidement, — n'est pas toujours en état d'apprécier le meilleur parti à prendre ; ceux qui l'aiment ou qui ont autorité sur elle doivent savoir au besoin la persuader... Mais je ne puis croire qu'il soit nécessaire d'insister beaucoup pour décider mademoiselle de Norville à rester à Balaruc.

Ces paroles contenaient un doute sur la réalité des intentions d'Amélie et le soupçon qu'on eût influencé secrètement sa volonté. La marquise le sentit :

— Mes efforts ont été impuissans,— répliqua-t-elle d'un air piqué, — et je doute qu'un autre ait plus d'action sur ma fille.

— Madame la marquise me permettra-t-elle d'essayer à mon tour ? — dit le vicomte avec effronterie. Il s'approcha tranquillement d'Amélie, tandis que la mère restait stupéfaite de tant de hardiesse. Mademoiselle de Norville interrompit sa conversation à voix basse avec Malevieux, elle regarda fièrement cet étranger qui s'immisçait ainsi dans ses plus intimes secrets. — Mademoiselle, — dit Mornas avec une extrême douceur en s'appuyant sur le dossier de la bergère où Amélie était étendue, — votre mère, le docteur, et sans doute aussi tous les amis que vous avez à Balaruc, voient avec peine que vous désiriez partir aujourd'hui pour Montpellier... Car vous le désirez, n'est-ce pas ?

— C'est le plus cher de mes vœux.

La marquise adressa un sourire de triomphe à Mornas qui ne parut pas s'en apercevoir.

— De grâce ! mademoiselle, — continua-t-il du même ton, — ne prenez pas en mauvaise part mon intervention dans des intérêts si délicats ; mais la situation où je vous vois m'afflige et m'épouvante ; il est à craindre que la force ne vous manque pour supporter les fatigues de la route ; et si quelque accident se déclarait pendant le voyage, songez quels dangers vous pourriez courir...

— Je suis prête à tout, — répliqua Amélie avec un sourire amer ; — je me résignerai à tout, pourvu que je parte.

— Vous me permettrez de m'étonner de cette aversion aussi subite qu'extraordinaire pour ce beau pays, et s j'osais vous demander le motif...

— Le motif en est bien simple, monsieur ; ce pays que vous trouvez si beau ne convient pas à ma santé ; l'air qu'on y respire est sans doute le principe de cette fièvre qui me dévore... Mais pardon, monsieur, — reprit Amélie avec un peu d'impatience, — ma bonne mère vous ayant donné déjà ces explications, il est inutile de les répéter.

Et elle tourna le dos au vicomte.

— Je n'y comprends plus rien ! — murmura Mornas découragé.

En ce moment un vacarme assourdissant de cris, de coups de fusil, de son de tambour se fit entendre au dehors ; c'était le cortège des mariés qui revenait de l'église. A ce bruit Amélie tressaillit.

— La noce ! — dit-elle avec une sorte de colère, — encore cette noce maudite ! Ils me torturent avec leur gaieté sauvage et leurs cris forcenés... Eh bien donc ! maman, si tout est prêt, hâtons-nous de partir ; il est temps. Adieu, mon bon Malevieux ; n'oubliez pas mes recommandations : adieu, messieurs ; adieu aussi ma pauvre Thérèse !

Tout en parlant, elle s'était levée avec une assurance factice, l'œil brillant, les joues rouges ; la marquise courut à elle :

— Amélie, ma chère enfant, — dit-elle avec une tendresse vraiment maternelle, — ton courage t'abuse, tu n'es pas en état de supporter ce voyage ; il faut décidément le retarder de quelques jours.

— Non, non, ma chère maman, je vous en prie, ne restons pas un moment de plus dans cette maison... j'y mourrais.

Le docteur avait saisi la main de mademoiselle de Norville, et consultait son pouls avec inquiétude.

— Je suis obligé, — dit-il, de m'opposer formellement à ce départ... Il y aurait danger sérieux à se mettre en route maintenant.

— Eh bien ! ce danger, je veux le braver ! — s'écria la jeune fille.

— Mademoiselle, par pitié pour vous-même, écoutez la voix de la raison ! — dit Mornas d'un ton suppliant ; — ne résistez pas aux instances de votre mère, de vos amis... Quel intérêt si pressant vous oblige donc à partir ?

— Qu'importe ! Je ne peux plus vivre ainsi,— poursuivit Amélie avec égarement ; — ce supplice doit avoir une fin... Tenez, je suis forte ; je marcherai seule jusqu'à la voiture... Adieu donc tous... Partons, maman, partons.

Elle était parvenue à se dégager, et s'avançait vers la porte en chancelant.

— Voici monsieur Adrien, — s'écria Thérèse qui s'était mise à la fenêtre ; — il accourt en toute hâte, sans doute pour faire ses adieux à ces dames.

— Adrien ! — répéta la marquise dans un mortel embarras.

— Adrien ! — dit le vicomte à son tour d'un air de satisfaction ; — peut-être pourra-t-il empêcher cette malheureuse enfant d'accomplir un acte de véritable démence.

A ce nom, Amélie s'était retournée toute tremblante.

— Lui ! — murmurait-elle ; — je ne veux pas le voir... je ne veux voir personne... Partons vite ; mon Dieu ! pourquoi ne partons-nous pas ?

Elle essaya encore d'avancer, mais ses forces trahirent sa volonté ; elle s'affaissa dans les bras de sa mère et de Thérèse, qui la replacèrent dans son fauteuil.

Cet incident avait achevé de bouleverser les idées de Mornas.

— Quoi donc ! — pensait-il, — elle a de l'horreur pour lui maintenant ? c'est à en perdre la tête !

En ce moment Adrien entra dans la chambre.

XII

LE SECRET.

Adrien était en costume de cérémonie, tout vêtu de noir, afin de ne pas offenser la susceptibilité fort irritable des bonnes gens dont il devait présider la fête. Quoique la chambre fût pleine de monde, il ne vit d'abord que la marquise, et, s'élançant vers elle :

— Pardonnez-moi, madame, — dit-il d'une voix haletante, — de vous avoir quittée dans un pareil moment ; mais vous savez qu'il m'était impossible de refuser l'invitation de la famille Poncet sans lui faire une mortelle injure. Enfin j'ai pu m'échapper...

— Monsieur Adrien, — dit la marquise avec embarras, — merci de votre empressement, mais nous ne partirons pas... du moins de sitôt. L'état de ma fille le défend.

— Mademoiselle de Norville serait-elle si mal ? — demanda le jeune homme avec émotion en s'approchant de la bergère où Amélie était couché.

Amélie ferma les yeux sans paraître avoir entendu cette question.

— Thérèse, — reprit la marquise, — vous allez renvoyer la voiture et remonter les paquets... Monsieur le docteur, messieurs, je vous remercie de vos services et de votre bon vouloir, ils ne nous sont plus nécessaires.

C'était un congé en forme ; mais le docteur et Thérèse parurent seuls s'en apercevoir et sortirent ; cette fois encore Mornas et Malevieux ne bougèrent pas.

— Madame, — dit le vicomte, — je ne puis trop vous féliciter de la résolution que vous venez de prendre, et certainement ce cher Laroyère sera de mon avis.

Alors seulement Adrien le reconnut.

— Mornas ! — s'écria-t-il en courant à lui les bras ouverts ; — ah ! c'est le ciel qui vous ramène.

Ils s'embrassèrent affectueusement. La marquise parut observer avec inquiétude cette cordialité mutuelle.

— Mon brave Adrien, — reprit Mornas, — il n'a pas tenu à moi de vous rejoindre plus tôt ; mais des devoirs auxquels il m'était impossible de me soustraire... Enfin nous causerons plus tard de bien des détails qui ne pourraient avoir aucun intérêt pour ces dames.

— Ne vous gênez pas, messieurs, — dit madame de Norville en pinçant ses lèvres ; — après une séparation si longue, deux amis doivent avoir sans doute beaucoup de choses à se dire.

Adrien comprit l'ironie.

— Madame, — s'écria-t-il, — vous savez bien...

Il s'arrêta court et rougit en voyant l'œil de Mornas attaché sur lui. Mais, si peu significatif qu'eût été ce mouvement, le vicomte avait déjà entrevu la vérité.

— Ah ! ah ! — pensa-t-il ; — voilà donc ce que signifiaient Encharis et Calypso ! Diable !

Un nouvel examen le confirma dans sa pensée. Adrien et la marquise causaient bas à l'autre bout de la chambre. Madame de Norville s'exprimait avec une grande animation ; son interlocuteur semblait confus et mal à l'aise. Le vicomte ne douta pas qu'il ne fût l'objet d'une discussion entre eux. Une fois même madame de Norville dit assez haut pour être entendue :

— Une rupture ! oui, monsieur, une rupture immédiate ; c'est un devoir pour vous.

Quelle que fût la portée de ces paroles, Mornas les crut lancées à son adresse ; il sourit d'un air de dédain et de défi. Mais, ne voulant pas paraître écouter une conversation confidentielle, il s'avança vers Amélie ; elle se cachait le visage dans son mouchoir, comme pour ne pas voir et ne pas entendre. Malevieux, assis sur un siége, en face de la malade, les mains posées sur ses genoux, restait sombre et rêveur.

— Mademoiselle, — dit le vicomte en se penchant vers Amélie, — je vais quitter cet appartement où ma présence n'est peut-être pas agréable à tout le monde ; mais, avant de m'éloigner, je serais heureux d'apprendre que vous vous sentez plus forte et mieux portante.

— Je suis bien, merci, — murmura mademoiselle de Norville sans découvrir son visage.

— Votre mal est dans le cœur, pauvre enfant, je le sais... Eh bien ! si vous avez besoin d'un ami dévoué qui puisse et qui veuille vous protéger efficacement, songez à moi.

A cette ouverture singulière, Amélie releva la tête et parut vouloir donner cours à son indignation ; mais elle lut tant de pitié et de bienveillance sur les traits de Mornas, qu'elle se contenta de répondre :

— Vous vous trompez, monsieur, et je n'ai pas besoin d'autre protection que celle de ma mère.

La marquise accourut de l'autre extrémité de la chambre.

— Monsieur le vicomte, — dit-elle avec un accent de colère à peine contenue, — ma fille est très souffrante, et toute conversation, même à voix basse, pourrait la fatiguer.

— Il suffit, madame, — reprit Mornas d'un ton froid, — et je me retire... Mais monsieur Adrien, plus avancé que moi dans votre intimité, sera-t-il aussi plus favorisé que moi ?... Adrien, — ajouta-t-il, — ne m'accompagnerez-vous pas ? Comme le faisait remarquer madame la marquise tout à l'heure, nous avons bien des choses à nous dire.

— En effet, mon cher vicomte, — balbutia Laroyère ; — si donc ma présence était inutile ici...

— Restez, monsieur, — dit madame de Norville d'un ton presque impérieux.

Adrien fit un signe d'excuse à son ami.

— Soit, — répliqua Mornas ; — maintenant ou dans quelques heures nous ne pouvons manquer de nous revoir, et alors il faudra bien que certains mystères s'éclaircissent... Adrien, Adrien, si vous vous étiez souvenu de l'avis que je vous donnai sur la route de Cette, vous vous fussiez épargné bien des chagrins !

Il salua et allait sortir, quand Malevieux se jeta au-devant de lui. L'intelligence avait reparu subitement sur le visage du joueur ; sa contenance était ferme, son geste assuré.

— Qu'attendez-vous donc pour agir ? — s'écria-t-il d'une voix vibrante ; — pourquoi retarder le bien que vous voulez faire, si réellement vous en avez le pouvoir ? faudra-t-il donc que cette malheureuse victime de l'égoïsme et de l'aveuglement soit morte pour éveiller enfin votre zèle ? — Rien ne saurait peindre la stupéfaction de tous les assistants en entendant Malevieux, qu'on s'était habitué à considérer comme un idiot, s'exprimer avec tant de raison et de netteté. Aussi put-il continuer sans que personne songeât à l'interrompre. — Monsieur le vicomte, — reprit-il avec une chaleur toujours croissante, — au nom de Dieu ! prenez pitié du fils de ma sœur qu'une sirène, une magicienne dangereuse tient sous le charme de je ne sais quel prestige! Vous avez sur lui un crédit que je n'ai plus, moi qu'il a tant de raisons de mépriser et de haïr ; préservez-le donc des séductions de cette femme artificieuse ; prenez pitié aussi de cette innocente enfant qui lutte en secret contre un sentiment irrésistible et qui va succomber dans la lutte... Elle va mourir, vous dis-je, si vous ne la sauvez, et nul ne saura la grandeur, l'héroïsme de son sacrifice, excepté un pauvre insensé impuissant et humilié tel que moi !

Il devenait impossible d'attribuer à la folie ces paroles si pleines de sens et si bien en rapport avec la situation actuelle. Amélie s'effrayait de voir ainsi révélées les blessures secrètes de son cœur. Adrien, tout interdit, semblait éprouver un ardent désir de faire une questions qu'un sentiment inconnu retenait encore sur ses lèvres. La marquise seule feignit de ne pas prendre au sérieux le langage de Malevieux ; cependant sa voix tremblait quand elle dit avec une légèreté affectée :

— Allons ! voilà ce pauvre homme parti de nouveau ! Nous en entendrions de belles, si nous avions la patience de l'écouter ! Mais ce n'est pas le moment de nous amuser des extravagances d'un cerveau malade ; tout ce bruit doit fatiguer ma pauvre Amélie... Monsieur de Laroyère, ayez donc la complaisance de reconduire votre oncle à sa chambre, et tâchez mieux l'enfermer, si c'est possible.

Adrien hésitait.

— Je ne suis pas fou, — dit Malevieux énergiquement ; —non, je ne suis pas fou, du moins à cette heure ! Seulement, mon âme se soulève d'indignation quand je vois cette femme sans cœur, cette mère dénaturée...

— Il m'insulte ! l'entendez-vous, il m'insulte ! — s'écria la marquise, — et vous le souffrez, Adrien ?

Laroyère, ainsi pressé, voulut entraîner Malevieux hors de la chambre.

— Viens, mon oncle, — dit-il ; — tu ne peux plus rester ici... Viens, je t'en conjure, et tu m'expliqueras...

Ce mot révéla peut-être un nouveau danger à la marquise.

— Attendez l'un et l'autre, — reprit-elle ; — je n'aurais pas dû m'offenser des propos tenus par ce malheureux... Jupiter ; n'est-ce pas Jupiter qu'il s'appelle lui-même?

Ce nom, prononcé avec une perfide adresse, troubla Malevieux ; son œil redevint hagard ; il s'écria d'un ton farouche :

— Oui, je suis Jupiter, le roi des dieux, et il viendra un jour où je punirai tous les impies.

La marquise se mit à rire d'un rire forcé :

— Vous voyez, — reprit-elle, — j'avais décidément tort... emmenez-le cependant, car ses cris doivent importuner ma fille.

Adrien allait obéir malgré la résistance de l'insensé ; Mornas, qui avait saisi avec sa perspicacité ordinaire tous les détails secrets ou patens de cette scène, intervint à son tour.

— Les révélations de Malevieux ne sont peut-être pas aussi dépourvues de raison que madame la marquise le suppose, — dit-il avec fermeté ; — je provoquerai donc, sans aucun retard, une courte explication...

— Et qui êtes-vous, monsieur, — interrompit madame ds Norville avec hauteur, — pour vous établir juge de sentiments et d'intérêts qui doivent vous être étrangers ? En vérité, vous abusez singulièrement de ma patience en restant chez moi, contre mon intention si clairement exprimée ?

— Je le sais, madame ; si j'ai eu l'air de ne pas vous comprendre, c'est qu'il s'agissait de choses bien autrement importantes que de vaines considérations de convenances. Mais, au fait, il n'est pas absolument nécessaire encore de mettre tant de personnes dans la confidence de ce que je

dois dire ; c'est à vous, madame la marquise, que je demande la faveur d'une conversation particulière à l'instant même.

La marquise lui lança un regard foudroyant.

— Monsieur, votre proposition est d'une audace...

— Beaucoup moins audacieuse que prudente, madame ; votre intérêt seul m'oblige à vous dire en particulier ce que maintenant je dois nécessairement vous dire.

— Monsieur ! — Le vicomte ne se laissa pas intimider par une colère qui ne connaissait plus de bornes ; il s'approcha de madame de Norville et lui glissa quelques mots à l'oreille. La marquise recula d'un pas et pâlit affreusement ; son attitude perdit son arrogance. — Je crois en effet, monsieur le vicomte, — bégaya-t-elle avec effort, — que j'aurais tort de vous refuser un moment d'entretien. J'ai trop de confiance dans votre jugement... Mais venez... ici, dans ma chambre, personne ne nous dérangera... Oh ! venez, venez ! — En même temps elle se précipita éperdue dans la pièce voisine, sans presque savoir ce qu'elle faisait. Mornas la suivit, mais, avant d'entrer, il se retourna vers les assistants stupéfaits et leur adressa un sourire qui semblait dire : Espérez ! Puis la porte se referma sur lui et on entendit la clef grincer dans la serrure. La marquise, en entrant dans sa chambre, était tombée à demi évanouie sur un siége. Mornas s'assit en face d'elle, attendant patiemment que l'émotion de madame de Norville fût calmée. Enfin elle écarta par un mouvement languissant les boucles de cheveux qui cachaient son visage baigné de larmes, et demanda d'une voix entrecoupée, sans oser regarder le vicomte : — Tout à l'heure, monsieur, vous avez prononcé un nom qui m'a rappelé de bien pénibles souvenirs, je ne le nierai pas.

— Celui du malheureux Lucien Vidal ; oui, madame, et je suis heureux de voir qu'après tant d'années ce nom ne soit pas encore effacé de votre mémoire.

— Ainsi donc, monsieur, vous ne serez pas surpris que je vous demande des nouvelles d'un homme qui... que...

— Sans doute, madame, il n'est pas nécessaire, pour vous ménager, de vous dissimuler la vérité... Lucien Vidal est mort trois ans après votre mariage avec le marquis de Norville.

— Mort ! — répéta la marquise ; — mort si jeune !...— Et il sembla, malgré sa tristesse apparente, que sa poitrine fût délivrée d'un grand poids. Elle se redressa peu à peu ; sa voix reprit son timbre ordinaire.— Vous comprendrez, monsieur, — continua-t-elle en essuyant ses yeux, — que je n'aie pu rester indifférente au malheur d'un pauvre jeune homme qui s'était pris pour moi d'une passion exagérée. Bien que cette passion me semble aujourd'hui un ridicule enfantillage, j'y pense encore quelquefois avec un véritable serrement de cœur, et le nom que vous avez prononcé suffit pour me troubler cruellement... Mais je dois vous demander, monsieur le vicomte, ce qu'il y a de commun entre le souvenir que vous invoquez et mes devoirs actuels de famille et d'affection ?

Cette dernière question était faite d'un ton hautain, comme si la marquise fût déjà revenue de ses alarmes ; Mornas haussa les épaules.

— Vous vous croyez bien forte parce que Lucien Vidal est mort, — dit-il ; — vous ne songez pas qu'il peut avoir laissé son secret à quelqu'un de moins accessible que lui à la pitié... Dieu m'en est témoin, madame, je voulais vous ménager, mais votre détestable hypocrisie me dispense de toute mesure.

La marquise recommença à trembler.

— Plus bas, monsieur, plus bas, je vous en supplie, — murmura-t-elle.

Mornas reprit d'un ton radouci, où perçait pourtant encore l'ironie :

— Soit, je n'aime pas le scandale inutile. Mais vous ne vous résignerez jamais à faire ce que j'attends de vous si vous ne savez pas jusqu'où peut s'étendre mon pouvoir.

Je vais donc, avec votre permission, madame la marquise, vous conter une petite histoire, qui vous est parfaitement connue sans doute, mais qui ne laissera pas cependant que de vous intéresser, je l'espère.

— Je... je ne sais où vous voulez en venir, — dit madame de Norville avec angoisse ; — cependant, parlez, monsieur, je vous écoute.

— C'est une grâce dont je compte ne pas abuser, et je commence... Il y avait vers l'an 1810, à Nîmes, une charmante jeune fille de seize ans, dont la beauté, l'esprit, les nombreux talens, faisaient grand bruit parmi les habitans de l'ancienne colonie romaine. Fille d'un riche négociant en soieries, elle passait pour avoir de hautes prétentions quant à l'heureux mortel qui devait obtenir sa main ; on assurait même qu'elle avait déjà refusé des partis d'importance. Cette jeune personne si belle, si adulée, si fière, se nommait Zoé Monteil...

— Mon nom de jeune fille ! Mon Dieu ! monsieur, à quoi bon rappeler...?

— Patience ! madame, patience ! Je ne dis pas un mot qui ne soit rigoureusement nécessaire... vous allez voir !... En face de la maison qu'habitait la charmante Zoé Monteil se trouvait une étude de notaire où cinq ou six jeunes gens remplissaient les fonctions de clercs. Naturellement ces étourdis devinrent plus ou moins éperdument amoureux de leur jolie voisine. La fenêtre de l'étude donnait sur la rue ; mademoiselle Monteil ne pouvait entrer chez elle ou en sortir sans que des yeux ardens fussent braqués sur elle ; c'étaient des soupirs à fendre les vitres, des gestes d'admiration que rien ne pouvait contenir. Mais la belle jeune fille passait, les yeux baissés ; les fervens admirateurs n'obtenaient pas d'elle un signe d'attention, et l'on pouvait croire qu'elle était complètement indifférente à ces hommages. Il n'en était rien cependant. Parmi ces jeunes gens il s'en trouvait un qui avait su se faire remarquer de Zoé Monteil. Il s'appelait Lucien Vidal ; c'était un beau garçon brun, d'un extérieur doux, presque mélancolique, mais d'une âme ardente et passionnée ; sa famille, peu fortunée, n'était pas moins fort honorable et très estimée à Nîmes ; enfin il eût pu être un parti convenable pour mademoiselle Zoé Monteil, si certaines jeunes fille savaient mettre des bornes aux aspirations de leur orgueil. Lucien ne se livrait pas, comme ses compagnons d'étude, à des transports exagérés d'admiration chaque fois que passait la gracieuse voisine ; caché derrière les autres, il se contentait de la saluer à la dérobée d'un air respectueux. Cependant il la suivait partout, dans les promenades, à l'église, et le bruit se répandit parmi ses camarades qu'il était parvenu à se faire aimer. On n'osait l'interroger, mais on acquit bientôt la certitude qu'une correspondance était établie entre lui et Zoé Monteil, qu'ils se voyaient souvent en secret, et...

— Cela est faux, monsieur, — interrompit la marquise avec véhémence ; — comment osez-vous ainsi accuser sans preuves une femme innocente ? Lucien Vidal était trop délicat, trop loyal, pour avoir pu se vanter à qui que ce fût...

Mornas sourit encore avec mépris.

— Que niez-vous donc, madame ? — demanda-t-il, — les lettres ou les rendez-vous ?

— Les lettres d'abord, puis...

— Les lettres, — reprit le vicomte en tirant de sa poche une liasse de papiers, — les voici, madame... je m'en suis muni précisément dans la prévision qu'elles pourraient être utiles à mon pauvre ami Adrien de Lavoyère. Oh ! regardez-les, madame, elles y sont toutes, depuis le billet laconique et timide que vous écrivîtes en réponse à la brûlante déclaration de Vidal, jusqu'à la lettre d'adieu que vous lui adressâtes un peu avant de devenir marquise de Norville ; oui, elles y sont toutes, et si vous vouliez prendre la peine de les parcourir avec moi, vous trouveriez que plusieurs d'entre elles sont passablement significatives.

En même temps il étalait aux yeux de la marquise des lettres déjà anciennes, mais classées par ordre de dates et conservées avec soin. Madame de Norville, d'abord anéantie par cette preuve accablante, les examinait machinalement ; puis, les écartant de la main d'un air brusque,

— Il se peut, — reprit-elle, — que j'aie eu en effet une correspondance avec ce jeune homme. J'étais si enfant, si frivole !... d'ailleurs il y a si longtemps ! je l'avais oublié... Mais certainement Lucien n'a pas confié ces lettres à un homme capable d'en faire un pareil usage ; et pour qu'elles se trouvent entre vos mains, monsieur, il faut que vous les ayez volées !

Le vicomte ne parut nullement s'émouvoir de cet outrage.

— Non, madame, je ne les ai pas volées, et Lucien ne les eût volontiers confiées à personne. Sans doute lui-même a eu plus d'une fois la pensée de les détruire ; vous avez pu remarquer que le papier est violemment froissé, déchiré même en plusieurs endroits ; mais le courage lui aura manqué. Il aimait à relire ces lettres, comme on peut en juger aux nombreuses traces de larmes quelles portent encore ; elles étaient les gages d'une passion qui a rempli sa vie et qui a fini par le tuer... Plus tard, je retrouvai à Paris mon ancien camarade Vidal ; compatriotes, pauvres, isolés tous les deux dans cette ville immense, nous nous liâmes d'une amitié plus étroite que jamais. Je le soignai avec une affection fraternelle dans sa dernière maladie et, après sa mort, je fus chargé de recueillir les modestes effets qu'il avait laissés. En fouillant dans ses papiers, je trouvai ces lettres que je ne jugeai pas de nature à être rendues à sa famille ; je devais les brûler ; je ne sais quel vague pressentiment, justifié aujourd'hui, m'empêcha de prendre ce parti. Voilà comment, madame, ces lettres se trouvent entre mes mains.

Un mot dans ces explications avait particulièrement frappé madame de Norville.

— Vous avez été l'ami de Lucien ? — reprit-elle en regardant Mornas avec attention, — et les détails que vous me donnez sur la maison du notaire Fonfrède... Attendez, oui, oui, je vous reconnais maintenant... vous étiez ce jeune clerc si espiègle et si hardi, dont les regards effrontés me faisaient peur quand il m'arrivait de passer près de vous. Je m'explique à cette heure l'embarras que j'éprouvai le jour où vous me fûtes présenté dans le salon de l'hôtel ; je ne pouvais alors me souvenir quand et dans quelles circonstances je vous avais rencontré... Mais si je ne me trompe, monsieur, au temps où vous étiez clerc de notaire, vous ne portiez ni le nom ni le titre que vous portez à présent ; vous vous appeliez Auguste Morand, je crois, et votre père, petit marchand du cours des Arènes, était bien connu dans la ville. D'où vient donc la dénomination aristocratique dont vous vous affublez aujourd'hui ! Ne trompez-vous pas sciemment le monde où vous vivez en vous présentant à lui avec une qualité usurpée ? Si vous n'avez pas volé ces lettres, vous avez du moins volé un nom !

Mornas souriait toujours.

— Vous voulez m'échapper, — reprit-il tranquillement, — vous n'y réussirez pas. Si vous saviez à qui vous vous attaquez et combien celui qui vous parle est indifférent pour de pareilles accusations !... Mais ce n'est pas de moi dont il s'agit ; c'est de vous, madame, ne l'oublions pas. Aussi bien je ne suis pas à bout de mes révélations, et, comme les bons conteurs, j'ai réservé le plus intéressant pour la fin. — La marquise baissa la tête et attendit avec inquiétude les nouvelles révélations dont on la menaçait.

— Vous ne pouviez ignorer, — continua Mornas, — combien l'amour de Lucien était profond et désintéressé ; d'ailleurs, à tout prendre, sa famille égalait la vôtre en considération ; s'il était pauvre, la position qu'il devait immanquablement acquérir par son intelligence et son activité eût compensé vos avantages de fortune. Un mariage entre vous et lui n'avait donc rien de trop disproportionné, et nous, les amis de Vidal, nous considérions déjà cette union comme probable. Lucien, sans nous rien dire jamais, semblait radieux, plein d'espérance ; j'ai su depuis par lui-même qu'il se croyait sûr à cette époque d'aplanir les obstacles qui le séparaient de vous. Néanmoins un bruit singulier se répandit tout à coup dans le voisinage et dans la ville Parmi vos prétendans se trouvait un homme jeune encore, mais laid, maladif, malingre, presque idiot. Un pareil soupirant devait avoir bien peu de chances pour obtenir votre préférence ; mais il jouissait d'une fortune suffisante et il était marquis ; vous, de votre côté, vous rêviez un titre et un rang dans le monde ; le marquis de Norville fut accepté. D'abord nous ne voulions pas croire à la réalité de cette nouvelle ; l'air morne et consterné de Lucien ne tarda pas à nous la confirmer. Du reste, ce mariage fut mené avec une activité inouïe ; à peine observa-t-on les délais rigoureusement exigés par la loi ; pendant que beaucoup de personnes doutaient encore de la possibilité d'un semblable fait, il était déjà accompli. Cette étrange précipitation fut alors le sujet de bien des bavardages à Nîmes, quoique personne n'en soupçonnât les motifs secrets. Aussitôt après la noce, vous partîtes pour Montpellier avec votre mari, et peu à peu l'opinion publique cessa de s'occuper de vous. Ainsi on ignora toujours, et moi-même je n'ai appris que plus tard combien ce marquis de Norville avait été stupide ou infâme, combien il avait été indignement trompé ou combien il avait été lâche en acceptant une indigne transaction...

La marquise se leva debout, les mains tendues, comme pour fermer la bouche à Mornas. Elle voulait parler, mais elle put seulement balbutier d'une manière inintelligible :

— Monsieur... monsieur... la calomnie !... monsieur de Norville était incapable...

— Ah ! vous niez encore ? En vérité, madame, vous disputez bravement votre terrain, et il est bon de ne pas se commettre avec vous sans preuves... Heureusement je puis m'appuyer cette fois sur des pièces authentiques, sur des actes de l'état civil. Votre mariage a été célébré le 16 décembre 1810 ; je le sais bien, moi qui fus chargé de dresser votre contrat, en l'absence de Lucien, malade de désespoir ; et mademoiselle Amélie, votre unique enfant, est née dans une petite bourgade du département de l'Hérault, le 12 mai 1811, c'est-à-dire un peu moins de cinq mois après votre mariage. — Cette dernière révélation fut pour madame de Norville comme un coup de massue ; elle se renversa en arrière en poussant un faible gémissement. Cette beauté éclatante dont naguère encore elle se montrait si vaine s'était éclipsée tout à coup ; ses traits décomposés avaient pris une teinte verdâtre. La tête penchée sur sa poitrine, les bras pendans, elle semblait écrasée sous le poids de la honte et de la terreur. — Voyez pourtant ce que c'est qu'un simple rapprochement de dates ! — poursuivit Mornas ; — mais rassurez-vous, madame, ce rapprochement personne ne l'a fait, parce que personne n'avait intérêt à le faire. La loi, dans un but d'ordre et de morale, couvre assez volontiers de pareils compromis que le monde ignore souvent. Cependant un autre que moi a su tous ces détails et en a cruellement souffert ; c'était le père, le père véritable de cette charmante enfant qui ne l'a pas connu, qui ne porte pas son nom et qui est pourtant tout son portrait... Oh ! comme il l'eût aimée, madame ! avec quelle chaleur il me parlait quelquefois, sans la nommer, d'une mignonne petite fille dont l'image angélique venait gracieusement lui sourire jusque sur son lit de mort ! Pauvre père ! j'ai été témoin de ses mystérieuses douleurs, j'ai entendu ses derniers vœux pour le bonheur de cette enfant qu'il ne devait jamais embrasser! Et qu'eût-il dit s'il eût pu deviner que cette fille adorée aurait un jour sa propre mère pour mortelle ennemie ?

La marquise était vaincue et ne songeait plus à lutter ;

cependant ces derniers mots de Mornas parurent la ranimer :

— Non, non, — dit-elle avec égarement, — vous vous trompez, monsieur ; si coupable que vous me supposiez, je ne suis pas l'ennemie de ma fille !

— Le croyez-vous vraiment, madame? La coquetterie, la vanité, les pires instincts de la femme, vous ont-ils aveuglée au point de vous illusionner sur les malheurs dont vous êtes l'unique cause? Quand je suis arrivé ici, il y a un mois, j'ai trouvé deux beaux jeunes gens qui s'aimaient avec franchise et simplicité, dans la candeur de leur âme. Aujourd'hui, comme tout est changé! L'une, épuisée, mourante, succombe sous le poids d'une immense douleur ; l'autre, enlacé dans les filets d'une coquette impitoyable...

— Me m'insultez pas, monsieur,— interrompit madame de Norville en se redressant dans un dernier effort de dignité ; — mes rapports avec celui dont vous parlez sont toujours restés purs, et je n'attendais qu'une occasion favorable pour les sanctionner par un mariage...

— Vous épouser Adrien? — répliqua Mornas avec ironie ; — vous n'y avez pas songé sérieusement, madame. Un pareil acte vous couvrirait l'un et l'autre de ridicule ; d'ailleurs il tuerait infailliblement votre fille qui, j'en ai acquis la certitude, aime encore Adrien en secret; et je ne veux pas que votre fille, la fille de mon meilleur ami, meure ainsi de colère et de jalousie... Non, je ne le souffrirai pas, dussé-je appeler un orage de scandale sur votre tête !

Il y eut un nouveau silence ; madame de Norville était haletante comme un oiseau des champs qui voit tournoyer au-dessus de sa tête un milan aux serres puissantes.

— Dois-je croire, monsieur, — balbutia-t-elle en tremblant, — que vous abuserez du secret dont le hasard vous a rendu dépositaire pour me déshonorer aux yeux de ma fille ?

— Désespérer cette innocente enfant déjà si malheureuse ! — répliqua le vicomte ; — non, madame, je ne suis ni assez lâche ni assez méchant pour la rendre victime de vos fautes. Mais si vous vous opposez plus longtemps au mariage d'Adrien et d'Amélie de Norville, aujourd'hui même Adrien saura la vérité, vous pouvez y compter.

— Oh ! vous ne ferez pas cela, monsieur ! — reprit la marquise avec une explosion de sanglots ; — Adrien me haïrait, me mépriserait, et je n'y survivrais pas, car je l'aime... Oh ! si vous saviez combien je l'aime !... C'est là l'excuse et l'explication de ma conduite. Vous m'accusez de ruse et de coquetterie ; vous vous trompez, je vous le jure ; je n'ai rien préparé, rien dirigé ; j'ai cédé seulement à une passion irrésistible dont je me croyais incapable à mon âge. Je me suis prise pour ce jeune homme d'un amour profond, insensé, qui m'a rappelé celui de ma jeunesse. Non, je n'ai employé ni détours ni artifices ; j'aimais Adrien, j'ai cherché instinctivement à lui plaire, voilà mon seul tort. Un moment, il est vrai, une démarche imprudente d'Amélie m'a fait penser qu'elle pouvait avoir envers le vicomte un sentiment de préférence pour monsieur de Laroyère ; mais depuis longtemps elle ne lui montre que de l'indifférence, ou même de la haine. Tout à l'heure seulement les révélations de Malevieux ont réveillé un soupçon qui s'était présenté à mon esprit plusieurs fois sans que j'osasse m'y arrêter... Telle est la vérité, monsieur, la vérité tout entière ; et suis-je donc si coupable ?

Cette douleur paraissait sincère, et Mornas se sentit ému ; mais, surmontant bientôt cette impression, il reprit avec une sorte de dureté :

— N'espérez pas me prendre à cette phraséologie sentimentale, madame ; je connais trop votre art perfide pour admettre cette excuse d'un violent amour... Et n'aimiez-vous pas aussi ce malheureux Lucien ? Cependant un jour, à cet âge où les sentimens ont tant de force, vous l'avez sacrifié froidement à votre vanité, à votre ambition. Au-

rez-vous moins de stoïcisme à votre âge mûr ? Vous renoncerez à Adrien, madame, comme vous avez renoncé
autrefois à Lucien Vidal... il le faut !

— Mais c'est impossible ! — s'écria madame de Norville en se tordant les mains de désespoir ; — ô mon
Dieu ! que je suis cruellement punie ! on ne me croit plus
quand je parle des entraînemens de mon cœur... Eh
bien ! monsieur, si vous êtes inexorable pour moi, ne le
soyez pas du moins pour Adrien, à qui ce récit portera
un coup terrible, car il m'aime aussi, lui... Ne secouez
pas la tête... il m'aime véritablement, monsieur ; je vous
l'affirme, je vous le jure !...

Cette assurance rendit le vicomte un peu rêveur. Il reprit enfin :

— Est-ce l'amour ou une fascination passagère que
subit cet enfant étourdi ? voilà ce dont je doute encore.
Il faut éclaircir ce point et l'éclaircir sans retard. Il est
temps de couper court à des malentendus qui pourraient
avoir des suites funestes. L'heure des petits ménagemens,
des délicatesses de convention est passée ; abordons franchement, brutalement, s'il est nécessaire, les difficultés
de la situation ; ce n'est pas quand un malheureux vient
de tomber à l'eau qu'il faut craindre de le saisir avec rudesse ; il s'agit de le sauver, dût-on le prendre par les
cheveux... Venez donc, madame ; nous saurons enfin à
quoi nous en tenir.

Et il s'était levé.

— Qu'avez-vous décidé, monsieur ? — demanda la
marquise avec humilité.

— Nous allons obliger ces jeunes gens à s'expliquer
nettement ; si alors quelqu'un doit se sacrifier, vous
comprendrez, madame, que ce doit être vous...vous seule !

— Monsieur, je suis à votre merci ; mais du moins
puis-je compter qu'au prix de mon aveugle soumission..,

— Si sévère que je vous paraisse, madame, je ne fais
jamais le mal pour le mal. Sachez être généreuse, remplir vos devoirs de mère, vous n'aurez rien à craindre de
moi... Mais remettez-vous, madame, — ajouta-t-il d'un
ton plus doux, — essayez vos yeux... Il ne faut pas laisser croire qu'on vous a imposé le bien que vous allez
peut-être accomplir.

Il attendit quelques minutes, pendant lesquelles la marquise parvint à rendre un peu de tranquillité à ses pensées, de sérénité à son visage. Alors il lui offrit la main
et la ramena dans la pièce voisine, avec toutes les formes
du respect.

XIII

SANS ISSUE.

Cependant une scène bien différente se passait dans la
chambre où Amélie était restée en compagnie d'Adrien et
de Malevieux.

Après la sortie de la marquise et de Mornas, personne
d'abord n'avait paru songer à relever la conversation. Mademoiselle de Norville, toujours étendue dans sa bergère,
fermait les yeux, soit accablement, soit embarras, et demeurait immobile. De l'autre côté de la chambre, Adrien
la regardait à la dérobée, tandis que Malevieux, encore
sous le coup de l'accès de folie provoqué par la marquise,
marmottait dans un coin des paroles inintelligibles, fronçant le sourcil et serrant les poings avec colère.

Au dehors, les bruits de la noce s'étaient rapprochés.
Les tambours et les hautbois jouaient avec une sorte de
fureur l'air de la danse des treilles, si célèbre aux environs de Montpellier. Déjà les jeunes filles vêtues de blanc,
les jeunes garçons en costumes pittoresques, se disposaient à commencer devant la porte de Poncet cette jolie

danse locale, et agitaient les cerceaux garnis de fleurs
qui leur servent à former des figures gracieuses. Ces pré-
ludes soi-disant harmonieux de l'orchestre avaient pour
but d'appeler les francimans et les francimanes de l'hôtel
à venir admirer dans sa gloire la jeunesse dansante de
Balaruc. Les regards se tournaient particulièrement vers
les fenêtres des dames de Norville ; mais ces fenêtres restaient fermées ; ni Adrien, ni personne ne songeait à répondre aux appels de la fête.

Enfin les sons devinrent si agaçans que la jeune demoiselle ne put retenir un geste d'impatience. Mais, se
calmant aussitôt, elle dit à Adrien avec un sourire amer :

— Il doit être bien pénible pour monsieur de Laroyère
de rester ainsi enfermé avec une malade, quand, à deux
pas de cette maison, se donne une fête dont il pourrait
être le héros... Que rien ne vous retienne ici, monsieur
Adrien ; il est naturel que vous désiriez voir la joie de ces
bonnes gens, dont le bonheur est votre ouvrage.

— Eh ! n'est-il pas le vôtre aussi, mademoiselle ? —
demanda le jeune homme d'une voix émue ; — oubliez-
vous donc que sans vous, sans votre généreuse initiative,
je n'aurais jamais eu l'occasion de les récompenser ? —
Amélie soupira tout bas. Adrien reprit après un moment
d'attente : — Ah ! mademoiselle, qui m'eût dit, dans cette
heureuse nuit où vous vous montrâtes si bonne, si courageuse, si dévouée pour moi, que votre bienveillance se
changerait bientôt en indifférence... en éloignement
peut-être ?

Mademoiselle de Norville s'agita sur sa couche, mais
elle ne se hâta pas de répondre, comme si elle eût craint
de trahir une agitation intérieure. Enfin elle dit d'un ton
qu'elle était parvenue à rendre simplement poli :

— De l'éloignement, monsieur de Laroyère ? vous n'y
pensez pas. Je croyais précisément, dans la circonstance
dont vous parlez, vous avoir prouvé que je ne méritais
pas un semblable reproche, quoique je ne doive pas me
prévaloir d'un acte de simple humanité.

— Oui, oui, c'est l'explication que vous m'avez donnée
déjà, — répondit Adrien d'un ton de reproche ; — et pourtant j'avais osé espérer...

Amélie l'interrompit :

— Excusez-moi, — reprit-elle ; — mais, comme vous l'a
dit ma mère, je suis bien faible pour soutenir une conversation suivie.

Elle tourna la tête du côté de la muraille, peut-être afin
de cacher la rougeur de plaisir que les paroles d'Adrien
venaient d'appeler sur son visage. Le jeune homme ne
soupçonna pas l'impression qu'il avait produite, et fit un
geste de douleur.

Malevieux avait paru écouter attentivement ce court entretien. Par un de ces reviremens subits dont nous avons
eu déjà plusieurs exemples, la raison lui revint. Après
une minute d'hésitation, il courut à son neveu et lui dit
avec chaleur :

— Parle-lui, Adrien, parle-lui encore ; ne te laisse pas
décourager par son silence ; si elle ne te répond pas, elle
t'entendra du moins... Dis-lui qu'elle obéit à un sentiment
exagéré, mal compris, en te traitant avec cette rigueur.
Dis-lui surtout que cet aveu, surpris l'autre jour dans les
ruines de l'aqueduc, était le résultat d'un accès de vertige ; que dans ces mêmes ruines, à la même place, tu
m'avais fait autrefois un aveu bien différent, et que moi,
incapable alors d'apprécier les qualités de cet ange, j'avais
osé blâmer... Oui, dis-lui tout cela ; répète-lui que ton
amour est à elle seule, que, sans les artifices d'un détestable manége, rien n'eût pu vous séparer, que vous étiez
nés l'un pour l'autre... Adrien, Adrien, persuade-lui ces
réalités, et, j'en suis sûr, elle ne voudra plus mourir.

Il entraînait son neveu vers le fauteuil de la jeune fille.
Celle-ci, soulevée à moitié, semblait écouter avec une sorte
de complaisance ; à son insu peut-être un léger sourire
s'épanouissait sur ses lèvres. Mais, se ravisant aussitôt,
elle dit d'un ton de douce réprimande :

— Allons ! allons ! mon bon Malevieux, souvenez-vous

des recommandations de ma mère. Montrez-vous raisonnable ou nous ne serons plus amis, vous savez ?... Vraiment, —ajouta-t-elle avec un enjouement forcé en voyant l'insensé interdit et comme doutant lui-même de son bon sens, — votre pauvre oncle, monsieur Adrien, a parfois des boutades bien embarrassantes.

— Et s'il n'avait dit que la vérité, mademoiselle ! — s'écria impétueusement Adrien ; — si mon parent, malgré le dérangement momentané de son intelligence, avait vu mieux que moi-même dans ce chaos de mes sentiments et de mes idées ? Amélie, voici la première fois depuis longtemps que j'ai l'occasion de vous voir, de vous parler librement; toujours jusqu'ici il se trouvait entre nous quelqu'un, un obstacle, une gêne qui nuisait à la franchise d'une explication. Si depuis un mois j'avais pu me trouver seul avec vous, comme aujourd'hui, si j'avais pu me rendre compte de cette impression délicieuse que j'éprouve en votre présence, je n'aurais conservé aucun doute sur le véritable état de mon cœur... Oui, c'est vous, Amélie, c'est vous seule que j'aime, que je n'ai jamais cessé d'aimer. Une autre femme, belle et séduisante aussi, a bien pu un moment m'éblouir, me fasciner; mais dans cette femme qui vous touche de si près je vous retrouvais encore. C'était vous encore que j'aimais en elle; dans ses traits je voyais votre image, et cette image me souriait, m'adressait des paroles affectueuses quand vous me montriez un visage sévère... Voilà toute la vérité, mademoiselle, et si vous tenez compte de circonstances qu'il n'était pas en mon pouvoir de maîtriser...

— Assez, monsieur, — interrompit la malade; — je n'affecterai pas de ne pas vous comprendre; mais encore une fois pourquoi vous justifier d'un tort dont je ne vous ai pas accusé? Personne moins que moi, monsieur, n'est en droit de vous adresser de reproches.

Il y avait dans la voix tremblante, dans le regard humide de mademoiselle de Norville, quelque chose qui démentait la dureté de cette réponse; néanmoins Adrien en fut de nouveau atterré.

— Ne la crois pas, mon enfant, — s'écria Malevieux ; — ce corps frêle contient une âme de fer qui ne mollit jamais quand elle pense avoir un sacrifice ou un devoir à accomplir! Ne la crois pas, te dis-je, si elle t'assure qu'elle est indifférente à ton amour... Demande-lui plutôt d'où vient ce chagrin secret qui la ronge et la tue sans qu'elle daigne pousser un cri, exhaler une plainte; demande-lui pourquoi elle veut si obstinément partir quand le voyage peut lui être funeste,' quelle est cette nécessité cruelle qui la presse de quitter sa mère! Mais elle ne te répondra pas, et ce sera à toi d'interpréter son silence.

— En vérité, ceci est insupportable! — reprit Amélie d'un air troublé ; — voyons, monsieur Adrien, vous qui du moins jouissez de votre bon sens, ne pouvez-vous me délivrer de ces persécutions?

—Mademoiselle, il ne m'appartient pas de juger si mon oncle a touché juste; peut-être attribue-t-il à un autre motif que la véritable ce chagrin mystérieux que vous essayeriez en vain de nier... Cependant il n'a jamais eu plus complètement l'usage de son intelligence.

Malevieux le remercia d'un signe de tête.

— Eh bien! — répliqua la jeune fille avec un accent d'angoisse, — c'est à votre pitié que je m'adresse, messieurs, pour vous supplier de changer un sujet de conversation fort pénible pour moi.

Sans tenir compte de cette prière, Adrien se jeta aux pieds d'Amélie.

— Gardez votre secret, mademoiselle, — s'écria-t-il, je respecterai les voiles pudiques dont vous l'enveloppez... Quant à moi, le jour où vous m'avez trouvé mourant sur le Roqualrot, j'ai pris l'engagement solennel de vous consacrer ma vie; cet engagement j'ai pu l'oublier un moment, mais je ne l'ai jamais révoqué. Quels que soient donc vos sentiments à mon égard, je fais le serment de ne solliciter jamais, de n'accepter jamais la main d'une autre femme que vous !

Mademoiselle de Norville lui posa vivement les doigts sur la bouche.

— Pas de serment, Adrien, — dit-elle avec un effroi mêlé d'attendrissement; — oh! ne jurez pas, de grâce ! Cette détermination porterait un coup affreux à une personne bien digne de votre respect... de votre... amour... Moi, mon sort est fixé; je dois mourir, et vous serez heureux avec... une autre...

— Jamais...! Si vous mourez, Amélie, je ne vous survivrai pas !

A l'âge d'Adrien, on dit de bonne foi de pareilles choses, et, à l'âge d'Amélie, on les croit aisément. Mademoiselle de Norville se mit à sangloter en murmurant :

— Je m'étais donc trompée... pauvre mère !

En ce moment la porte de la chambre voisine s'ouvrit : la marquise et Mornas parurent. Les deux jeunes gens ne s'en aperçurent pas d'abord. Adrien restait agenouillé devant Amélie, qui ne songeait pas à le repousser; ils confondaient leurs larmes en silence, et cette triste consolation semblait les absorber tout entiers. Malevieux, à l'écart, les contemplait avec une joie calme. Quand la marquise entra, il lui montra du doigt ce groupe gracieux, en marmottant d'un ton moqueur et triomphant :

— Jupiter a vaincu Calypso.

Madame de Norville, malgré ses dispositions bienveillantes, fut sur le point d'éprouver une rechute ; elle devint pourpre, ses narines se gonflèrent, son œil brilla; elle allait éclater quand un mouvement du vicomte l'apaisa tout à coup.

— Oui, oui, — soupira-t-elle, — c'est juste... mon nouveau rôle commence ; je le remplirai avec résignation. — Les jeunes gens s'étaient retournés au bruit et s'étaient brusquement éloignés l'un de l'autre, en essuyant leurs larmes. Puis, par un mouvement simultané, ils levèrent les yeux vers sa marquise, s'attendant à la trouver irritée, menaçante. Quel fut leur étonnement de la voir calme et souriante! une expression de bonté était répandue sur son visage.—Pourquoi vous défier et vous cacher de moi, mes enfans ? — dit-elle; — me croyez-vous incapable d'indulgence pour un sentiment honnête et partagé ? Ne craignez pas de me laisser voir votre affection mutuelle, basée sur l'estime et la reconnaissance... Et, puisque le hasard nous a mis sur ce sujet, la tâche que j'ai à remplir sera plus courte et plus facile. — Adrien et Amélie doutaient du témoignage de leurs sens. Etait-ce bien l'impérieuse marquise de Norville qui leur parlait sur ce ton maternel? Pour elle, sans paraître remarquer leur étonnement, elle s'assit près de sa fille et fit asseoir Adrien de l'autre côté ; puis, prenant leurs mains dans les siennes, elle continua du même ton affectueux : — Je viens d'avoir avec monsieur de Mornas, notre ami, une conversation qui m'a éclairée sur les dangers de notre situation présente. Si cette situation se prolongeait, elle causerait peut-être de grands malheurs. Or, c'est à vous, mes enfans, de faire cesser le malaise dont nous souffrons tous. Parlez sans crainte, et oubliez certaines considérations qui pourraient vous pousser à déguiser la vérité; répondez sans ménagemens, comme vous répondriez à un confesseur ou à Dieu... Mes enfans, est-il vrai que vous vous aimiez? — L'un et l'autre gardèrent le silence.—Parlez le premier, monsieur Adrien, — reprit la marquise avec une légère altération dans la voix,—et souvenez-vous bien encore une fois qu'aucune espèce de considération ne doit gêner l'expression de votre pensée...

Adrien se redressa.

— Puisque je suis adjuré avec cette solennité, — dit-il d'un ton ferme, — je désire expliquer...

— Les explications sont inutiles; répondez simplement, sans réticences, par oui ou par non... Adrien, aimez-vous ma fille ?

— Eh bien ! oui. Mais...

— Il suffit, — interrompit la marquise avec une fermeté stoïque; — il y a quelqu'un qui doit remercier le ciel ne n'avoir pas cru aisément à des protestations ré-

centes. — La voix lui manqua, et elle fut obligée de se recueillir un instant. Elle reprit en s'adressant à Amélie :
— Et toi, ma fille, est-il vrai que tu aies obéi seulement à la voix de l'humanité lorsque, au péril de ta vie et au mépris de toutes les convenances, tu es allée porter secours à monsieur de Laroyère sur le Roquairol?
— Maman, — demanda mademoiselle de Norville, — pourquoi me faites-vous cette question ?
— Ne le sais-tu pas? si vraiment tu aimes Adrien comme il prétend t'aimer, aucun obstacle n'existe plus à votre union; vous serez mariés aussitôt que le permettra l'état de ta santé.
En recevant cette assurance si positive, Amélie sembla se transfigurer. Les couleurs de la santé reparurent sur son visage; ses lèvres remuèrent comme si elle allait laisser échapper un aveu. Tous les assistans attendaient avec anxiété ce mot suprême, ce secret de jeune fille si longtemps inavoué.
Mais cette impression passa rapidement. L'incarnat que le bonheur venait d'appeler sur les joues pâles de la malade s'effaça tout à fait. Après avoir fixement regardé sa mère, elle murmura d'une voix étouffée :
— Vous souriez, et pourtant il y a des larmes dans vos yeux... Votre contenance est assurée et pourtant vous respirez à peine, votre main tremble... — Elle s'arrêta ; puis, rassemblant ses forces, elle dit avec fermeté : — Je n'épouserai jamais monsieur Adrien de Laroyère... Jamais, jamais !
Puis elle tomba palpitante dans les bras de sa mère.
Ces deux femmes, qui se comprenaient enfin après avoir été si cruellement divisées, se serraient d'une manière convulsive l'une contre l'autre, pleurant et sanglotant. Plusieurs fois elles se séparèrent, mais aussitôt de nouveaux transports les poussaient l'une vers l'autre.
Les spectateurs ne pouvaient ignorer le sens de cette scène muette. La fille se refusait à épouser l'homme que sa mère aimait encore, et ce sentiment était trop sacré pour qu'on pût essayer de le combattre.
— Je partirai, — dit Adrien avec une morne tristesse.
Enfin, la marquise se dégagea des étreintes d'Amélie.
— Messieurs, — dit-elle timidement, — peut-être trouverez-vous bien naturel qu'après une telle crise nous éprouvions le besoin d'être seules...
Et son regard semblait demander à Mornas pardon pour son audace.
— C'est juste, madame, — répondit le vicomte ; — nous allons nous retirer... J'espère cependant que, le premier moment passé, mademoiselle de Norville réfléchira...
— Ne l'espérez pas ! — s'écria Amélie avec énergie ; — ma résolution est prise ; elle est irrévocable.
— Chère petite, — dit la marquise bas, — j'accepte ton sacrifice ; tu vaux mieux que moi... mais la Providence peut-être me fournira une occasion de prendre ma revanche.
Les trois hommes s'inclinèrent et sortirent en silence, laissant la mère et la fille se livrer sans contrainte à la nouvelle mais douloureuse intimité qui venait de s'établir entre elles.
— Pauvre Adrien, — pensait Mornas en voyant son ami qui marchait comme un homme ivre, la tête perdue et les yeux égarés ; — ni l'une ni l'autre !... Voilà ce que c'est que de courir deux lièvres à la fois... C'est qu'en vérité, si Dieu ou le diable ne s'en mêle pas, je ne sais comment nous nous tirerons de là !

XIV

LA CHASSE AUX FOULQUES.

Une semaine se passa encore. La santé de mademoiselle de Norville s'était sensiblement améliorée. Depuis l'explication si complète que nous avons rapportée, son âme se trouvait soulagée d'un grand poids, et le calme intérieur semblait avoir réagi sur cette organisation impressionnable. Une confiance absolue régnait maintenant entre la mère et la fille ; un sentiment commun, une commune souffrance les avait sincèrement rapprochées. La marquise n'était pas naturellement méchante ; les durs reproches de Mornas lui avaient fait faire un salutaire retour sur elle-même. Elle désirait réparer ses torts envers sa fille et l'entourait de soins affectueux. Elle ne quittait presque plus la chambre d'Amélie ; une seule fois, elle avait consenti à sortir un moment pour prendre l'air sur la plage, en compagnie du docteur Moirot ; mais, excepté Mornas, qui de temps en temps visitait ces dames, elles ne recevaient rigoureusement personne.
Adrien, comprenant toute la délicatesse de sa position, avait voulu dès les premiers jours quitter Balaruc. Des intérêts à régler l'appelaient impérieusement à Paris. Les dilapidations de Malevieux en effet n'étaient pas allées aussi loin qu'on l'avait cru d'abord. Grâce à la prudence du notaire d'Adrien, on était sûr de sauver une somme à peu près égale à celle dont Mornas avait fait opérer la restitution par le prétendu lord Corbett. La présence d'Adrien devenait nécessaire pour lever certaines formalités ; chaque lettre le pressait de partir ; mais Mornas le retenait toujours, comme s'il eût attendu une circonstance, un hasard qu'il eût été fort embarrassé de spécifier. De son côté le jeune homme, sans se rendre compte lui-même de son espoir, n'avait pas hâte de se mettre en voyage ; tant qu'il se trouvait près d'Amélie de Norville, il lui semblait qu'elle n'était pas complétement perdue pour lui.
On atteignit ainsi le commencement d'octobre. Ce mois, qui dans nos climats du Nord amène souvent avec lui les brumes et les pluies glaciales de l'hiver, conserve souvent dans la France méridionale la température douce et agréable du printemps. Aussi les pensionnaires de Balaruc ne songeaient-ils pas encore à quitter l'hôtel, à la grande satisfaction du docteur Moirot, qui assurait que les eaux thermales avaient surtout de l'efficacité dans l'arrière-saison. Une circonstance particulière vint augmenter l'affluence des gens du monde, non-seulement à l'établissement des bains, mais encore aux deux villages qui portent le nom de Balaruc. On avait annoncé dans les villes environnantes, à Cette, Agde et jusqu'à Montpellier, une grande chasse aux foulques sur l'étang de Thau pour le 5 octobre. C'était là une de ces solennités qui attirent immanquablement les habitans de l'Hérault et des Bouches-du-Rhône. Mais, pour faire comprendre au lecteur l'attrait de ces sortes de fêtes, nous allons essayer de lui en donner une idée.
A partir de la fin de l'automne et pendant toute la saison d'hiver, les étangs sont les rendez-vous d'une prodigieuse quantité d'oiseaux qui viennent des contrées septentrionales chercher une température moins rigoureuse. Leur nombre est quelquefois si grand qu'ils forment comme des nuages vivans. Cependant des milliers d'ennemis les poursuivent à chaque heure du jour et de la nuit ; on les tire à l'affût, on les prend avec des filets entre deux eaux, on les extermine par tous les moyens imaginables. Souvent les marchés voisins sont envahis par des tombereaux chargés de sarcelles, de canards,

d'oies sauvages, victimes innocentes de ces grands massacres. Il y a des pêcheurs et des braconniers qui vivent toute l'année et peuvent élever leurs familles avec le produit de leur gibier pendant un seul hiver.

Parmi ces chasses destructives, la plus célèbre et la plus amusante est la battue aux foulques. Elle s'exécute en bateau, avec un grand concours de curieux et de tireurs. Des barques manœuvrent de concert pour obliger les oiseaux d'eau à se réunir sur un même point. Ainsi enfermés, ils prennent leur vol et passent nécessairement au-dessus de la ligne des tireurs, qui les déciment avec leurs longues canardières. Les foulques ou poules d'eau, dont le vol est bas et lourd, présentent surtout des facilités pour cette chasse et en font les principaux frais. Quand le malheureux volatiles ont vidé une enceinte, on va en reformer une autre, du côté de l'étang où ils se sont retirés. Les évolutions de la flottille, la gaieté des assistans, les détonations incessantes des fusils, forment un spectacle pittoresque et animé. Des femmes élégantes, des étrangers, des gens de toutes conditions, accourent de fort loin pour en jouir, et le village le plus voisin du théâtre de la chasse ne manque pas, dans cette circonstance, de réaliser de fort beaux bénéfices.

C'était donc une expédition de ce genre qui se préparait sur l'étang de Thau, le 5 octobre ; le rendez-vous général était fixé à Balaruc-les-Bains, en face de l'établissement thermal. Dès la veille, un grand nombre de voyageurs avaient envahi les auberges et les lieux publics des deux villages ; c'était la première battue de l'année ; les foulques fourmillaient à la surface de l'étang. Le matin du jour désigné, le temps était des plus favorables. Il n'y avait que peu de vent ; un léger brouillard, que le soleil ne pourrait dissiper avant d'avoir acquis une certaine force, s'étendait mollement sur l'eau, et devait permettre d'approcher aisément le gibier. Tout promettait donc à la chasse un succès complet, et les Nemrods les plus modestes se croyaient assurés de remplir leur carnier.

Aussi, dès l'aurore, la foule commença-t-elle à s'agiter sur la plage. On s'embarquait en tumulte, les uns sur de grandes chaloupes qui devaient porter des familles entières, les autres sur des *pontons* recouverts de tentes élégantes et destinées à abriter de belles chasseresses contre les feux du soleil. Les chasseurs émérites prenaient place en silence dans de petits néguefols, que leur poids et celui de leurs lourdes canardières faisaient presque enfoncer à fleur d'eau. Du reste, bachots, arlequins, pinasses, néguechins, ou quels que soient les noms bizarres que les pêcheurs donnent à leurs embarcations, toutes avaient trouvé des amateurs. Elles étaient déjà chargées jusqu'à sombrer, et pourtant une troupe bruyante de retardataires sollicitait encore du rivage une place à leur bord. D'autres bateaux, appartenant aux villages du littoral, accouraient dans la brume, se dirigeant vers le rendez-vous commun. Le son rauque et monotone des conques marines, embouchées par de robustes jeunes gens, se prolongeait au loin sur l'étang et annonçait le départ prochain de la flottille.

Il restait cependant une importante formalité à remplir : il s'agissait de choisir un commandant ou *amiral* pour ordonner les manœuvres et combiner les efforts de l'expédition. Cette charge exigeait un chasseur consommé autant qu'un marin habile, car des bonnes dispositions du chef dépendait le succès de l'entreprise. Aussi les électeurs, c'est-à-dire tous les pêcheurs et braconniers du voisinage, se mirent-ils à discuter chaudement les titres des divers candidats ; et cette fois le suffrage universel ne devait pas manquer de faire un bon choix, le mérite seul pouvant exercer de l'influence.

Les dames de Norville, enveloppées de châles et de mantes, à cause de la fraîcheur de la matinée, contemplaient de leur fenêtre cette scène intéressante. Amélie semblait recouvrer rapidement ses forces ; le sourire commençait à reparaître sur ses lèvres. La marquise avait aussi retrouvé un peu de sa gaieté d'autrefois, et, pour divertir sa fille, elle exerçait sa verve railleuse sur certains personnages ridicules de la plage. Elle avait ainsi *passé par les armes* un beau-fils d'une ville voisine qui allait à la chasse sur l'eau en habit noir et en gants beurre frais ; puis madame Deforges, la vieille aux commentaires charitables, qui se promenait, son ridicule à un bras et son carlin sous l'autre, en robe ponceau et en châle amarante, avec une autre vieille, sa compagne, non moins laide et non moins méchante qu'elle ; puis le maire du pays, dans tout l'éclat de sa gloire, avec son écharpe, son pantalon nankin, sa rouge trogne et son chapeau tromblon. Les originaux ne semblaient pas devoir manquer de sitôt à sa verve satirique, lorsque la marquise se tut brusquement et se rejeta en arrière. Un jeune homme, en joli négligé de chasse, un fusil sous le bras, venait de sortir de l'hôtel et descendait lentement vers la grève. En passant sous la fenêtre, il leva la tête machinalement ; quand il aperçut les dames, il rougit et les salua d'un air triste ; ensuite, se jetant dans un batelet à peine suffisant pour le contenir, il disparut derrière la flottille qui encombrait cette portion de l'étang.

La mère et la fille s'étaient retirées vivement de la fenêtre. Elles venaient de reconnaître Adrien de Laroyère, qu'elles n'avaient pas vu depuis plusieurs jours. Elles se regardèrent d'abord en silence avec embarras ; puis, par un mouvement spontané, elles s'embrassèrent avec effusion.

— Pauvre mère ! — disait Amélie.

— Chère enfant ! — murmura la marquise.

Ce fut tout ; elles se devinaient.

En ce moment Thérèse introduisit le vicomte de Mornas.

— Quoi ! madame la marquise, pas encore prête ? — demanda-t-il avec aisance ; — vous ne voulez donc pas profiter de cette occasion d'assister à une de nos célèbres chasses aux foulques ? La journée sera magnifique, et le docteur Moirot espère vous voir dans la chaloupe qu'il a eu la galanterie de faire disposer pour les dames de l'hôtel.

— Monsieur le vicomte, — répondit madame de Norville avec un peu de timidité, — comme si elle eût craint que son refus ne fût pris en mauvaise part, je préfère ne pas quitter ma fille. La chère enfant s'ennuierait seule ici, et d'ailleurs de cette fenêtre nous pourrons suivre tous les mouvemens de la chasse.

— Oui, mais la promenade et le grand air vous feraient du bien, car, je ne me trompe, voilà plusieurs jours que vous n'êtes sortie de cette chambre.

— C'est vrai, maman, — dit Amélie, — et vous finirez par vous rendre malade à vous enfermer ainsi avec moi. Je suis beaucoup mieux portante, et je puis fort bien rester seule pendant quelques heures. Cependant, il faut l'avouer, ces chasses m'inspirent une sorte d'effroi ; on dit qu'il y arrive de nombreux accidens...

Mornas sourit.

— Il y a en effet des exemples de malheurs arrivés à la chasse aux foulques, — répondit-il ; — mais vous voyez qu'une pareille éventualité ne retient personne. Rassurez-vous, mademoiselle ; on a pris les plus grandes précautions, et l'on vante avec raison la prudence du patron Poncet, qui vient d'être nommé amiral de la chasse.

— S'il en est ainsi, ma bonne mère, — pourquoi ne pas aller à cette fête ? Moi je vous suivrai des yeux, et je prendrai part de loin à vos plaisirs.

Cependant madame de Norville hésitait encore.

— Madame la marquise, — reprit Mornas d'un ton significatif, — je n'ai aucun désir de contrarier vos volontés... Vous savez bien, — ajouta-t-il en baissant la voix, — qu'en présence de tant d'énergie et de dévouement je ne puis éprouver que de l'admiration. Seulement, permettez-moi de vous faire observer que votre réclusion absolue depuis plusieurs jours peut donner lieu à des suppositions fâcheuses, de la part de certaines personnes malveillantes qui habitent cette maison.

— Oui, oui, vous avez raison, — répliqua la marquise; —il y a surtout cette vieille bigote de madame Deforges... Mais vous m'avez dit, n'est-ce pas, que des places étaient réservées aux dames sur la chaloupe du docteur ? — Ces mots, *réservées aux dames*, furent prononcés très haut avec une accentuation particulière ; Mornas répondit affirmativement : — Eh bien donc, mon enfant, — reprit la marquise en se tournant vers sa fille, — j'irai à cette fête, puisque tu le veux ; monsieur de Mornas, veuillez m'attendre sur la plage... je suis à vous tout à l'heure.

Le vicomte salua et sortit.

Madame de Norville se mit aussitôt à sa toilette, et Amélie désira lui servir de femme de chambre. En peu d'instans la marquise eut revêtu une robe légère qui lui séyait à ravir, et, quand elle eut posé sur sa tête un charmant petit chapeau qui encadrait merveilleusement sa figure vive et gracieuse, sa fille la contempla avec complaisance.

— Que vous êtes belle ! — dit-elle en l'embrassant. La marquise lui rendit ses caresses et voulut se dégager, mais Amélie la retint dans ses bras. — Bonne mère, — dit-elle avec une sorte d'émotion, — je ne sais pourquoi j'ai le cœur serré ; il me semble que vous feriez bien de rester...

— Folle ! — dit la marquise ; — mais voyons, si tu as de pareilles idées, je ne sortirai pas ; je vais envoyer prévenir monsieur de Mornas que j'ai changé d'avis.

—Non, non, c'est un enfantillage... Allons! adieu, maman, amusez-vous bien ; en vérité, de sottes chimères m'avaient passé par la tête !

Elle conduisit la marquise jusqu'à l'escalier, l'embrassa encore une fois, et revint tristement prendre sa place à la fenêtre.

Dans la cour de l'hôtel, madame de Norville trouva Mornas qui se promenait en long et en large avec Malevieux. Le vicomte lui offrit son bras pour la conduire jusqu'à la chaloupe, l'insensé les suivit.

J'ai été chargé de veiller sur ce pauvre homme, — dit Mornas d'un air de pitié ; — si on le laissait libre, il commettrait quelque imprudence dangereuse pour lui ou pour les autres.

— Nous savons pourtant, — dit la marquise en baissant les yeux, — qu'il peut être raisonnable quand il veut.

— Pas toujours; en ce moment, par exemple, il est sous l'influence d'une idée fixe; il demande un fusil, un *tonnerre*, comme il l'appelle... Je le prendrai avec moi dans la barque d'Étienne, et j'aurai soin de lui.

Tout en parlant, il écartait la foule qui encombrait les approches de l'étang. Citadins et paysans se retournaient pour regarder la femme élégante qu'il avait au bras, et laissaient hautement éclater leur admiration. On atteignit ainsi la maison de Poncet. Près de la porte on rencontra la mère Poncet qui portait la canardière de son mari, tandis qu'elle faisait marcher devant elle la Simone, sa nouvelle bru, chargée du rouquet et des avirons de la barque. La marquise connaissait fort peu cette femme; elle allait passer quand la pêcheuse se posa résolûment devant elle.

— Bonjour, *dame marquise*, bonjour, — dit-elle de son air effronté; — vous voilà bien *brave* pour aller à la chasse avec les hommes ! Mais l'autre, la petite, où est-elle donc? Elle garde encore la maison, je le gage... c'est donc toujours son tour?... Ensuite, me direz-vous, une mère est bien maîtresse de sa fille ; mais il y a des mères qui... au diable ma langue !... Allons, à l'ouvrage, Simone ! — ajouta-t-elle en s'adressant à sa bru, qui avait posé les rames à terre afin d'admirer à son aise la belle dame de la ville ; — la noce est finie, ma chère, et faut pas laisser croire que notre Étienne a épousé une *faignante* qui n'est bonne qu'à rire et à jaser avec les garçons.

Elles s'éloignèrent avec leur fardeau et se perdirent au

milieu des chasseurs égrillards qui n'épargnaient ni à l'une ni à l'autre les joyeux quolibets.

Madame de Norville avait été désagréablement affectée de cette rencontre ; la brutalité de la mère Poncet l'avait révoltée, mais elle n'eut pas le temps de s'arrêter à cette impression. Mornas venait de découvrir enfin, parmi d'innombrables embarcations, la chaloupe de l'hôtel. Outre Moirot et deux bateliers chargés de la manœuvrer, elle ne contenait que des dames, qui occupaient tous les sièges disponibles. Ces dames connaissaient parfaitement la marquise, dont elles enviaient en secret la distinction, la fortune et la beauté; cependant pas une ne se dérangea pour lui faire place. Mornas, après lui avoir donné la main pour entrer dans la chaloupe, s'était retiré avec Malevieux, et le docteur était occupé d'un autre côté ; aussi madame de Norville resta-t-elle un moment debout, sans savoir de quel côté se diriger. Les autres femmes détournaient la tête et jouissaient de son humiliation. Madame Deforges, tout en se drapant dans son châle rouge et en flattant son chien hargneux qui grondait sourdement, dit assez haut pour être entendue : « que certaines personnes devraient bien avoir des barques à elles, au lieu de venir gêner les femmes honnêtes; » et des sourires furtifs applaudirent à cette insolence.

Heureusement le docteur finit par s'apercevoir de l'embarras mortel où se trouvait madame de Norville. Il vint lui offrir la main et lui céda sa propre place : mais ce nouveau coup avait porté. La marquise, les larmes aux yeux, se disait à l'écart : —

— Mon Dieu ! qu'ai-je donc fait pour mériter tant de haine?

Cependant tout le monde était embarqué. Le patron Poncet, qui, nous le savons, avait été nommé *amiral* de la chasse, allait et venait dans son nèguefol au milieu des bateaux, assignant un poste à chacun d'eux. Bientôt la flottille forma une seule ligne d'un quart de lieue d'étendue. Poncet, debout sur le banc de sa nacelle et appuyé sur son rouquet, de l'air d'un commodore, se tenait au centre. Quand ces dispositions furent achevées, il fit signe de la main qu'il voulait parler : un silence relatif s'établit autour de lui.

— Écoutez, braves gens, — cria-t-il d'une voix retentissante en patois du pays, — c'est pas le cas de se dire : « Tout pour moi et rien pour les autres ! » faut se dire encore : « Voici ma part, voilà la tienne. » C'est donc pour vous rappeler que chacun doit garder son rang et ne pas tirer avant l'ordre; souvenez-vous-en... Et maintenant, au large ! et la proue à la chasse !

Cet échantillon d'éloquence languedocienne fut accueilli par des éclats de rire et des applaudissemens tant soit peu ironiques. Mais il fut perdu pour la plupart des embarcations et surtout pour celles qui se trouvaient rejetées aux extrémités du front de bataille. Du reste, l'avis était à peu près inutile, les assistans connaissant parfaitement les règles de ces sortes de chasses. Quant à l'ordre de partir, les sons rauques de la conque marine se chargèrent de le propager, et la flottille s'ébranla.

Bien que le soleil n'eût pas encore pénétrer le brouillard qui flottait sur la vaste surface de l'étang, on pouvait distinguer parfaitement les évolutions des bateaux. Les rameurs appuyaient vigoureusement sur les avirons, et chaque barque laissait après elle une traînée d'écume. Les extrémités de la ligne surtout accéléraient leur vitesse, tandis que le centre se mouvait avec plus de lenteur. Ainsi la flottille formait un immense demi-cercle qui s'avançait majestueusement sans se déformer vers la partie de l'étang située en face du point de départ.

Un nombre considérable d'oiseaux aquatiques, de toutes sortes d'espèces, fut bientôt enfermé dans ce croissant mobile. On les voyait tour à tour voltiger et nager avec inquiétude, en faisant entendre leurs divers cris d'appel. Mais cette abondance était trompeuse, et les chasseurs avaient trop d'expérience pour s'y laisser prendre. En effet, à peine la flottille eut-elle fourni le quart de sa cerrière, que des volées entières de cormorans, d'oies sauvages et surtout de canards, s'élevèrent perpendiculairement jusqu'à la région des nuages; de là ils se dirigèrent, en traversant la langue de terre qui sépare la Méditerranée des étangs, vers la haute mer, où ils étaient en sûreté. Les chasseurs ne s'en occupèrent même pas; c'était la *chasse blanche* (*cassa blanca*) qui passait, et personne ne songea à la saluer d'un coup perdu. Tous les regards étaient tournés vers les bandes de foulques à qui leurs ailes pesantes ne pouvaient rendre le même service. De minute en minute ces bandes devenaient plus nombreuses; bientôt elles se réunirent et ne formèrent plus qu'une troupe prodigieuse qui gagnait peu à peu un petit golfe où elle devait enfin se trouver complétement cernée. On prévoyait déjà le moment où cette multitude, acculée au rivage, surmonterait sa répugnance à prendre le vol, s'enlèverait tout à coup et passerait à rangs pressés au-dessus de la ligne des chasseurs, qui en feraient un formidable massacre.

La marquise de Norville assistait indifférente et distraite à cette scène pittoresque. Depuis longtemps elle n'apercevait plus Amélie à sa fenêtre; c'était à peine si on distinguait encore le village lui-même à travers la brume lumineuse. Mais la chaloupe de l'établissement thermal était admirablement placée pour permettre de saisir l'ensemble du tableau. Elle se trouvait au centre du croissant, immédiatement à la droite du patron Poncet, qui, toujours debout sur le banc de son nèguefol, gourmandait les rameurs trop vifs, encourageait les retardataires, et d'un signe de main indiquait aux ailes de la flotte la direction à prendre. De l'autre côté de l'amiral manœuvrait la barque d'Étienne; le nouveau marié servait d'aide de camp à son père, et, un énorme coquillage à la bouche, transmettait les ordres du chef par des fanfares convenues d'avance; Mornas et Malevieux occupaient l'arrière de sa barque, et le vicomte continuait d'exercer une extrême surveillance sur son malheureux compagnon, qui parfois s'agitait avec colère. Un peu plus loin, un batelet microscopique, monté par un seul homme, tantôt dépassait la ligne d'une manière sensible, tantôt restait en arrière. Poncet avait eu plusieurs fois l'intention de réprimander ce chasseur, qui, contrairement à la règle établie, ne s'inquiétait pas de garder son rang et pouvait jeter du désordre dans le front de bataille; mais, en reconnaissant Adrien de Laroyère, son bienfaiteur, dans le batelier inattentif, il s'était contenté de hocher la tête en silence. Étienne, moins circonspect, n'avait pu s'empêcher de dire tristement, une fois que le délinquant passait près de lui:

— Ah! monsieur Adrien, monsieur Adrien, ce n'est ni aux foulques ni aux canards que vous pensez en ce moment!

Madame de Norville évitait de jeter les yeux du côté du jeune Parisien, dont les distractions excitaient les murmures des chasseurs rigoristes. D'ailleurs, en dépit d'elle-même, son attention était absorbée par la conversation de madame Deforges et de sa vieille compagne assises à côté d'elle dans la chaloupe. Les deux mégères s'entretenaient d'une dame châtelaine du voisinage sur laquelle la malignité avait trouvé déjà occasion de mordre plus d'une fois, et qui se promenait dans une barque superbe, derrière la ligne des traqueurs.

— C'est une honte, ma chère dame, — disait la dévote, — que la coquetterie et l'impertinence de ces créatures!... Encore, — ajouta-t-elle en clignant des yeux, — celle-là est jeune, étourdie, et c'est une excuse; mais que direz-vous de ces femmes qui, n'ayant plus d'amoureux pour leur compte, s'amusent à souffler ceux de leurs filles? On en voit pourtant comme ça, ma pauvre madame Langlumé, et vous en connaissez peut-être.

— Oui, oui, j'en connais, — reprit l'autre vieille du même ton, — en bourrant de tabac son gros vilain nez rouge; on parle d'une qui fait mourir sa fille à petit feu en l'empêchant d'épouser un jeune homme que la mère voudrait garder pour elle. Comme les jeunes gens s'ai-

ment, ils se dépitent et se lamentent; mais la chère maman ne veut rien entendre. Ah! madame Deforge, le monde est bien méchant!

— A qui le dites-vous, ma chère! — répliqua la Deforges en levant les yeux au ciel; — aussi ai-je pris en aversion toute l'espèce humaine, et je donnerais la moitié de la terre, tenez, pour cette jolie petite bête-là... — Elle tira de dessous son châle son affreux carlin qui grinçait des dents, et elle se mit à le caresser. Sa compagne crut devoir l'imiter, au risque d'être mordue par le hargneux animal.— Mais à propos, — reprit madame Deforges avec inquiétude, — ne viens-je pas d'entendre dire que l'on devait tirer des coups de fusil?

— Certainement, madame, puisque nous sommes à la chasse.

— Fi! l'horreur! on ne m'avait pas prévenue de cela; et mon pauvre Phanor qui tremble à chaque coup de feu, il est si nerveux! il va avoir des convulsions... Arrêtez, monsieur le docteur; ordonnez aux rameurs de me ramener à Balaruc; je veux rentrer sur-le-champ!

Le pauvre docteur s'efforça d'expliquer à la vieille folle qu'il était impossible de faire rentrer la chaloupe et de priver tant de personnes du plaisir qu'elles se promettaient à la chasse, uniquement pour ménager les nerfs de Phanor. Madame Deforges répliqua aigrement, et la discussion se prolongea pendant quelques instans.

Plusieurs fois le rouge de la honte et de l'indignation avait monté au visage de la marquise en écoutant les odieuses suppositions des deux commères, et elle avait été sur le point d'y répondre. Mais la crainte d'un éclat, le peu de valeur des interlocutrices, et peut-être aussi la conscience qu'elle avait donné prétexte à ces cruelles imputations, la décidèrent à garder le silence.

— Voilà donc ce qu'on pense de moi, — disait-elle, — et n'est-il pas horrible de songer qu'il y a un coin de vérité dans ces monstrueuses calomnies? Oh! comment réparer les malheurs dont je suis cause!

Cependant la chasse avançait rapidement vers son dénoûment. La flottille ramait toujours en bon ordre vers le rivage, poussant devant elle une troupe considérable de foulques au plumage noirâtre, remarquables à la plaque blanche et cornée qui orne leur front. Les pauvres oiseaux voyaient avec une extrême inquiétude le croissant formidable se rapprocher de plus en plus vers la terre, pour laquelle leur espèce paraît avoir une aversion invincible. Ils tourbillonnaient les uns sur les autres, moitié volant, moitié nageant, avec de petits cris de terreur. L'espace où ils se trouvaient était fortement agité par leurs évolutions continuelles, et le soleil, qui commençait à pénétrer la brume, formait mille traînées éblouissantes sur les eaux. Néanmoins, tant qu'il leur resterait une place suffisante pour se mouvoir, ils ne devaient pas se décider à forcer la ligne des traqueurs, à cause de leur défiance dans leur ailes et de leur répugnance à s'en servir.

Bientôt les deux bateaux placés à chaque extrémité du croissant ralentirent leur marche et finirent par s'arrêter tout à fait. Les bateliers, saisissant des perches, tentèrent de les pousser plus avant en piquant le fond, mais ce fut peine perdue; les embarcations venaient de s'engager dans un lit épais de varechs, d'algues, de zostères et d'autres plantes marines; on n'était plus qu'à dix pas du rivage. Les barques suivantes s'arrêtèrent ainsi de proche en proche, tandis que le centre continuait d'approcher, mais avec plus de lenteur. Les foulques, serrés de si près, ne se livraient plus à leurs mouvemens désordonnés; on n'apercevait hors de l'eau que des milliers de têtes noires et attentives. Plusieurs bateaux auraient pu déjà les foudroyer, mais on attendait le signal de l'amiral, et l'amiral devait seulement le donner quand tous les chasseurs se trouveraient à portée raisonnable.

Quelques uns impatiens murmuraient déjà quand celui-ci, qui avait calculé avec précision le moment favorable, s'écria d'une voix retentissante, en agitant la main:

— Allons!... maintenant... feu partout!

Et, joignant l'exemple au précepte, il saisit un de ses fusils, que lui tendait le batelier.

Cent coups partirent à la fois; un tourbillon de fumée roula à la surface du lac, tandis que les échos du rivage répétaient, en le renforçant, le bruit des détonations.

A cette attaque subite, les oiseaux, palpitans, éperdus, se levèrent tous ensemble avec un grondement semblable à celui du tonnerre, mais non sans laisser un grand nombre des leurs, morts ou blessés, flottans sur l'eau. Ils formaient comme un grand nuage qui eût obscurci les rayons du soleil. Ce nuage oscilla d'abord dans diverses directions, comme s'il n'eût su de quel côté partir. Partout où il se présentait, il était accueilli par un feu roulant qui l'obligeait à rebrousser chemin. Les morts tombaient dru comme grêle autour des bateaux, et telle était la rapidité des chasseurs à recharger leurs armes, que la fusillade ne se ralentissait pas. On eût dit d'un combat naval en miniature; la fumée aveuglait les tireurs, mais partout, au-dessus, au-dessous d'eux, à droite et à gauche, le gibier grouillait; on n'avait qu'à tirer au hasard; et les énormes trouées que faisaient par momens les canardières ou les grosses carabines dans ces bandes d'oiseaux effrayés semblaient à peine en diminuer le nombre.

Ce massacre dura deux ou trois minutes seulement, et dans ce court espace de temps plus de mille foulques avaient trouvé la mort. Enfin le feu se ralentit; les oiseaux en profitèrent pour la franchir, et allèrent tomber à l'autre extrémité de l'étang, non sans semer encore sur leur passage une grande quantité de mourans et de blessés.

Dès que la bande fut passée, toute discipline cessa parmi les chasseurs. L'enceinte était littéralement couverte de foulques immobiles ou incapables de fuir. Chacun s'empressait de ramasser le gibier, et on ne s'inquiétait pas trop d'en être le légitime propriétaire. C'étaient des querelles, des imprécations sans fin. Les barques se croisaient, se heurtaient, s'enchevêtraient les unes dans les autres; et, au milieu de ce désordre, des chasseurs égoïstes, voulant achever les pièces démontées, tiraient dans toutes les directions, au risque de blesser leurs camarades ou les inoffensifs spectateurs de cette chasse. Vainement Poncet essayait-il de les rappeler à la prudence; l'avarice chez les uns, l'orgueil d'augmenter le nombre de leurs trophées chez les autres, les rendaient sourds aux observations.

Dans cette agitation universelle, Adrien, impassible et rêveur, manœuvrait avec nonchalance et presque sans y songer la nacelle où il était seul. Il se trouva tout à coup bord à bord avec le bateau d'Etienne Poncet, que montaient aussi, comme nous le savons, le vicomte de Mornas et Malevieux. Etienne, encore occupé à charger sa canardière, avait fait des prouesses; au fond du bateau on voyait un tas d'oiseaux morts. Mornas lui-même n'avait pu résister à la contagion de l'exemple; il s'était emparé d'un des fusils du batelier et s'était escrimé de son mieux. Il venait de ramasser un superbe canard, fourvoyé en mauvaise compagnie parmi les foulques, lorsqu'il aperçut Adrien :

— Eh bien! Laroyère, — demanda-t-il avec gaîté, — avez-vous convenablement semé votre graine de plomb? Avez-vous récolté beaucoup de fruits comme celui-ci?

Et il soulevait par le bec le magnifique milouin, aux plumes lisses et brillantes.

— Ma foi! Mornas, — répondit Adrien un peu confus, — je ne sais comment cela s'est passé, mais je n'ai pas songé à tirer.

— Est-ce Dieu possible! — s'écria Etienne stupéfait; — et pourquoi venir à la chasse si vous ne tirez pas?... C'est pourtant vrai, — ajouta-t-il en regardant au fond du nèguefol, — pas une pièce! et votre fusil n'a pas été déchargé!... Ah! monsieur Adrien, je ne vous reconnais plus!

— Mais toi, Etienne, tu as été heureux, à ce que je vois! il y a là de quoi régaler ta chère Simone, sans comp-

ter ce que tu enverras vendre au prochain marché... Et vous aussi, vicomte, vous ne paraissez pas trop mécontent de vous-même?

— Pas trop! pas trop! — répliqua Mornas en se rengorgeant, — et s'il ne fallait surveiller sans cesse...

Il désigna du geste Malevieux, assis tranquillement à l'arrière du bateau, mais dont l'œil inquiet et les mouvemens furtifs indiquaient une préoccupation secrète.

— Pauvre oncle! — dit Adrien, — lui et moi nous eussions mieux fait de rester à Balaruc. Mais, — ajouta-t-il en baissant la voix, — la marquise est ici et vous lui avez parlé plusieurs fois; mon ami, avez-vous recueilli quelque mot favorable à mes espérances?

— Rien, mon garçon, absolument rien, — répliqua le vicomte tristement; — c'est un parti pris chez ces dames de ne plus prononcer votre nom. Tenez, Adrien, puisque des intérêts importans vous appellent à Paris...

— Je vous comprends, Mornas; aussi bien mon devoir est tracé, et je ne dois pas le méconnaître plus longtemps... J'aurai le courage de partir.

Et il soupira profondément.

En ce moment, les deux embarcations se touchaient. Pendant qu'Etienne était occupé à ramasser son gibier, et que Laroyère et Mornas causaient confidentiellement, Malevieux se pencha vers le bateau d'Adrien et saisit une belle carabine qui se trouvait à sa portée. Aussitôt il se redressa d'un air triomphant et agita l'arme au-dessus de sa tête, et je ne sais avec une joie extraordinaire :

— J'ai vaincu le Destin; j'ai recouvré mon foudre! Malheur aux impies, maintenant! Je suis Jupiter, le roi des dieux.

Aux éclats de sa voix, tout le monde se retourna. En voyant sa carabine entre les mains du fou, qui la maniait sans précaution, Adrien voulut la lui arracher; mais Malevieux, après avoir consommé son larcin, avait donné au léger nèguefol une rapide impulsion, et les deux barques se trouvaient déjà à dix pas l'une de l'autre.

— Etienne, Mornas, — dit Adrien avec effroi, — par pitié! enlevez ma carabine à ce pauvre homme! Justement je l'ai chargée de grosses chevrotines, dans l'espoir de rencontrer des hérons ou des flamans, et si le coup venait à partir... Malevieux, mon oncle, voyons, sois raisonnable.

Il avait saisi les rames et s'efforçait de rejoindre la grande embarcation; mais déjà le vicomte et Etienne Poncet s'occupaient de désarmer le malheureux insensé. Etienne s'était jeté sur la carabine, et l'avait saisie par le canon; de son côté, Malevieux tenait bon, protestant par toutes sortes d'exclamations bizarres contre cette violence. Mornas vit d'un coup d'œil le danger d'une pareille lutte :

— Laissez-le! Etienne, laissez-le! — s'écria-t-il, — vous n'obtiendrez rien de lui en le rudoyant. Ne l'irritez pas, il faut lui parler doucement, je vais...

Il n'acheva pas; ce qu'il avait prévu venait d'arriver, l'arme ainsi tiraillée avait parti au moment où elle était dans la position horizontale.

Au bruit de l'explosion, les acteurs de cette petite scène étaient restés frappés de stupeur; chacun d'eux croyait l'autre tué ou du moins grièvement blessé. Il n'en était rien cependant; la charge avait passé par-dessus la tête d'Adrien, alors penché dans son nèguefol; mais au même instant on entendit de grands cris partir d'un bateau qui stationnait à quelque distance, dans la direction du coup.

Tel était l'acharnement des chasseurs à ramasser le gibier, que cet événement fut à peine remarqué; un coup de fusil, des cris perçans, il n'y avait pas là de quoi détourner l'attention au milieu de ce tumulte infernal; chaque minute était si précieuse! Mais les témoins de l'accident ne partageaient pas cette indifférence. Malevieux lui-même laissa tomber l'arme qu'il avait si vivement défendue jusque-là.

— Il vient d'arriver un malheur! — dit enfin Mornas consterné.

— Oui, oui, de ce côté! — ajouta Etienne en désignant la barque d'où partaient les cris.

— Mais c'est la chaloupe de l'établissement des bains! — s'écria Adrien avec un saisissement affreux.

— Allons nous en assurer, — dit Mornas en prenant les avirons.

Adrien en fit autant de son côté, et les deux barques voguèrent rapidement vers la chaloupe.

Quand ils l'atteignirent, une extrême agitation régnait à son bord, où, comme nous le savons, excepté le docteur et les bateliers, il n'y avait que des dames. Les passagères, épouvantées, continuaient à pousser des cris perçans; la voix de madame Deforges dominait toutes les autres.

— Il est mort! — disait-elle avec un accent lamentable, — plus d'espoir... Je ne lui survivrai pas!

— Qui donc est mort ici? — demanda Mornas haletant.

— Ah! monsieur, — répondit la vieille Langlumé, — c'est Phanor, le carlin de notre pauvre amie... il a eu la tête traversée par une balle.

— Au tous les cinq cents diables les carlins et leurs maîtresses! — s'écria le vicomte avec indignation; — je croyais, à entendre vos jérémiades, qu'il y avait eu un massacre dans la chaloupe.

— Mais cette pauvre madame Deforges se trouve mal!

— Jetez-lui de l'eau à la figure, ça la remettra... Allons! docteur, — ajouta gaiement le vicomte en s'adressant à Moirot, — vos secours ne seront pas nécessaires pour cette fois.

— Mais je ne vois pas madame de Norville? — dit Adrien timidement.

Les autres femmes, empressées autour de la vieille Deforges, qui remplissait l'air de ses lamentations, n'avaient pas songé à madame de Norville.

— La voici! — s'écria Moirot en courant à l'arrière du bateau; — grand Dieu! du sang... Serait-elle blessée?... Madame... madame la marquise!

Mornas et Adrien s'élancèrent d'un bond dans la chaloupe. La mère d'Amélie était assise sur un siége fort bas adossé au rebord de l'embarcation. C'était dans cette situation qu'elle avait été frappée; mais, soutenue par le dossier de sa chaise, elle n'avait fait que s'affaisser légèrement sur elle-même sans pousser un cri. Du reste, elle n'avait plus aucun sentiment.

En la voyant ainsi, les dames redoublèrent leurs plaintes, et personne ne s'occupa plus de la vieille Deforges, qui couvrait de baisers la dépouille sanglante de Phanor. Adrien, un genou à terre, s'était penché vers la marquise et lui soulevait la tête avec précaution.

— Docteur, docteur, — dit-il avec égarement, — si vous la sauvez, tout ce que je possède est à vous!

Ce mouvement venait de montrer que la malheureuse femme avait une blessure au visage; le sang coulait en longue traînée sur son cachemire, et ses cheveux en étaient déjà inondés. Moirot l'étancha avec le mouchoir de la marquise, et examina attentivement la plaie.

— Ce ne sera rien, — dit-il au bout d'un moment — un grain de gros plomb lui a effleuré la tempe, mais sans pénétrer. La blessure ne présente aucune gravité.

— Que le ciel vous entende! — s'écria Adrien avec un transport de l'âme; — pauvre Amélie! que dirait-elle?

— Prenez garde, docteur, — dit Mornas d'un air de doute, — voilà un évanouissement bien profond... Cette femme ne respire plus et son pouls bat à peine; il doit y avoir là quelque chose de plus sérieux que vous ne pensez!

— La blessure n'est rien; je m'y connais peut-être!... Quant à l'évanouissement, nous avons affaire à une personne délicate, nerveuse, que la vue d'une seule goutte de son sang a pu faire tomber en syncope... Mais il s'agit de retourner promptement à Balaruc.

Adrien proposa de transporter madame de Norville dans une autre barque; le docteur ne jugea pas prudent d'agi-

ter trop fortement la blessée. Il fut convenu que les dames qui voudraient assister à la fin de la chasse quitteraient la chaloupe et passeraient dans le bateau d'Etienne. La plupart y consentirent; elles étaient rassurées par la décision si positive du médecin, et leur aversion pour la marquise ne leur permettait pas de sacrifier le plaisir aux convenances. Elles quittèrent donc la chaloupe, excepté madame Deforges et sa fidèle amie, madame Langlumé, qui, toujours inconsolables de la perte de Phanor, maudissaient la chasse, les chasseurs, les assistans, le ciel et la terre.

On établit la marquise sur des joncs marins dont le fond de l'embarcation était garni, puis le docteur procéda à un pansement provisoire. Cependant madame de Norville restait toujours froide et sans mouvement.

— A vos avirons, mes amis, — dit Adrien aux rameurs avec une frénésie de désespoir; — je vous donnerai tout ce que vous demanderez si dans un quart d'heure nous sommes à Balaruc!

Les bateliers se mirent à l'œuvre aussitôt.

— Un moment, Adrien, — reprit Mornas; — n y a quelqu'un qui doit aller plus vite que vous; c'est la personne qui sera chargée de porter à la malheureuse enfant cette sinistre nouvelle... Je vais m'occuper moi-même de ce soin. Je prends votre nèguefol et j'aurai bientôt une grande avance sur vous.

— Merci, Mornas; c'est une bonne pensée... Oh! la pauvre Amélie en mourra!

On fit passer dans la chaloupe Malevieux, qui depuis l'accident qu'il avait causé était retombé dans son hébêtement habituel. Alors Mornas sauta dans le nèguefol et saisit les rames, qu'il maniait avec facilité.

— Surtout n'allez pas trop effrayer la petite demoiselle, — lui cria le docteur au moment où il s'éloignait; — je vous répète que la blessure est une bagatelle, et que d'ici à deux jours il n'y paraîtra plus.

Mornas hocha de nouveau la tête en signe de doute, et, appuyant sur les avirons, il partit comme un trait.

Cependant la nouvelle qu'un accident venait d'arriver s'était répandue dans la flottille, et un grand nombre de bateaux accouraient pour s'informer de ce qui s'était passé. Mais quand on sut qu'il s'agissait seulement d'une égratignure légère, l'ardeur de la chasse l'emporta sur l'humanité, et on s'informa à peine du nom de la personne blessée. Une nouvelle enceinte allait se former; chaque tireur désirait avoir un poste favorable; aussi l'affluence diminua-t-elle rapidement autour de la chaloupe, qui put continuer sa marche en liberté vers le village. Le patron Poncet et son fils Etienne eussent bien voulu offrir à Adrien leurs services, mais des devoirs impérieux les retenaient en ce moment. Il se contentèrent donc de lui adresser de loin des signes affectueux que le pauvre garçon, absorbé par sa douleur, ne remarqua pas.

En quelques minutes on fut loin de la flottille, et le brouhaha insupportable qui s'en élevait se perdit dans le brouillard. Le docteur continuait ses soins à la marquise, mais sans pouvoir la rappeler à la vie. Adrien se frappait le front; Malevieux restait sombre et morne. Cependant madame Deforges et sa compagne, retirées à l'extrémité du bateau, ne paraissaient plus songer à la malade; l'une couvrait de baisers le corps de son favori, et l'autre la consolait de son mieux. Adrien, qui sentait combien les secours de personnes de son sexe eussent pu être utiles à madame de Norville, adressa quelques reproches à ces femmes.

— Pardieu! — dit la Deforges avec aigreur, — voilà bien du bruit pour une égratignure au visage! cette dame en sera moins belle, voilà tout; et, si elle est coquette, c'est peut-être une punition de Dieu... Mais Phanor, mon pauvre Phanor, quelle faute avait-il commise, lui? une âme si pure, un si bon caractère! mon meilleur ami en ce monde! Et dire qu'il a été frappé dans mes bras!

Ses larmes recommencèrent à couler avec abondance.

— Ah! oui, c'était une bonté et une douceur angéliques! — ajouta la complaisante amie en portant son mouchoir à ses yeux.

Adrien jeta un regard d'indignation à ces deux stupides créatures, mais il ne dit rien et revint avec empressement vers madame de Norville. Les efforts de Moirot étaient sur le point de recevoir leur récompense; la blessée venait de faire un mouvement.

— Vous le voyez, Adrien, — dit le docteur avec satisfaction, — elle revient à elle. Je ne m'étais pas trompé; ce ne sera rien!

XV

L'EXPIATION.

Le vicomte de Mornas avait trouvé Amélie inquiète et agitée. Ne pouvant plus suivre des yeux les évolutions de la flottille, à cause de la brume, la jeune fille s'était retirée de la fenêtre, en proie à un malaise indéfinissable. Elle avait voulu prendre un ouvrage de broderie, mais sa main tremblante se refusait à suivre les dessins tracés sur la mousseline; elle avait ouvert un livre, mais, après avoir lu vingt fois la même phrase, elle ne parvenait pas à en comprendre le sens. Enfin elle s'était levée, et elle errait comme au hasard dans sa chambre quand on frappa à la porte.

En apercevant Mornas, elle eut le pressentiment de la vérité. Sans lui donner le temps de prononcer une parole, elle s'écria d'un ton d'angoisse :

— Ma mère! monsieur le vicomte, où est-elle? où l'avez-vous laissée?

Mornas, malgré son sang-froid habituel, fut déconcerté par ce merveilleux instinct de la tendresse filiale.

— Mademoiselle, — balbutia-t-il, — ne vous effrayez pas; je viens...

— Que je ne m'effraye pas! — interrompit mademoiselle de Norville, — il y a donc quelque chose qui pourrait m'effrayer?... O monsieur! par pitié, répondez-moi, où est ma mère?

— Elle va venir, mademoiselle, je ne la précède que de peu d'instans.

— Dieu soit loué! — répliqua Amélie en levant les yeux au ciel. — Mais presque aussitôt elle fut frappée d'une idée. — Elle revient déjà, — reprit-elle, et pourtant la chasse n'est pas finie... — Pourquoi rentre-t-elle ainsi avant tout le monde?...

— Eh bien! mademoiselle, — dit Mornas en la regardant afin de mesurer ses aveux à la force morale de la jeune fille, — s'il faut l'avouer, un léger accident...

— Un accident! arrivé à ma mère?

— Oh! rien. Vous savez, à la chasse... un chasseur imprudent, un grain de plomb égaré...

— Ma mère est blessée? — reprit Amélie en chancelant.

— Une égratignure au visage, sans aucune importance.

— Et Mornas raconta en peu de mots ce qui s'était passé. Mais Amélie ne pouvait croire que pour une simple égratignure on eût jugé nécessaire de la prévenir. Elle accusait Mornas de lui cacher une partie de la vérité, elle voulait aller sur-le-champ elle-même s'assurer de l'état de sa mère. Le vicomte ne savait plus comment la retenir et la calmer; enfin il courut à la fenêtre, qu'il ouvrit. — Mademoiselle, — dit-il en étendant la main vers l'étang, — vous en croirez du moins vos yeux... Voici madame la marquise en personne.

En effet, les rameurs avaient fait une telle diligence que la chaloupe se trouvait déjà devant l'hôtel des bains, à vingt pas du rivage.

Amélie à son tour courut à la fenêtre et agita son mouchoir en s'écriant :

— Maman! ma pauvre maman! — Une main défaillante répéta le même signal dans la chaloupe. — Elle nous voit! elle nous répond! — dit mademoiselle de Norville tremblante de joie; — mais, — ajouta-t-elle aussitôt, — comme elle est pâle!... une partie de son visage est enveloppé de linges... Voyez! le docteur est obligé de la soutenir.

— De grâce, mademoiselle, soyez raisonnable; cette faiblesse était inévitable après une pareille secousse.

Cependant la barque avait touché le bord; les bateliers transportèrent avec précaution la marquise sur la grève. Ils semblaient même se disposer à la porter ainsi jusqu'à la maison, quand madame de Norville, levant les yeux, aperçut Amélie toute palpitante qui lui tendait les bras. Soit retour de force, soit plutôt qu'elle craignît d'alarmer sa fille, elle se remit sur ses pieds, et, s'appuyant d'un côté sur le docteur, de l'autre sur Adrien, qui venaient de s'élancer à terre, elle se dirigea à pas lents vers l'hôtel. A quelque distance derrière elle marchaient Malevieux, puis les deux vieilles amies du défunt Pnanor, qui semblaient avoir hâte d'aller cacher leur douleur au fond de leur appartement.

La vue de sa mère debout avait de beaucoup rassuré mademoiselle de Norville, continuellement ballottée depuis un moment entre des alternatives de terreur et d'espérance. Cependant une réflexion parut ranimer ses alarmes.

— Monsieur de Mornas, — dit-elle à demi-voix, — vous connaissez trop nos secrets pour qu'il soit nécessaire de dissimuler avec vous... Eh bien! donc, il doit s'être passé quelque chose de fort extraordinaire pour que ma mère, dans les circonstances actuelles, accepte les soins de monsieur de Laroyère et semble renouveler ainsi une ancienne intimité.

Mornas ne savait que répondre; heureusement on entendit le bruit des arrivans dans le corridor voisin, et mademoiselle de Norville s'élança au-devant de sa mère. Elle voulut la presser dans ses bras; la marquise poussa un petit cri de douleur.

— Excuse-moi, chère enfant, — dit-elle; — on a dû t'apprendre... Mais rassure-toi, mes souffrances, le docteur l'affirme, seront bientôt finies, et je crois qu'il a raison.

Elle souriait avec une ineffable tristesse.

Tout en parlant, elle était entrée dans sa chambre, avec l'appui de ses deux conducteurs, et s'était laissée tomber sur un canapé. Là elle posa sa tête sur un coussin, et ses yeux se fermèrent, comme si elle eût été épuisée de fatigue et de douleur.

Amélie, agenouillée devant elle, la contemplait en sanglotant, sans oser la toucher. Adrien, Mornas, Malevieux, le docteur formaient cercle à l'entour; Thérèse, qui était accourue au premier bruit, prenait part à l'affliction commune.

Enfin Moirot s'approcha de la malade et lui tâta de nouveau le pouls.

— C'est étrange, — murmura-t-il, — je ne comprends rien à cette faiblesse opiniâtre.

La marquise rouvrit les yeux.

Elle promena un regard amical sur tous ceux qui l'environnaient, et dit d'une voix éteinte :

— Merci de vos soins, messieurs, mais désormais je n'ai plus besoin que de ceux du docteur et de Thérèse; adieu, monsieur de Mornas, je suis pénétrée de gratitude pour votre zèle affectueux; adieu aussi, monsieur Adrien; nous nous reverrons bientôt peut-être! — En tout autre moment le cœur d'Adrien eût bondi de joie à ces douces paroles; mais il les comprit à peine, et se retira en silence avec son oncle et Mornas. — Et toi aussi, ma fille, — continua la marquise en se tournant vers Amélie, — je te prie de me laisser seule avec le docteur; Thérèse suffira pour me servir. Que crains-tu maintenant? n'es-tu pas entièrement rassurée?

— Je ne sais, ma bonne mère; mais vous quitter en ce moment...

— Mon enfant, je te le demande en grâce.

Amélie, avec une vive répugnance, se disposa à obéir; après avoir embrassé deux ou trois fois la marquise en sanglotant, elle se retira dans la chambre voisine.

Aussitôt la vigueur factice qui jusque-là avait soutenu madame de Norville tomba brusquement.

— Docteur, docteur, — dit-elle avec un accent déchirant et en se renversant sur les coussins, — secourez-moi... je souffre cruellement? Je sais bien que je dois me résigner à mourir, mais du moins épargnez-moi la douleur!

— Mourir! — répéta Moirot en souriant; — y pensez-vous, madame? Ne reconnaissiez-vous pas vous-même tout à l'heure que votre blessure...

— Il y en a deux, docteur, — dit la pauvre femme en écartant son châle et en portant la main un peu au-dessous du sein; — regardez... là... et celle-ci est mortelle, je le sens.

La faiblesse et les angoisses de la malade furent alors expliquées. Dans l'étoffe de la robe, un trou de petite dimension laissait échapper quelques gouttes de sang qu'on avait cru jusque-là provenir de la blessure du visage. Le docteur reconnut avec effroi qu'une seconde chevrotine avait pénétré dans la poitrine et avait, selon toute apparence, offensé les organes essentiels de la vie.

— Grand Dieu! — dit-il, — vous aviez reçu une pareille blessure et vous ne le disiez pas? C'est un courage héroïque!

— Je ne voulais pas inquiéter ma fille; elle est si faible, si délicate! Cette nouvelle, annoncée trop brusquement, lui eût porté un coup terrible...

— Mais cette marche, ces efforts inouïs pour paraître forte... Je n'aurais pas cru une femme capable de ce stoïcisme!

— Ah! docteur, vous ne savez pas combien une femme est courageuse quand elle aime!

Pendant que Thérèse déshabillait madame de Norville, le docteur courait à la pharmacie chercher les objets nécessaires pour le pansement. Quand il revint, la marquise avait perdu tout sentiment; il n'en procéda pas moins au sondage de la blessure; mais au premier examen il hocha la tête.

— Plus d'espoir! — murmura-t-il.

. . . .

Le dangereux état de madame de Norville ne tarda pas à être connu dans l'hôtel, et quand les pensionnaires revinrent de la chasse aux foulques, ce fut une consternation générale. Même ceux qui n'aimaient pas la marquise ne pouvaient se défendre d'une vive émotion en songeant qu'ils auraient pu, eux aussi, être victimes de ce cruel accident; leur pitié pour elle s'augmentait de tout l'amour qu'ils avaient pour leur propre personne. Une heure après le premier pansement, le docteur Moirot, ne voulant pas porter seul une grave responsabilité, dépêcha une barque à Cette afin de ramener le meilleur chirurgien de la ville; en même temps un exprès à cheval allait annoncer la fatale nouvelle à monsieur Monteil, frère de la marquise; on assurait que madame de Norville avait témoigné le désir de le voir, et qu'il allait arriver de Montpellier en poste la nuit suivante.

Moirot avait rigoureusement banni de l'appartement des dames de Norville toutes les personnes étrangères; celles qui s'étaient présentées, soit par curiosité, soit pour offrir leurs services, avaient été impitoyablement renvoyées. Adrien n'avait pas été excepté de la règle commune; d'ailleurs sa position particulière lui ordonnait de se tenir à l'écart en ce moment; aussi passait-il le temps dans le corridor à épier Thérèse, qui, les yeux rouges et gonflés de larmes, allait et venait sans cesse pour exécuter les ordres du docteur. Mais à toutes les questions la pauvre fille ne répondait que par des soupirs et des signes de désespoir. Cependant il apprit d'elle qu'il avait été impossible de cacher la vérité à mademoiselle de Norville, et que la malheureuse enfant, navrée de douleur, mourante elle-

même, ne quittait pas d'un instant le chevet de sa mère.

Sur le soir, le chirurgien de Cette arriva; mais sa visite ne fut pas longue, et bientôt il se rembarqua pour retourner chez lui. On sut qu'il approuvait tout ce qu'avait fait son confrère et qu'il augurait comme lui de la blessure. Il n'avait même pas cru qu'une seconde visite fût nécessaire, et il ne devait pas revenir.

La nuit tomba, nuit triste, solennelle, pleine d'angoisses. Le docteur Moirot ne bougeait pas de la chambre de la malade; son zèle, son dévouement dans ces tristes circonstances devaient largement effacer les ridicules et les torts qu'on lui reprochait d'autre part. Adrien crut entendre plusieurs fois des gémissements s'élever de l'appartement des dames, au milieu du silence de la nuit. Comme son cœur se serrait alors! Là, à quelques pas, se trouvaient deux femmes qu'il aimait, dont une lui était plus chère que la vie; toutes les deux souffraient, toutes les deux étaient en proie aux plus poignantes tortures, et il ne pouvait rien pour les secourir, pour les consoler, rien, pas même leur montrer qu'il pleurait et souffrait comme elles!

Vers minuit il se fit un grand bruit de voitures et de chevaux dans la cour de l'hôtel; c'était le frère de la marquise, riche banquier de Montpellier, qui accourait pour dire un dernier adieu à sa sœur. Adrien le vit passer dans le corridor; il était encore couvert de son manteau de voyage, et marchait rapidement. A son approche, la porte de madame de Norville s'ouvrit, une vive lumière jaillit au dehors; puis on distingua vaguement des sanglots, des exclamations de surprise et de douleur. Sans doute une scène de désolation avait lieu dans cette famille, qui se trouvait réunie sous de si tristes auspices; mais la porte de la chambre se referma, tout retomba dans le silence et l'obscurité.

Aux premières lueurs du jour une visite plus significative encore vint apprendre aux habitants de l'hôtel que l'heure fatale approchait. Les sons lugubres d'une clochette retentirent dans l'escalier et les galeries; un prêtre en habits sacerdotaux, portant le saint viatique et précédé d'un enfant de chœur, se dirigeait vers la chambre de la marquise. Adrien, sur le seuil de sa porte, tomba à genoux en pleurant.

Mornas, qui ne s'était pas couché et qui veillait sur lui avec une sollicitude fraternelle, vint le relever et l'obligea à rentrer. Le pauvre Adrien, en effet, eût excité la pitié de son plus mortel ennemi; dix-huit heures de fièvre avaient épuisé ses forces. Aussi n'était-il plus en état de résister à la douce autorité du vicomte: il se laissa conduire comme un enfant dans sa chambre et se jeta sur un siège, sans voix, sans mouvement, sans idée, toutes ses facultés ayant fléchi à la fois.

Il ne sut jamais lui-même combien de temps il était resté dans cet état de profonde atonie. Mornas, le voyant tranquille, était sorti, non sans avoir pris la précaution de l'enfermer, comme du reste on avait fait depuis la veille pour Malevieux. Quand le vicomte revint, le lendemain matin il trouva le malheureux jeune homme dans la même position, les bras pendants, les yeux fixes et grands ouverts.

Mornas le toucha légèrement; Adrien tressaillit.

— Mon ami, — dit le vicomte de sa voix la plus caressante, — me promettez-vous de supporter en homme une nouvelle épreuve qui vous est destinée?

— Mornas, Mornas, est-ce une déjà...?

— Non, Adrien; vous ne m'avez pas compris. L'épreuve dont je vous parle est d'une autre nature. En deux mots, la pauvre femme se meurt, et elle veut vous voir avant de mourir...

— Moi?

— Vous-même, je suis chargé de vous conduire près d'elle; mais prenez-vous l'engagement..

— D'avoir du courage? Mornas, — répliqua Adrien d'une voix brisée, — à quoi bon? Je serais le seul à en avoir sans doute dans cette épouvantable catastrophe...

Mais marchons, je vous prie... je ferai de mon mieux... Marchons, car elle n'a pas le temps d'attendre !

— Il glissa son bras sous celui du vicomte, et ils prirent le chemin de l'appartement des dames. Thérèse, qui sans doute avait été prévenue de leur visite, les introduisit aussitôt.

La chambre présentait un aspect religieux. Les rideaux, à demi baissés, n'y laissaient pénétrer qu'un jour affaibli. La malade, enveloppée d'un peignoir blanc, avait la tête tellement exhaussée par des oreillers qu'elle était comme assise dans son lit. Une pâleur livide couvrait son visage; ses traits étaient déjà décomposés par les approches de la mort. A son chevet, placée sur une chaise basse, Amélie, aussi abattue et aussi pâle qu'elle, semblait à peine moins près de sa fin. Les cheveux de la jeune fille tombaient en désordre autour de son front, sans qu'elle songeât à les rattacher, son œil éteint n'avait plus de larmes. Quand Adrien entra, elle ne parut même pas s'apercevoir de sa présence ; sa tête penchée sur sa poitrine ne se redressa pas.

Outre le docteur et Thérèse, dont les soins étaient constamment nécessaires, deux autres personnes se trouvaient en ce moment dans la chambre. Monsieur Monteil, homme grave et même un peu gourmé, comme tous les gens de finance, était adossé à la cheminée et paraissait douloureusement affecté de l'état de sa sœur. Le curé du village, qui à la suite des cérémonies religieuses avait quitté ses ornemens sacerdotaux, était revenu achever auprès de la malade sa mission de paix et de consolation suprême. Tout ce monde recueilli, silencieux, ne marchait qu'à pas furtifs, ne parlait qu'à voix basse.

Adrien éprouva un saisissement inexprimable; la tête lui tourna, et Mornas fut obligé de le soutenir. Mais au même instant la malade s'agita sur sa couche et l'appela doucement. Le jeune homme s'avança en chancelant; elle lui tendit sa main blanche et potelée, dont les souffrances n'avaient pu encore altérer les délicieux contours.

— Mon ami, — dit-elle d'un ton affectueux, — j'ai voulu vous voir à cette heure solennelle où je dois expier mes torts passés et me réconcilier avec la terre. Je vous ai fait bien du mal ; j'étais une femme vaine et frivole ; poussée par un sentiment égoïste, j'avais osé espérer... mais pourquoi rappeler mes erreurs et mes fautes? Adrien, ce qu'il importe maintenant, c'est de savoir si vous me les pardonnez.

— Oh! madame, pouvez-vous réclamer mon pardon quand moi-même...?

— Ne vous accusez pas, — interrompit la marquise ; — seule j'ai été coupable... Mais hâtons-nous, je vous en supplie, car mes instans sont comptés... Approchez, Adrien ; approche aussi, ma fille ! — Amélie regarda sa mère sans savoir ce qu'on lui voulait. — Mes enfans, — reprit la marquise dont la voix s'affaiblissait graduellement, — Dieu s'est chargé lui-même d'aplanir des difficultés qui semblaient insurmontables. Moi vivante, un obstacle subsister toujours entre vous.... Merci, Adrien, de votre délicate réserve ; merci, ma bonne et noble fille, de ton généreux dévouement... mais les difficultés n'existent plus, l'obstacle est renversé ; rien ne s'oppose désormais à ce qui était sans doute dans les volontés de la Providence... Mes enfans, — ajouta-t-elle d'un ton imposant, — je souhaite qu'après moi vous soyez mariés dans le plus court délai possible ; me le promettez-vous ?

Les larmes d'Adrien redoublèrent, ce fut toute sa réponse. Mais Amélie murmura dans un transport de douleur :

— Ma mère, ma pauvre mère, vous savez bien que je ne puis être heureuse sans vous !

— Tu seras heureuse, ma fille, parce que je te conjure d'avoir du courage... Mais réponds-moi vite; qui sait si Dieu me laissera le temps de recueillir ta promesse !

Mademoiselle de Norville prononça quelques mots inintelligibles et se cacha le visage dans ses mains.

La marquise reprit après une pause :

— Il suffit, mes enfans, j'ai votre parole ; vous avez soulagé ma conscience d'un grand poids... Mon frère, monsieur le curé, — ajouta-t-elle en s'adressant à Monteil et au prêtre qui assistaient en silence à cette scène extraordinaire, vous êtes témoins de cet engagement; je vous charge expressément de veiller à ce que mon dernier vœu s'accomplisse. — Le curé et le chef de famille s'inclinèrent. Madame de Norville était épuisée par cette explication ; une moiteur froide couvrit son visage, et elle resta immobile. Une cuillerée de potion cordiale, que le docteur fit glisser entre ses lèvres, lui rendit le sentiment. Alors ses yeux s'attachèrent sur le vicomte de Mornas, qui se tenait à l'écart, et semblèrent l'inviter à s'approcher. Mornas comprit cet appel muet et se pencha pour écouter ce qu'elle avait à lui dire. — Eh bien ! — demanda-t-elle d'un ton si bas qu'il fallait presque deviner le sens de ses paroles, — êtes-vous content ?

— Madame, — répliqua le vicomte de manière à n'être entendu que d'elle, — il est impossible d'être meilleure mère, meilleure amie, meilleure chrétienne !

— Ainsi donc vous me promettez que jamais ni mon fils ni ma fille...

— Jamais, madame, je vous le jure.

Un sourire de satisfaction effleura les lèvres de la mourante. Elle semblait pourtant avoir quelque chose à dire encore, mais la force lui manqua, elle ne put parler ; ses yeux seuls conservaient leur vivacité et leur intelligence.

Mornas devina sa pensée ; en s'inclinant comme pour saluer, il avait tiré de sa poche un paquet de lettres qu'il lui montra furtivement et qu'il dissimula aussitôt dans sa main. Puis il se rapprocha de la cheminée, où brillait un grand feu. Il attendit que la malade tournât les yeux de ce côté, et jeta le paquet au milieu des flammes, sans que personne eût remarqué cette action dans le trouble général.

La marquise fit un imperceptible signe de tête, comme pour le remercier. Puis son regard se voila de nouveau et la connaissance l'abandonna pour toujours.

Madame de Norville vécut pourtant encore jusqu'à la fin de la journée ; Adrien ne la quitta plus et partagea avec Amélie les soins qui lui furent prodigués. Quand elle s'éteignit, sans convulsions et sans secousses, son fils et sa fille étaient à genoux devant son lit.

XVI

CONCLUSION.

Les obsèques de la marquise de Norville eurent lieu en grande pompe le lendemain à l'église de Balaruc. Afin d'épargner à la malheureuse Amélie les chagrins que la vue de cette maison, où sa mère était morte, ne pouvaient manquer d'éveiller à chaque minute, monsieur Monteil avait pris la résolution de partir pour Montpellier avec sa nièce, immédiatement après la cérémonie funèbre. Aussi, lorsque les pensionnaires de l'hôtel revinrent du convoi, trouvèrent-ils dans la cour une chaise de poste attelée, le postillon en selle.

Alors monsieur Monteil, qui avait conduit le deuil, s'arrêta pour congédier les assistans et pour remercier ceux qui avaient montré de l'intérêt à la défunte. Il serra la main à la plupart des invités, puis il se tourna vers le docteur Moirot, qui, d'autre part, avait été largement rémunéré de ses peines, et lui exprima avec effusion sa reconnaissance. Le docteur ému essuya une larme avec la manche de son habit noir.

— Ah! monsieur, — dit-il, — si les eaux de Balaruc

avaient pu la guérir!... mais elles ne le pouvaient pas et cette pensée fera mon supplice chaque jour de ma vie.

L'oncle d'Amélie passa, sans lui adresser la parole, devant le pauvre Malevieux, qui avait suivi le convoi sans avoir conscience peut-être de l'objet de cette cérémonie. Monsieur Monteil n'ignorait pas que l'insensé était la cause involontaire de la mort de la marquise; il se contenta de le saluer d'un air sec. Mais, arrivé à Mornas, il lui offrit la main avec cordialité; soit par distraction, soit par quelque motif secret, le vicomte ne la prit pas.

— Nous vous devons, monsieur, — dit le chef de famille avec dignité, — une vive gratitude pour vos bons offices envers ma malheureuse sœur. Votre liaison avec monsieur Adrien de Laroyère les explique sans doute suffisamment, mais vos souvenirs d'ancien voisin, quand vous étiez clerc à l'étude de monsieur Fonfrède, ne doivent pas non plus y être étrangers... Vous voyez que, malgré la gravité des circonstances et votre changement de nom, je vous ai reconnu, monsieur Auguste Morand ?

— Le nom que je porte aujourd'hui, — dit Mornas froidement mais sans embarras, — je suis autorisé à le porter et j'ai pour cela des motifs...

— Je ne prétends pas les discuter, — interrompit Monteil un peu piqué; — je n'en aurais ni le droit ni la volonté, surtout quand ma famille vient de contracter envers vous des obligations dont je vous prie de recevoir mes remercîmens. — Et tous les deux se saluèrent avec une politesse glaciale. Adrien, en dépit de son trouble, avait écouté ce court entretien. La pensée que son ami avait porté autrefois un nom différent de son nom actuel avai produit sur lui une impression pénible. Mais il n'eut pas le temps de s'y arrêter; Monteil vint à lui et s'empara de son bras avec amitié. — Eh bien! monsieur Adrien, — lui dit-il, — avez-vous pris un parti et êtes-vous disposé...?

— Demain matin je me mettrai en route pour Paris.

— Je vous approuve; le temps est précieux... soignez vos affaires et songez à votre avenir... Vous savez ce qui a été convenu entre nous; nous serons en correspondance régulière pendant une année, et d'aujourd'hui en un an il vous sera permis de venir nous joindre à Montpellier.

— Je vais appeler ce moment de tous mes vœux. Mais avant de nous séparer, monsieur, ne me sera-t-il pas permis de voir un instant mademoiselle de Norville ?

— Elle s'y refuse obstinément, mon garçon; il y a des scrupules qu'il faut savoir respecter... Seulement je puis vous assurer qu'elle remplira les intentions de sa mère quand le jour et l'heure seront venus.

— Voilà une bonne parole et qui me fera supporter avec résignation bien des ennuis... Mais voir Amélie, ne fût-ce qu'un instant, serait pour moi une immense consolation.

— Il serait cruel de la contrarier... mais attendez ici; elle va passer tout à l'heure. Vous pourrez, sinon lui parler, du moins lui dire adieu du geste et du regard.

En même temps il entra dans la maison.

Adrien, Mornas et Malevieux attendirent en silence sur le perron, au pied duquel venait de s'avancer la voiture. Bientôt monsieur Monteil reparut, soutenant la pauvre Amélie en grand deuil. Un voile de crêpe noir couvrait le visage de la jeune fille; des sanglots s'échappaient de dessous cette draperie lugubre.

— Bon Dieu! comme elle souffre! — murmura Adrien en joignant les mains.

— Ne craignez rien pour elle maintenant, — répliqua Mornas d'un ton encourageant; — elle pleure !

Mademoiselle de Norville avait passé rapidement sans voir personne. Mais, quand elle fut dans la voiture, son oncle lui dit quelques mots bas; alors elle se tourna du côté d'Adrien et s'inclina en silence.

Tout à coup la voiture s'ébranla; Laroyère fit à sa fiancée un signe passionné; Amélie, au dernier moment, agita le mouchoir qu'elle tenait à la main et dit d'une voix claire :

— Adieu, adieu... mon ami.

La chaise de poste s'engouffra sous la voûte de l'auberge et disparut; mais Adrien croyait encore entendre cette voix touchante et mélodieuse qui l'appelait *mon ami.*

Le reste du jour, Laroyère s'occupa des préparatifs de son départ, irrévocablement fixé au lendemain. Mornas ne le quitta pas d'un instant, lui prodiguant les consolations, les encouragemens, et avivant déjà ses espérances pour l'avenir. Sur le soir les deux amis se rendirent à la maison de Poncet. Adrien désirait prendre congé du père et du fils, qu'il avait vus le matin suivant humblement de loin le convoi de la marquise, et les charger de veiller en son absence sur la tombe de la mère d'Amélie. Toute la famille réunie autour du foyer se disposait à manger la soupe aux légumes qui fumait dans des écuelles de terre sur une table boiteuse. La mère Poncet et la Simone donnaient la becquée aux enfans, tandis que le patron et Etienne, encore vêtus de leurs habits de cérémonie, semblaient s'entretenir des événemens de la journée.

L'arrivée d'Adrien, qu'ils n'avaient pas vu depuis le jour de l'accident, charma ces braves gens, leurs visages s'épanouirent, et ils se levèrent en poussant des cris de joie.

— Ah! monsieur Adrien, — s'écria Etienne les larmes aux yeux, — j'avais peur que vous ne m'en voulussiez pour cette malheureuse affaire! On disait que vous alliez partir sans venir nous voir; ça me chagrinait bien, car c'est à vous que nous devons notre bonheur, à Simone et moi... Allons ! Simone, salue monsieur Adrien.

La jeune femme, toute rouge, fit gauchement une profonde révérence.

— *Pécaïré,* — disait le patron Poncet de son côté, — c'est bien à vous de vous être dit : « Faut que j'aille voir les anciens de là-bas. » Nous, de notre côté, nous étions là à nous dire : « C'est ceci, c'est cela ; » et nous étions bien ennuyés, monsieur Adrien, car nous vous aimons diablement! Mais moi je me disais : « Va, va, n'aie pas peur, monsieur Adrien ne sera pas assez de *travers* pour garder une dent à Etienne de ce qui est arrivé. »

Adrien s'empressa de rassurer le père et le fils en affirmant que le funeste accident dont madame de Norville avait été victime ne devait être imputé à personne, et que la marquise n'avait eu ni plaintes ni colère contre les auteurs involontaires de sa mort.

— Oui, oui, il paraît qu'elle a mis de l'eau dans son vin, la pauvre femme, — reprit le patron; — ce que c'est que de nous!... On prétend, monsieur Adrien, qu'elle a été bonne pour vous et pour sa petite, et que c'est un mariage convenu...

Adrien répondit affirmativement.

— Et de cette façon, — s'écria Etienne en sautant de joie, — vous épouserez l'Amélie comme j'ai épousé la Simone !

Adrien ne put s'empêcher de sourire de la naïveté du jeune pêcheur.

— Eh bien ! voyez, — s'écria la mère Poncet en posant son poing sur sa hanche, — cette *dame marquise* n'était pas une méchante créature comme on le croyait! Faut que le monde soit bien méchant d'inventer des choses... Mais que cette Deforges, une madame de rien du tout, vienne encore me conter des fariboles, et elle verra de quel bois se chauffe la Poncette !... Ensuite je me suis laissé dire que la vieille coquine était malade de chagrin depuis la mort de sa vilaine bête de chien, et que le médecin Moirot lui faisait boire à force de ces eaux puantes d'ici... Le médecin est si rusé ! vous verrez qu'il aura persuadé à la vieille fée que son chien ressuscitera si elle prend les eaux de Balaruc !

Adrien demeura quelques instans encore avec ces bonnes gens. Enfin, après avoir reçu l'assurance que le tombeau de la marquise ne manquerait ni de soins ni de fleurs, il prit congé d'eux d'une manière amicale, et se retira comblé de leurs bénédictions.

Le lendemain matin, tout était prêt pour le départ d'Adrien et de Malevieux, dont on avait retenu les places à le diligence de Montpellier. Jusqu'au moment de monter en voiture, Mornas assista son ami avec son zèle et son activité ordinaires. Cependant, chose singulière! plus l'heure de la séparation approchait, plus le vicomte devenait rêveur, froid et réservé. Enfin, quand on vint chercher les effets des voyageurs, il embrassa Adrien et lui dit d'un air de contrainte mélancolique :

— Ma mission auprès de vous est finie, monsieur de Laroyère, et je crois m'être enfin acquitté du service que vous m'avez rendu autrefois à Paris, bien que vous ne vous soyez pas douté peut-être de son importance... Maintenant nos relations doivent cesser; peut-être aurai-je encore le pouvoir de vous être utile; quoi qu'il en soit, ce soir même j'aurai quitté, moi aussi, Balaruc, et nous devrons devenir à jamais étrangers l'un pour l'autre.

— Que dites-vous, Mornas?— s'écria Adrien avec étonnement. — N'est-ce donc pas entre nous à la vie à la mort? Nous avons beau nous séparer, nous nous retrouverons. Quel que soit le lieu où vous alliez, nous nous écrirons...

— N'y comptez pas, Adrien, — répliqua Mornas avec fermeté; — je vous l'ai dit, nos relations doivent cesser... J'ai peut-être trop écouté jusqu'ici un sentiment égoïste en acceptant une intimité où les avantages étaient inégalement répartis; il est temps que chacun de nous reprenne sa place. Et si par hasard nous nous rencontrions dans le monde, nous devrions être l'un pour l'autre comme si nous ne nous étions jamais vus.

— Ah! pour le coup, voilà qui est trop fort, Mornas!— s'écria Adrien avec feu, — et vous n'obtiendrez jamais cela de moi. Je me suis aperçu, mon cher vicomte, que vous étiez un garçon fort réservé; mais je ne vous ai jamais importuné de questions, j'ai respecté vos secrets. Ainsi, à l'heure qu'il est, je ne sais rien de votre fortune, de votre position, de ces devoirs pressants qui vous envoient à chaque instant d'un bout à l'autre de la France; j'ai été accablé de vos bienfaits et j'ignore encore par quel crédit occulte vous êtes parvenu à me rendre service. Enfin j'ai lieu de penser que je ne sais pas même votre véritable nom, puisque, hier encore, j'ai entendu monsieur Monteil vous en donner un autre...

— Ne cherchez pas à pénétrer ces mystères, — interrompit Mornas avec trouble; — la découverte de la vérité vous serait peut-être aussi pénible qu'à moi-même. Supposez que je sois un homme fantastique, capricieux, insociable, et oubliez-moi; c'est la plus grande faveur que je puisse solliciter de vous.

Adrien le regarda fixement.

— Mornas, — reprit-il, — que voulez-vous dire? Je ne croirai jamais que votre secret soit de nature à faire rougir un honnête homme, et que votre expérience de la vie, votre haute intelligence et tant de qualités éminentes aient abouti seulement à vous donner une position fausse ou honteuse dans la société...

— Adrien, ces avantages sont en effet des causes de succès pour les riches et les privilégiés; mais pour les autres il n'y a d'entrée sur la scène du monde que par la porte dérobée... Si un jour, malgré mes efforts, vous découvrez la vérité, plaignez-moi, Adrien, plaignez-moi, vous que j'ose encore appeler mon ami; vous pourrez me renier, je dois m'y attendre, mais du moins, au fond du cœur, accordez-moi un peu de pitié.

— Vous renier!—s'écria le jeune homme hors de lui;— voyons, Mornas, vous n'y pensez pas! Certainement un sentiment de délicatesse exagérée vous porte à vous déprécier ainsi! Ayez en moi confiance entière, avouez-moi.....

— Rien,— dit le vicomte en relevant la tête; — on vous attend, il faut nous séparer... Adieu, si nous ne devons plus nous revoir; j'espère pourtant encore vous rendre service à votre insu... Allons, adieu, adieu... soyez heureux!

Adrien voulut le serrer dans ses bras, mais le vicomte s'y refusa; après s'être incliné profondément, il s'éloigna à pas précipités dans sa chambre, dont il ferma la porte sur lui.

Malevieux avait assisté impassible et silencieux à cette scène bizarre. Depuis quelques jours il avait eu bien rarement des intervalles lucides; mais Adrien, trompé par l'expression d'intelligence qui brillait en ce moment dans les yeux caves de l'insensé, lui demanda avec intérêt :

— Eh bien! toi, mon pauvre oncle, devines-tu pourquoi Mornas...?

Malevieux sourit et ouvrit la bouche comme pour révéler un secret. Mais déjà cet éclair de raison était passé; ses traits redevinrent hébétés, et il répéta de son ton monotone :

— Je suis Jupiter.

Adrien ne put rien obtenir de Malevieux, qui à partir de cette époque ne fit plus que languir, et mourut peu de mois après sans avoir recouvré la raison.

Adrien de Laroyère avait épousé depuis un an sa chère Amélie, et il exerçait avec honneur sa profession d'avocat à Paris, quand un matin, au moment de se rendre à l'audience, il reçut une lettre du garde des sceaux qui le nommait substitut dans une ville du Midi.

Cette faveur, que le jeune avocat n'avait pas sollicitée et à laquelle sa modestie ne lui permettait pas de croire qu'il eût encore des droits, le surprit au dernier point. Il craignit une méprise et courut au ministère de la justice; mais cette faveur s'adressait bien à lui; le ministre l'avait nommé sur les recommandations pressantes d'un personnage que l'on ne put ou qu'on ne voulut pas lui désigner. Malgré tous ses efforts, il n'obtint aucun éclaircissement, et il dut partir pour sa destination sans avoir rien appris à ce sujet.

Bien des fois, depuis cette époque, le jeune magistrat et sa charmante femme s'évertuèrent, le soir, au coin de leur foyer paisible, à chercher le nom de ce protecteur singulier qui se cachait avec tant de soin.

— C'est Mornas, ma chère, — disait Adrien, — ce ne peut-être que mon excellent vicomte de Mornas!

— Tu oublies, — répondait sa femme en faisant sauter une charmante enfant sur ses genoux; — que ce nom de Mornas est un nom d'emprunt... Mon oncle Monteil prétend que notre ami de Balaruc s'appelle Auguste Morand, et qu'il a été clerc autrefois chez un notaire de Nîmes.

— Qu'importe le nom! Ah! mon Amélie, au prix des plus grands sacrifices, je voudrais retrouver cet homme dévoué dont notre bonheur est l'ouvrage!

Mais vainement Adrien fit-il des recherches pour découvrir les traces du soi-disant vicomte de Mornas, ses efforts re... nt toujours sans succès.

Un jour pourtant que madame de Laroyère parcourait distraitement un journal, en l'absence de son mari, une courte note nécrologique glissée dans un coin de la feuille officielle attira son attention. En la lisant elle pâlit; puis elle posa la main sur son front et parut réfléchir profondément.

— Oui, oui, — murmura-t-elle enfin, — que mon cher Adrien ignore toujours ce qu'était cet ami qui lui a rendu de si grands services... laissons-lui cette illusion, cette bonne pensée, ce doux souvenir dans le cœur!

Le journal fut jeté dans les flammes. On attribua à un accident la disparition de ce numéro et Adrien ne sut jamais le mot de l'énigme.

FIN DE LA MARQUISE DE NORVILLE.

TABLE

DES CHAPITRES CONTENUS DANS CET OUVRAGE.

CHAP. I. — L'étang de Thau. 565
II. — Les joueurs. 568
III. — La maison du pêcheur. 572
IV. — Un jeune homme perdu. 574
V. — La mère et la fille. 579
VI. — L'oncle et le neveu. 583
VII. — La catastrophe. 587
VIII. — Le suicidé. 591

IX. — La poursuite. 596
X. — L'aveu. 601
XI. — Le retour. 605
XII. — Le secret. 609
XIII. — Sans issue. 613
XIV. — La chasse aux foulques. 615
XV. — L'expiation. 621
XVI. — Conclusion. 623

LA NIÈCE DU NOTAIRE

I

LE CONSCRIT.

Un jour de janvier 1813, au milieu de ce terrible hiver qui a laissé de si fatals souvenirs à la France, la petite ville de L***, située à quelques lieues seulement de la capitale, présentait l'image d'une agitation inaccoutumée. Le sénatus-consulte ordonnant une levée de trois cent cinquante mille hommes, pour faire face aux nombreux ennemis qui menaçaient nos frontières, recevait sa pleine exécution dans toute l'étendue de l'empire. Le petit hôtel de ville de L*** était encombré, au moment dont nous parlons, de jeunes conscrits qui, désignés par le sort, venaient tenter encore les chances du conseil de révision avant de se résigner au départ. Mais, hélas! le conseil n'avait pas la faculté de se montrer bien difficile sur le choix des défenseurs de la patrie; il fallait des soldats, beaucoup de soldats, et les hommes devenaient plus rares de jour en jour. Aussi les petites ruses employées par les conscrits en pareille circonstance devaient-elles rester inutiles. Les lunettes bleues ne prouvaient plus la myopie; la pâleur et la maigreur obtenues par une longue abstinence ne parvenaient pas à convaincre les recruteurs de la faiblesse de complexion par laquelle on avait essayé d'exciter leur pitié. L'impassibilité des juges, en déclarant *bon pour le service* tel qui s'était drogué pendant huit jours pour paraître étique, tel autre qui avait compté pourtant sur la protection du maire, ou du sous-préfet, ou du major, avait renversé bien des espérances dans cette cruelle journée.

Au nombre de ceux qui déploraient l'inexorable nécessité du moment étaient deux individus qui, en quittant mornes et consternés la mairie de L***, s'acheminaient vers le faubourg tortueux de la petite ville. L'un semblait avoir précisément l'âge requis pour figurer parmi les défenseurs que la France appelait alors à son secours. C'é-

tait un grand garçon à longues jambes, un peu maigre et dégingandé, mais qui néanmoins pouvait très bien tenir sa place dans une rangée de grenadiers. Malheureusement ses cheveux blonds et plats tombant en mèches autour de son visage, sa longue échine un peu courbée en avant, ses yeux gris timidement baissés vers la terre, n'annonçaient pas la prestance et l'intrépidité d'un bon soldat. Un abattement profond était répandu sur ses traits, et par momens il laissait échapper de gros soupirs. Son costume très propre était celui d'un petit bourgeois peu fortuné, et les manches usées de son vieil habit, comme les taches indélébiles d'encre qui souillaient l'index et le médius de sa main droite, désignaient un humble scribe qui, habitué à vivre dans un bureau, se sentait peu de vocation pour faire le coup de fusil avec les Russes et les Prussiens.

Son compagnon, qu'on eût pu prendre pour son père, était un vieillard d'une soixantaine d'années, replet, à cou enfoncé dans les épaules, au visage sanguin et irascible. Comme le temps était froid, il s'enveloppait soigneusement dans un petit collet de drap blanchi à l'extrémité supérieure par la poudre dont ses *ailes de pigeon* étaient chargées. Ce vêtement très court laissait voir par-dessous deux mains ensevelies dans d'énormes gants de peau de lapin, le poil en dehors, et un jonc à pomme d'ivoire, qui résonnait en cadence sur le pavé. Un chapeau à cornes, une culotte de drap noir comme tout le reste du costume, des bas de laine fine recouvrant des jambes qui n'étaient pas encore dépourvues entièrement de cet ornement naturel indispensable à nos aïeux, enfin des souliers à boucles d'argent complétaient le costume et le portrait de ce personnage, type assez exact du bourgeois campagnard de l'ancien régime.

Quand les deux promeneurs furent arrivés à une partie moins fréquentée du faubourg, et quand ils crurent n'avoir plus à craindre les indiscrètes remarques des oisifs qui remplissaient le voisinage de l'hôtel de ville, le vieillard jeta sur son compagnon un regard plein de regret:

— Eh bien! mon pauvre Sulpice, — dit-il à voix basse, d'un ton où la colère et le chagrin avaient une part égale, — sommes-nous assez humiliés tous les deux? Moi qui m'étais fait fort de vous faire exempter du service! moi qui comptais sur l'appui de ce scélérat de maire! Avez-vous vu comment il s'est pressé, en ricanant, de vous déclarer bon pour le service? Ah! il me payera celle-là, je vous jure! Et comme tous ces insolens qui étaient là avaient l'air de nous narguer! Jusqu'à ce drôle de Paul Rousselin, qui riait dans son coin à gorge déployée en voyant notre désappointement; aussi tout à l'heure, lorsqu'il va rentrer à l'étude, lui donnerai-je une leçon dont il se souviendra...

— Cela ne m'empêchera pas d'être soldat et de partir dans deux jours pour l'armée! — répondit en gémissant son timide et dolent compagnon.

— Malheureusement non. Si encore c'était ce méchant Paul qui dût me quitter au lieu de vous, mon pauvre Sulpice, mon deuil ne serait pas long. Faut-il que j'aie du malheur! après avoir vu dans mon étude douze clercs à la fois, tous alertes, dispos et toujours occupés, je me trouve réduit à deux par les conscriptions successives qui me les enlèvent aussitôt que je les ai formés. Sur ces deux, l'un est un effronté, un paresseux, un brouillon, qui met le désordre dans une étude, et celui-là on me laisse : il est fils aîné de veuve et exempt du service. L'autre est un garçon sage, rangé, soigneux, travailleur, parfaitement au fait des affaires; mais il tombe au sort, et comme il n'est pas assez riche pour acheter un remplaçant, on vient me le prendre pour en faire un soldat.

— Ne suis-je pas le plus à plaindre? — soupira l'infortuné clerc.

— Cela n'est pas sûr, — répliqua le vieillard d'un air d'impatience, — cela n'est pas sûr du tout, monsieur Sulpice. Je me serai tué le corps et l'âme à vous apprendre comment il faut faire un contrat, une donation, un testament, et, au moment où vous commencez à me rendre service, je vous perdrais ainsi tranquillement, sans me plaindre? Vous êtes le trentième ou le quarantième élève que la patrie enlève à mon étude! Que diable! je ne suis pas exigeant, mais l'empereur ferait bien de prendre garde que si cela continue il n'y aura plus en France ni notaires, ni avoués, ni avocats, ni même d'huissiers, faute de clercs. Je ne vois que cela, moi, et il est dur que Sa Majesté, avec son humeur guerrière... Mais je remédierai à ces chagrins-là; je ne veux désormais avoir dans mon étude que des boiteux, des borgnes et des bossus!

— Plût à Dieu que je fusse tout cela à la fois! — dit Sulpice en lançant au ciel un regard de reproche.

— N'accusez pas le ciel de vous avoir doué de quelques avantages physiques, jeune homme, — répondit le notaire, qui se piquait parfois de dévotion; — je n'aime pas le blasphème, et vous devez plutôt remercier Dieu de ne pas vous avoir réellement affligé de cette terrible pulmonie dont vous vouliez persuader à ces messieurs du conseil de révision que vous étiez attaqué. J'en conviens, vous êtes et trop bon et trop beau pour n'être que de la *chair à canon*, comme ils disent. Mes autres clercs, le grand Charles Gabet, qui a été tué à Wagram; le pauvre Louis Xavier, qui est mort à Eylau, et même les deux Fichet, qui, m'a-t-on dit, sont restés sous la neige en Russie, ne vous valaient pas certainement quant à la force et à la taille... mais enfin il faut se faut se faire une raison et reprendre courage.

— Courage! — répéta Sulpice avec abattement, — je n'en ai plus. Quand je songe, monsieur Buisson, que je vais vous quitter pour toujours, vous et...

Il s'arrêta court. Le vieillard le regarda obliquement d'un air froid.

— Moi et ma nièce, n'est-ce pas? — dit-il en continuant la phrase commencée. — Oui, je sais que vous ne vous êtes pas gêné, monsieur Sulpice Lecreux, pour faire la cour à cette évaporée d'Honorine, toute glorieuse, de son côté d'avoir un amoureux qui compose des vers latins à sa louange. Vous avez sans doute espéré tous les deux que je consentirais un jour à ce mariage; et comme ma nièce est ma seule héritière, vous avez pensé un peu légèrement que je pourrais vous laisser mon étude comme dot d'Honorine? C'étaient là de beaux plans, mon ami, et, si vous les avez réellement formés, vous y renoncerez avec peine : Honorine est jolie, la charge est passablement lucrative... Cependant, croyez-moi, quelle que soit mon estime pour vous, vous auriez rencontré certaines difficultés à l'exécution de vos projets. Vous n'avez rien en cette nièce est riche; d'un autre côté, je ne suis pas déjà si vieux que j'aie de sitôt besoin d'un successeur, songez-y. — Le pauvre clerc baissa humblement la tête en balbutiant qu'il n'avait jamais eu l'audace de prétendre à la main de mademoiselle Honorine; il croyait n'avoir rien dit et rien fait qui pût déplaire à son cher patron, pour lequel il conservait, de près ou de loin, la plus grande estime, le plus profond respect. Le bonhomme était avare, orgueilleux et taquin, mais il n'avait pas le cœur dur; d'ailleurs il ne risquait rien en flattant la passion d'un clerc qui allait partir et qui ne reviendrait peut-être jamais. Il reprit donc, pour corriger un peu l'amertume de ses précédens reproches : — Oui, oui, je sais cela, mon garçon, et je vous suis moi-même très attaché... Vous êtes un jeune homme modeste, rangé, soigneux; aussi, dans le cas dont je vous parlais tout à l'heure, n'ai-je pas voulu dire que ma nièce et mon étude pourraient trouver, l'une un meilleur mari, l'autre un chef plus capable... Je vous rends justice et je sais vous apprécier; seulement, comme vous allez nous quitter, et comme nulle puissance humaine ne peut plus vous sauver du service militaire, je bien inutile de flatter des espérances dont la réussite est impossible désormais.

Sulpice, quoique fort préoccupé en ce moment de sa situation présente, ne fut peut-être pas la dupe de cette apparente bienveillance. Sulpice Lecreux, nous avons oublié de le dire, avait, comme la plupart des êtres faibles et sans énergie, un fond de ruse qui lui faisait découvrir promptement les ruses d'autrui. A ce vice il joignait une véritable hypocrisie et surtout une jalousie extrême. Aussi profita-t-il de l'occasion pour s'assurer qu'un autre ne serait pas plus heureux en son absence. Ce devait être une consolation pour lui, en quittant le pays, qu'un rival, avec les mêmes moyens et les mêmes ressources, ne pût atteindre le but qu'il ne pouvait atteindre lui-même.

— Monsieur Buisson, — reprit-il avec une douceur affectée, — j'ai trop peu de mérite pour avoir jamais conçu des espérances pareilles : ni le travail, ni le zèle ne sauraient compenser les avantages de fortune et de position qui me manquent; mais d'autres personnes qui ne sont pas plus que moi se montreront plus présomptueuses, et, sans aller plus loin, Paul Rousselin, le deuxième clerc...

Buisson sourit comme s'il eût pénétré le véritable motif de Sulpice.

— Vous gardez rancune à ce jeune fou parce qu'il poursuit sans cesse de ses railleries votre poésie latine, — dit-il avec malice; — mais ne vous inquiétez pas, je veillerai à tout. Je ne puis empêcher monsieur Paul d'aimer ma nièce en secret, et d'espérer toujours en secret ce qu'il n'obtiendra pas... C'est un étourdi dont j'ai grand besoin maintenant puisque vous me quittez; sans lui, je ne m'apercevais... Enfin ceci me regarde... on n'a pas été quinze ans procureur au Châtelet et vingt ans notaire sans connaître un peu la vie... Mais, — continua-t-il en s'arrêtant tout à coup devant une maison située à l'extrémité du faubourg, et qui par conséquent se trouvait à portée des gens de la ville et de ceux de la campagne, — motus sur tout ceci, mon cher Sulpice, et montons bien vite achever cette vente que l'on doit signer ce soir.

Sulpice eût bien désiré se rendre chez ses parens pour leur annoncer le malheur dont il était frappé; mais Buisson avait avec ses clercs un ton impérieux qui n'admettait pas de réplique; force fut donc au malheureux conscrit d'aller remplir, la dernière fois peut-être, ses fonctions de clerc de notaire.

II

L'ÉTUDE DU NOTAIRE.

La maison de maître Buisson avait fait partie, avant la révolution, d'un couvent de bénédictins. Le vieux notaire, qui passait néanmoins pour dévot dans la ville, avait acheté à vil prix, en 93, ces bâtimens devenus propriété nationale, et comme ils étaient trop vastes pour qu'il pût les occuper tout entiers, il en avait démoli une partie, réservant seulement le corps de logis situé sur la rue. Cependant, à tout hasard, il avait aussi laissé debout la chapelle du couvent, qui s'élevait à une vingtaine de pas de la maison, et cette bienheureuse chapelle avait été pour lui un moyen permanent de montrer son désintéressement civique. Sous le Directoire, il la prêtait complaisamment pour la fabrication des salpêtres et pour l'emmagasinement des fourrages de la république; sous l'empire, elle servait de demeure aux prisonniers qui encombraient la France à la suite des victoires de Napoléon. Grâce à cette tolérance peu coûteuse, Buisson avait obtenu la clientèle de tous les membres du conseil municipal, ainsi que celle des principaux bourgeois de la localité; en même temps il avait trouvé moyen de se donner un vernis de religion et de piété aux yeux de l'aristocratie de son endroit, en protestant de ses bonnes intentions dès que les circonstances permettraient de rendre l'édifice profane à sa première destination.

Sur l'emplacement des bâtimens rasés vingt ans auparavant, entre la chapelle et l'habitation du vieux notaire, s'étendait un vaste jardin. Des ormes qui s'élevaient au-dessus des murs de clôture devaient former de beaux massifs de verdure au cœur de l'été et cacher les extrémités mutilées de l'édifice; mais à l'époque où nous nous trouvons, l'hiver avait dépouillé les arbres de leurs feuilles, et ce qui restait de l'ancien couvent semblait un tronçon informe oublié par le démolisseur.

Cependant tout était solide à l'intérieur, malgré cette apparence délabrée du dehors. Les appartemens encore existans avaient été ceux de l'aumônier du couvent, aussi étaient-ils chauds et comfortables. De solides barreaux de fer garnissaient les fenêtres, précaution qui avait toujours été du goût de maître Buisson, car elle le rassurait contre les attaques des voleurs. Bref, l'habitation était très logeable et fort bien appropriée à sa destination présente.

Buisson et Sulpice franchirent rapidement une vieille porte cochère, toujours ouverte pour recevoir les cliens, et montèrent, par un grand escalier de pierres moussues, au premier étage. Quelques affiches de diverses couleurs désignaient la porte de l'étude où tous les contrats de L*** avaient été fabriqués par plusieurs générations de clercs.

Cette pièce, du reste, avait quelque chose de simple et d'austère; les murs étaient lambrissés en chêne, des imprimés et des cartes géographiques servaient d'ornement à ces murailles nues. Les fenêtres donnaient, par ce jour sombre d'hiver, peu de lumière à la salle, mais assez cependant pour qu'on pût lire facilement dans toutes ses parties. Des cartons étiquetés, remplis de papiers poudreux, des registres, de vastes tables hachées par les canifs des clercs, un bureau particulier pour le maître, deux ou trois fauteuils en velours d'Utrecht râpé pour les visiteurs, composaient le mobilier de ce *sanctum sanctorum* du notariat, où la forme était sacrifiée complétement à l'utilité.

Il n'y avait en ce moment dans l'étude que mademoiselle Honorine, la nièce de maître Buisson. C'était une jeune fille vive, capricieuse, pétulante, au sourire moqueur et dont l'œil bleu, un peu vague par momens, ex-

primait aussi quelquefois une singulière exaltation. On devinait en elle une de ces organisations extrêmes chez lesquelles le rire est près des larmes, la haine près de l'affection, la colère près de la pitié. Du reste son histoire, des plus simples, expliquait la légèreté apparente de son caractère. Avant que le vieux notaire l'eût en quelque sorte adoptée, elle avait vécu à Paris, chez sa mère, humble marchande chargée de famille. Dans la vaste et sombre maison de son oncle, Honorine conservait les habitudes vives et indépendantes contractées à l'ombre du comptoir maternel. Riche et devenue un des meilleurs partis de la ville de L***, elle n'avait jamais pu effacer la tache originelle de grisette parisienne. Malgré les ordres et les semonces de son oncle, elle ne pouvait encore voir entrer un personnage ridicule dans l'étude sans qu'elle lui rît au nez d'une façon assez impertinente, et dont plus d'un bourgeois campagnard avait la sottise de se fâcher.

Au moment où Buisson et son clerc parurent, elle bouleversait les papiers répandus sur le bureau, comme si elle eût cherché un objet qu'elle s'impatientait de ne pas trouver. Le bruit des pas la fit tressaillir, et, se redressant vivement, elle rougit en apercevant le notaire.

— Eh bien! mademoiselle, — demanda-t-il brusquement, — que faites-vous ici ? Je vous ai défendu bien des fois...

— Mon oncle, — dit la jeune fille timidement, — il n'y avait personne à l'étude, et il fait si froid dans ma chambre...

— Ce n'était pas une raison pour saccager ainsi les papiers de Sulpice, — dit le vieillard d'un ton radouci. — Voyons, venez m'embrasser, mauvaise enfant, et n'en parlons plus!... Aussi bien, — ajouta-t-il après avoir déposé un baiser parfumé de tabac sur le front pur de sa nièce, — si tu aimes tant à rester dans l'étude, peut-être te donnerai-je bientôt cette satisfaction, car il va venir un moment sans doute où je n'aurai plus d'autre clerc que toi.

— Que dites-vous, mon bon oncle ? — demanda Honorine en remarquant alors seulement le chagrin qui était peint sur le visage du notaire et sur celui de Sulpice.

— Eh ! tu ne comprends pas que si l'empereur s'obstine à nous enlever tous nos clercs pour en faire des soldats, — reprit le bonhomme avec impatience, — nous serons obligés d'employer des scribes qui ne soient pas sujets à conscription !.., Mais en voilà assez, — reprit-il en changeant de ton ; — laisse-nous, petite, car nous avons affaire. Et vous, Sulpice, à la besogne... Il faut que ce contrat de vente soit prêt ce soir.

En parlant ainsi, il avait pris place dans son vieux fauteuil sans plus songer à sa nièce ; mais celle-ci n'avait pas bougé ; elle promenait son œil vif de la figure colérique de son oncle à la physionomie triste et bouleversée de Sulpice, debout à quelques pas d'elle. Tout à coup une réflexion parut la frapper.

— Mon Dieu ! — dit-elle avec inquiétude, — n'est-ce pas aujourd'hui que monsieur Sulpice...?

Cette simple question d'Honorine suffit pour déterminer l'explosion de cette douleur que le malheureux clerc étouffait depuis longtemps. Il éclata en larmes et en sanglots.

— Oui, mademoiselle, — s'écria-t-il, — c'est aujourd'hui que mon sort s'est décidé... Je vais partir pour l'armée, et sans doute je ne reviendrai plus !

— Que dites-vous, Sulpice ? mais il me semblait... j'espérais que vous n'aviez rien à craindre ! Les protections de mon oncle...

— Ils se sont moqués de moi, — répliqua le notaire avec distraction ; — mais ils me le payeront ! Me prendre mon pauvre Sulpice, qui m'est si nécessaire, un si bon travailleur !... Allons, mon garçon, à l'ouvrage, l'heure se passe et le contrat ne sera pas achevé. — Tout en parlant, Buisson laissait courir sa plume sur le papier avec rapidité. Cependant force lui fut d'interrompre son travail quand il entendit tout à coup derrière lui des gémissemens et des sanglots trop bruyans cette fois et trop précipités pour être le résultat d'une seule douleur. Il se retourna, et aperçut non sans étonnement sa nièce et son clerc, qui se désolaient à l'envi l'un de l'autre. Il rejeta sa plume. — Eh bien ! mademoiselle, — s'écria-t-il avec colère, — que signifient ces lamentations inconvenantes ?

— Ah ! mon oncle, — dit Honorine éperdue, — il ne reviendra pas...

— Oh ! non, je ne reviendrai pas, je ne vous reverrai jamais ! — répéta Sulpice en pleurant plus fort.

— Eh bien ! le beau malheur ! — cria maître Buisson, qui frappa du pied avec impatience ; — il y en a bien d'autres qui le valaient et qui ne sont jamais revenus !... Mais que vous importe à vous, mademoiselle, que ce grand dadais-là revienne ou ne revienne pas ?

— Mon oncle, — reprit la jeune fille dans un nouveau transport de désespoir, — il vous aimait tant ! il vous rendait de si grands services !...

— Peste soit de la pécore ! — dit le vieux notaire comme se parlant à lui-même ; — est-ce que cet imbécile, avec ses vers latins, aurait... Ah çà ! finirez-vous ces jérémiades ? — leur dit-il ; — et vous, mademoiselle, en quoi vous regarde tout ceci ?

— Mon oncle ! mon oncle ! — dit Honorine d'un ton suppliant, — vous m'avez promis, lorsque j'ai quitté ma mère pour venir demeurer avec vous, de ne rien me refuser de ce que je vous demanderais ; eh bien ! je vous prie instamment de sauver ce pauvre jeune homme, qui doit être le soutien de sa famille ! Vous êtes riche, vous pouvez acheter un remplaçant à un ami qui vous a rendu tant et de si longs services sans aucune récompense...

— Et je vous en conserverai une reconnaissance éternelle, — ajouta Sulpice en venant se jeter aux pieds du notaire.

— A cinq cent mille diables les fous et les folles ! — s'écria maître Buisson, que cette scène tragi-comique exaspérait. — Moi j'irais dépenser une douzaine de mille francs pour acheter un remplaçant à un grand lâche qui a peur de mourir ! allons, allons, mademoiselle, rentrez dans votre chambre à l'instant ; quand nous serons seuls, je vous dirai ce que je pense de votre conduite.

En parlant ainsi, il s'empara du bras d'Honorine et entraîna sa nièce vers la porte.

— Sauvez-moi ! sauvez-moi ! — répéta le conscrit.

— Et vous, sortez sur-le-champ de ma maison, — dit le notaire d'une voix impérieuse ; — ou plutôt attendez-moi ici, — reprit-il ; — j'ai à vous parler, et pendant mon absence songez à ce contrat que vous devez terminer ce soir même. Le travail vous inspirera des idées plus raisonnables et vous disposera mieux à entendre ce que je veux vous dire.

Sulpice restait cloué à la même place ; Honorine lui dit en s'éloignant :

— Ayez confiance, monsieur Sulpice ; mon oncle est si bon !

Épuisé par cette scène ridicule dans laquelle il n'avait pas été peut-être de bonne foi, le clerc s'assit à sa place ordinaire, et, appuyant son front contre le bureau, il donna libre cours à ses réflexions. Il était dans cette attitude depuis quelques instans, quand une voix rieuse et sonore se mit à fredonner dans l'escalier l'air de la Colonne ; au même instant un jeune homme leste et impétueux parut sur le seuil de la porte et jeta un regard rapide dans l'étude, comme pour s'assurer de l'absence du patron. Ne voyant que Sulpice, il s'approcha en deux sauts du pauvre désespéré, et s'écria d'un ton joyeux où la moquerie perçait pour moitié :

— Sac à papier ! mon cher Lecreux, je viens te féliciter ! Te voilà donc soldat de l'empereur ? Vive l'empereur ! sac à papier ! embrasse-moi...

Se lançant à corps perdu sur son camarade, avant que celui-ci eût eu le temps de se redresser, il fit le simulacre de lui donner l'accolade.

Ce jeune homme était Paul Rousselin, le second et dernier clerc de maître Buisson.

III

LE DÉVOUEMENT.

Paul était de petite taille quoique robuste et bien fait. Des mouvemens vifs et saccadés, un sourire de raillerie stéréotypé sur ses lèvres, son costume un peu débraillé et sa casquette posée à la crâne sur l'oreille, lui donnaient l'apparence d'un tapageur ; cependant Paul était exempt des défauts que son extérieur semblait annoncer. Il y avait en lui un grand fonds de loyauté et de franchise que l'on n'eût pas trouvé chez son sournois compagnon Sulpice Lecreux, dont il était la terreur. Mais, malgré la dénomination hiérarchique de premier et de second clerc, aucun des deux jeunes gens n'ayant une suprématie réelle sur son compagnon, force était à Sulpice de cacher sa haine pour le joyeux Rousselin. Celui-ci, de son côté savait parfaitement à quoi s'en tenir sur les sentimens de son camarade à son égard, et il ne perdait aucune occasion d'abuser de l'avantage que lui donnait son esprit incisif et sarcastique sur la froide et bilieuse méchanceté de l'autre.

Sulpice avait souri péniblement à la plaisanterie du second clerc ; mais son pouvoir sur lui-même n'allant pas jusqu'à lui rendre toute sa présence d'esprit, il oublia qu'il montrait à Paul ses yeux baignés de larmes. Le mauvais plaisant connaissait trop bien Sulpice pour se laisser émouvoir.

— Sac à papier ! — reprit-il avec un sang-froid comique, — je vois que nous pleurons ! Ah çà ! mon cher Sulpice, serais-tu fâché de compter désormais parmi les défenseurs de la France... de notre belle patrie ? Ne serais-tu pas enchanté de te trouver bientôt peut-être à côté de l'empereur sur un champ de bataille ? Ne voudrais-tu plus, par hasard, te faire tuer, comme je te le disais encore il y a un an, pour le service du grand homme... qui est si grand ? Sac à papier ! qu'il est grand !... en voilà un homme !

Il s'embrouilla dans un dédale de phrases ampoulées que Sulpice interrompit en s'écriant d'un ton d'humeur :

— Et qui diable te parle de l'empereur et de sa gloire ? Est-ce qu'il s'agit de cela ?

— Comment, s'il s'agit de cela ? l'empereur t'appelle à la défense de la France, et tu te fais tirer l'oreille pour partir ! tu pleures comme un enfant quand ta patrie n'a plus d'espoir qu'en toi... et en trois cent cinquante mille autres !... Mais je vois ce que c'est, — continua-t-il d'un ton différent, — tu ne te soucies pas de quitter la nièce du patron, en faveur de laquelle tu as commis tant de vers faux ? Que veux-tu, mon cher, la patrie avant l'amour. Mademoiselle Honorine sera constante, tu seras brave, tu auras la croix, tu reviendras colonel, vous vous marierez, et...

— Mais toi, — demanda Sulpice en attachant un regard pénétrant sur l'impitoyable railleur, — tu vas rester ici et tu vas recommencer, j'en suis sûr, à poursuivre mademoiselle Honorine de tes billets doux ; mais je te préviens que j'avertirai le patron.

— Si tu t'en avisais, je te casserais quelque chose avant ton départ, — répondit le jeune homme avec une fermeté qui fit pâlir Sulpice ; — ceci, mon cher, ne serait plus de franc jeu. Vais-je raconter au patron, moi, les billevesées latines que tu barbouilles pour sa nièce ? Tiens, — ajouta-t-il en cherchant dans sa poche un papier froissé qu'il présenta à son compagnon, — reconnais-tu ceci ?

— Ce sont les vers que j'avais adressés à mademoiselle Honorine, — répondit Sulpice confus ; — mais comment se fait-il...

— Ces vers, — continua Paul, — se terminent ainsi :

. . . . *Honorina puella*
Sulpicii versus despicit ac lacerat.

Sans le chicaner sur les fautes de poésie, cela signifie, si je me souviens bien de mon dictionnaire, « la jeune Honorine méprise les vers de Sulpice et les déchire. » Eh bien ! mon cher..... suis bien mon raisonnement... tu as tort de te plaindre que la nièce du patron traite si mal les vers composés à sa louange ; elle ne les déchire pas, seulement elle les perd ; une preuve, c'est que je les ai trouvés là sous les pieds et que je m'en suis emparé. Elle ne les comprend pas, mais elle est flattée d'être louée en latin. Quant à mes lettres à moi, qu'elle peut très bien comprendre et qui ne la flattent pas du tout parce que c'est de la simple prose française, elle les déchire bel et bien. C'est pourquoi je m'abstiens d'écrire. Mais quand tu ne seras plus là, quand le champ sera libre, tu comprends... j'aurai mon tour.

— Ainsi donc, — demanda Sulpice avec angoisse, — tu comptes aussitôt après mon départ...

— Je ne compte rien du tout, mon cher ; mais, sac à papier ! si mademoiselle Honorine voulait un peu recevoir de mon écriture, ni toi, ni le patron, ni le diable ne pourrait m'empêcher de lui en adresser !... Je ne te dis que cela.

Il se mit à ranger brusquement les papiers qui étaient sur son bureau, comme si cette conversation, malgré sa tournure frivole, l'eût ému plus profondément qu'il ne voulait le laisser voir à son rival. Sulpice était devenu rêveur ; la jalousie envenimait encore la blessure poignante faite à son amour-propre.

Il cherchait un moyen de parer le coup, lorsque la voix de maître Buisson se fit entendre au dehors. Ne voulant pas que Paul fût témoin de l'explication qu'il allait avoir sans doute avec le notaire, il dit rapidement au jeune clerc :

— Paul, je suis sans rancune et je voudrais t'épargner une verte semonce. Voici le patron ; il est dans une colère terrible contre toi, parce que tu as paru te moquer de lui à l'hôtel de ville. Ainsi donc, si tu m'en crois, sauve-toi bien vite ; peut-être demain n'y pensera-t-il plus.

— Sac à papier ! que faire ? il monte déjà l'escalier !

— Sauve-toi par la petite porte.

— Elle est fermée... Chut ! ne dis rien... quand il aura le dos tourné, je trouverai bien moyen de m'esquiver.

En parlant ainsi, Paul, avec l'espièglerie d'un enfant, se jeta sous un meuble où il ne pouvait être aperçu. Sulpice voulait le faire sortir, mais un geste menaçant du jeune clerc le contraignit au silence. Maître Buisson entra dans la salle avec Honorine, qui cette fois avait essuyé ses larmes et souriait d'un air encourageant à Sulpice Lecrenx.

Le notaire avait la mine piteuse d'un homme faible dont on force la volonté. Il tenait sa nièce Honorine par le bras et lui adressait à voix basse des observations qu'elle n'écoutait pas. Cependant, malgré la contrariété visiblement empreinte sur ses traits, les plis imperceptibles formés aux deux coins de sa bouche et l'astuce qui pétillait dans ses yeux gris laissaient soupçonner qu'il avait trouvé quelque ruse secrète pour se tirer du mauvais pas dans lequel il semblait engagé.

A la vue du patron et d'Honorine, Sulpice s'était levé avec déférence, mais Buisson lui fit signe de se rasseoir et prit place à côté de lui. Quant à la jeune fille, elle resta debout, le regard constamment fixé sur son père adoptif, comme pour s'assurer qu'il exécuterait fidèlement une mystérieuse promesse.

Sulpice était sur les épines ; en ce moment moins que jamais, il avait besoin d'un contrôleur, qu'il savait sévère et impitoyable, de ses actions et de ses paroles ; il eût donc la velléité de trahir son camarade avant que le vieillard eût ouvert la bouche. Mais Buisson pouvait pro-

fiter de ce prétexte pour ajourner une explication qui semblait lui répugner beaucoup ; et d'ailleurs, malgré sa frivolité, Paul était incapable d'abuser d'un secret que le hasard lui aurait livré.

Aussi Sulpice se décida-t-il à se taire, et peut-être la crainte que Paul, peu endurant de sa nature, ne se vengeât énergiquement d'une trahison, fut-elle pour beaucoup dans cette décision.

Maître Buisson, de plus en plus grave, se moucha, aspira une prise de tabac, préliminaires obligés de ses longs discours, et dit enfin d'un ton sévère :

— Ma nièce vient de me révéler, monsieur, certaines choses qui, je dois l'avouer, diminuent de beaucoup mon estime pour vous. Ce que j'ai pris jusqu'ici pour la passion en l'air d'un écolier et d'une pensionnaire avait réellement une portée plus grave. Il existait entre vous des correspondances en règle, des engagemens formels, et enfin vous aviez songé tous les deux à me demander mon consentement à un mariage... J'ai déjà dit à ma nièce ce que je pensais de son inconcevable légèreté. Quant à vous, monsieur, dans cette circonstance, vous n'avez pas agi comme mon amitié et ma confiance vous faisaient un devoir d'agir.

— Mon bon oncle, — dit la jeune fille en rougissant, — vous m'aviez promis...

— Je n'oublierai aucune de mes promesses, Honorine, mais il m'appartient de rejeter le blâme sur ceux qui l'ont mérité. Oui, monsieur, — continua-t-il en se retournant du côté de son clerc, — Honorine vient de tout m'avouer... J'avais pris pour une niaiserie qui ne valait pas la peine d'être remarquée une passion sérieuse qui devait faire le bonheur ou le malheur de ma nièce, et sans doute aussi votre bonheur ou votre malheur à vous. Aussi, monsieur, comme j'aime Honorine et comme je ne l'ai pas enlevée à sa mère pour la rendre malheureuse, je la laisse libre de son choix... Si donc plus tard vous êtes digne encore de la préférence qui pourrait vous être accordée, je ne m'opposerai pas à ce que vous deveniez mon neveu.

Sulpice poussa un cri de joie ; un cri plus faible et qui avait une intonation différente partit de l'autre extrémité de la salle, mais celui-là ne fut pas entendu au milieu de l'agitation générale. Sulpice, dans un mouvement de reconnaissance, saisit cette fois, sans se faire prier, la main du vieillard et la pressa convulsivement dans les siennes :

— O monsieur ! mon digne maître, mon cher bienfaiteur, serait-il possible ? quoi, vous consentiriez !...

— Je vous disais bien, Sulpice, qu'il était le meilleur des hommes ! — s'écriait Honorine en embrassant son oncle avec une sorte de frénésie.

Le notaire se laissa tranquillement embrasser et permit qu'on arrosât ses mains de larmes. Les premiers transports des jeunes gens passés, il aspira une nouvelle prise de tabac et continua en se relâchant un peu de sa gravité solennelle :

— Eh mon Dieu ! oui, mon garçon, je consens, quoique vous n'ayez pas mérité une pareille récompense. J'avais pour ma nièce d'autres projets qui m'étaient bien chers et auxquels je suis forcé de renoncer ; il s'agissait du fils d'un ancien collègue... Enfin n'en parlons plus : Honorine a ma parole. Seulement je ne puis pas donner la main de ma nièce à un homme dont la position n'est pas faite et qui se trouve dans la nécessité d'obéir aux lois de son pays. Ma première condition est donc que vous partirez, comme c'est votre devoir, pour rejoindre l'armée, et quand vous reviendrez, si vous en êtes encore digne, si vous m'offrez des garanties suffisantes...

— Encore ce fatal départ ! — s'écria Sulpice désappointé.

— Monsieur Sulpice, — reprit la jeune fille avec timidité, — comme l'a dit mon excellent oncle, revenez digne de moi, et je resterai digne de vous...

— Ainsi donc, — dit maître Buisson en se hâtant peut être un peu trop de conclure, — voici une affaire arrêtée... brisons là, si vous le voulez bien... Il est inutile, Sulpice, de faire connaître à qui que ce soit, avant une décision définitive, ce qui vient de se passer ici, et je compte assez sur votre délicatesse pour être certain que vous ne chercherez pas à voir ma nièce ou à lui écrire à mon insu avant votre départ... Désormais tout doit être loyal et à découvert entre nous... Adieu donc, mon cher Sulpice ; nous vous reverrons pour recevoir vos adieux. — Puis maître Buisson se retourna avec une émotion feinte du côté de sa nièce, en murmurant : — Eh bien ! es-tu contente?

Honorine, dupe de la comédie que venait de jouer son rusé tuteur, l'embrassa de nouveau avec transport.

Sulpice au contraire ne partageait pas la joie de sa jeune fiancée. Il était trop fin lui-même pour se laisser prendre au piège que lui tendait Buisson, dont les dernières paroles prouvaient clairement la mauvaise foi. Les illusions qu'il avait conçues un moment tombèrent. Évidemment le notaire, sachant bien qu'il ne gagnerait rien à contrarier l'inclination d'une jeune fille exaltée, semblait se prêter à des projets qu'il n'approuvait nullement au fond du cœur. Cette facilité d'un homme si tenace d'ordinaire et si ferme dans ses volontés ne pouvait être naturelle. En mettant un départ immédiat pour condition de son consentement provisoire au mariage, Buisson espérait sans doute, ou que Sulpice ne reviendrait plus, ou que pendant son absence la frivole Honorine pourrait l'oublier, ou enfin qu'au retour du soldat les motifs ne manqueraient pas pour éluder une promesse vague faite en quelque sorte à huis clos. Toutes ces réflexions se présentèrent rapidement à la pensée du jeune Lecreux ; il sentit que s'il partait, malgré tout ce qu'on pourrait lui dire, la riche et belle Honorine était perdue pour lui.

Il prit une contenance respectueuse, et dit avec une onction qu'il savait donner à sa voix dans les circonstances importantes :

— Je vous remercie, mon excellent patron, des bontés dont vous me comblez ; je vous remercie aussi, mademoiselle, — continua-t-il en jetant un regard plein de tendresse sur la jeune fille, — d'avoir eu foi dans cet amour pur, désintéressé que je vous ai voué. Je ne mérite pas tant de bonheur, et c'est une raison pour que j'en comprenne mieux le prix. Cependant, vous l'avouerai-je? je tremble en songeant que de si belles espérances peuvent n'avoir qu'une réalisation lointaine, ou que peut-être je ne la verrai jamis. Cette idée glace mon courage et remplit mon cœur de tristesse, au moment même où je devrais être si heureux et si fier.

Il s'arrêta comme pour donner au vieillard le temps de jeter en avant quelque consolation dont il prendrait texte pour arriver à ses fins ; mais Buisson se contenta de répliquer avec une sorte de bonhomie :

— Eh bien ! mon cher, si vous avez le moyen de vous faire exempter de la conscription...

— Vous le savez trop, monsieur, — reprit Sulpice avec empressement, — ma famille est pauvre et il m'est impossible d'acheter le droit de ne pas partir... Mais, — ajouta-t-il d'un ton plus timide et en rougissant un peu, — peut-être voudrez-vous pousser la générosité jusqu'au bout et faire pour... votre neveu futur ce que vous n'auriez pas fait pour votre clerc. De mon côté, j'espère, par mon travail constant, mon zèle ardent pour vos intérêts...

— Oui-dà, — dit le notaire d'un ton ironique, — ne faudrait-il pas payer encore dix ou douze mille francs l'honneur d'avoir un pareil neveu ? — Sulpice retomba sur sa chaise avec désespoir. — Tu le vois, Honorine, — continua le vieillard, — je n'ai rien négligé pour te rendre contente ! mais véritablement ton fiancé est trop exigeant...

Honorine s'approcha de Sulpice et lui dit d'un ton amical :

— Allons, monsieur Sulpice, ne vous laissez pas aller à l'abattement. Partez sans crainte, et soyez sûr que, au retour, ni mon oncle ni moi nous n'aurons oublié notre parole...

— Certainement, — reprit le vieux notaire, — je ne l'oublierai pas... mais aussi ne faut-il pas demander trop. Que diable ! les remplaçans sont chers, par le temps qui court, et on ne les fait pas sortir de terre rien qu'en la frappant du pied.

— Pourquoi pas, monsieur Buisson ? — demanda un nouveau personnage qui surgit tout à coup au milieu des interlocuteurs, comme s'il fût véritablement sorti du plancher.

Le notaire et Honorine poussèrent, l'une un cri de terreur, l'autre un cri d'étonnement à cette apparition. Sulpice, qui savait le mot de l'énigme, attendit avidement l'explication de cette intervention inattendue.

Paul n'avait plus en ce moment cette expression de gaieté, ce ton léger qui lui étaient habituels ; une véritable tristesse se peignait sur son visage. Sans donner le temps à personne de l'interroger, il s'avança vers Buisson.

— Pardonnez-moi, monsieur, — dit-il gravement, — si un hasard que j'étais loin de prévoir m'a rendu témoin involontaire de ce qui vient de se passer ici... Je sais que vous avez promis la main de mademoiselle Honorine à monsieur Sulpice Lecreux ; je sais que monsieur Sulpice aime votre nièce et qu'il est aimé d'elle ; je sais enfin que le seul obstacle au mariage vient de la nécessité où se trouve mon camarade de rejoindre l'armée comme soldat; cet obstacle, je puis le lever, moi qui ne suis nécessaire à personne, qui ne suis aimé de personne... en un mot, donnez la main de mademoiselle Honorine à Sulpice, assurez leur bonheur à tous deux, et ce sera moi qui partirai !

— Vous ! — s'écria Buisson, tout pâle et furieux de se voir pris à son propre piège.

— Toi ! mon ami, mon cher camarade, — dit Sulpice en bondissant de joie.

Honorine ne prononça pas une parole, mais une vive admiration se refléta dans ses regards à cette proposition aussi généreuse qu'inespérée.

— Ne me remercie pas, Sulpice, — reprit Paul avec embarras ; — si ton bonheur seul eût dépendu de moi, je n'aurais pas eu la force peut-être d'accomplir ce sacrifice... Mais celui de mademoiselle Honorine est si précieux...

— C'est cher pour moi, monsieur Paul, — demanda la jeune fille avec un accent pénétré, — c'est pour moi seule que vous allez affronter les dangers d'une guerre qui sera terrible?

Paul ne répondit pas, et, se tournant vers le vieux notaire, encore atterré de ce coup de théâtre, il reprit d'une voix ferme :

— Monsieur Buisson, je vous rappelle encore que j'ai entendu la promesse solennelle que vous avez faite à Sulpice, et je vous somme de fixer l'époque précise du mariage, maintenant que tous les obstacles sont levés...

— Ils ne sont pas levés encore, monsieur le drôle ! — dit maître Buisson avec colère ; — il vous manque d'abord l'autorisation de votre mère, qui demeure à quelques lieues d'ici, et la bonne femme ne sera peut-être pas disposée à vous la donner ; vous devez ensuite vous faire agréer comme remplaçant, et cela pourra présenter certaines difficultés... D'ailleurs, je n'ai pas dit que mes promesses se réaliseraient sur le champ ; je ne puis jeter ainsi la fille de ma sœur à la tête du premier venu. Nous verrons, que diable ! il nous faut le temps de la réflexion.

— Vous avez raison, mon oncle, — ajouta Honorine d'un ton froid tout différent de celui qu'elle avait eu jusque-là ; il nous faut le temps de la réflexion, et nous prendrons tout celui qui nous sera nécessaire.

— Que dites-vous, mademoiselle, — demanda Sulpice stupéfait, — et pourquoi ce changement ?

— Parce que... parce que je n'aime pas les lâches ! — répliqua la jeune fille en sortant de l'étude et en jetant sur son prétendant un regard de mépris.

Nous avons dit que mademoiselle Honorine était extrême en tout. La comparaison du caractère des deux jeunes clercs avait suffi pour changer en une haine véritable l'affection qu'elle éprouvait auparavant pour Sulpice.

Trois jours après, Paul partait pour l'armée ; malgré les larmes et les gémissemens de ses camarades, il était aussi gai, aussi railleur que jamais.

Dans son sac de soldat il emportait un petit billet contenant ce peu de mots, sans signature : « Soyez brave, je vous attendrai. »

IV

INVASION.

C'était la nuit du 30 au 31 mars 1814, nuit à jamais funeste, où la trahison livra aux étrangers la capitale de la France. La petite ville où se sont passés les événemens que nous venons de raconter avait été effrayée toute la journée précédente par une canonnade lointaine qui annonçait la défense de Paris, défense héroïque, il est vrai, mais malheureusement trop courte de quelques heures. On ne savait rien encore de positif sur l'issue de la bataille ; cependant les bruits les plus sinistres s'étaient répandus parmi les habitans de L... Jusqu'au soir les oisifs de l'endroit, réunis en groupes dans les rues et sur la place de la mairie, s'étaient plu à répéter les nouvelles les plus contradictoires, forgées par des imaginations terrifiées.

On disait que deux jours auparavant l'empereur avait été écrasé du côté de Saint-Dizier, que Paris avait été bombardé le jour même, et mis à feu et à sang. Des alertes fréquentes mettaient en fuite dans les rues les questionneurs et les questionnés ; l'ennemi pouvait paraître de minute en minute, et, toute exagération à part, il semblait extraordinaire que les armées alliées, qui, on en avait la certitude, manœuvraient dans le voisinage, n'eussent pas encore poussé une reconnaissance jusque-là.

Chacun s'était donc empressé de se retirer chez soi aussitôt que la nuit avait commencé à tomber. Une centaine de gardes nationaux, qui formaient toute la défense de L... et qui pendant la journée avaient montré une velléité de résistance, avaient fini par céder aux remontrances des officiers municipaux. Comprenant l'inutilité d'une démonstration hostile qui eût entraîné l'incendie de la ville entière, ils étaient rentrés dans leurs maisons pour quitter cet uniforme qui pouvait devenir dangereux à porter. Aussi, vers neuf heures environ, la ville était-elle déserte et silencieuse. Toutes les portes étaient soigneusement fermées ; c'était à peine si de temps en temps quelques pas furtifs et précipités se faisaient entendre au milieu de l'obscurité sur le pavé des faubourgs ; n'eussent été les lumières nombreuses qui brillaient aux fenêtres, on eût pu croire la ville abandonnée.

Cependant, à cette même heure où tous les habitans de L... éprouvaient d'inexprimables angoisses, maître Buisson, dans la petite salle à manger qui touchait à son étude, venait d'achever tranquillement, près d'un bon feu, un excellent souper. Les pieds posés sur les chenets, le coude appuyé sur la table encore chargée des débris d'un succulent pâté, il semblait plongé dans la calme béatitude d'une bonne digestion. Il n'était pourtant pas tout à fait indifférent aux grands événemens qui se déroulaient à quelques lieues de là, car il tenait à la main le dernier numéro du *Journal de l'Empire*, et il en parcourait distraitement les colonnes à la lueur d'une bougie. Si dans toutes les calamités publiques il est des alarmistes qui se plaisent à exagérer les terreurs de leurs voisins, en se faisant dupes souvent eux-mêmes de leurs propres exagérations, il est aussi des esprits forts qui se butent contre la réalité et nient le danger jusqu'à ce

qu'il les frappe ; le vieux notaire était du nombre de ces derniers.

Pour faire contraste avec la paisible impassibilité de maître Buisson, Honorine allait et venait d'un air d'inquiétude fort excusable en pareille circonstance. Son couvert, parfaitement intact sur la table, prouvait qu'elle n'avait pas ressenti les atteintes de l'appétit, ou que du moins les angoisses du moment ne lui avaient pas permis de le satisfaire. Elle se penchait quelquefois à la fenêtre pour écouter soit le bruit du tocsin qu'on sonnait dans les campagnes voisines, soit le grondement sourd et bref du canon, qui s'élevait à longs intervalles au milieu de la nuit. A chacune de ces explosions, elle se jetait en arrière et poussait des exclamations d'effroi. Une grosse servante, qui était là pour le service de la table, faisait chorus, tandis que le digne notaire souriait dédaigneusement.

— Mon Dieu ! — s'écria enfin Honorine, — le bruit de la canonnade se rapproche de nous ! Est-ce que l'ennemi viendrait de ce côté ?

— Miséricorde, Jésus, Seigneur ! — ajouta la servante en tombant à genoux, — nous sommes perdus !

— Avez-vous bientôt fini, folles que vous êtes ! — dit Buisson d'un ton d'impatience ; — vous me rendrez sourd avec vos criailleries continuelles ! Vous, Jeanneton, allez réciter vos patenôtres à la cuisine, et toi, Honorine, au lieu de t'enrouer en pure perte, tu devrais songer à souper.

La servante obéit sans répliquer à l'injonction formelle de son maître ; mais Honorine se montra moins soumise.

— En vérité, mon oncle, — répondit-elle, — je ne vous comprends pas ! Vous êtes là tranquille comme si vous n'aviez pas à craindre les mêmes dangers que nous ? Mais, au nom du ciel ! songez que dans quelques heures peut-être cette maison sera en feu, et que nous-mêmes nous serons massacrés par ces affreux cosaques.

— Bah ! voilà trois jours qu'on dit la même chose ! — répondit le vieillard avec une indifférence affectée ; — le premier jour j'ai eu peur et j'ai caché mes effets les plus précieux ; le second, je me suis un peu rassuré, et aujourd'hui, ma foi ! je commence à penser que ces terribles cosaques dont tu parles font plus de peur que de mal. D'ailleurs le journal n'annonce pas de danger immédiat ; vois plutôt... Allons ! allons ! mon enfant, reprends courage et soupe tranquillement.

— Mais, mon oncle, vous ne voulez donc rien croire ? Je vous le répète, aujourd'hui les cosaques ont poursuivi une diligence à quelques lieues d'ici, et les voyageurs ont eu grand'peine à se sauver. Monsieur Sulpice m'a raconté...

— Monsieur Sulpice est un poltron comme tous les braillards de la grande place, qui nous débitent depuis deux jours les plus stupides balivernes ! Mange, mon enfant, et si nous devons périr cette nuit, eh bien ! nous ne périrons pas du moins sans avoir soupé.

— Comment pouvez-vous plaisanter ainsi, mon oncle ? Tenez, entendez-vous la canonnade, qui redouble du côté de Paris ? Mon Dieu ! qu'allons-nous devenir ! Et dire que nous n'aurions personne pour nous défendre si l'ennemi entrait chez nous de force !

— C'est ta faute, ma fille, — répondit Buisson du même ton moqueur ? — si tu avais voulu accepter le mari que je te réserve, un homme magnifique et immensément riche, le fils de mon collègue, c'eût été une bonne garnison pour cette maison en cas d'attaque, tandis que ce pauvre Sulpice que tu ne regardes plus depuis...

— Mon oncle, — dit Honorine en rougissant, — je vous ai prié de ne plus me parler du passé.

— Oui, oui, j'oublie toujours que le nom de ce beau faiseur de vers latins te donne maintenant des crispations ; mais il y a trois mois à peine...

— Est-ce donc le moment de traiter de semblables questions ? — dit Honorine en revenant à la fenêtre comme pour rompre la conversation ; — peut-on parler de mariage quand nous ne savons pas si nous vivrons encore demain ?

— Mais sans doute, tout comme aujourd'hui, quoique nous n'ayons pas de défenseur... Voyons, — continua-t-il en jetant un regard de côté sur la jeune fille, — que dirais-tu, pour te protéger contre les cosaques, d'un petit sergent de voltigeurs, bien tapageur, bien intrépide, le shako sur l'oreille ?...

— De qui voulez-vous parler, mon oncle ? — demanda Honorine avec entraînement et sans défiance.

— Eh ! de qui parlerai-je, sinon du preux chevalier qui pour te plaire a pris la place de Sulpice, de ce petit drôle de Paul Rousselin, qui de mauvais clerc est, dit-on, devenu un excellent soldat !... Ah ! ah ! tu m'écoutes, malgré ta frayeur ; je vois à ton intérêt pour lui que je ne m'étais pas trompé... Malheureusement, ma chère, dans les circonstances actuelles il ne pourrait te secourir, car une lettre écrite par un jeune homme du pays annonce que le pauvre garçon a reçu à la bataille de Vauxchamp, où il a conquis le grade de sous-officier, un coup de sabre sur la tête.

— Oui, mon oncle, — interrompit vivement Honorine ; mais monsieur Paul a écrit depuis à sa famille qu'il en serait quitte à bon marché. C'est sa mère qui l'a dit à Jeanneton...

— Et de quoi diable se mêle Jeanneton, de te répéter cela ? — dit Buisson impatienté. — Vous verrez, — continua-t-il comme s'il se parlait à lui-même, — que cette petite folle me tourmentera encore avec ses lubies ! Mais je jure bien que si jamais monsieur Paul avait la prétention...

Le vieillard s'arrêta tout à coup ; un tumulte extraordinaire venait de s'élever dans la ville, si calme jusqu'à ce moment. On distingua bientôt un galop de chevaux, un cliquetis d'armes, des cris étranges, et par-dessus tout quelques coups de fusil tirés sur des points opposés. Cette fois maître Buisson devint aussi pâle qu'Honorine elle-même ; autant il s'était montré esprit fort et rodomont quand le danger était loin, autant il était timide maintenant qu'il allait se trouver face à face avec lui.

On frappa subitement et à coups redoublés à la porte de la rue ; en même temps une voix tremblante demanda du dehors :

— Ouvrez, ouvrez, au nom de Dieu ! C'est un ami.

— C'est la voix de Sulpice ! — s'écria Honorine.

— Sulpice ! — répéta le notaire, — que fait-il dans les rues à cette heure ? Que nous veut-il ?

— Il vient peut-être nous protéger, — dit la jeune fille, oubliant la mauvaise opinion qu'elle avait exprimée sur le premier clerc de son oncle.

— Lui ? allons donc !

C'était en effet Sulpice Lecreux. La servante, ayant reconnu sa voix, s'empressa de lui ouvrir la porte. La malheureuse dut s'en repentir, car elle fut presque renversée, tant le visiteur mit de précipitation à s'élancer dans la maison ; puis, sans s'arrêter à écouter les questions de la pauvre fille épouvantée, il monta, toujours au galop, au premier étage, et se précipita dans la salle où se trouvaient Buisson et sa nièce. Pâle et hors d'haleine, les vêtements en désordre, il avait perdu son chapeau en courant.

— Mon cher patron, ma bonne demoiselle, — s'écria-t-il dans un trouble inexprimable et sans prendre le temps de respirer, — je vous en supplie, ne me livrez pas ! cachez-moi quelque part... Ils veulent me tuer !

— Qui donc ?

— C'est moi qu'ils poursuivent.

— Mais qui donc, encore une fois ?

— Les cosaques !...

— Les cosaques, bon Dieu !

— Oui, — reprit Sulpice haletant ; — tout à l'heure je sortais du café, où j'étais allé pour apprendre des nou-

velles, et je retournais chez mon père... tout à coup j'ai aperçu devant moi un corps de cavalerie qui s'avançait dans l'obscurité... J'ai eu peur, et j'allais rebrousser chemin quand un coup de fusil, tiré à mes côtés par je ne sais qui, a blessé un des cavaliers ennemis... Ils ont poussé des hurlements épouvantables et se sont élancés en avant... Je fuyais de toute la vitesse de mes jambes ; ils ont cru que c'était moi qui avais tiré, ils m'ont poursuivi.

— Misérable ! — s'écria le notaire d'un ton où la frayeur se mêlait à la colère, — ils vous auront vu entrer chez moi ! nous allons être massacrés ?

— J'espère qu'ils auront perdu ma trace.

— Écoutez, — dit Honorine en leur faisant signe de se taire.

La rue en ce moment était remplie de chevaux, et les cris sauvages des cavaliers partaient sous les fenêtres même de maître Buisson. Mais quelle ne fut pas la terreur des assistants quand cette immense troupe sembla faire halte à la porte de la maison ? Aussitôt cette porte fut attaquée à grands coups de bois de lance ; au milieu des clameurs confuses et barbares, quelqu'un dit en français :

— Ouvrez, ouvrez ! si vous ne voulez qu'il vous arrive de grands malheurs.

— Plus de doute, — murmura le notaire en chancelant, — ce misérable nous a perdus ! Mais sauve-toi, sauve-toi donc ! — s'écria-t-il avec un accent de rage en s'adressant à Sulpice ; — ils vont nous égorger s'ils te trouvent ici !

Sulpice s'élança hors de la salle.

— Mon Dieu, ayez pitié de nous ! — s'écria Honorine en tombant à genoux.

En ce moment Jeanneton apparut tout échevelée.

— Monsieur, mademoiselle, sauvez-vous ! Il y a en bas quinze cent mille brigands qui viennent pour vous assassiner !

— Oui, oui, cachons-nous ! — dit le notaire en entraînant sa nièce à demi morte.

C'était en effet un corps de cosaques irréguliers qui venait d'entrer dans la ville. Comme il n'y avait pas assez d'écuries pour loger les chevaux, le conseil municipal avait désigné la chapelle en ruine dont Buisson était propriétaire, pour servir d'écurie. Un adjoint du maire, qu'on avait forcé d'accompagner le détachement, était venu signifier cette réquisition. Personne n'ouvrait la porte, on l'enfonça.

V

LES VOLONTAIRES.

La même nuit, un jeune soldat à pied, dont le pas appesanti trahissait la fatigue, s'avançait sur la route de Paris à L... Le ciel était couvert et sombre ; un vent glacial soufflait à travers les branches des peupliers qui bordaient le chemin. Dans la campagne régnait un morne silence qu'interrompaient seulement des coups de canon isolés, semblables à ceux que tire en mer un vaisseau menacé par le naufrage. Cependant, au milieu de ces ténèbres profondes, on apercevait sur différents points de l'horizon des lumières disposées en lignes régulières comme des bataillons sous les armes. Il n'était pas difficile de s'expliquer ces feux symétriques, nombreux comme les étoiles ; ils appartenaient aux bivouacs des troupes alliées qui devaient faire le lendemain leur entrée triomphale à Paris.

Quand le voyageur arrêtait son regard sur ces clartés sinistres, un murmure sourd s'échappait de sa poitrine comme le rugissement d'une colère impuissante, et alors, malgré les précautions dont il croyait devoir entourer sa marche, il laissait échapper d'effroyables juremens qu'emportait la brise froide de la nuit.

Il venait de se livrer à un de ces accès de rage solitaire quand il entendit plusieurs personnes s'avancer vers lui. Il gagna le bord du chemin afin de s'assurer si ceux qui approchaient étaient amis ou ennemis. Mais son mouvement avait attiré l'attention des inconnus ; ils s'arrêtèrent aussi, et on cria :

— Qui vive ? qui êtes-vous ?

Le jeune soldat, voyant qu'il n'avait pas donné, comme il l'avait craint d'abord, dans une patrouille ennemie, rejeta son fusil de munition sur son épaule, et répondit d'un ton de mauvaise humeur :

— Ce que je suis ! ce matin j'aurais cru pouvoir vous dire que j'étais Français ; ce soir... je n'en sais rien.

— Que signifie ce baragouin ? — demanda-t-on avec l'accent de la colère ; — je crois pouvoir vous dire que vous n'êtes guère honnête, l'ami !

— C'est possible ! mais qui êtes-vous vous-mêmes ? de quel droit vous placez-vous sur mon chemin ?

Il fit craquer la batterie de son fusil, pour montrer qu'il était armé et qu'il saurait se défendre si l'on songeait sérieusement à l'arrêter ; mais ce bruit produisit un effet tout différent de celui qu'il attendait.

— Par tous les diables ! c'est un soldat ! — dit la voix d'un ton amical. — Eh bien ! camarade, nous sommes d'anciens soldats établis dans le voisinage. Aujourd'hui, nous avons appris que l'ennemi se trouvait sous les murs de Paris, J'ai réuni ces braves gens qui m'accompagnent, et nous allons porter aux Parisiens le secours de quelques bras de plus.

En ce moment la lune se dégagea des nuages, et le voyageur aperçut une trentaine de militaires de différentes armes, qui semblaient être des vétérans réformés depuis longtemps. Celui qui venait de parler était un homme d'une soixantaine d'années, revêtu d'un vieil uniforme de capitaine de la ligne ; une large balafre qui sillonnait son visage témoignait de ses prouesses passées. Le jeune soldat, dans lequel nos lecteurs auront sans doute reconnu Paul Rousselin, salua respectueusement.

— Vous venez de Paris sans doute ? — poursuivit le Balafré avec empressement ; — l'empereur est-il arrivé ? Avez-vous trouvé la route libre, et croyez-vous que nous puissions pénétrer dans la ville ?

— L'ennemi est déjà maître des barrières, — répondit Paul avec un accent de tristesse, — et j'ai eu beaucoup de peine à les franchir. Croyez-moi, camarades, n'allez pas plus loin ; ne risquez pas inutilement votre vie. Tout est perdu ! Paris vient de se rendre ; les alliés y entrent demain.

— Paris s'est rendu ! — s'écria-t-on de toutes parts. On laissa tomber les armes avec découragement, et quoique les volontaires fussent étrangers les uns aux autres, ils s'embrassèrent en pleurant. Paul lui-même, qui jusque-là n'avait pu décharger son cœur, se jeta dans les bras du vieil officier. Il y eut un moment de trouble inexprimable, on ne distinguait plus au milieu des sanglots et des jurements que ces terribles paroles : — Paris rendu !

— Mais comment donc cela s'est-il passé ? — demanda le capitaine en essuyant ses larmes avec son poing convulsivement fermé ; — comment ces gredins de Russes et de Prussiens sont-ils parvenus à s'emparer de notre capitale ? Que faisaient donc les Français ? que faisaient les Parisiens ? où était l'empereur ?

— On n'a pas de nouvelles de l'empereur, et, s'il arrive, comme on le dit, il arrivera trop tard... Quant aux Parisiens, ils se sont battus comme des lions ; j'y étais, je l'ai vu... Mais pendant que nous faisions face à l'ennemi, la trahison nous attaquait par-derrière... Tout à l'heure, comme nous nous préparions au combat de demain, on est venu nous annoncer que la capitulation était signée et qu'il fallait remettre les portes aux alliés. La colère s'est emparée de moi, j'ai été sur le point d'envoyer une balle à l'officier, tout empanaché et couvert de décorations, qui caracolait sur son cheval de parade en nous donnant cet ordre... Puis, sans réfléchir, je me suis mis à

courir vers l'une des barrières dont l'ennemi ne s'était pas emparé encore, et je suis sorti à temps pour n'être pas témoin de l'humiliation de notre pauvre Paris !...

Un silence douloureux suivit ces lugubres nouvelles.

— Et vous, jeune homme, — reprit enfin le capitaine, — où allez-vous maintenant ? Pourquoi êtes-vous séparé du régiment auquel vous appartenez ?

— J'ai été blessé à Vauchamp, mon officier, et j'ai dû rester aux ambulances jusqu'à ce que je fusse guéri de ma blessure. Depuis peu de jours je suis rétabli, et comme au milieu des marches et des contre-marches de mon régiment il m'a été impossible de le rejoindre, je suis venu à Paris pour prendre des ordres. Tout était sens dessus dessous au ministère de la guerre ; comme on ne songeait pas à me caser, je me suis casé moi-même parmi les volontaires parisiens, et j'ai fait le coup de feu avec eux... Maintenant je me rends à L..., ma ville natale, où je pourrai être utile peut-être à quelques amis.

— Ah ! vous allez à L... Vous ne savez donc pas que les cosaques s'en sont emparés ce soir même ? nous avons été obligés de faire un détour pour les éviter.

— Diable ! sont-ils nombreux ?

— C'est un corps isolé d'environ mille hommes ; ils appartiennent aux cosaques irréguliers de Platof.

— Des cosaques irréguliers ! — s'écria Paul. — Quoi ! cette canaille que Murat chargeait en Russie une cravache à la main !... Sac à papier ! n'y aurait-il pas moyen de les tarabuster un peu ?

— Comment ! mon garçon, vous voudriez que nous allassions les attaquer ? Songez-y, nous ne sommes qu'une trentaine et ils sont mille.

— On a peut-être exagéré leur nombre, — dit Paul avec impétuosité ; — et d'ailleurs je connais à L... des bons vivans qui, au premier bruit, viendraient nous donner un coup de main. Écoutez, camarades, — continua-t-il en élevant la voix de manière à être entendu de tous les volontaires, — vous allez à Paris pour vous faire tuer, n'est-ce pas ? Demi-tour à droite... Paris est pris, il n'y a plus rien à espérer de ce côté... maintenant voilà devant nous les brigands du Nord que le bon Dieu nous livre comme s'il les plaçait au bout de nos fusils... voulez-vous venger sur eux tant de braves gens qui sont morts aujourd'hui en défendant Paris ? Votre capitaine commandera et moi je vous guiderai... Je connais L..., où j'ai vécu toute ma vie ; je vous promets de vous conduire dans un endroit où nous tuerons des cosaques à discrétion. Sac à papier ! vous verrez que je ne boude pas au feu. D'ailleurs, nous agirons avec prudence... Voyons, ça vous va-t-il ?

— Oui, oui ! — s'écrièrent spontanément plusieurs voix.

— Qu'en dites-vous, capitaine ? — demandèrent d'autres volontaires au vieil officier.

— Le projet du petit camarade m'irait assez, — reprit celui-ci d'un air d'hésitation ; — mais je craindrais que notre attaque ne fût cause de quelque malheur, et que ces pillards, pour se venger, ne missent la ville à feu et à sang.

— Pour ce qui est du pillage, c'est probablement déjà fait ; quant à l'incendie, nous l'éteindrons. Que voulez-vous, capitaine, il faut bien aussi risquer quelque chose pour avoir l'agrément de tuer des cosaques !...

— Il est endiablé ! — dit le capitaine avec satisfaction et d'un air à demi vaincu ; — si pourtant ce corps était appuyé par des forces plus considérables...

— Bah ! les troupes régulières ne se soucient pas de frayer avec ces coquins ; nous les éreinterons et tout sera dit ; les alliés ont autre chose à faire pour le moment que de s'occuper des cosaques... Allons, allons, capitaine, Paris est rendu et il faut que notre humiliation coûte cher à quelqu'un... En avant !

— Oui, oui, en avant ! — reprirent plusieurs volontaires.

— En avant donc ! — s'écria le capitaine avec détermination ; — en avant, et vive la France !

— Vive la France ! — répéta toute la troupe.

Et on se dirigea vers la ville, située seulement à une demi-lieue de là.

Paul marchait le premier d'un pas rapide. On a deviné sans doute que le patriotisme n'était pas le seul mobile de sa courageuse résolution. A la nouvelle de l'occupation de sa ville natale par les cosaques, il avait compris le danger que pouvaient courir certaines personnes chères, et cette idée avait relevé son courage abattu par les événemens récens. Persuadé que le moindre retard pourrait être funeste, il ne songeait plus qu'à arriver le plus promptement possible à L... Cependant on ne négligeait pas les précautions exigées par les circonstances. On observait le plus grand silence dans la petite troupe, car au milieu de l'obscurité on pouvait se heurter à quelques-unes de ces patrouilles ennemies qui parcouraient la campagne dans tous les sens.

Bientôt on aperçut les premières lumières de la ville, et le capitaine commanda halte, pour que les volontaires pussent se préparer au combat.

— Allons, mes amis, — dit-il, — il ne s'agit pas de lanterner, et puisqu'il faut taper, tapons dur et ferme... Autant mourir là qu'ailleurs ; capon le dernier ! Voilà !

Au moment où il achevait cette allocution toute militaire, Paul lui demanda à voix basse :

— Capitaine, savez-vous si les cosaques sont logés chez l'habitant, ou s'ils ont des postes dans la ville ?

— Une partie bivouaque, je crois, sur la place de la Mairie, l'autre occupe la petite église des Bénédictins ; c'est là surtout qu'on a mis les chevaux.

— L'église des Bénédictins, chez maître Buisson ! Ah ! sac à papier ! ça me défrise, capitaine, — reprit-il après un moment de réflexion, — voulez-vous vous fier à moi ?

— Sans doute, mon brave ; c'est-à-dire il faut savoir... car enfin...

— Ecoutez : nous ne sommes ni les plus forts ni les plus nombreux, il faut donc agir de ruse. Partageons, si vous le voulez bien, votre troupe en deux parties ; l'une, que vous conduirez, ira se poster à un coin de rue que je vous désignerai, et s'y tiendra en silence jusqu'au moment d'agir ; moi, avec l'autre partie, j'irai par de petits détours que je connais relancer les cosaques dans la chapelle où ils se sont cantonnés. Je ne dis pas ce que je ferai, mais je les débusquerai de là, à moins qu'il n'y restent tous, eux et leurs chevaux, ce qui serait possible si mon plan réussit... Vous n'aurez qu'à canarder les fuyards à mesure qu'ils paraîtront, et je connais trop les habitans de L... pour ne pas être sûr qu'on viendra vous aider quand la besogne sera commencée... Ça vous convient-il ?

— Sans doute, mais je voudrais savoir...

— Sac à papier ! capitaine, le temps presse. Les cosaques n'ont pas l'air d'être bien sages là-bas ; fiez-vous à moi, tout ira bien.

— Eh bien soit ! — dit le vétéran, qui voyait avec une véritable joie cette ardeur dont il ignorait les causes secrètes ; seulement, comme je suis convaincu, mon petit camarade, que vous n'êtes pas homme à choisir le poste le moins périlleux, je veux être des vôtres.

— Merci, capitaine ; j'aime mieux ça ; nous nous entendrons quoique vous soyez un vieux dur à cuire et moi un pauvre conscrit... Mais qui chargez-vous du poste en question ? Il nous faut un gaillard qui n'ait pas froid aux yeux.

— J'ai votre affaire, mon gars ; je vais appeler Bernard, un grognard d'Egypte... Quoiqu'il n'ait qu'un œil, cet œil n'est pas encore gelé ! d'ailleurs il a une vieille rancune contre les cosaques.

En même temps il fit signe à un grand gaillard de six pieds au moins, en uniforme de grenadier de la garde. Bernard s'approcha, et, bien que, parmi ces volontaires la supériorité du grade fût purement de convention, il présenta les armes, selon toute la rigueur de l'étiquette militaire, pendant que le capitaine lui parlait. Il écouta très attentivement les instructions qu'on lui donnait ; puis,

passant brusquement l'arme à gauche, il dit d'une voix qui semblait sortir du fond d'une poitrine d'acier :

— C'est bon, compris ! on s'y conformera !

— Nous pouvons être tranquilles maintenant, — dit le capitaine à son jeune aide de camp ; — Bernard sait ce qu'il doit faire. Il a encore sur le cœur le coup de lance qui lui a crevé l'œil et l'a forcé à prendre sa retraite : c'est justement un cosaque qui a fait ce beau coup, à la Moskowa... Bernard acquittera sa dette, je vous le garantis.

En quelques mots on mit les volontaires au fait du plan qui avait été conçu, et tous, dans leur impatience de venger, n'importe par quels moyens, les désastres récens de la patrie, l'approuvèrent sans hésiter. Le capitaine choisit ceux qu'il voulut pour l'accompagner, et la troupe se partagea en deux parts. Puis les mains se serrèrent, on convint de quelques signes de ralliement et on se sépara.

VI

SCÈNES DE GUERRE.

Le détachement que commandait Bernard continua de suivre la grand'route, qui devait le conduire au cœur même de la ville ; quant à l'autre, Paul lui fit prendre un chemin détourné, anguleux, des plus difficiles. Il fallait la connaissance parfaite que semblait avoir le jeune soldat de ces localités pour ne pas s'égarer dans le labyrinthe où il s'était engagé. On marchait au milieu de haies épaisses qui augmentaient encore l'obscurité.

— Où diable nous menez-vous par là ? — demanda le Balafré d'un ton d'humeur ; — êtes-vous sûr de ne pas vous tromper ?

— Ne craignez rien, — répondit Paul avec gaieté ; — les enclos que vous voyez à droite et à gauche me sont bien connus ; pendant quinze ans de ma vie je suis venu y voler des fruits à travers ces haies qui nous déchirent le visage. Je pourrais vous dire combien chacun de ces vergers contient d'arbres fruitiers et le goût de chaque espèce de poire ou de raisin qu'on y récolte... Patience ! capitaine, nous sommes plus près de l'ennemi que vous ne pensez. — En effet, un moment après la troupe arriva sur une éminence ; de là on voyait à quelque distance la chapelle des Bénédictins, dont les vitraux laissaient échapper une vive lumière, et la maison de maître Buisson, qui semblait aussi brillamment éclairée. — Sac à papier ! ça chauffe là-bas, et nous n'avons pas de temps à perdre, — dit Paul avec inquiétude. — Mes amis, — continua-t-il, — voilà où sont casernés nos gaillards ; ils ne nous attendent pas sans doute, et nous en aurons bon marché.

— Mais comment arriver jusqu'à eux ? — demanda le capitaine ; — je ne vois pas de chemin.

— Eh ! corbleu, on s'en fait un ! — dit l'ancien clerc de notaire en écartant avec son fusil les broussailles à demi desséchées qui formaient la haie. Bientôt la trouée fut assez grande pour que toute la troupe pût passer, et les volontaires se trouvèrent dans le jardin de monsieur Buisson. Comme l'avait prévu Paul, les cosaques, ne s'attendant pas à être attaqués sur ce point, n'avaient pris aucune précaution et n'avaient placé dans la cour aucune sentinelle. Du reste, toutes les portes étaient ouvertes, et la maison semblait avoir été mise au pillage. La chapelle, située un peu plus loin, regorgeait de monde, comme on pouvait en juger au bruit sourd et continuel qui en sortait. — Ceux-là auront leur tour ! — dit Paul à voix basse en désignant la chapelle : — avant tout, il faut mater ceux de la maison... Je m'en charge ! Vous, capitaine, restez ici avec votre monde, et si quelqu'un sortait pour donner l'alarme...

— Vous prenez toujours la bonne place, — dit le vétéran d'un ton mécontent.

— J'ai mes raisons pour cela, — répliqua Rousselin d'une voix émue ; — cette habitation renferme des personnes à qui je m'intéresse vivement et à qui je serais fâché qu'il arrivât malheur... Rapportez-vous-en à moi, capitaine ; je connais les êtres, je vous réponds du succès. Pour vous, empêchez qu'aucun ennemi ne sorte... et expédiez-les à l'arme blanche, c'est le plus sûr. Si j'ai besoin, je vous appellerai.

Le capitaine consentit encore, non sans peine, à prendre patience ; les volontaires se postèrent à l'ombre des arbres du jardin. Paul, ayant échangé son fusil contre les pistolets d'arçon d'un de ses camarades, tira son briquet qu'il mit sous son bras, et se glissa sans bruit dans l'intérieur de la maison.

Son premier soin fut d'aller barricader le plus solidement possible la porte de la rue. On ne l'inquiéta nullement pendant cette opération ; quand elle fut terminée, il gravit en silence l'escalier si connu qui menait à l'étude. Là, par les fentes de la porte, il vit une douzaine de barbares hideux, vêtus de peaux de mouton, à la longue barbe rousse et inculte. Leurs bonnets pointus, leurs lances de huit pieds étaient jetés sur le plancher, pêle-mêle avec les dossiers que Paul avait touchés tant de fois. Quelques-uns dormaient à terre, sur un lit de paperasses qui semblait fort doux à leurs membres peu délicats ; d'autres fouillaient chaque recoin, s'emparant de tout ce qui pouvait être à leur convenance. L'effroyable désordre de l'étude eût fait saigner le cœur du pauvre vieux notaire ; Paul lui-même ne put s'empêcher d'éprouver un sentiment de profonde douleur en voyant ces ignobles sauvages maîtres des lieux où il avait passé de si tranquilles journées. Mais la nécessité où il se trouvait de ne pas donner l'alarme exigeait qu'il retardât l'attaque de ces pillards. Il se contenta donc de tourner la clef de la solide porte de l'étude, sûr que les prisonniers ne pourraient s'échapper par les fenêtres, garnies, comme nous le savons, de forts barreaux de fer.

Il eut le bonheur de réussir avec si peu de bruit qu'aucun des cosaques ne soupçonna sa captivité. Paul emporta la clef et se dirigea, toujours en silence, vers la salle à manger, où nous avons vu le soir même le trop confiant notaire achever son paisible repas. Il n'y trouva encore ni maître Buisson ni Honorine, mais bien un cosaque d'une corpulence énorme et que, à son uniforme véritablement militaire cette fois, on reconnaissait pour l'hetman ou le colonel de cette milice irrégulière. Il était assis à la place qu'avait quittée Buisson un peu auparavant, et mangeait insolemment le souper qui n'avait pas été préparé pour lui. Paul le regardait à travers la porte plonger les mains dans le pâté qui était resté sur la table, et en dévorer avec un monstrueux appétit d'énormes morceaux.

Ce goinfre d'hetman n'était pas bien dangereux pour le moment ; aussi Paul se borna-t-il encore à prendre avec lui la même précaution qu'avec les dormeurs de l'étude, c'est-à-dire qu'il l'enferma dans la salle à manger. Telle était la gourmandise de l'officier, que le grincement de la serrure ne lui fit même pas retourner la tête.

Ces deux expéditions achevées, la tâche que le jeune soldat s'était imposée de retrouver la famille Buisson et de la protéger n'était pas moins difficile. La maison fourmillait de cosaques ; on les entendait s'agiter dans toutes les pièces et jusque dans les cayes. De quel côté le vieux notaire et sa pupille avaient-ils cherché un asile ? Ne se pouvait-il pas aussi qu'ils se fussent échappés avant l'arrivée de l'ennemi ? Dans cette perplexité, Paul allait s'aventurer à l'étage supérieur, qui ne contenait du reste que les greniers, quand des protestations, des plaintes burlesques, suivies de menaces en langue barbare, se firent entendre au-dessus de lui. Il s'empressa de se cacher dans un enfoncement obscur ; au même instant ceux qui causaient ce vacarme parurent au détour de l'escalier.

L'un d'eux n'était rien de moins que Sulpice Lecreux, l'ancien compagnon de Rousselin. Quand les cosaques avaient envahi la maison, l'infortuné clerc, convaincu que c'était à lui qu'ils en voulaient, et ne sachant comment leur échapper, avait cherché un refuge au grenier, et s'était enfoui dans un immense tas de blé. La ruse n'était pas mauvaise ; malheureusement les pillards s'étant avisés de venir rôder autour de sa retraite, Sulpice n'avait pu retenir des signes de frayeur qui l'avaient trahi. Un de ceux qui l'avaient découvert s'était emparé de lui et lui faisait descendre l'escalier à grands coups de bois de lance, pour le conduire dans la cour, où le clerc ne doutait nullement qu'on eût l'intention de l'égorger.

On peut se faire une idée de la mine effarée et du costume hétéroclite du pauvre garçon en ce moment. L'antique habit noir qu'il portait d'ordinaire, ses cheveux eux-mêmes étaient saupoudrés de blé ; une pâleur livide couvrait son visage. Derrière lui marchait un grand cosaque rébarbatif qui d'une main tenait une chandelle volée à la cuisine, et de l'autre allongeait des coups de lance dans les reins du prisonnier.

Malgré sa position critique, Sulpice croyait convenable de ne pas se montrer trop effrayé des menaces de son persécuteur, et de manifester même une certaine confiance dans la politesse bien connue de messieurs les Kalmoucks. Il s'efforçait donc de sourire, ce qui donnait à sa figure terrifiée l'expression la plus bizarre. A chaque bourrade qu'il recevait, il disait d'un air gracieux :

— Ceci n'est pas généreux, monsieur le Russe ; je me reconnais votre prisonnier et je ne fais aucune résistance, pourquoi vous donnez-vous la peine de me frapper ?

Une fois que le cosaque allongeait sa lance pour répondre à cette judicieuse observation, il reçut sur la tête un coup de briquet si vigoureux, qu'il roula sans pousser un cri au bas de l'escalier, entraînant dans sa chute la chandelle qui s'éteignit.

A cette obscurité subite, Sulpice s'arrêta court, ne comprenant rien à ce qui lui arrivait. Sa stupeur fut telle qu'il ne songeait plus à fuir. On le prit par la main et on l'entraîna rapidement en lui disant à voix basse :

— Silence, sac à papier ! en voilà toujours un qui ne retournera pas conter ses prouesses en Cosaquie ! — Bien que cette voix fût familière à Sulpice, il était incapable de la reconnaître en ce moment. Il se laissait conduire sans résistance, sachant à peine s'il était encore de ce monde. Ce fut seulement quand il arriva dans la cour, où la petite troupe de volontaires était postée, qu'il parut reprendre la conscience de lui-même. Paul ne lui laissa pas le temps de la réflexion, et lui demanda brusquement :

— Veux-tu me donner des nouvelles de monsieur Buisson et de sa nièce ? parle vite, où sont-ils ?

Sulpice regarda son ancien camarade d'un air hébété, et Paul fut obligé de répéter sa question.

— Je... je ne sais pas, — balbutia l'infortuné clerc, qui tombait de cascade en cascade dans des abîmes de ténèbres.

— Peux-tu me dire du moins s'ils ont quitté la maison avant le pillage ?

— Je... je ne sais pas.

Paul laissa échapper une exclamation de colère. Tout à coup la voix de maître Buisson et les voix plus aiguës de sa nièce et de la servante se firent entendre dans la cave de la maison. Le jeune soldat repoussa le stupide Lecreux et dit brièvement à l'officier qui s'était approché d'eux pendant ce colloque :

— Capitaine, en bas on appelle au secours ! quatre hommes et vous !... Vite, vite !

Et sans attendre la réponse, il s'élança vers une porte qui donnait accès dans les anciennes caves du couvent.

Quand une terreur aveugle avait succédé à la confiance sans bornes de maître Buisson, le vieux bourgeois avait cherché un refuge pour sa nièce et pour lui-même dans l'endroit le plus retiré de sa demeure. Sans doute il eût été plus simple d'employer pour s'échapper de la maison le moyen que les volontaires avaient employé pour y pénétrer, c'est-à-dire de se faire à travers la haie du jardin un passage par lequel il eût été facile de gagner la campagne; mais, outre que cette pensée ne se présenta pas à l'esprit bouleversé du notaire, il avait certaines raisons pour ne pas s'éloigner de chez lui en pareille circonstance.

Les caves de la maison étaient très vastes, et on les avait partagées en différens caveaux, qui tous fermaient par des portes épaisses. Depuis plusieurs jours maître Buisson, sérieusement effrayé des bruits d'invasion prochaine qui se propageaient, avait caché dans un de ces caveaux son argent et l'argent qu'il avait eu en dépôt comme notaire, avec les papiers les plus importans de son étude. Cette précaution prise, il avait fait adapter à la porte de cette petite pièce souterraine une forte serrure dont lui seul connaissait le secret, et il avait pensé que ces mesures suffiraient pour mettre en sûreté sa fortune et celle de ses cliens.

Au moment de l'alerte, ne sachant où se réfugier, il crut ne pouvoir trouver d'asile plus secret pour lui et pour sa nièce que le lieu auquel il avait déjà confié ses effets précieux. Il se retira donc dans son fort avec Honorine et la vieille servante Jeanneton, qui s'était attachée à ses pas. Il referma la porte, recommanda un silence scrupuleux, et espéra que les barbares ne songeraient pas à venir les chercher là.

Malheureusement il n'avait pas réfléchi que, grâce à l'ivrognerie des cosaques, la cave serait précisément l'endroit de la maison le plus fréquenté par ces pillards. En effet, après avoir visité la demeure de maître Buisson et s'être assurés qu'elle était abandonnée par ses habitans, leur premier soin fut de descendre à la cave, qu'ils trouvèrent parfaitement garnie. D'abord ils se contentèrent de boire en cassant les goulots des bouteilles pour s'épargner la peine de les déboucher; puis, comme leurs camarades pouvaient être jaloux de leur bonne fortune, ils s'emparèrent de deux feuillettes de vieux beaune et les transportèrent à force de bras dans la chapelle qui servait de corps de garde; là elles furent défoncées et vidées rapidement. Le notaire assista en gémissant au pillage de sa cave, justement renommée parmi les gourmets de la ville; mais il se consola en songeant qu'il achèterait peut-être à ce prix son salut et celui de sa fille d'adoption.

Une partie de la nuit s'écoula dans des transes mortelles pour les pauvres reclus. Cependant la provision de vin commençait à s'épuiser; un grand nombre de bouteilles avaient été brisées; le reste avait été desséché par ces robustes gosiers de cosaques pour lesquels de pareilles aubaines étaient rares dans les steppes de l'Asie centrale. Or, la soif de ces messieurs n'étant pas encore apaisée, ils se mirent à la recherche de nouveaux tonneaux et de nouvelles bouteilles; naturellement ils essayèrent de pénétrer dans le caveau où le maître du logis s'était retiré.

Une circonstance dut encore ajouter à leur curiosité et à leur désir ardent de visiter ce mystérieux réduit. Tous les autres caveaux étaient ouverts; celui-là seul était soigneusement clos, et on voyait encore la trace des travaux récens exécutés pour le rendre impénétrable. Ce souterrain contenait donc de ces objets qu'on voulait soustraire aux recherches, et, si obtuse que fût l'intelligence des cosaques, ils avaient parfaitement compris cela.

Ils attaquèrent la porte avec de lourds madriers, et, malgré sa solidité, elle ne pouvait tarder de voler en éclats. A ce bruit épouvantable, qui se répercutait d'échos en échos dans la profondeur des souterrains, les femmes et le vieux notaire lui-même ne purent garder le silence; ils poussèrent des cris déchirans. Les barbares s'arrêtèrent étonnés; puis, après s'être consultés un moment dans leur langue, ils se mirent à l'ouvrage avec une nouvelle ardeur.

Au moment où Paul Rousselin parut, la porte venait de céder enfin, et les cosaques s'élançaient déjà pour s'emparer du prix de leurs efforts. Il éprouva une espèce de vertige à l'aspect de la scène étrange, hideuse, infernale qu'éclairaient plusieurs chandelles fumeuses fixées dans la muraille. Le sol de la cave était jonché de débris de bouteilles, de planches, de cruchons vides. Au milieu de ce désordre, cinq ou six cosaques ivres morts ronflaient sur des tessons de verre, sans paraître s'en apercevoir, et souillaient leurs fétides vêtemens de peaux de mouton dans la boue vineuse qui leur servait de lit. D'autres tenaient à la main les dernières bouteilles intactes et leur donnaient de temps en temps l'accolade. A l'autre bout du souterrain on entrevoyait dans l'ombre ceux qui venaient d'enfoncer la porte du caveau. Ils criaient : « Argent! argent! » le seul mot peut-être qu'ils connussent de la langue française. Buisson et les deux pauvres femmes appelaient au secours.

Ce terrible tableau, cette orgie sauvage, l'odeur suffocante qui s'élevait des corps graisseux des cosaques et de ce souterrain inondé de vin, tout cela pouvait bien donner des éblouissemens à un jeune homme de vingt ans, soldat seulement depuis quelques mois. Mais son émotion ne fut pas de longue durée; les cris perçans d'Honorine lui rendirent son énergie. Il s'élança d'un bond au milieu des cosaques stupéfaits, foulant aux pieds les ivrognes, écartant ceux qui étaient encore debout, et il s'écria d'une voix tonnante :

— Courage, monsieur Buisson! courage, mademoiselle! voici des amis!

Il était temps. Déjà un de ces pillards s'était emparé du vieux notaire, qui protestait vainement contre cette violence; les autres s'avançaient vers les femmes réfugiées derrière un tonneau vide. Paul cassa la tête avec ses pistolets à deux de ses ennemis avant qu'ils l'eussent vu venir; puis, mettant le sabre à sa main, il fondit sur ces hommes avinés, qui, ne s'attendant pas à une pareille attaque, prirent la fuite en poussant des hurlemens affreux. En quelques secondes, il n'y en eut plus un seul de vivant dans le petit caveau; trois cadavres gisaient à terre couverts de sang.

Alors seulement ceux qu'il venait de délivrer si miraculeusement osèrent l'envisager. Jusqu'ici ses mouvemens avaient été si rapides, que Buisson et Honorine n'avaient eu garde de reconnaître l'ancien clerc dans le fougueux soldat qui venait d'apparaître comme l'ange exterminateur, sans qu'on sût d'où il était sorti.

— Cela est-il possible! — s'écria maître Buisson d'une voix tremblante, — est-ce bien Paul Rousselin qui nous a rendu un si grand service?

— Oui, c'est lui, mon oncle, c'est bien lui, — dit Honorine toute frémissante; — qui donc aurait pu montrer tant de courage et de dévouement?

Paul laissait répondre à ces expressions chaleureuses de reconnaissance, quand la pauvre vieille Jeanneton, qui était près de lui, poussa un cri de douleur. Les cosaques avaient saisi leurs lances, et, voyant qu'ils n'avaient affaire qu'à un seul homme, ils étaient revenus à la charge. L'un d'eux avait percé d'outre en outre l'infortunée servante, qui tomba sur les cadavres.

Paul rejeta vivement derrière lui Honorine et le vieillard, qui s'approchaient pour l'embrasser, et, levant son sabre, il fit face aux assaillans. Mais que pouvait-il contre les lances de huit pieds de long qui se croisaient sur sa poitrine? Peut-être allait-il être victime de son intrépidité lorsque heureusement des coups de fusil retentirent à l'autre bout du souterrain, et plusieurs de ceux qui le pressaient tombèrent encore à ses pieds.

C'était le capitaine, que dans sa précipitation il avait laissé en arrière, et qui, obligé de descendre à tâtons avec ses hommes, n'avait pu jusqu'ici prendre part au combat.

— Sac à papier! mon officier, — s'écria Paul, — vous venez à propos! mais la besogne est déjà en train; il ne s'agit que de l'achever.

— On y aura l'œil, mon garçon.

De nouvelles explosions se firent entendre suivies de gémissemens sourds.

Le carnage devenait terrible ; Paul comprit qu'une jeune fille délicate ne pouvait en rester plus longtemps témoin. Il se retourna donc pour entraîner Honorine hors de ce lieu ensanglanté. La pauvre enfant s'était évanouie ; Buisson lui-même était dans un état peu différent de celui de sa nièce.

Paul saisit Honorine dans ses bras, et dit rapidement à son ancien patron ;

— Venez et ne me quittez pas.

En même temps il franchit avec tant de rapidité, malgré son fardeau, les morts et les blessés qui remplissaient la cave, que Buisson avait peine à le suivre. Bientôt ils arrivèrent tous les trois dans la cour de la maison, où les volontaires attendaient l'issue du combat.

Mais, en se trouvant à l'air libre, Paul ne crut pas avoir fait assez pour celle qu'il considérait déjà comme sa fiancée ; il voulait encore lui épargner, ainsi qu'au vieillard, la vue des scènes affreuses dont la maison allait être le théâtre. Aussi, en traversant la cour sans déposer son fardeau, dit-il à Sulpice, mal remis lui-même de ses précédentes émotions, de l'aider à soutenir maître Buisson qui chancelait. Ils traversèrent le jardin en silence, et gagnèrent le chemin désert qui le longeait. Au bout de quelques minutes ils entraient dans une maison voisine, dont les habitans, dévoués à la famille Buisson, les accueillirent avec une franche hospitalité.

Paul ne prit que le temps de recommander à ces braves gens les soins les plus attentifs pour leurs hôtes. Le vieux notaire, l'esprit frappé des horreurs qu'il venait de voir, s'était calmé en se trouvant sain et sauf chez un ami. Paul eût voulu pouvoir rester plus longtemps, mais les volontaires qu'il avait entraînés dans cette périlleuse entreprise l'attendaient pour en amener le dénoûment ; il se contenta donc de laisser auprès des malades Sulpice, qui ne pouvait lui être d'aucun secours, et il alla rejoindre ses compagnons.

Comme il arrivait dans la cour qui servait de quartier général à la petite troupe, le capitaine venait de remonter avec les quatre hommes qui avaient pris part à l'escarmouche souterraine, et dont par bonheur un seul avait été blessé légèrement. Aucun bruit ne se faisait entendre dans les caves. En revanche, les huit ou dix cosaques enfermés dans l'étude venaient de s'apercevoir de leur détention, et poussaient des cris bruyans, qui pouvaient donner l'éveil à leurs camarades de la chapelle. Le capitaine et ses gens, fort embarrassés de leur position dans un lieu inconnu, tenaient conseil à voix basse sur le parti qu'ils avaient à prendre quand le sergent parut tout à coup au milieu d'eux.

— Ah ! vous voilà, petit Sac à papier ! — dit le capitaine ; — je commence à comprendre pourquoi vous avez tant insisté pour nous amener ici !... Cristi ! la petite mère vaut bien la peine que l'on se fasse couper la figure pour elle ! cependant...

— - Excusez-moi, mes anciens, — répondit Paul un peu confus ; — est-ce ma faute si en échinant des cosaques nous avons trouvé l'occasion de sauver la vie à quelques Français ? Maintenant, si vous le voulez bien, nous allons avoir affaire à d'autres ennemis que ces maudits ivrognes.

— Oui, oui.., à la chapelle ! — dirent plusieurs volontaires ; — ils paraissent déjà se douter de quelque chose là-bas, et il faut tomber sur eux le plus tôt possible.

— Un instant, — reprit Paul en se tournant vers la maison, — je voudrais avant tout savoir si cette pauvre vieille servante n'est point frappée...

— Restez, mon garçon, j'y ai déjà songé... la chambrière n'a plus besoin de secours.

— Elle est donc...

— Morte sur le coup, la pauvre malheureuse !

Paul poussa un profond soupir ; mais on n'avait pas le temps de philosopher sur le sort de cette simple servante,

qui ne s'attendait pas à mourir d'une manière si tragique. Un coup de pistolet retentit au-dessus de la tête des interlocuteurs, et une balle siffla près de leur visage. C'était l'hetman ou colonel des cosaques, toujours enfermé dans la salle à manger, dont la fenêtre donnait sur la cour. Il appelait d'une voix forte les gens de la chapelle, et se préparait à faire feu de son second pistolet sur les volontaires ; il n'en eut pas le temps. Le vieux capitaine, saisissant le fusil d'un de ses hommes, ajusta le chef des pillards. Quand le coup fut parti, on n'entendit plus la voix de l'hetman : la balle lui avait traversé le gosier.

VII

LA CHAPELLE.

L'alarme était donnée ; quelques cosaques sortirent de l'église et s'avancèrent dans l'obscurité, le pistolet au poing. Les volontaires les accueillirent par un feu bien nourri qui en fit tomber plusieurs ; mais ce n'était là qu'un mince avantage, vu l'immense supériorité numérique des ennemis. Bientôt ils arrivèrent en si grande quantité que les Français furent obligés de se retirer sous les arbres du jardin.

— Suivez-moi, camarades, — dit Paul à voix basse en cherchant à les rallier autour de lui. — Sac à papier ! le moment est venu de servir à ces barbares du Nord un plat de notre métier. Venez ; du temps que j'étais petit garçon et dénicheur d'oiseaux, j'ai fait souvent une promenade à quatre pattes que je vais vous apprendre.

Il conduisit la troupe, à travers les semis de choux et de poireaux, vers un tas de décombres adossé au mur de la chapelle. Paul escalada résolûment ces ruines, qui n'étaient pas très praticables pour de vieux soldats réformés dont plusieurs étaient blessés.

— Ah çà ! camarade, — demanda le Balafré en grimpant tout essoufflé derrière le jeune sergent, — savez-vous que nous avons un peu perdu l'habitude de monter à l'assaut sur la brèche ? Où diable allons-nous par là ?

— Patience, sac à papier ! pendant que les autres braillent là-bas comme une volée de corbeaux et jettent au vent leur poudre et leurs balles, je veux leur donner une sérénade de ce côté... vous allez voir. — En parlant ainsi Paul avait atteint une ouverture de la muraille pratiquée à une trentaine de pieds au-dessus du sol ; elle donnait accès dans une espèce de tribune ou de jubé à l'intérieur de la chapelle. Alors seulement les volontaires reconnurent qu'ils venaient de gravir les ruines d'un petit bâtiment qui avait dû servir autrefois de sacristie. Ce qu'ils avaient pris pour des pierres jetées au hasard était les restes d'un escalier détruit depuis longtemps. Quand ils se trouvèrent au sommet de cette forteresse improvisée, ils se groupèrent en silence derrière la balustrade de pierre qui entourait la tribune, et ils purent voir tout ce qui se passait au-dessous d'eux. Le pavé de la chapelle était littéralement couvert d'hommes et de chevaux. A la clarté douteuse que répandaient plusieurs lanternes attachées çà et là le long des bas côtés, ils voyaient étendus sur la même litière ces chevaux aux longs crins, sans brides et sans selles, et ces sauvages aux vêtemens de peaux, aux figures bestiales. Quelques-uns allaient et venaient au milieu des rangs serrés des dormeurs ; d'autres achevaient de vider les feuillettes de beaune, défoncées dans un coin ; d'autres préparaient leurs armes afin de soutenir ceux qui tiraient dans la cour. Autour de ces corps entassés circulait une atmosphère fétide et repoussante ; l'odeur de la litière foulée par les pieds des chevaux se mêlait aux parfums du beurre rance et du suif qui servaient de pommade aux cavaliers. Paul dit tout bas au capitaine avec un accent de triomphe : — Eh bien! mon ancien, je vous avais promis de vous faire faire un beau coup de fusil ; que pensez-vous de celui-là ?

— Il est si beau, — répondit le vétéran de même, — que je suis comme les bons chasseurs ; j'ai scrupule de tirer une bande de perdreaux réunis en tas sous l'aile de la mère.

— Vous avez raison, capitaine,—répliqua Paul, à qui ce sentiment chevaleresque était déjà venu ; il faut faire lever le gibier.

Il dit quelques mots à ses compagnons, et tous ensemble crièrent : « Vive l'empereur ! » de manière à briser les dernières vitres de la chapelle.

Ce cri magique, parti de l'enceinte même de l'édifice et répercuté par les échos, produisit l'effet d'un coup de tonnerre sur les cosaques. Ils poussèrent des hurlemens affreux ; en un clin d'œil, hommes et chevaux furent en mouvement ; tout sembla prendre vie dans cette masse immobile et muette un instant auparavant. Quelques coups de pistolets furent tirés au hasard dans la direction de la tribune.

— A la bonne heure, donc ! — s'écria le capitaine ; — voilà le gibier sur pied ! A nous, camarades ! feu !

Une effroyable décharge suivit ces paroles. Le nuage de fumée qui enveloppa les volontaires les empêcha d'en juger l'effet ; mais les gémissemens qu'ils entendirent au-dessous d'eux leur prouvèrent qu'aucun coup n'avait été perdu. Le tumulte était au comble parmi les cosaques, et le feu continuel des Français ne pouvait manquer de l'entretenir. Cependant l'ennemi se défendait avec énergie ; les balles sifflaient autour de la petite troupe postée dans la tribune ; un homme fut tué à côté de Paul. Celui-ci, l'œil animé, la bouche noire de poudre, exécutait la charge précipitée, et à chaque coup qu'il tirait il s'écriait gaiement :

— Ah! scélérats! barbares du Nord que vous êtes, croyez-vous donc que tout est rose de prendre Paris! Sac à papier! parez-moi cette balle-là! et celle-ci! et puis celle-là encore!... Il vous cuira d'être venu chez maître Buisson, d'avoir bu son vin et mangé ses chandelles, sac à papier!

Cependant la grande porte avait été ouverte, et les cosaques se répandaient dans le faubourg en poussant des cris féroces. Une nouvelle fusillade se fit alors entendre de ce côté et refoula dans la chapelle une partie des fuyards.

— Bon ! voilà Bernard qui se met de la danse, — dit le capitaine en écoutant ce bruit éloigné ; — sur ma parole, mon ami Sac à papier, vous nous avez trouvé là un plan admirable. Si un de ces coquins en réchappe, je veux bien...

Il s'était trop pressé de donner à son jeune compagnon de pareils éloges ; tout à coup, un des blessés, qui était resté sur la brèche extérieure pour étancher son sang, avança la tête dans la tribune en s'écriant :

— Alerte! capitaine ; demi-tour! voici l'ennemi.

Comme il achevait ces mots, une grêle de balles frappa l'ouverture de la muraille du côté du jardin ; on entrevit dans l'ombre plusieurs Russes qui s'efforçaient de gravir les ruines, tandis que d'autres se tenaient prêts à faire feu d'en bas.

Il y eut un moment d'hésitation parmi les volontaires ; comment retrouvaient-ils derrière eux les ennemis qu'ils croyaient avoir en face ? Ils oubliaient que, dès le commencement de l'action, les cosaques, accourus dans la cour à l'appel de l'hetman s'étaient répandus dans le jardin et avaient pu découvrir la route périlleuse de la tribune.

— Hem! nous sommes cernés, — dit le Balafré avec un admirable sang-froid ; — qui aurait cru ces imbéciles capables de ce tour-là! Allons, camarades, tous volte-face... et ne nous laissons pas prendre d'assaut! — La fusillade recommença donc du côté du jardin avec une nouvelle ardeur, mais cette fois avec infiniment moins d'avantage

pour les volontaires. Chacun d'eux pour tirer était obligé de se découvrir, et l'ennemi pouvait les ajuster tout à l'aise. Après cinq minutes de combat, près de la moitié des vétérans étaient tombés sous le feu meurtrier des cosaques ; le capitaine, blessé lui-même, murmura en s'adressant à Rousselin, qui ne faisait que charger et tirer :— Si nous ne sommes pas bientôt secourus, nous y passerons tous.

— Eh bien ! mon ancien, je vais chercher du secours.

— Malheureux ! mais vous voulez donc...

Paul, sans l'écouter, lança par-dessus la tête des assaillans son fusil vide ; puis, tirant son sabre, il se laissa glisser sur le penchant des ruines, au risque de se briser les os, tomba comme une bombe au milieu des cosaques, et se mit, malgré quelques contusions, à frapper de droite et de gauche dans la foule compacte des ennemis. L'obscurité le favorisait ; les Russes, surpris d'une si brusque attaque, ne savaient comment atteindre cet être agile et bondissant qui repoussait les pistolets et les lances, s'ouvrant passage des coudes, des mains et du sabre, tuant et blessant tous ceux qui se trouvaient sur son chemin.

L'audacieux jeune homme parvint donc à se dégager, et, sans songer à ceux qui le poursuivaient, à ceux qu'il heurtait du pied, aux balles qui sifflaient près de son visage, il courut vers la maison de maître Buisson, derrière laquelle une autre fusillade annonçait le détachement de Bernard. Il traversa la maison en courant ; heureusement, la porte de la rue ayant été ouverte, il n'éprouva aucun retard.

C'était en effet le second détachement des volontaires qui se battait de ce côté ; mais, plus heureux que celui de Paul, il avait recruté une cinquantaine de bourgeois, qui, exaltés par les désordres que les cosaques avaient commis dans la ville, étaient accourus avec leurs armes au premier bruit de résistance. Il semblait même que le désir de se défendre eût gagné toute la population de L... Le tocsin se faisait entendre depuis quelques instans ; les tambours battaient la générale. Enfin des coups de fusil lointains et isolés prouvaient que certains habitans, trop timides pour descendre dans la rue, ne se donnaient pas moins la satisfaction de tirer de leurs fenêtres sur les fuyards.

La troupe de Bernard occupait exactement la position prescrite par le capitaine ; Paul, tout pâle et essoufflé, s'élança vers le chef et lui toucha le bras.

— Par ici, mon ancien, par ici ! — s'écria-t-il en désignant la maison de Buisson ; — venez donner un coup de main aux camarades, ou ils vont être écharpés!

— Compris, — grommela le vieux brave en passant l'arme à gauche.

Quelques minutes après, toute la troupe, guidée par Rousselin, entrait au pas de charge dans le jardin, au cri de : Vive l'empereur!

VIII

POUR UNE OREILLE.

Le lendemain, au lever du jour, le combat avait complétement cessé à L... Les bruits sinistres du tocsin et du tambour ne se faisaient plus entendre. N'eût été l'agitation qui se manifestait dans le voisinage de l'hôtel de ville, n'eussent été les cadavres que des chariots couverts emportaient furtivement au cimetière, rien n'eût rappelé les scènes de carnage de la nuit précédente. Cependant Honorine, qui logeait encore, ainsi que son oncle, chez les voisins hospitaliers, n'avait pas retrouvé le calme dont elle avait si grand besoin après ces terribles secousses. Maître Buisson lui-même, malgré ses fatigues excessives, n'avait pu tenir en place dès que la tranquillité avait semblé renaître dans la ville, et il était sorti pour savoir des nouvelles. Dans la position où se trouvait Honorine, chaque minute d'absence de son tuteur lui causait une mortelle angoisse, et peut-être son courageux défenseur, Paul Rousselin, était-il au moins pour moitié dans son inquiétude. Aussi, lorsque le pas lent et lourd de Buisson résonna dans l'escalier, la jeune fille courut-elle au-devant de lui.

— Eh bien! mon oncle, quelles nouvelles? que s'est-il passé? l'avez-vous vu?

— Tout va bien, mon enfant, — dit le notaire en se jetant dans un fauteuil; — les cosaques ont abandonné la ville, et il y a gros à parier qu'ils ne se soucieront pas d'y revenir! Si tu savais combien on en a tué! Si tu voyais notre pauvre maison et la chapelle! Des cadavres partout... et des chevaux, et des lances, et du sang! C'est horrible!

— Mais notre ami, notre défenseur...

— Imagine-toi, — continua le notaire en procédant par ordre, — que ces Russes, entendant crier Vive l'empereur! se sont fourrés dans la cervelle que c'était Sa Majesté l'empereur et roi qui arrivait ici tout exprès pour leur donner la chasse. La peur s'est emparée d'eux, et alors...

— Mais, mon oncle, par pitié, dites-moi si vous avez vu notre généreux libérateur, monsieur Paul Rousselin?

— Eh bien! oui, je l'ai vu, — reprit maître Buisson, forcé d'intervertir l'ordre des faits qu'il avait à raconter; — il était à l'hôtel de ville avec un vieux militaire qui a un bras en écharpe, et qui ne veut pas le quitter. Tout le monde l'embrassait, lui serrait la main, pleurait en lui parlant... J'ai fait comme les autres, je l'ai embrassé et j'ai pleuré... Dieu! le brave garçon!... Il va venir ici tout à l'heure.

— Et vous ne me le disiez pas! — s'écria Honorine, dont les yeux brillèrent de joie; — oh! que je serai heureuse et fière de le voir, de lui parler, de lui exprimer ma reconnaissance!... Savez-vous, mon oncle, que sans lui nous eussions péri comme cette pauvre Jeanneton? Nous lui devons la vie.

— Et toute ma fortune, qui était cachée dans le tonneau sur lequel j'étais assis! Oui, ma fille, ce jeune homme nous a rendu des services immenses.

— Et savez-vous que je l'aime, mon oncle? — continua Honorine dans l'entraînement de son admiration; — c'est moi qui lui ai ordonné en partant d'être brave pour mériter ma main; vous me permettrez bien de lui tenir parole?

— Ma fille, j'apprécie comme je le dois les mérites de ce brave garçon, mais, pour être plein de courage, il n'en est pas plus riche; d'ailleurs souviens-toi de ce que tu me disais toi-même hier au soir: est-ce le moment de traiter de pareilles questions?

— Oui, mon oncle; quand on est encore sous le coup du bienfait, c'est le moment surtout de songer à la reconnaissance, je vous supplie donc de consentir...

— Eh bien! demain, dans quelques jours... Ceci demande réflexion; il serait inconvenant d'offrir ce que l'on n'a pas encore demandé.

— Mon oncle, j'exige votre parole aujourd'hui... à l'instant même.

Heureusement pour le vieux notaire, qui se trouvait serré de si près par son enthousiaste pupille, la voix de Paul se fit entendre à l'étage inférieur de la maison, et plusieurs personnes montèrent l'escalier.

— Silence, ma fille, — dit Buisson avec empressement; — il serait tout à fait inconvenant que ce jeune homme pût soupçonner le motif de notre discussion; d'ailleurs je crois qu'il n'est pas seul.

Honorine, rappelée à elle-même par ces paroles froidement raisonnables, prit une contenance calme. Paul entra dans la chambre, suivi du vieux capitaine, son compagnon d'armes.

Rien dans son extérieur n'annonçait plus le fougueux

massacreur de cosaques de la nuit précédente. Son visage pâli, la timidité de ses manières le faisaient ressembler plutôt à un jeune élève d'école militaire faisant une visite d'apparat qu'à un téméraire soldat ayant déjà reçu le baptême du feu sur plusieurs champs de bataille. Le capitaine, au contraire, bien qu'il eût un bras en écharpe, conservait les allures sans gêne d'un homme résolu qui croit plutôt aux actions qu'aux paroles. Un sourire s'épanouit sous ses moustaches blanches lorsqu'il reconnut Honorine et le vieillard qu'il avait vus la nuit précédente dans une position si critique. Cependant il ne dit rien et se contenta de saluer poliment. Paul, après avoir pressé la main de Buisson, s'approcha d'Honorine.

— Est-il vrai, mademoiselle, — demanda-t-il, — que cette épouvantable nuit n'ait eu pour votre santé aucune suite funeste?

— Oh! ne parlons pas de moi, monsieur Paul, — dit Honorine, dont les yeux étaient pleins d'admiration, — mais bien de vous qui nous avez sauvés. Du moins, votre générosité ne vous a t-elle pas été fatale? N'avez-vous pas été blessé? Cette pâleur, cette faiblesse...

— En effet,— reprit maître Buisson avec empressement, — vous paraissez souffrant, mon brave Paul.

— Ce n'est rien, mademoiselle; ce n'est rien, mon cher patron, — répondit Paul en souriant; — j'en serai quitte pour quelques égratignures. J'ai été plus heureux que l'excellent capitaine Blainville, que j'ai l'honneur de vous présenter,—continua-t-il en désignant le vieil officier, qui s'était assis à l'écart; — non lui devons tous aussi de grands remercîmens. Sans lui peut-être eussions-nous eu le sort de la pauvre servante.

— Oui, oui, je m'en souviens, — dit maître Buisson avec un accent de cordialité; — aussi, capitaine, mon estime et mon amitié vous sont-elles acquises à jamais.

— Et moi, monsieur, — ajouta Honorine chaleureusement, — soyez assuré de ma reconnaissance éternelle!

Le capitaine Blainville, puisque nous savons enfin son nom, se leva brusquement. Quoique peu familier avec les usages du monde, il sentait très bien que sa présence pouvait être gênante pour ses nouveaux amis. Incapable de supporter plus longtemps une fausse position, il dit avec un accent de rondeur et de franchise:

— Permettez, mademoiselle. Peut-être, en effet, ne vous ai-je pas été inutile la nuit dernière, ainsi qu'à monsieur votre père; mais ce n'est pas pour réclamer des remercîmens que je suis venu ici. Je vais vous expliquer la chose comme je pourrai, parce que nous autres anciens de la grande armée, voyez-vous, nous ne sommes pas beaux parleurs. — Buisson et sa nièce regardèrent le capitaine avec étonnement. Paul lui-même semblait ignorer complétement de quoi il s'agissait. — Donc, — poursuivit Blainville, — depuis que je traîne mon sac à travers le monde, et j'aura bientôt soixante-cinq ans, je n'ai jamais rencontré de jeune gaillard qui me plût autant que celui-ci (et il désignait le petit sergent). Je l'ai vu se battre et je me suis dit ce matin, quand la besogne a été finie: « Parbleu! voilà un bon petit diable qui mérite qu'on s'intéresse à lui! » Alors naturellement j'ai dû lui demander qui il était, et il a eu assez de confiance en moi pour me raconter son histoire. Il m'a dit qu'il s'appelait *Rousselet*, ce que je ne savais pas, bien qu'il fût déjà mon ami...

— Rousselin! — murmura Paul timidement.

— Rousselet, Rousselin! c'est toujours la même chose. Il m'a donc raconté comme il était parti pour un grand capon qui n'aimait pas l'état militaire, comme quoi il avait reçu en partant un petit billet, enfin toute l'affaire. Alors je me suis dit à moi-même: « Voyons, Blainville, il se présente une occasion d'être utile à un jeune lapin du premier numéro, et puisque le tuteur ne veut pas, parce que le jeune *Rousselet* est pauvre, lui donner la main de sa nièce...

— Pardon, capitaine, — interrompit le notaire,— je ne comprends pas parfaitement...

— Il est vrai que je m'entortille dans les feux de file, — dit Blainville en s'essuyant le front avec la main qui lui restait libre, — aussi vais-je m'expliquer en deux mots : Je suis vieux, je suis garçon ; mes parens sont morts pendant que j'étais à la grande armée, et comme j'ai hérité de tous, je possède un patrimoine assez rond. Ces deux jeunes gens s'aiment, vous consentez au mariage, ils se marient, et moi j'assure à *Rousselet* dans le contrat cent mille écus, toute ma fortune, après ma mort... Vous êtes notaire, vous arrangerez cela comme vous voudrez. Voilà !

— Je ne puis accepter un pareil sacrifice ! — s'écria Paul.

— *Rousselet*, cela ne vous regarde pas ! — dit le Balafré avec autorité ; — laissez-moi discuter la chose avec le tuteur... Oui, monsieur, — continua-t-il en s'adressant à Buisson, — cent mille écus qui resteront en dépôt entre vos mains... Cela vous va-t-il ?

— Capitaine, — reprit Buisson en cherchant à prendre un air grave pour cacher sa joie, — nos obligations envers ce brave garçon ont excité dans mon cœur et dans celui de ma nièce trop de reconnaissance pour qu'il puisse exister un obstacle sérieux à ce projet d'union. Cependant...

— Cependant les cent mille écus ne gâtent rien, n'est-ce pas ? — répliqua le capitaine d'un ton qui déconcerta le rusé notaire. Puis se tournant vers Paul qui pleurait de joie :— Allons, Rousselet,— lui dit-il,— embrassez votre femme.

— Mon Dieu ! est-il possible ! Mais mademoiselle Honorine me jugera-t-elle digne de tant de bonheur ?

— Monsieur, — balbutia Honorine, — puisque mon oncle le veut... ma reconnaissance... votre dévouement...

— Embrasse-la donc ! — répéta Blainville en riant et en poussant son protégé par les épaules.

Paul s'approcha de sa fiancée qui lui tendait la joue avec une timidité charmante. Tout à coup, sans que personne en pût deviner la cause, elle recula en poussant un cri d'effroi, et elle alla tomber évanouie à la place qu'elle venait de quitter.

Les spectateurs demeurèrent atterrés.

— Que signifie ceci ? — s'écria Buisson en courant à sa nièce. — Honorine, reviens à toi, mon enfant ! Qu'y a-t-il ? d'où vient cet évanouissement subit ?

La jeune fille avait perdu tout sentiment ; Paul ne paraissait pas deviner mieux que le notaire et Blainville le motif réel de cette faiblesse.

Enfin il s'écria en se frappant le front :

— Je comprends tout ! O mon Dieu ! qui s'en serait douté !

— Hâtez-vous de vous expliquer ! Comment se fait-il...?

— Voyez vous-mêmes.

Et Paul, écartant ses cheveux, montra aux deux vieillards que, par suite du coup de sabre reçu à Vauchamp peu de mois auparavant, il avait perdu... une oreille.

C'était cette mutilation qui avait frappé les regards d'Honorine au moment où il s'était penché pour l'embrasser. Un sentiment involontaire avait été plus fort que l'estime, la reconnaissance, l'affection même dans le cœur de la frivole et changeante jeune fille. Vainement Paul avait-il sauvé la vie à elle et à son tuteur la nuit précédente ; vainement était-il jeune, riche et brave... il était ridicule !

Le capitaine, dès qu'il soupçonna la vérité, poussa un bruyant éclat de rire.

— Quoi donc ! — s'écria-t-il, — cette demoiselle serait-elle *chipie* à ce point ?

— Cela ne sera rien ! — dit maître Buisson ; — la fatigue, l'émotion...

— Non, monsieur, — reprit Paul avec un sombre désespoir ; — je ne m'abuse pas, je lui fais horreur ; le sentiment qui produit un pareil effet doit être ineffaçable !... Allons, tout est dit. Merci, capitaine ; merci, monsieur Buisson ; vous de votre admirable générosité envers un homme que vous connaissez à peine depuis quelques heures, vous de votre confiance dans un jeune étourdi à qui vous alliez donner la main de votre nièce... Je dois renoncer à elle... Qu'elle soit heureuse !

— Ah çà ! *Rousselet*, mon ami, vous ne parlez pas sérieusement ?

— Paul, — s'écria Buisson, qui depuis que le jeune soldat avait cent mille écus de dot paraissait très ardent partisan de l'union projetée, — vous ne pouvez nous quitter ainsi... Cet évanouissement, je vous le répète, provient uniquement des fatigues et des souffrances de la nuit dernière.

— Eh bien ! monsieur, — dit Paul avec noblesse, — interrogez mademoiselle Honorine lorsqu'elle reprendra ses sens, et, si je me suis trompé, faites-moi prévenir ; je m'en rapporte à votre honneur, à votre sincérité.

Il salua le notaire et partit en entraînant le capitaine. Blainville, désolé d'un pareil dénoûment.

Comme il sortait, Paul heurta son ancien camarade Sulpice, qui avait écouté à la porte et qui disait en ricanant :

— Soyez donc brave !

Maître Buisson n'envoya pas dire à Rousselin qu'il s'était trompé, et six mois après Honorine épousait le fils de l'ancien collègue de son oncle, suivant les projets antérieurs du vieux notaire.

Paul, désespéré d'abord, finit par se consoler.

FIN DE LA NIÈCE DU NOTAIRE.

LA CONVULSIONNAIRE

I

Le 27 janvier 1732, sur les quatre heures du soir, deux voyageurs, l'un jeune, l'autre vieux, pénétraient dans Paris par la barrière de Fontainebleau, et suivaient la longue et populeuse rue Moufftard. Le plus âgé était un homme d'environ soixante ans, de petite taille, mais trapu et vigoureux. Son costume de drap gris, sa luxuriante perruque, ainsi que le mince galon d'or qui ornait son chapeau, indiquaient un bourgeois aisé, en même temps que ses gros souliers sans boucles, ses guêtres de cuir et le fouet qu'il tenait à la main faisaient deviner un campagnard. Il n'y avait pourtant rien de gauche et de timide dans sa démarche ; il s'avançait au contraire d'un air délibéré, promenant autour de lui un regard perçant qui exprimait plus de défiance que de crainte. De temps en temps ses sourcils se rapprochaient, comme s'il eût voulu menacer les muguets effrontés qui passaient en sifflotant auprès de lui ; d'autres fois un sourire moqueur venait contracter les traits de son visage, naturellement coloré et sanguin, à la vue de quelque objet nouveau peut-être pour lui, et qu'il méprisait par cela seul, suivant l'usage des vieillards. Tout en marchant, il parlait avec volubilité à son compagnon, qui écoutait docilement ses observations.

Le jeune homme, qui était son fils, semblait beaucoup moins familier avec les détours infinis de ce quartier éloigné. C'était un grand et beau garçon, dont le costume, sans être luxueux, attestait pourtant une condition un peu plus élevée que celle du père. Il avait un vêtement noir, sans épée, et il portait une vaste perruque de l'espèce dite *à boudins*, spécialement réservée aux membres de la faculté de médecine. Mais évidemment ce n'était pas à l'université de Paris que le jeune voyageur avait pris ses degrés, car il ouvrait de grands yeux étonnés, comme s'il voyait la ville pour la première fois. Il se fût même

peut-être arrêté par momens devant les édifices qui frappaient le plus son attention ; mais son guide semblait peu disposé à se prêter aux exigences d'une curiosité de provincial, et continuait de presser le pas.

Malgré le respect avec lequel il écoutait les paroles de son père, le jeune voyageur ne pouvait se défendre de certaines distractions qui lui attiraient des remontrances du genre de celles-ci :

— Prenez garde à vos poches, mon fils. Regardez toujours devant ou derrière vous, jamais en haut comme si vous vouliez mesurer la hauteur des maisons... Paris est la maîtresse ville des filous ; on n'est jamais sûr de faire vingt pas de suite sans être escroqué. Souvenez-vous de mes conseils ; prenez garde aux chevaux, aux coches, aux porteurs de chaises, aux crocheteurs. Défiez-vous des endroits déserts et des endroits fréquentés ; défiez-vous des racoleurs, qui vous feraient soldats malgré vous, et des joueurs de pharaon, qui vous gagneraient votre argent; défiez-vous des jeunes filles qui vous lancent des œillades derrière les vitres des boutiques ; défiez-vous des mouchards, qui vous feraient parler politique... Défiez-vous de tout, mon fils, et, je vous le répète, veillez bien sur vos poches, sur votre manteau, sur votre langue et surtout sur vos vêtemens, car il n'est pas bien sûr qu'on ne vous aura pas volé votre haut-de-chausses avant que nous ne soyons arrivés à l'auberge où nous devons loger.

— Sans être parfaitement convaincu de l'imminence des périls que le père énumérait, le fils accueillait par un signe respectueux ces craintes, qui à cette époque ne manquaient pas de fondement. — Prenez garde, — continuait le bonhomme, — vous n'êtes plus ici dans la tranquille ville de Montpellier, où je vous ai envoyé prendre vos degrés; vous êtes à Paris, où il faut avoir bon pied, bon œil et bonne oreille. En vérité, j'avais bien besoin de vous choisir femme dans cette ville de perdition ! Moi qui l'ai habitée dans ma jeunesse, je devais pourtant en connaître les dangers... Mais patience ! le mariage conclu, je vous laisse avec votre femme vous arranger à votre guise, et moi je m'en retourne à ma ferme de Moret. Je vais minutieusement examiner cette petite Estelle, la fille de

mon ancien camarade Leblanc, celle qu'on vous destine ;
et qu'elle songe bien à se tenir ! car si, au lieu d'un modèle de perfection, comme le dit son père, je ne trouve
qu'une mijaurée, je n'y vais pas par deux chemins... vous
me connaissez ; je vous ramène bien et beau à notre village, pour saigner et purger les paysans. Je n'aime pas
tout ce qu'on trouve à Paris, particulièrement les femmes... Enfin, n'importe ! la faute est faite, nous verrons...
Veillez donc sur votre personne et sur vos poches, mon
fils Maurice, je ne puis vous le dire assez.

Cette voix grondeuse était pour Maurice comme le son
monotone d'une fontaine qu'on est habitué à entendre
depuis longtemps. Le jeune médecin profita du moment
où son père reprenait haleine pour demander avec timidité :

— Nous marchons depuis une demi-heure dans ce labyrinthe de rues, et vous ne m'avez pas dit encore où
nous allions ; auriez-vous l'intention de me présenter dès
ce soir à monsieur Leblanc...

— Et à sa fille, n'est-ce pas ? ludieu ! quelle impatience,
monsieur le docteur en médecine ! Mais puisqu'il faut absolument vous rendre compte de mes projets, je vous
dirai, Maurice, que nous n'allons pas à cette heure chez
Leblanc ; il est trop tard pour faire une visite de cérémonie, et quoique je sois maintenant un gros campagnard,
peu délicat sur les manières, je ne veux pas me présenter
chez mon camarade en guêtres et en habit de village,
non plus que je ne veux que votre fiancée vous voie
en rabat fripé. Je vous conduis à cette auberge de l'Aigle-
Noir, dont l'hôtesse est une de mes anciennes connaissances, et là nous nous reposerons des fatigues du voyage
jusqu'à demain. C'est à cette auberge qu'arrive
le coche de Fontainebleau qui a versé si malheureusement à deux lieues d'ici, ce qui nous a obligés de faire à
pied ce bon bout de chemin, et il faudra nous assurer si
l'on n'a rien égaré de nos effets. Je ne suis pas bien sûr
que cet accident ne soit pas un mauvais tour parisien que
le postillon a voulu jouer aux pauvres provinciaux renfermés dans le coche ; ici, mon fils, il faut se défier de
tout le monde, parce que tout le monde veut vous tromper.

Dubourg (c'était le nom du vieillard), allait retomber
peut-être dans ses malédictions sempiternelles contre la
capitale de la France, lorsqu'un spectacle inattendu vint
attirer l'attention du père et du fils.

A travers le dédale inextricable de rues mal pavées qui
font encore aujourd'hui du quartier Mouffetard un des
plus vilains quartiers de Paris, ils étaient arrivés devant
la petite et ancienne église de Saint-Médard. Depuis quelques instans ils étaient environnés d'une population
nombreuse et animée. Bientôt ils tombèrent dans un en-
combrement de curieux, de chaises à porteurs, de coches,
de chevaux ; plus ils approchaient de l'église et du cimetière attenant, plus cette foule devenait compacte et tu-
multueuse. Tous ces gens se dirigeaient vers le cimetière,
clos seulement d'une muraille à hauteur d'appui, et chacun semblait mettre le plus haut prix à y pénétrer. Dubourg, dans sa haine dédaigneuse pour Paris et ses habitans, allait passer en entraînant son fils, sans demander
le motif de ce rassemblement ; mais des sons étranges qui
semblaient venir du clos Saint-Médard excitèrent vivement son attention, et, malgré son parti pris, il s'arrêta
court. Ces bruits, qui s'élevaient au-dessus du murmure
de la foule, étaient comme des aboiements, des miaulemens, mêlés à des cris humains, les uns déchirans et
plaintifs, les autres éclatans et joyeux ; l'ensemble formait
un concert diabolique du caractère le plus effrayant.

Le bonhomme Dubourg se retourna vers son fils, qui,
comme lui, écoutait ce vacarme inexplicable sans en comprendre la cause.

— Qu'est ceci ? — dit le vieillard en se servant des bras
et des coudes pour s'ouvrir un passage. — On croirait que
tous les chiens et les chats de Paris se sont donné rendez-
vous en ce lieu. Allons, Maurice, passons bien vite et

prenez garde à vos poches... Nous sommes trop près du
sabbat pour que le diable ne cherche pas à nous tendre
ici quelque piège !

Ces paroles, prononcées du ton d'un homme qui se
souciait fort peu d'être ou non entendu, firent retourner
plusieurs personnes voisines ; mais une seule eut le courage de les relever. C'était un individu d'une cinquantaine
d'années, en costume d'abbé ; il semblait fort scandalisé
des expressions peu mesurées dont venait de se servir
Dubourg.

— Et d'où venez-vous donc, monsieur, — demanda-t-il,
— pour ne pas savoir que ces cris sont poussés par les
jeunes filles convulsionnaires réunies autour du tombeau
du bienheureux Pâris ? Ignorez-vous les miracles sans
nombre opérés par cette tombe merveilleuse ?

— Oui dà ! — répondit Dubourg en toisant son interlocuteur, — j'ai entendu parler de ces fadaises-là... Ce
Pâris n'était-il pas un diacre janséniste, assez pauvre d'esprit, que j'ai connu au temps où j'étais collecteur d'impôts
dans le faubourg Saint-Marcel ? Il a eu raison de mourir,
il était incapable de faire des miracles pendant sa vie.

— Entrons, mon père, entrons, je vous en prie, — murmura Maurice à son oreille.

— Etes-vous fou ! — dit le vieillard tout haut ; — ne
voyez-vous pas que ces Parisiens veulent nous attraper ?
Ils nous prennent sans doute pour des provinciaux mys-
tifiables à merci.

— Monsieur, — reprit l'abbé avec indignation, — les
pieux sectateurs de saint Pâris ne trompent personne, et
si vous n'étiez pas un...

Sans doute il n'eût pas continué paisiblement sa riposte,
car Dubourg, peu patient de son naturel, fronçait déjà le
sourcil, quand tout à coup la foule se rua vers le cimetière, et les interlocuteurs furent brusquement séparés.
Vainement l'ancien collecteur d'impôts voulut-il résister
au torrent ; il fut entraîné malgré lui dans l'enceinte du
clos Saint-Médard ainsi que son fils, qui, il faut l'avouer,
n'avait pas tout à fait la même répugnance à voir de
près les miracles annoncés.

II

LE CIMETIÈRE SAINT-MÉDARD.

Le cimetière présentait en effet un spectacle bien capable d'exciter la curiosité. La foule, moins compacte en
cet endroit, permettait de voir çà et là des groupes bizarres dont chacun semblait avoir sa folie particulière.
Ces groupes se composaient pour la plupart de femmes
et surtout de jeunes filles revêtues de ces ajustements
courts que l'on appelait *habits des convulsionnaires*. A l'entour se tenaient les curieux. Parmi ces pauvres créatures
en délire, les unes assises sur une pierre sépulcrale, tenant une assiette sur leurs genoux et à la main une cuiller vide, s'exerçaient à imiter les gestes du bienheureux
Pâris quand il mangeait son potage ; d'autres tricotaient
des bas, comme avait fait le bienheureux Pâris, pour les
pauvres du voisinage. Quelques-unes, réunies en cercle,
poussaient des miaulements lamentables, à la manière des
chats, tandis que dans la coterie voisine on aboyait comme une meute de chiens fouettés par le piqueur. C'était
à mourir de rire ou à pleurer de pitié (1).

Après les *aboyeuses* et les *miaulantes* (c'était le nom
qu'on leur donnait à ces monomanes), venait une secte dont la
folie semblait plus révoltante encore ; c'était celle des *sau-
teuses* ou convulsionnaires proprement dites. Le théâtre de

(1) Tous ces détails sont historiques. Voir le *Naturalisme des
convulsions*, par le docteur Hecquet.

leurs exploits se trouvait au milieu du cimetière, sur la pierre même qui recouvrait les restes du diacre Pâris. Chacune de ces malheureuses se plaçait à son tour sur cette pierre, et elle était bientôt saisie de violentes convulsions dont les symptômes variaient suivant le tempérament des patientes; les unes poussaient de profonds gémissemens, grinçaient des dents, se frappaient la poitrine, pendant que d'autres riaient aux éclats et bondissaient de joie. Toutes se tordaient dans des spasmes nerveux capables de briser leurs frêles organisations; elles prenaient des attitudes étranges et forcées qui semblaient devoir désarticuler leurs membres. A côté de chaque convulsionnaire se tenaient deux hommes chargés de l'assister au moment de l'accès; l'un, appelé *petit secouriste*, avait pour devoir de prévenir les dangers que pouvait courir la patiente pendant sa frénésie; l'autre, appelé *grand secouriste*, avait des fonctions tout à fait atroces.

Il ne suffisait pas à ces pauvres femmes des souffrances qu'elles éprouvaient sur la pierre tumulaire de leur patron; dans leur délire, elles appelaient la douleur comme un bienfait et elles sollicitaient les tortures. Le grand secouriste était d'ordinaire un homme vigoureux; il avait les bras nus, et, armé d'une énorme massue, il les frappait de toute sa force lorsqu'elles le demandaient. D'autres fois, il les foulait aux pieds et les meurtrissait avec une sorte de rage; toutes sanglantes, elles le remerciaient avec enthousiasme en le suppliant de redoubler les tourmens.

On peut juger quel effet ce tableau effroyable dut produire sur nos deux voyageurs. Maurice, qui en sa qualité de médecin pouvait apprécier mieux que personne la réalité des souffrances des convulsionnaires, exprimait hautement sa colère et sa pitié.

— C'est infâme! — s'écria-t-il en voyant passer une pauvre jeune fille que des secouristes emportaient mourante, — et je ne puis comprendre que le roi Louis souffre de pareilles abominations. Voyez cette malheureuse, elle ne respire plus... ils l'ont tuée. Mon père, permettez-moi d'aller lui porter le secours de mon art.

— Restez, mon fils, et tenez-vous tranquille, — dit le vieillard en clignant de l'œil d'un air narquois, — vous ne connaissez pas comme moi les ruses des Parisiens, et il ne faut pas donner dans leurs pièges comme les lourdauds. Tout ceci n'est sans doute qu'une jonglerie pour occuper les badauds; veillez à vos poches et restez près de moi.

— Quoi! mon père, vous pensez...

— Ces monstrueux bâtons, — reprit le soupçonneux collecteur en souriant d'un air de satisfaction, — peuvent très bien être du carton creux, et quant à ces cabrioles...

Il fut interrompu par une voix qui prononça derrière lui, avec une espèce de solennité mystique, les vers célèbres de Racine :

Auras-tu donc toujours des yeux pour ne pas voir,
Peuple ingrat?... Quoi! toujours les plus grandes merveilles
Sans ébranler ton cœur frapperont tes oreilles?

Dubourg se retourna vivement et se trouva face à face avec l'abbé qu'il avait rencontré à la porte du cimetière.

— Je ne suis pas un *peuple ingrat*, — dit-il avec brusquerie, — mais je ne suis pas non plus un âne qu'on mène par le licou. Si l'on me laissait appliquer moi-même sur les épaules ou sur le visage de ces belles demoiselles quelques coups de mon fouet que voici...

Et il déroulait lentement la tresse de nerfs de bœuf. Mais, à son grand étonnement, l'inconnu lui répondit avec tranquillité :

— Essayez, homme de peu de foi, puisque ce que vous avez vu déjà n'a pu vous convaincre... Ces jeunes *sœurs* souffriront avec joie un pareil supplice.

Dubourg restait ébahi.

— Oh! vous ne ferez pas cela, mon père! — dit Maurice avec chaleur; — vous ne le ferez pas; ce serait de la cruauté.

— Eh! qui vous parle sérieusement de tenter une pareille expérience?... Cependant, si je pensais que cela leur causât un grand plaisir, je ne vois pas pourquoi...

En ce moment une agitation extraordinaire se manifesta dans la foule. Bientôt le cercle des curieux s'entr'ouvrit; une jeune fille voilée s'approcha de la pierre fatale, soutenue par un secouriste. Sa taille mince et élégante, sa démarche gracieuse, son attitude noble et fière prévenaient en sa faveur. Sa robe, noire comme celle des religieuses, traînait jusqu'à terre, et, comme nous l'avons dit, son visage même était couvert d'une gaze épaisse qui, sans permettre de distinguer ses traits, laissait deviner pourtant qu'elle était belle.

A sa vue, des cris d'admiration se firent entendre.

— C'est elle! — disait-on, — c'est sœur Thérèse; la plus gracieuse, la plus modeste des convulsionnaires.

Et la joie se peignait sur tous les visages, et quelques-uns des assistans applaudissaient.

— Pauvre enfant, — murmura Maurice, — elle n'a donc pas de mère!

— La petite drôlesse ne paraît vraiment pas mal, — disait le père, plus émeu qu'il ne voulait le paraître; — mais ne vous y fiez pas, Maurice, c'est sans doute encore une attrape; nous allons voir.

Pendant ce temps, la sœur Thérèse, puisque tel était le nom que l'on donnait à la future martyre, s'était placée sur le tombeau et demeurait immobile et calme dans ses longs vêtemens noirs. Les spectateurs attendaient en silence autour d'elle les premiers symptômes de convulsions qui ne tardèrent pas à se manifester. La jeune fille étendit les bras avec effort; son corps éprouva des contractions, des soubresauts; des soupirs s'échappèrent douloureusement de sa poitrine oppressée. Puis sa voix, d'abord étouffée, s'éleva peu à peu, devint aiguë et déchirante; elle bondissait d'une manière effrayante sur la dalle qui lui servait de couche, enfin, au plus fort du paroxysme, elle s'écria d'un ton d'inspirée :

— Mes frères, des secours! des secours!

A ce cri, Maurice voulut s'élancer pour venir en aide à l'infortunée qu'il croyait en danger de mort; mais il fut retenu par les spectateurs, qui lui dirent avec une sorte d'étonnement :

— Attendez donc! ses secouristes ne sont-ils pas là?

Maurice les regardait sans comprendre, lorsque, tournant les yeux vers la patiente, il aperçut les deux personnes qu'on venait de lui désigner comme les assistans de sœur Thérèse. L'un, le petit secouriste, était l'homme qui l'avait accompagnée. Le grand secouriste, qui venait de surgir tout à coup auprès de la jeune fille, armé de la terrible massue, était ce même abbé officieux qui avait voulu expliquer aux deux provinciaux les merveilles du tombeau de Pâris.

Alors seulement le jeune médecin comprit que le mot *secours*, dans le vocabulaire des convulsionnaires, signifiait *torture*.

— Quoi donc! — s'écria-t-il avec énergie, — ce misérable fanatique va-t-il frapper cette belle jeune fille? Oh! je ne le souffrirai pas.

— De quoi vous mêlez-vous? — dit le vieux Dubourg à son oreille, en le saisissant par le pan de son habit.

Maurice n'osa pas se révolter contre l'autorité paternelle et demeura immobile. Le personnage qui devait martyriser la sœur Thérèse, et dont les paroles du jeune médecin avaient attiré l'attention, jeta sur les deux Dubourg un regard de triomphe.

— Des secours, mes frères! des secours! — répéta la convulsionnaire.

A ce nouvel appel le secouriste ne sembla plus songer qu'à son horrible besogne de bourreau. Il retroussa les manches de son pourpoint, saisit la massue déjà ensanglantée par les précédens supplices, et il allait obéir aux vœux insensés de la pauvre fanatique, lorsqu'un tumulte affreux s'éleva dans l'enceinte du clos Saint-Médard et empêcha l'œuvre impie de s'accomplir.

Sans se rendre compte de la cause de cette panique, les curieux s'enfuirent de toute leur vitesse vers les portes du cimetière. Mais la foule était compacte, les issues furent bientôt encombrées ; les cris de ceux qui avaient été renversés et que l'on foulait aux pieds ajoutèrent encore au désordre. Les fuyards commencèrent à escalader les murailles peu élevées qui servaient de clôture ; en un clin d'œil ils eurent disparu.

Cependant les convulsionnaires n'avaient pas encore bougé. Ils se regardaient les uns les autres ou s'interrogeaient à voix basse, mais ils restaient calmes et intrépides ; la plupart même ne semblaient pas s'être aperçus qu'il se passât autour d'eux quelque chose d'extraordinaire. Les miaulemens et les aboiemens n'avaient pas cessé ; les contorsions continuaient autour de la tombe et les secouristes s'apprêtaient à reprendre leurs fonctions. Mais la cause de cette terreur se manifesta subitement à tous les regards ; des soldats en bataille entouraient le cimetière et envahissaient les portes. Déjà les pelotons s'avançaient, tambour battant, pour faire évacuer l'enceinte et pour arrêter les récalcitrans.

A cette vue plusieurs convulsionnaires, les plus tièdes sans doute ou ceux qui étaient de mauvaise foi, s'enfuirent vers l'unique passage laissé encore libre par les gardes françaises et les gardes suisses. Mais d'autres, plus fermes dans leur cr...ance, restèrent impassibles, attendant la persécution q... ls avaient si souvent désirée. Le fanatisme a son héroïsme comme la religion.

Pendant que les troupes, sous les ordres du lieutenant de police, s'avançaient en bon ordre, l'abbé que nous connaissons déjà s'élança sur la pierre tumulaire de Pâris.

— Mes frères, — s'écria-t-il, — les rois viennent persécuter les saints jusque sur le tombeau des prophètes ; sachons souffrir le martyre !...

— Oui, le martyre ! le martyre ! — répéta la jeune enthousiaste qui gisait à ses pieds.

Malheureusement cette exaltation dura peu ; voyant les gardes approcher, le secouriste perdit courage et s'enfuit à son tour. Sœur Thérèse, cédant à des terreurs plus fortes que sa volonté, s'évanouit.

Alors tout fut désordre parmi les sectaires ; la glace une fois rompue, la plupart cherchèrent à échapper aux agens de l'autorité. Les cris, les gémissemens cessèrent ; chacun ne songeait qu'à son salut. Quelques-uns des plus obstinés tentèrent de haranguer les soldats. Mais aussitôt ils furent arrêtés et bâillonnés. Le lendemain on les conduisit à la Bastille.

A la première alerte, le vieux Dubourg avait cherché à entraîner Maurice hors du clos Saint-Médard ; mais, pour la première fois de sa vie, le jeune homme opposa une sérieuse résistance aux volontés de son père. Cependant ils s'étaient mêlés aux gens effrayés qui gagnaient la plus prochaine issue, quand, au milieu du tumulte, le campagnard s'aperçut que son fils avait disparu. Vainement le chercha-t-il des yeux et l'appela-t-il à voix haute ; ne pouvant supposer que le jeune médecin eût osé revenir sur ses pas, il continua sa marche, espérant le trouver plus loin.

Mais le vieillard s'était trompé dans ses prévisions. Maurice, tout occupé de cette jeune fille qui allait rester exposée aux outrages des soldats, n'avait pas voulu s'éloigner sans tenter quelque chose pour la sauver. Profitant du moment où Dubourg s'efforçait de s'ouvrir un passage au milieu des fuyards, il s'était échappé, et, malgré le danger d'une pareille tentative, il s'était dirigé vers le centre du cimetière pendant que son père le croyait en sûreté dans une rue voisine.

Au moment où il atteignit le tombeau du diacre Pâris, les soldats en étaient seulement à quelques pas, et les fidèles du parti convulsionnaire avaient abandonné presque tous ce palladium de leur foi. Au bas de la pierre tumulaire était étendue la jeune fille voilée pour laquelle il éprouvait un si vif intérêt. Maurice la saisit dans ses bras robustes, l'enleva rapidement, et courut avec ce précieux fardeau vers une porte qui s'ouvrait dans l'église de Saint-Médard. Quelques secondes après, les gens de police faisaient main basse sur les malheureux qui s'étaient obstinés à rester les derniers autour du tombeau miraculeux.

Quand le jeune médecin pénétra dans l'église, elle était déserte. Les fuyards, n'y trouvant pas assez de sûreté, l'avaient traversée en courant pour gagner les rues adjacentes. Maurice déposa doucement son fardeau sur les marches d'une chapelle, ne sachant où trouver un asile plus convenable pour la jeune fille. Elle était toujours évanouie et ne faisait aucun mouvement ; Maurice lui donna quelques soins. Afin de les rendre plus efficaces, il allait soulever le voile qui couvrait le visage de sa protégée ; une main robuste vint se placer sur la sienne et l'empêcha de mettre son projet à exécution.

Maurice se retourna vivement et aperçut l'éternel abbé qu'il avait déjà vu remplir les tristes fonctions de secouriste auprès de la sœur Thérèse. Le dégoût le prit en reconnaissant ce personnage, et il allait lui exprimer énergiquement son mépris, quand l'inconnu lui dit d'un ton sévère :

— Est-il généreux, monsieur, même suivant la loi humaine, d'essayer de pénétrer le secret dont cette sainte fille a voulu s'envelopper ?

Le reproche était juste ; Maurice rougit. Cependant il se remit promptement :

— Monsieur, — dit-il, — je vous retrouve encore et je ne vous cherchais pas. Je ne comprends pas quel droit vous vous arrogez...

— Monsieur, — reprit l'abbé avec un accent d'autorité, — cette jeune fille est ma sœur selon la foi et ma protégée selon les hommes. Son père me l'a confiée et je dois la rendre à sa famille.

Quoique Maurice ne se sentît nullement prévenu en faveur de celui qui parlait ainsi, ces paroles avaient un tel accent de vérité qu'il n'osa pas résister. L'inconnu fit signe à des porteurs de chaises qui s'étaient avancés pendant ce court dialogue, et ils se disposèrent à enlever sœur Thérèse dans leurs bras.

— Monsieur, apprenez-moi du moins...

— Rien, monsieur ; la famille et le rang de cette jeune fille doivent vous être inconnus ; vous saurez seulement qu'elle se nomme sœur Thérèse ; moi je suis l'abbé Faverel, un des *discernans* de la sainte congrégation.

— Que m'importe !— interrompit brusquement Maurice ; — mais cette demoiselle est mourante, ne puis-je lui donner des secours ?

— Des secours ! oui ! des secours, mon frère ! — dit d'une voix douce la jeune fille, que ce mot sembla tirer de sa léthargie.

En même temps Maurice crut voir briller à travers la gaze du voile deux yeux noirs et ardens fixés sur lui. L'abbé sourit :

— Vous la voyez, — dit-il, — elle n'a pas besoin des secours qu'un médecin pourrait lui porter ; d'ailleurs, rassurez-vous ; je puis vous dire qu'elle demeure seulement à quelques pas d'ici.

En achevant ces mots, il donna un ordre aux porteurs, qui prirent sœur Thérèse dans leurs bras, puis il salua Maurice et s'éloigna. Quand le jeune médecin, frappé d'une réflexion subite, s'élança vers la porte de l'église, l'abbé, la jeune fille et la chaise à porteurs n'étaient plus en vue.

Maurice resta pensif sous le porche de Saint-Médard.

— Oh ! je suis sûr qu'elle est belle ! — dit-il tout haut, emporté par ses rêveries.

— Qui ça ?— demanda derrière lui la voix de son père ; — mademoiselle Estelle Leblanc, sans doute ? et c'est à cette jeune drôlesse que vous pensez quand je vous cherche depuis une heure, quand je suis dans une mortelle inquiétude ! Allons, monsieur, en route pour l'auberge de l'*Aigle-Noir* ! et tâchez de ne plus vous séparer de moi tant que nous serons à Paris ; on vole ici un grand et beau garçon tout aussi bien qu'un sac d'écus ; mais j'y veillerai !

Le jeune homme soupira et suivit son père.

Le lendemain parut l'édit de persécution contre les convulsionnaires. Le cimetière de Saint-Médard fut fermé, ce qui donna occasion à un plaisant d'afficher le soir même, sur la porte, ces deux vers si connus :

De par le roi, défense à Dieu
De faire miracle en ce lieu,

LA FAMILLE JANSÉNISTE.

Le lendemain matin les deux Dubourg se préparaient, dans une chambre de l'auberge de l'Aigle-Noir, à la visite solennelle qu'ils devaient faire à la famille Leblanc. Le père avait endossé un magnifique habit jaune qui datait du jour de ses noces ; sa perruque, grâce à quelque artiste du voisinage, avait trois fois plus d'ampleur que de coutume, et roulait en longues boucles blondes sur ses larges épaules. Sa veste de satin blanc, brodée en chenille de toutes sortes de couleurs, étalait sur sa robuste poitrine des dessins de fleurs et de papillons ; enfin il portait un haut-de-chausses vert clair qui se prêtait fort mal à ses mouvemens. Toutefois ce burlesque attirail ne changeait en rien les allures saccadées et hardies du vieux Dubourg ; on reconnaissait le campagnard sous ce harnais de marquis.

Maurice avait fait peu de changemens dans le costume sévère que lui imposait sa qualité de membre de la Faculté ; seulement le rabat et les manchettes étaient de fine dentelle ; il avait aussi quelques bijoux de forme antique, dûs sans doute à la munificence de son père. Avec tout cela, il paraissait beaucoup moins occupé de sa personne que Dubourg ne l'était de la sienne. Appuyé mélancoliquement contre le marbre de la cheminée, on eût dit qu'il écoutait avec la plus grande attention les cris des marchands ambulans qui s'élevaient de la rue. Le vieux bonhomme, qui ne voulait pas perdre son effet, le tira de ses réflexions en lui disant de sa voix grondeuse :

— Au diable ! me voilà prêt enfin ! J'ai cru que je n'en finirais pas avec ces affiquets et ces rubans ! Heureusement que tout ceci est encore neuve et pourra bien aller jusqu'au jour de la cérémonie conjugale... C'est pourtant pour vous faire honneur, monsieur le drôle, que votre vieux père est forcé de s'habiller comme un courtisan de Versailles ! Mais, voyons, vous, comment vous êtes-vous arrangé, — ajouta-t-il en promenant un regard inquisiteur sur le jeune médecin. — Ah ! vous avez pris vos boucles d'or ?... c'est bien ; seulement serrez un peu plus les jarretières et prenez garde aux filous... Ils affectionnent particulièrement les boucles d'or. Et maintenant, partons !— Le jeune homme allait prendre son chapeau, quand Dubourg l'arrêta par un geste majestueux : — Un moment encore, mon fils, — dit-il en portant la main à sa cravate qui semblait vouloir arrêter chaque mot au passage ; — avant de vous présenter à votre fiancée, j'ai quelques conseils à vous donner. Leblanc, chez qui nous allons de ce pas, est un ancien marchand retiré à qui je n'ai connu d'autres travers que celui d'être un peu trop exalté au sujet de la religion ; sa femme est une bonne pâte, enfin ce sont des gens qui nous valent, ni plus ni moins. D'autre part, la dot que le père Leblanc doit donner à sa fille équivaut à peu près à ce que je puis vous laisser à ma mort ; ainsi, tout est égal des deux côtés ; les Leblanc me connaissent comme je les connais, et les choses ont été déjà

presque arrangées par lettres pour la conclusion de ce mariage. Mais ce que je ne connais pas, c'est cette petite Estelle qu'on vous destine et pour laquelle vous ne me semblez pas avoir de mauvaises dispositions Aussi, monsieur, je vous défends... je vous défends, entendez-vous ? de devenir amoureux de cette petite créature avant que je vous aie dit ce que j'en pense ; vous savez que j'aime à être obéi ! Maintenant, partons... veillez sur vos boucles et souvenez-vous de mes avis.

Sans attendre de réplique, le bonhomme donna l'exemple du départ, et son fils le suivit avec assez peu d'empressement néanmoins pour rassurer sur les dispositions trop favorables qu'on lui supposait au sujet de mademoiselle Leblanc.

Un quart d'heure après, les deux provinciaux s'arrêtaient devant une maison de la rue Saint-Victor. C'était un bâtiment vieux et triste, dont les fenêtres étroites devaient donner aussi peu d'air que de lumière aux appartemens.

A peine Dubourg eut-il touché la chaîne rouillée qui servait de cordon de sonnette que la porte s'ouvrit. Les visiteurs pénétrèrent dans une allée humide où régna une obscurité presque complète dès que la porte se fut refermée derrière eux. Cependant le vieillard s'avançait délibérément, en entraînant son fils ; une voix aigre et chevrotante se fit entendre tout à coup :

— Je vous salue, mes frères, — disait-on,

Dans une espèce de bouge situé près de la porte, une vieille femme à tournure hétéroclite, assise auprès d'une petite fenêtre grillée qui s'ouvrait sur la cour intérieure, lisait, avec le secours de lunettes de corne, un grand livre à signets qu'on eût pu prendre pour une Bible. Dubourg s'arrêta brusquement.

— Tes frères, vieille folle ! — s'écria-t-il avec indignation, — et depuis quand mon fils et moi sommes-nous tes frères ? Voyons, rappelle tes idées ; je suis bien pour toi une ancienne connaissance, mais je n'ai pas l'honneur d'être de ta famille, j'imagine.

Aux premiers accens de cette voix rude, la concierge, car telle était la dignité de l'interlocutrice, avait laissé tomber son livre en donnant des marques d'étonnement et d'effroi.

— Monsieur Dubourg ! est-ce bien monsieur Dubourg, le collecteur qui vient ainsi nous surprendre ? — demanda-t-elle enfin.

— Oui, c'est moi, pardieu ! il paraît qu'on ne m'attendait pas sitôt ! C'est justement ce que je voulais ; et, dis-moi, le père Leblanc est-il chez lui ?

— Oui, monsieur... mais...

— Et madame Leblanc ? et la petite Estelle ?...

— Ils y sont tous... mais il y a compagnie et je vais les prévenir...

La vieille femme allait se glisser comme un chat entre les deux visiteurs pour grimper l'escalier tortueux quand Dubourg la retint de sa main de fer et la força de rentrer dans sa loge, en lui disant sèchement :

— Reste-là, Marion ; tu veux m'annoncer, n'est-ce pas ? Oh ! je connais tes habitudes parisiennes, moi, et je ne les aime pas. Je suis venu pour surprendre Leblanc et je le surprendrai ; j'ai mes raisons pour ça. Tu dis qu'il a compagnie, tant mieux ; nous sommes en toilette, Maurice et moi ; nous pourrions tenir notre place au cercle de la reine. Ainsi donc, reste dans ton chenil à marmotter tes patenôtres et laisse-moi faire ; je connais la maison avant toi...

— Mais, monsieur ! — reprit la vieille évidemment très inquiète.

Sans l'écouter, Dubourg invita son fils à le suivre ; mais à peine avaient-ils mis le pied sur la première marche de l'escalier que plusieurs coups de sifflet aigus et prolongés partirent de la loge. Sans doute Marion avait un intérêt particulier à ce que ses maîtres ne fussent pas surpris en ce moment par des étrangers.

— Au diable la vieille sorcière ! — murmura le bonhomme. — Les sifflets des portiers m'ont toujours joué de mauvais tours. Quand j'étais collecteur d'impôts, le maudit sifflet faisait dénicher les débiteurs du fisc avant que je fusse arrivé à leur cinquième étage! et aujourd'hui il m'empêchera peut-être...

Il n'acheva pas sa pensée et continua de gravir l'escalier noir aussi lestement que le permettaient les difficultés du lieu. Si Maurice n'avait pas la même habitude du local, il avait aussi plus d'agilité, en sorte qu'ils arrivèrent tous les deux en même temps au palier du premier étage. Une porte était entr'ouverte, Dubourg la poussa vivement et entra sans façon.

La salle où venaient de pénétrer les visiteurs était une vaste pièce nue, froide, en complète harmonie avec l'extérieur refrogné de la maison ; les meubles étaient en chêne, de forme antique ; une pendule en rocailles s'élevait au-dessus de la cheminée massive, dont un vieux tableau de religion faisait l'ornement. Des fauteuils de tapisserie fanée, encore disposés en demi-cercle autour du foyer, attestaient que plusieurs personnes venaient de quitter précipitamment le salon ; mais en ce moment il n'y avait plus devant le feu qu'une vieille dame, qui semblait être la maîtresse du logis. Elle était vêtue d'une ample robe de couleur foncée, et sa coiffe de linon encadrait une figure pleine de douceur sur laquelle l'âge n'avait pas fait trop de ravages. A la vue des arrivans elle essuya furtivement quelques larmes.

— Comment ! c'est vous, monsieur Dubourg ! — dit-elle avec une expression de joie en s'approchant du vieillard.

— Oh ! soyez le bien venu dans notre maison ; je désirais si ardemment votre arrivée ! Puis elle ajouta en souriant et en regardant Maurice :—Et voilà sans doute monsieur...

— Lui-même, ma chère madame Leblanc, — interrompit Dubourg avec une familiarité affectueuse ; — c'est bien mon fils, Maurice Dubourg, *doctor medicus*, que je vous présente. Vous le voyez, il ne ressemble en rien à vos freluquets de Paris, si frêles et si délicats qu'on craindrait de les casser en les touchant. Quant au caractère, il est doux comme un agneau, vous en jugerez... et si votre fille Estelle est une aimable personne, comme on le dit... Mais, à propos, où est-elle donc ? et le père Leblanc, où se cache-t-il ? On m'avait dit que je devais les trouver ici l'un l'autre.

Maurice, au premier coup d'œil, avait éprouvé une vive sympathie pour sa future belle-mère, et, pendant que le vieux Dubourg faisait cette présentation singulière, il adressait à madame Leblanc un compliment simple et convenable qui ne sentait en rien le provincial. Madame Leblanc l'écoutait avec un plaisir véritable, lorsque la dernière question du vieux Dubourg la fit tressaillir.

— Mon mari, —dit-elle avec embarras, —il va revenir... il est là dans une chambre voisine avec un ami de la maison.

— Vous recevez du monde, à ce qu'il paraît ? si je ne me trompe, vous aviez ici tout à l'heure nombreuse compagnie ?

— Oh ! non, non, mon cher monsieur Dubourg, — dit la vieille dame toute tremblante.

Mais, en ce moment, plusieurs voix se firent entendre comme si l'on eût pris congé du maître de la maison. Puis la porte de la rue s'ouvrit pour laisser sortir des visiteurs. Madame Leblanc rougit, et deux larmes tombèrent sur sa guimpe empesée. Cette douleur secrète frappa vivement les deux Dubourg ; le père lui-même, brave homme au fond, demanda d'un ton d'intérêt :

— Eh bien ! eh bien ! qu'y a-t-il, ma chère dame ? auriez-vous du chagrin ? est-ce que ce sournois de Leblanc vous rendrait malheureuse ?

Maurice ne dit rien, mais il porta respectueusement la main de madame Leblanc à ses lèvres. La pauvre dame parvint à se calmer et répondit avec une douceur mélancolique :

— Non, Dubourg, je ne suis pas malheureuse ; et si j'éprouve encore quelques chagrins, j'espère que, grâce à vous et à votre fils, ils cesseront bientôt.

Le campagnard allait demander l'explication de ces rôles, quand monsieur Leblanc lui-même sortit d'une pièce voisine, accompagné du personnage que la dame avait appelé l'ami de la maison.

Leblanc était un petit homme, vif, maigre, dont le front déprimé n'annonçait pas beaucoup d'intelligence. Il avait le teint très animé en ce moment ; et, absorbé par une idée dominante, il sembla que la présence inattendue des Dubourg le préoccupât médiocrement. Cependant il s'avança vers l'ancien collecteur et lui tendit la main :

— Ah ! te voilà ! dit-il d'un air distrait, tu m'amènes mon gendre ? que Dieu soit avec toi et avec lui !

— Toujours dévot ! — murmura le campagnard.

Cependant il prit son fils par la main pour le présenter dans les règles ; mais, au milieu de son compliment, Leblanc l'interrompit :

— Nous n'avons pas besoin de ces formalités, Dubourg ; tout est convenu entre nous, et il ne nous reste plus qu'à savoir si les enfans s'entendront. Cependant mon devoir de père m'ordonne encore de vous adresser à l'un et à l'autre une question qui, vous allez le sentir, est de la plus haute importance : Que pensez-vous de la bulle *Unigenitus?*

Les deux provinciaux ouvrirent de grands yeux étonnés.

— La bulle ! — reprit enfin le père Dubourg, qui avait à peine entendu parler de la rivalité de la secte janséniste et de la secte moliniste, — la bulle ! mais... je m'en moque !

— Bien, très-bien ! — s'écria Leblanc en lui saisissant la main avec des transports de joie ; — tu as toujours été un homme de sens, Dubourg ; et je suis heureux de voir que tu penses comme moi ; cette exécrable bulle est l'œuvre de Satan.

— Je veux être pendu si je devine...

— A votre tour, jeune homme, — reprit Leblanc en se tournant vers Maurice ; — il m'importe de savoir si mon gendre futur est un véritable enfant de Dieu, ou...

— Il est l'enfant de son père ! — interrompit Dubourg avec son impétuosité ordinaire ; —où diable as-tu été chercher ce jargon-là, maître Leblanc ? Tu es bigot, je le sais ; mais donnerais-tu par hasard dans toutes les mômeries des faiseurs de miracles du clos Saint-Médard ?

— Vous avez vu pourtant ces miracles d'assez près pour être bien sûrs qu'ils ne sont pas des impostures ! — dit le personnage inconnu, qui était entré avec Leblanc et qui jusqu'ici s'était tenu à l'écart.

Le père et le fils reconnurent alors l'abbé officieux qu'ils avaient rencontré la veille à Saint-Médard, et qui semblait se multiplier sous leurs pas.

— Tu reçois cet imbécile ! — dit l'ancien collecteur en se tournant vers Leblanc.

— L'abbé Faverel ! — s'écria Maurice, — celui qui accompagnait...

Une voix suppliante lui dit à l'oreille :

— Par grâce, Maurice, empêchez votre père d'insulter cet homme, qui est tout-puissant auprès de mon mari ; tout serait perdu !

Maurice comprit.

— C'est monsieur, — poursuivit-il, — qui a sauvé hier une pauvre jeune fille des mains des soldats...

— Vous y avez bien été pour quelque chose,—dit l'abbé avec un air d'onctueuse charité ; — c'est vous qui avez enlevé dans vos bras sœur Thérèse évanouie, et qui l'avez emportée dans l'église pendant que les impies souillaient le tombeau du prophète.

— Ah çà ! que nous chantez-vous là ? — demanda Dubourg.

Son fils lui raconta en quelques mots son aventure de la veille. Le vieillard hocha la tête d'un air mécontent.

— Et que diable ! avais-tu besoin de t'occuper de cette péronnelle ? — dit-il avec rudesse.

— C'était donc vous? murmura encore la pauvre madame Leblanc à l'oreille de Maurice ; — oh ! merci merci !

Mais Leblanc paraissait en proie à une violente colère.

— Péronnelle !—s'écriait-il en s'adressant à Dubourg,— appeler péronnelle une sainte fille qui est un sujet d'édification pour les frères et un vase d'élection pour sa famille! Prenez garde à vos paroles, Dubourg; car celle que vous insultez, celle que votre fils a sauvée avec une générosité dont je le remercie, s'appelle sœur Thérèse parmi les anges, et Estelle Leblanc parmi les hommes.

Cet aveu, fait avec une sorte d'orgueil, frappa de stupeur le père et le fils Dubourg. Maurice se laissa tomber dans un fauteuil à côté de madame Leblanc, qui lui disait tout bas:

— Comprenez-vous maintenant pourquoi je pleure?

Le collecteur d'impôts resta quelques minutes immobile; divers sentimens se succédèrent rapidement sur ses traits colorés. Enfin, prenant sa canne et son chapeau, il dit à Leblanc :

— Je te savais bigot, mais je ne te croyais pas fou au point de souffrir que ta fille jouât la vilaine comédie qu'elle a jouée hier à Saint-Médard. Du reste il ne m'appartient pas de donner des conseils à un père, et peut-être à une mère, — ajouta-t-il en se tournant vers madame Leblanc, — sur les devoirs qu'ils ont à remplir envers leur enfant. Seulement, je suis maître de mon fils comme vous de votre fille, et je laisse mademoiselle Estelle ou sœur Thérèse, comme vous l'appelez, à quelqu'un de ses coreligionnaires... Mon fils ne lui convient pas, et je l'emmène avec moi... Allons, salue, Maurice, et partons.

— Comme vous voudrez, — dit Leblanc en lui tournant le dos.

Maurice, malgré l'invitation de son père, n'avait pas bougé. Madame Leblanc, qui ne prenait plus la peine de cacher ses larmes, surmonta tout à coup cette timidité, qui depuis longtemps sans doute étouffait ses plaintes. Elle posa sa main sur le bras du vieux Dubourg comme pour le retenir.

— Oh ! vous ne nous quitterez pas ainsi ! — s'écria-t-elle d'une voix déchirante, — vous n'abandonnerez pas une pauvre femme obligée de lutter contre son mari, contre son enfant, contre tout ce qu'elle aime sur la terre? Dubourg, vous êtes notre ami le plus ancien et le plus cher; c'est à vous de nous sauver! on a égaré la raison de ma fille, on l'a fanatisée; on la tuera dans les tourmens qu'elle appelle elle-même dans son délire... J'ai recours à vous; par pitié, défendez-la contre tous, contre son père lui-même, égaré comme elle; rendez-la, de grâce, à sa malheureuse mère, qui n'a trouvé personne dont elle pût implorer l'appui!

Dubourg avait laissé tomber sa canne et son chapeau, Maurice pleurait, et Leblanc lui-même s'était détourné pour cacher son émotion. Mais l'abbé Faverel, qui jouait auprès de son hôte le rôle de Tartuffe auprès d'Orgon, comprit de quelle importance il était pour lui d'imposer par un acte d'autorité à son faible disciple :

— Madame, — dit-il d'un ton sévère à la maîtresse de la maison, — vous venez d'insulter l'œuvre sainte dont votre mari et votre fille sont les plus fervens ouvriers. Tout à l'heure encore, en présence des membres persécutés de notre pieuse secte réunis dans cette salle, vous n'avez pu cacher votre joie en apprenant l'édit fatal qui a frappé la véritable Eglise; nous ne devons plus entendre vos paroles sacrilèges. Comme votre père spirituel, je vous ordonne de vous retirer dans votre chambre...

Maurice, indigné, voulait s'élancer à la gorge de l'insolent; son père et Leblanc le retinrent.

— Laisse-le, Maurice, — dit le vieux Dubourg, — laisse-le, ou il va crier qu'il est martyr de sa foi... Il ne nous reste rien à faire ici.

Puis il se tourna vers la pauvre madame Leblanc, qui sanglotait en se couvrant le visage avec les deux mains :

— Excusez-moi, ma bonne dame, — lui dit-il tristement, — de ne pas vous donner l'appui que vous me demandez; mais je suis un simple campagnard, j'ai perdu depuis longtemps l'habitude des affaires, et je ne pourrais vous être d'une grande utilité dans tout ceci. Seulement,

— ajouta-t-il en élevant la voix d'un air menaçant, — que monsieur l'abbé Faverel prenne bien garde à ce qu'il fera désormais; je veillerai sur lui. Si madame Leblanc éprouvait le moindre mauvais traitement à propos de ce qui vient de se passer, je n'ai pas oublié combien est sévère l'édit porté aujourd'hui contre les convulsionnaires, et je connais maintenant un des lieux de leurs réunions.

L'abbé pâlit.

— Quoi! Dubourg. — demanda Leblanc avec terreur, tu nous dénoncerais?

— Ce n'est pas à vous que je parle, mais à votre ami, et je le ferais comme je l'ai dit. La véritable coupable dans cette affaire c'est la jeune fille folle et aveugle qui n'a pas craint de désoler sa pauvre mère et de l'exposer à de pareilles humiliations; c'est cette misérable enfant qui a foulé aux pieds toutes les affections, tous les devoirs...

Un cri aigu qui partit d'une chambre voisine l'arrêta court. Au même instant la porte s'ouvrit et mademoiselle Estelle Leblanc parut dans le salon. Elle portait la même robe noire que la veille; mais elle n'avait plus de voile, et on pouvait admirer des traits réguliers et purs, qui rappelaient ceux de sa mère. De magnifiques cheveux noirs, séparés sur le front et retenus par un simple ruban, roulaient en longues boucles sur ses épaules. Du premier coup d'œil Maurice devina la jeune fille qu'il avait sauvée des mains des soldats, et son cœur battit avec violence ; elle était plus belle encore que n'avait pu la rêver son ardente imagination.

Estelle avait tout entendu de la pièce voisine. Elle s'avança lentement et vint s'agenouiller devant sa mère.

— Pardonnez-moi! pardonnez-moi! — murmura-t-elle d'une voix étouffée. — Je suis pour vous une source de regrets et de douleurs; beaucoup d'autres mères, à votre place, croiraient avoir le droit de maudire le jour où je suis née. Mais, est-ce donc moi qui suis coupable? si Dieu, dans son ineffable miséricorde, a ouvert mes yeux à la lumière pendant qu'il laissait encore les vôtres dans les ténèbres de l'incrédulité, ne devez-vous pas vous joindre à moi pour lui demander votre conversion sans lui reprocher la mienne? Madame Leblanc prit la jeune fille dans ses bras et la serra contre son cœur sans pouvoir parler. Bientôt Estelle se dégagea doucement de ses étreintes.—Monsieur, — dit-elle en s'adressant au vieux Dubourg,—vous m'accusiez tout à l'heure de malheurs dont je suis la cause involontaire ; vous me maudissiez parce que vous ne pouviez savoir combien est puissante la voix d'en haut qui a daigné m'appeler à elle? Que Dieu vous pardonne ces malédictions, car je ne les ai pas méritées! — Elle s'arrêta un moment pour se recueillir, et elle reprit en baissant modestement la tête : — Mon père vous a rendu sans doute votre parole. Depuis le peu de temps que Dieu a touché mon cœur, je suis l'épouse du Christ, et je ne puis plus être l'épouse d'un homme... Votre fils, je le sais, est plein de générosité et de dévouement, il mérite tous les bonheurs de la terre en attendant ceux du ciel. Que Dieu le récompense pour la bonne action qu'il a faite hier en m'arrachant, sans me connaître, aux outrages des misérables qui ont profané le tombeau du prophète : je conservais le souvenir de ses traits pour...

— Vous m'aviez donc vu, mademoiselle? — s'écria Maurice avec transport.

— Je vous avais aperçu à travers les plis de mon voile, — répliqua la jeune fille en rougissant.

L'espèce de stupeur dans laquelle était tombé le vieux Dubourg, en voyant et en entendant tant de choses étranges, finit par se dissiper.

— Il suffit, — reprit-il avec son ton railleur, — mademoiselle est telle que je l'avais supposée... Quant à nous, Maurice, il ne nous reste qu'à quitter cette maison. Mademoiselle vous a dit elle-même qu'elle était l'épouse du Christ, et vous ne voulez pas sans doute la disputer à un pareil rival!

— Que le ciel vous pardonne vos blasphèmes ! — dit Estelle en levant les yeux au ciel.

— Et épargnez-nous le scandale de les entendre, — reprit Leblanc d'un ton farouche.

Dubourg haussa les épaules.

— Brisons là, — dit-il ; — nous n'avons plus rien à faire ici... Seulement j'engage monsieur Faverel à se souvenir de mes paroles.

Et il se dirigeait vers la porte, en entraînant son fils.

— Vous ne nous quitterez pas ainsi, — dit madame Leblanc en cherchant encore à le retenir. — Et elle ajouta plus bas : — Il faut que je vous parle... en secret !

— Demain, — murmura le vieillard.

Pendant que Leblanc soutenait sa fille presque mourante, l'abbé Faverel, de son côté, glissait à l'oreille de Maurice :

— Nous nous reverrons, monsieur, j'ai des choses importantes à vous communiquer...

Le jeune médecin répondit par un signe de tête et sortit, non sans se retourner plusieurs fois pour voir encore cette belle jeune fille qu'il croyait perdue pour lui.

IV

LE RENDEZ-VOUS.

Sept heures du soir venaient de sonner à l'horloge de Saint-Étienne-du-Mont. Un brouillard froid se répandait dans les rues et augmentait encore l'obscurité de la nuit. L'auberge de l'Aigle-Noir, dans le faubourg Saint-Marcel, devenait de plus en plus silencieuse, et déjà les lumières s'éteignaient dans plusieurs fenêtres. Cependant Maurice, seul dans sa chambre, ne songeait pas à se livrer au sommeil. Il allait sans cesse de la fenêtre à la cheminée avec une sorte d'impatience. Parfois il s'approchait de la chandelle fumeuse qui brûlait sur une vieille table, et relisait une lettre toute froissée que lui avait remise en secret une servante de la maison. Enfin il serra soigneusement le billet mystérieux dans lequel il venait sans doute de prendre ses dernières instructions. Il se couvrit de son manteau, et fit ses préparatifs pour partir.

Mais comme il touchait le bouton de la porte, elle roula sur ses gonds et le jeune homme se trouva face à face avec son père. Le campagnard avait repris son habit gris et ses guêtres de cuir, et il brandissait ce terrible fouet que nous connaissons déjà. Maurice s'arrêta et baissa la tête comme un écolier trouvé en flagrant délit d'école buissonnière.

— Et où allez-vous comme cela, monsieur le coureur de nuit ? — demanda le bonhomme d'un air goguenard, en forçant le jeune docteur de rentrer avec lui. — Je vous y prends enfin, et je devine comment on a pu vous voler tant de choses depuis huit jours que nous sommes dans cette satanée ville de Paris, que Dieu confonde ! On m'avait bien prévenu que monsieur sortait chaque soir pour aller on ne sait où, aussitôt que j'étais couché, mais je ne voulais pas le croire. Eh bien ! allez-vous parler ? Où couriez-vous tout à l'heure, quand j'ai eu le bon esprit de me placer sur votre passage ?

— Mon père...

— Vous cherchez quelque mensonge, n'est-ce pas ? Vous allez me dire que vous aviez l'intention de prendre l'air ou de visiter Paris à cette heure et par un temps pareil ! Je vous épargnerai un mensonge, monsieur, et je n'insisterai pas pour savoir où vous alliez ; seulement vous ne sortirez pas.

— Pourquoi, mon père ? — demanda Maurice.

— Parce que je vous le défends.

— Et pourquoi me le défendez-vous, mon père ? — Dubourg le regarda avec une expression d'étonnement et de colère qu'aucune parole ne pourrait peindre. — Mon père,

— reprit Maurice avec calme ; — vous savez avec quel respect et quelle soumission j'ai obéi jusqu'ici à vos moindres volontés ; grâce à vos soins, à l'éducation que j'ai reçue et au peu d'expérience que l'âge m'a donnée, je suis un homme pour tous, tandis que pour vous je ne suis encore qu'un enfant. Toutefois, quand vos désirs se trouvent comme aujourd'hui en opposition avec des projets qui intéressent mon bonheur et mes plus chères affections, j'ai bien le droit de vous demander vos raisons et vos motifs avant de m'y soumettre.

Ces paroles modérées, mais fermes, portèrent jusqu'à la rage la colère du vieillard ; il leva son fouet, mais l'expression grave et noble qu'il vit sur les traits de Maurice lui imposa. Il reconnut enfin un compagnon dans ce fils qu'il s'était jusqu'ici obstiné à regarder comme un inférieur. Jetant son fouet au loin, il dit comme s'il se parlait à lui-même :

— Au fait, il a raison ! quand les jeunes oiseaux ont des plumes, ils quittent le nid et s'envolent sans songer au père et à la mère qui les ont nourris... D'ailleurs nous sommes à Paris, la ville de désordre et de licence, et Maurice a déjà pris l'air du pays. — Il soupira, puis il poursuivit avec amertume : — Eh bien ! puisque vous voulez compter avec votre père, sachez, monsieur le rodomont, pourquoi je vous défends de sortir en ce moment : la nuit est noire, et ne connaissant pas Paris vous risquez de vous égarer dans les rues ; d'ailleurs le temps est affreux et vous vous exposeriez à quelque grave maladie ; de plus, c'est le moment où les filous et les voleurs de nuit se répandent dans la ville, et peut-être... — Maurice sourit, comme si aucune de ces raisons ne lui eût paru suffisante pour l'empêcher de mettre à exécution ses projets de promenade. — Enfin, — reprit le vieux Dubourg, — vous avez à vous préparer à partir demain matin à six heures pour Fontainebleau. Nos places sont déjà retenues au coche.

— Partir ! — s'écria Maurice. — Mon père, j'avais espéré...

— Que je vous laisserais encore ici quinze jours ou un mois pour achever de prendre les vices de bon ton, n'est-ce pas ? Non, monsieur ; vous avez appris déjà à discuter l'autorité de votre père ; c'est assez pour une fois. Si je m'étais écouté, le jour où j'ai reconnu que le mariage sur lequel je comptais pour vous était impossible, vous eussiez quitté sur-le-champ cette ville maudite. Je ne l'ai pas fait, j'ai eu tort. Mais vous m'avez prié avec instance de vous accorder une semaine pour vous donner le temps de voir un peu Paris et d'obtenir votre licence à la Faculté. D'un autre côté, cette pauvre madame Leblanc s'est imaginé follement que tout espoir d'union n'était pas perdu entre sa famille et la mienne, et qu'en inspirant de l'amour à sa fille vous l'arracheriez à toutes les folies qu'elle s'est mises dans la tête ; elle m'a demandé avec tant d'ardeur de différer notre départ que j'ai dû céder. Aujourd'hui que vous me faites repentir de ma complaisance, il ne nous reste plus qu'à partir. Ainsi donc, monsieur, soyez prêt demain matin... Vous m'avez demandé mes motifs, les voilà. Êtes-vous content ?

— Mais, mon père, cette licence que j'attends de la faculté de médecine ne m'a pas été délivrée encore...

— Vous vous en passerez.

— Et d'ailleurs vous ne pouvez laisser madame Leblanc dans un pareil abandon entre son mari et sa fille : aussitôt que l'espoir qu'elle avait mis en nous sera perdu sans retour, aussitôt qu'elle n'aura plus personne pour la soutenir dans cette effroyable lutte contre le fanatisme de ses proches, elle succombera certainement à son désespoir.

— Et que voulez-vous que j'y fasse ? — dit le campagnard en se promenant dans sa chambre avec une anxiété visible ; — j'y ai bien réfléchi, je ne puis rien pour elle. A moins de dénoncer son mari et sa fille comme convulsionnaires et de les envoyer à la Bastille l'une et l'autre, je ne vois pas comment on peut empêcher ce vieux fou de tricoter des bas à la manière du diacre Pâris, et son Estelle de tomber en syncope.

— Et cette jeune fille, mon père, cette malheureuse jeune fille, l'abandonnerez-vous aussi quand on peut la sauver? Ne voudrez-vous pas essayer ou du moins me permettre d'essayer de lui faire entendre le langage de la raison? Cette candeur, cette bonne foi, cette exaltation même dans ses croyances fausses et erronées, n'ont-elles pas excité dans votre cœur un peu de pitié?

— Peste! avec quelle chaleur vous parlez de cette petite sotte?

— Mon père, c'est que je l'aime!... Je l'aime depuis le jour où je l'emportai dans mes bras à Saint-Médard, depuis que je l'ai vue aux genoux de sa mère, lui demandant pardon avec tant de douleur des erreurs dans lesquelles l'a entraînée une exaltation malheureuse. Je l'aime, mon père, je vous le répète... et je ne veux pas quitter Paris sans avoir tenté de la tirer de l'abîme où elle est tombée.

Dubourg demeurait sombre et rêveur. Son fils crut avoir vaincu par la sincérité de son amour l'obstination du vieux collecteur d'impôts.

— Ah! vous l'aimez, monsieur! — reprit Dubourg en jetant sur lui un regard perçant; — dans ce cas je regrette vivement... que nous ne puissions partir ce soir même.

— Mon père!... — fit Maurice avec un geste de colère; mais il se reprit: — Eh bien! soit; nous partirons demain; à l'heure que vous m'avez prescrite je serai prêt... mais ce soir...

— Ce soir?

— Un intérêt pressant, un devoir impérieux m'appellent dehors; il faut que je sorte... à l'instant.

— Vous ne sortirez pas! — s'écria Dubourg en se plaçant devant la porte pour lui barrer le passage.

Tous les deux se regardèrent avec des yeux étincelans; Dieu sait quelle horrible lutte allait éclater entre ce jeune homme, exaspéré par une passion violente et qui réclamait pour la première fois le droit de sa virilité, et ce vieillard opiniâtre qui poussait jusqu'à l'extrême le principe de l'autorité paternelle, quand plusieurs coups légers, mais précipités, furent frappés à la porte; en même temps une voix tremblante demanda qu'on ouvrît. Dubourg obéit, et aussitôt une femme dont les traits étaient cachés sous un mantelet noir à capuchon se précipita dans la chambre. Ses vêtemens étaient imbibés de pluie; elle paraissait haletante comme si elle venait de faire une course rapide. Avant même qu'elle eût rabattu son capuchon, le père et le fils avaient reconnu madame Leblanc.

— Quoi! c'est vous, madame? dit le bonhomme stupéfait.

— Vous ici! à cette heure et par ce temps affreux! — s'écria Maurice; — ô mon Dieu! serait-il arrivé malheur à votre fille?

Soit fatigue, soit émotion, la pauvre femme restait muette.

— Ma fille! — répéta-t-elle enfin, — oui, mes amis, mes bons amis, c'est d'elle qu'il s'agit, c'est pour elle que je viens demander des conseils, des secours peut-être... car à qui m'adresser dans l'état d'isolement où j'ai toujours vécu? vous seuls connaissez mes souffrances et les avez comprises!

— Parlez, madame, je vous en prie, — dit Maurice, — qu'est-il donc arrivé?

— Le plus grand malheur qui puisse affliger une mère: ma fille vient de m'être enlevée: elle est perdue pour moi et je ne la reverrai plus vivante,... si je la revois jamais!

— Enlevée! — dit le vieillard en jetant un regard de côté sur Maurice éperdu.

— Oui, enlevée par son père et par ce misérable qui s'est établi le maître chez nous. Il y a une heure environ qu'ils sont partis tous les trois, pendant que j'étais occupée à l'autre extrémité de la maison; quand je suis rentrée au salon, ma fille n'y était plus... et j'ai trouvé sur une table un petit billet, où elle me faisait les plus tendres adieux comme si elle ne devait plus revenir.

— C'est étrange! — murmura le jeune médecin.

— Mais, madame, — reprit Dubourg, — puisque votre fille est sortie avec son père, je ne vois pas ce qui peut tant vous épouvanter?..

— Oh! vous ne savez pas! — s'écria madame Leblanc avec désespoir; — j'en suis réduite à considérer mon mari comme le mortel ennemi de mon enfant, et c'est là le plus cruel de mes supplices. Mon mari de tout temps a été faible et crédule; aujourd'hui il n'a plus l'usage de sa raison; il ne voit plus que par les yeux des odieux sectaires qui l'entourent, et si la pauvre insensée demandait à souffrir le martyre, il regarderait son supplice d'un œil sec, en offrant à Dieu les souffrances de sa fille.

— Mais, madame, qui peut vous faire supposer...?

— Écoutez-moi. Jusqu'ici, mes prières et mes larmes ont pu préserver Estelle des tortures auxquelles s'exposent volontairement ses compagnes convulsionnaires; c'était à mon insu que, le jour où vous l'avez vue au cimetière Saint-Médard, elle allait les affronter pour la première fois. J'avais espéré que l'arrêt sévère qui proscrit cette secte funeste mettrait fin à mes terreurs de mère. Pendant les huit jours qui viennent de s'écouler, je ne perdais pas ma fille de vue. Elle paraissait calme, seulement elle pleurait par momens sans cause apparente. Aujourd'hui, tantôt elle était d'une gaieté folle qui m'épouvantait, tantôt elle me pressait dans ses bras et elle débitait des maximes religieuses dont je ne pouvais pénétrer le sens. Ce soir enfin, quand j'ai lu ce billet, j'ai cru deviner la vérité... Elle allait à ce martyre qu'elle avait désiré avec tant d'ardeur!

— Mais du moins savez-vous où elle peut être?

— Hélas! non, et c'est là ce qui me déchire le cœur! Dire qu'en ce moment ma pauvre enfant expire dans les supplices et que je ne peux la secourir!... Mais il faut que je la retrouve, — reprit la malheureuse femme en se promenant dans la chambre avec égarement; — il faut qu'on me la rende, car ils la tueraient... Écoutez, vous êtes mes amis, vous; je vous dirai quel horrible projet j'ai conçu. Jusqu'ici je n'ai voulu dénoncer personne; mais... l'un de vous va se rendre à l'instant chez le lieutenant de police: le lieutenant de police doit savoir où ces fanatiques tiennent leurs réunions, tout vous sait tout! Eh bien! il faut qu'on y cherche ma fille, il faut qu'on me la rende, dût son père mourir à la Bastille avec tous les autres. Mes devoirs de mère sont plus sacrés que mes devoirs d'épouse, et je veux ma pauvre Estelle, qu'ils vont assassiner!

Les deux Dubourg restèrent muets en présence de ce sublime égarement de la douleur. Mais Maurice se remit promptement.

— Madame, — s'écria-t-il, — vous ignorez où est maintenant votre fille, moi, je vais le savoir peut-être!

— Toi! — s'écria son père.

— Si j'en crois une lettre que j'ai reçue aujourd'hui de l'abbé Faverel, je dois voir Estelle ce soir...

— Où? comment?... par pitié, expliquez-vous!

— J'avais promis le silence, mais toute considération doit céder devant une impérieuse nécessité; écoutez donc à votre tour. Depuis que j'ai rencontré chez vous l'abbé Faverel, j'ai eu avec lui diverses entrevues, à l'insu de mon père. Cet homme avait sur moi je ne sais quels projets et il essayait par tous les moyens de m'attirer dans les conventicules de sa secte. Autant que j'ai pu le présumer, les convulsionnaires avaient besoin d'un médecin qui leur donnât les secours de l'art, après leurs monstrueuses séances de tortures, et on avait jeté les yeux sur moi pour cette besogne.

— Oui, oui, je sais cela, — dit madame Leblanc avec vivacité; — j'ai entendu Leblanc et Faverel causer de ce projet.

— Et c'était pour écouter les propositions d'un pareil scélérat que vous désobéissiez à votre père? — dit le vieux Dubourg avec indignation.

— Je ne les écoutais pas, mon père, mais il me parlait

d'Estelle, il me flattait de l'espoir.. bien faux sans doute..
que je pourrais être aimé d'elle si je consentais à son
dessein, et je ne manquais pas les rendez-vous qu'il me
donnait chaque soir...

— Fils dénaturé, et vous avez accepté...

— Un rôle d'hypocrite parmi ces malheureux? Non
pas, mon père. J'avais même rompu hier mes relations
avec l'abbé Faverel, préférant m'adresser aux amis naturels de mademoiselle Leblanc, à sa mère, à son père,
lorsque aujourd'hui j'ai reçu la lettre que voici.

— Voyons, voyons vite! — s'écria madame Leblanc,
avec impatience.

Maurice tira de la poche de sa veste le papier dont nous
avons parlé, et il lut rapidement ce qui suit :

« Le Seigneur accorde seulement à ses élus la foi qui
» sauve, la charité qui console et qui soulage. Jusqu'ici
» vous n'avez pas voulu voir les miracles qui s'opèrent
» chaque jour, parce que vous aviez peur d'être convaincu
» par eux; cette fois, une sainte et courageuse femme
» veut mettre la main à l'œuvre de votre conversion.
» Sœur Thérèse, ou mademoiselle Leblanc, puisque tel
» est son nom parmi les hommes, vous prie de vous trou-
» ver ce soir, à neuf heures, à l'un des angles de la place
» de l'Estrapade; vous y trouverez un guide qui vous
» conduira, à la condition que vous jurerez solennelle-
» ment de ne révéler à personne le secret de cette entre-
» vue. Que Dieu vous pardonne votre obstination! Heureux ceux qui croient sans avoir vu! »

Cette lettre n'était pas signée; mais madame Leblanc
reconnut l'écriture de l'abbé Faverel. La pauvre mère regarda la pendule.

— Neuf heures moins quelques minutes! — s'écria-
t-elle. — Oh! partons, nous arriverons à temps pour la
sauver peut-être.

— Mais, madame, ce guide dont parle la lettre n'attend
que moi, et la présence d'une autre personne...

— Oui, vous avez raison... Mon Dieu! que faire?

— Pensez-vous, monsieur, — demanda Dubourg avec
sévérité, — que je vous permettrai de tenter seul, à cette
heure, une aventure qui n'est peut-être qu'un piége, un
guet-apens?

— Mon père, — dit le jeune homme avec énergie, —
il y va de la vie d'Estelle! Oubliez-vous ce que vient de
nous dire sa mère éplorée, et ne voyez-vous pas le fil de
cette horrible trame? C'est comme médecin sans doute
qu'Estelle a désiré ma venue; au moment d'affronter de
terribles tortures, le courage lui a manqué; elle me fait
appeler, moi dont elle a éprouvé déjà le courage et l'affection. Laissez, laissez-moi sortir, mon père, je ne crains
pas les piéges, et mon devoir parle plus haut que vous.

En même temps il jetait son manteau sur ses épaules.
Madame Leblanc tomba aux genoux du vieux Dubourg.

— Oh! laissez-le aller! — s'écria-t-elle; — il a raison.
Ma fille attend de lui des soulagements, des consolations,
du courage, car elle l'aime... elle l'aime, je le sais...

— Que dites-vous, madame? s'écria Maurice, pâle d'é-
motion et de bonheur, — votre fille...

— Elle vous aime, je vous le jure!... Plusieurs fois
votre nom est sorti de sa bouche aujourd'hui... J'ai même
entendu le misérable qui scrute toutes ses pensées lui reprocher amèrement la préoccupation qu'elle montrait à
votre sujet... Elle vous aime, et c'est à vous de la sauver!

— Adieu donc, — s'écria Maurice en s'élançant vers la
porte, — je la sauverai si cela est au pouvoir d'un
homme.

Et il disparut avant que son père eût pu le retenir. Le
vieillard se leva tout à coup :

— Madame, — dit-il, — avez-vous de la force et du
courage?

— Oh! j'en aurai, monsieur Dubourg, j'en aurai pour
retrouver ma fille.

— Eh bien! grâce à vous, nos enfans courent peut-être
e même péril; notre devoir est de veiller sur eux. Suivez-
moi.

— Oui, oui, partons! — s'écria-t-elle. Ils sortirent; au
détour d'une rue, ils aperçurent une ombre qui fuyait.
L'un et l'autre avaient reconnu Maurice. Ils le suivirent
de loin; à l'angle de la place de l'Estrapade, ils le virent
s'approcher d'un homme qui semblait l'attendre; puis
tous les deux se dirigèrent vers les rues tortueuses qui
avoisinent l'église de Saint-Etienne du Mont. Neuf heures
sonnèrent; Dubourg et madame Leblanc se pressèrent la
main en silence et continuèrent à marcher sans perdre de
vue les deux personnes qui les précédaient. — Il sera
temps encore! — dit la mère bien bas.

V

LES SUPPLICES.

Au moment où Maurice était arrivé à la place de l'Estrapade, un homme, enveloppé comme lui d'un manteau,
se promenait en donnant fréquemment des signes d'impatience. Le jeune médecin ne douta pas que ce ne fût là
le guide annoncé, et il s'en approcha sans hésiter.

— Est-ce moi que vous attendez? — demanda-t-il.

L'inconnu l'examina attentivement.

— Oui! — dit-il d'une voix sourde que Maurice crut
reconnaître pour celle de l'abbé Faverel; — mais avant
de partir il faut que vous me fassiez un serment.

— Lequel?

— De ne jamais révéler ce que vous verrez ou enten-
drez dans le lieu où nous allons; de ne tenter aucun effort
pour empêcher ce qui se passera devant vous.

— Mais je ne puis prêter un pareil serment sans savoir...

— Alors adieu, — dit l'abbé brusquement, — je rap-
porterai à sœur Thérèse votre refus.

Ce nom suffit pour renverser tous les scrupules de
Maurice.

— Eh bien! je vous le jure, — dit-il, — puisque ce n'est
qu'à cette condition que je puis revoir Estelle.

Ils s'engagèrent dans des rues mal éclairées et tortueuses que Maurice n'eût pu indiquer plus tard, quand même
il aurait eu l'habitude de ces quartiers retirés. Le guide
ne prononçait pas une parole; seulement, quand ils passaient près des lanternes, il observait Maurice avec défiance, et semblait sonder ses vêtemens du regard dans la
crainte qu'ils ne recélassent quelque arme offensive.

Cependant, il s'aperçut bientôt sans doute que ses soupçons n'étaient pas fondés, car il se rapprocha du jeune
médecin et lui dit d'un ton insinuant.

— Il faut, mon frère, que nous attachions une bien
grande importance à votre conversion pour que je vous
serve de guide en ce moment, moi que mon devoir et
mon zèle pour l'œuvre sainte réclament impérieusement
autre part.

Maurice s'arrêta net au milieu de la rue.

— Si vous ne voulez que me convertir, — dit-il avec
fermeté, — il est inutile que nous allions plus loin.

L'abbé lui fit signe d'avancer.

— Je sais bien, — reprit-il en soupirant, — que votre conversion est devenue impossible pour un pauvre pécheur
tel que moi. J'ai cherché à vous donner la foi qui vivifie,
mais la parole s'est perdue en vous comme le grain de
blé dans une mauvaise terre. J'ai cherché à émouvoir votre ambition mondaine en vous promettant des avantages
de fortune et de crédit si vous vouliez prêter à nos frères
le secours de votre art, vous avez repoussé mes offres.
Maintenant une autre plus digne va tenter d'ouvrir vos
yeux à la lumière, et c'est pour obéir à ses ordres que j'ai
consenti à vous conduire au lieu où nous allons.

— Ainsi donc, demanda Maurice, — vous me conduisez chez mademoiselle Leblanc ?

— Ce n'est pas chez elle que nous nous rendons.

— Où donc alors ?

— Je ne puis vous le dire.

— Mais sans doute elle est avec son père ?

—Son père ! — répéta l'abbé d'un ton étrange... — oui, son père est avec elle.

Le médecin respira.

— Alors mes craintes ne sont pas fondées, — reprit-il ; — un père ne pourrait être assez barbare pour permettre qu'on torturât sa fille sous sas yeux.

Maurice allait continuer les suppositions avec lesquelles il cherchait à se déguiser à lui-même ses inquiétudes, quand on s'arrêta tout à coup devant une maison noire et silencieuse. Le guide promena son regard autour de lui d'un air soupçonneux, et son attention se fixa sur deux ombres qui restaient immobiles à l'extrémité de la rue. Cependant il ne vit là sans doute rien d'alarmant, car il frappa un coup léger à la porte, en disant tout bas :

— C'est ici.

Quelle était cette rue ? A quel signe pourrait-on reconnaître plus tard cette maison ? Maurice ne put faire aucune observation à cause de l'obscurité ; seulement il s'assura que ce n'était pas la demeure d'Estelle Leblanc.

La porte s'était ouverte, et Faverel, prenant la main de Maurice, l'introduisit dans un corridor ténébreux. A peine eurent-ils faits trois pas que la porte se referma, sans qu'ils eussent vu personne. Une voix aigre prononça pourtant quelques mots de passe que le jeune médecin ne put comprendre. Cette formalité remplie, Faverel entraîna son compagnon, et bientôt ils se trouvèrent dans une cour intérieure qui séparait un second bâtiment de celui qui s'élevait sur la rue.

Ce corps de logis, parfaitement isolé et trop éloigné de la voie publique pour que rien de ce qui se passait à l'intérieur pût être entendu des passans, n'était pas aussi tranquille que l'autre. Malgré les volets épais dont étaient munies les fenêtres du premier étage, des jets ardens de lumière s'échappaient par les fentes et les jointures ; des bruits sourds et étouffés sortaient de cette enceinte hermétiquement close. C'étaient encore ces aboiemens et ces miaulemens qui avaient produit sur Maurice une si grande impression au cimetière Saint-Médard ; c'étaient des cris surhumains, mêlés à des chants liturgiques, à des psalmodies ; puis des gémissemens, des plaintes, et comme le bruit d'un madrier qui retombait lourdement sur un corps mou.

Maurice frissonna.

— Et c'est là, dans cet enfer, — dit-il à son guide, — que je vais voir Estelle Leblanc ?

— C'est là, — répondit l'abbé Faverel ; — mais, avant d'aller plus loin, souvenez-vous de votre serment. La moindre indiscrétion plus tard serait la perte de celle que vous aimez, de son père et de tous les saints personnages qui vous permettent d'assister à leurs réunions sur la foi de votre loyauté... Du reste, — ajouta-t-il avec un sourire menaçant, — il est inutile de vous dire que nous avons pris nos précautions contre vous ; songez-y.

— Marchons, marchons vite, — dit le jeune médecin, qui entendait toujours des gémissemens sortir de la pièce où se tenaient les convulsionnaires.

Ils entrèrent dans une espèce de salle basse, mal meublée et encore plus mal éclairée, où se tenaient plusieurs personnages à figure sinistre. Faverel échangea encore un mot de passe avec l'un d'eux, puis il dit à Maurice :

— Attendez ici ; je vais voir s'il est temps d'introduire un profane dans l'assemblée des saints... Je reviendrai vous prendre.

Dubourg ne voulait pas le quitter ; mais l'abbé dit quelques mots aux assistans, en leur désignant Maurice par un geste significatif. Le jeune médecin comprit qu'il devait se résigner, et il s'assit sur un banc de bois, avec des apparences de calme, quoique le sang bouillonnât dans

ses veines. Faverel, satisfait de cette docilité, s'empressa de sortir.

Tous ceux qui étaient dans la salle gardaient un silence farouche, et Maurice pouvait maintenant juger plus exactement de ce qui se passait à l'étage supérieur. Des voix nombreuses continuaient à réciter les psaumes de David, et entre chaque psaume un grand mouvement s'opérait dans l'assemblée, comme si les personnes présentes se fussent prosternées. Mais ce qui occupait surtout le jeune Dubourg, c'était ce bruit lent, régulier et continuel ; on eût dit des coups de massue dont chacun faisait trembler le plancher.

— Que se passe-t-il donc là-haut ? — demanda-t-il à l'homme qui était le plus près de lui et qui paraissait le chef.

—Les secouristes frappent Jeanne Mouler,—répondit son introducteur d'une voix lugubre ; — elle doit recevoir cent coups de barre de fer (1) sur la poitrine ; elle n'est encore qu'au soixantième. Prions pour elle, mes frères.

Il fit un signe de croix et ses compagnons l'imitèrent.

Au bout d'un moment le bruit cessa, et dans l'intervalle des chants Maurice entendit un grincement de poulies, un frôlement de cordes contre le plancher.

— Qu'est ceci ? — demanda-t-il encore.

— C'est Catherine Sylvie que l'on presse entre deux poutres jusqu'à ce que son corps n'ait plus que l'épaisseur d'un missel, — dit le farouche interlocuteur. — Prions pour elle, mes frères.

Le jeune médecin eût voulu pour dix années de son existence pouvoir se soustraire à l'horrible angoisse qu'il éprouvait en ce moment. Il enfonça sa tête sous son manteau avec frénésie pour ne plus entendre.

Mais bientôt les bruits du premier étage changèrent de nature encore une fois. Ce furent d'abord des coups de marteau frappés avec force ; mais chacun de ces coups rebondissait maintenant comme sur une enclume de fer. Que pouvait être ce nouveau supplice ? à qui était-il destiné ? Maurice frémissait d'arrêter sa pensée sur ce point. Cependant il allait peut-être, dans sa mortelle inquiétude, questionner encore ses voisins, quand un cri aigu, déchirant, évidemment arraché par une effroyable souffrance, retentit tout à coup dans la maison. Maurice se dressa comme se dressent parfois les personnes qui viennent d'être frappées de la foudre ; il était d'une pâleur mortelle... Il avait reconnu la voix d'Estelle Leblanc.

Il resta debout, le bras tendu, le corps penché en avant pour écouter. Mais ce cri n'avait été suivi d'aucun autre, et le bruit du marteau retombant sur un corps métallique, se faisait seul entendre par dessus les chants et les prières.

— Ce cri... qui l'a poussé ? — demanda enfin Maurice haletant.

— Vous le saurez ! — répondit-on sèchement.

— C'est elle ! c'est elle ! — s'écria Dubourg en courant vers la porte du fond.

Mais elle était solidement fermée, et vainement chercha-t-il à l'ébranler. Ses gardiens riaient de ses efforts ; il leur jeta un regard de profond mépris et se mit à parcourir la salle à grands pas ; une sueur froide lui coulait du front.

Tout à coup cette porte contre laquelle il s'était acharné inutilement s'ouvrit d'elle-même, et l'abbé Faverel, affublé d'un costume bizarre, parut sur le seuil ; sa contenance était solennelle.

—Venez et voyez, frère ! — s'écria-t-il dans son langage mystique ; — le Seigneur a préparé ses voies, et les élus sont dans toute leur gloire !

Maurice, sans attendre qu'on lui montrât le chemin, gravit l'escalier avec la vivacité et les mouvemens incertains d'un homme ivre. Parvenu au sommet, une nouvelle porte se trouva devant lui, il la poussa, et un spectacle horrible frappa ses regards.

(1) *Naturalisme des convulsions.*

Dans une immense pièce, éclairée par une grande quantité de bougies, se trouvaient réunies plusieurs centaines de personnes, hommes et femmes. Les simples sectaires étaient assis sur plusieurs rangs de banquettes autour de la salle; chacun tenait à la main l'Évangile ou la Bible, et chantait ou psalmodiait avec le reste de l'assemblée. L'espace laissé vide au milieu de l'enceinte était réservé aux véritables acteurs des tragédies sacriléges qui se jouaient en ce lieu. Des jeunes filles convulsionnaires offraient dans cet étroit espace l'image de toutes les tortures, de tous les supplices, de tous les martyres. Les unes avalaient des charbons ardens, d'autres les livres reliés du Nouveau Testament, d'autres encore se faisaient frapper à coups de marteau, ou se faisaient percer les membres avec des épées (1). Çà et là on voyait des instrumens de supplices, des chevalets, des machines à presser, à tenailler le corps. Le plancher, en beaucoups d'endroits, était taché de sang, et, ce qu'il y avait de plus affreux, deux ou trois malheureuses créatures, épuisées par les tourmens, étaient étendues à terre et râlaient comme si elles allaient rendre le dernier soupir.

Maurice était ébloui par l'éclat subit de tant de lumières, pétrifié par cet exemple révoltant de la frénésie humaine. Cependant il n'y avait rien là qu'il ne fût préparé à voir, et, au milieu de tant d'émotions poignantes, il ne pensait qu'à sœur Thérèse. Il la cherchait dans la foule, mais il ne la trouvait pas. Il examina en tremblant l'une après l'autre les jeunes convulsionnaires qui faisaient assaut de tortures; sœur Thérèse n'était pas là. Il osa même arrêter les yeux sur les infortunées qui gisaient mourantes sur le plancher; mais il ne reconnut pas Thérèse. Une minute, il espéra qu'on l'avait trompé, que mademoiselle Leblanc n'assistait pas à l'assemblée, qu'on lui avait tendu un piége pour l'attirer dans ce lieu maudit; et il eût donné sa vie pour que cette supposition fût vraie. Il allait interroger l'abbé Faverel, qui était près de lui et qui observait ses mouvemens avec attention, quand, à l'autre bout de la salle, un vieillard qui remplissait les fonctions de maître des cérémonies entonna le *Magnificat*, et tous les sectaires le répétèrent avec lui.

Maurice reconnut dans ce vieillard le père d'Estelle. Leblanc était dévotement à genoux devant un tableau représentant le Christ, et il continuait de chanter avec une incroyable ardeur l'hymne de joie. Non loin de lui, des secouristes entouraient une jeune convulsionnaire dont Maurice n'avait pu jusqu'ici voir ni le visage ni le supplice. Aussitôt un soupçon cruel entra dans l'esprit du jeune homme; il s'élança en avant, heurtant les victimes et les bourreaux, les pieds dans le sang, écartant tout ce qui se trouvait sur son passage. Il arriva enfin, repoussa violemment les curieux et se trouva en face de sœur Thérèse... Elle était clouée par les mains et par les pieds sur deux planches disposées en croix (2).

Maurice rugit comme un lion blessé. Il promena autour de lui un regard terrible; on eût dit qu'il cherchait un moyen d'anéantir tous les assistans d'un seul coup; puis, reportant les yeux sur la pauvre martyre :

— Arrachez ces clous, arrachez-les, misérables! — s'écria-t-il d'une voix tonnante. — Elle respire encore; on peut la sauver peut-être. Si elle meurt, malheur à vous! son sang retombera sur vos têtes. — Et il s'efforçait d'arracher les solides crampons de fer qui perçaient les membres blancs et délicats de la pauvre insensée; mais personne ne l'aidait dans cette besogne; on ne semblait même pas faire attention à lui. Les sectaires, conduits par Leblanc, continuaient à psalmodier le *Magnificat*. — Il n'y a donc plus de justice ni dans le ciel ni sur la terre contre de pareilles infamies! — s'écria Maurice.

Il saisit un madrier qui se trouvait sous sa main, et allait frapper au hasard; mais une douzaine de jeunes secouristes s'emparèrent de lui. Maurice voulut résister, et cette lutte inégale se prolongeait, quand une voix plaintive, la voix d'Estelle Leblanc, se fit entendre. Maurice devint calme tout à coup, et ses antagonistes le laissèrent approcher de la pauvre fanatique. Comme nous l'avons dit, elle était couchée sur sa croix et pudiquement enveloppée dans les plis flottans de sa robe noire. Ses cheveux flottaient sur le bois ensanglanté. Elle était d'une pâleur livide, mais, à voir l'expression de son visage, ses yeux demi-clos, sa bouche presque souriante, on eût pu croire qu'elle dormait et qu'un doux rêve caressait son sommeil.

Elle souleva lentement ses paupières déja violettes, et, penchant gracieusement sa tête sur l'épaule pour regarder Maurice, elle dit avec un accent d'une douceur infinie :

— Mon frère, pourquoi ces violences? pourquoi vous établir le juge de ces hommes pieux qui n'ont fait que céder à mes instantes prières? Dieu est plus grand et plus sage que nous; seul il jugera mon sacrifice...

— Mais, malheureuse enfant, — dit Maurice en examinant rapidement les horribles blessures d'Estelle, — vous êtes en danger de mort!

— Je le sais, mon frère, — répliqua la jeune fille avec un sourire de bonheur; — et je vous ai fait venir afin que vous me vissiez mourir pour ma foi, vous qui avez été mon libérateur, vous dont l'incrédulité obstinée m'a déjà coûté bien des larmes... Une fausse croyance pourrait-elle donner tant de force contre la douleur et la mort?

— Maurice restait anéanti devant un tel fanatisme; de grosses larmes tombèrent de ses yeux. — Ce n'est pas sur moi qu'il faut pleurer, mon frère, — reprit la mourante, — mais sur vous, sur vous qui avez refusé d'être l'un des élus du Seigneur... Quant à moi, — ajouta-t-elle d'un ton plus bas encore, — je veux vous dire mon secret avant de paraître devant mon juge : j'ai demandé avec ardeur le supplice que j'endure en ce moment, parce que j'avais manqué à un vœu sacré. La pensée d'un homme avait chassé Dieu de mon cœur, moi qui suis l'épouse du Christ, et cet homme, c'était un impie et un réprouvé selon la foi divine, cet homme... c'était vous.

— Estelle, est-il vrai? O mon Dieu! votre mère ne me trompait donc pas?

Ce seul mot de sa mère produisit un effet inattendu sur la jeune fille; elle agita la tête à droite et à gauche, ne pouvant remuer aucun de ses membres; sa poitrine se souleva dans des spasmes convulsifs.

— Ma mère! qui a parlé de ma mère! — s'écria-t-elle en délire; — ma mère mourra aussi de douleur, et en mourant elle me maudira.

Tout le courage, toute la résignation, tout le stoïcisme de la pauvre martyre s'étaient brisés à cette pensée. Ses traits se contractaient, ses membres se déchiraient dans les secousses imprimées à tout son corps, et le sang coulait en abondance. A la vue de certains signes avant-coureurs d'une fin prochaine, le jeune médecin renouvela ses instances.

— Au secours! — s'écria-t-il en s'adressant à ceux qui l'entouraient; — sur mon honneur d'homme et de médecin, cette jeune fille va expirer si l'on ne panse pas immédiatement ses blessures; et, j'en suis sûr, tout impitoyables que vous soyez, vous ne voulez pas qu'elle meure!...

Mais sa voix fut couverte par les chants de l'assemblée. L'abbé Faverel seul avait entendu distinctement les paroles de Maurice.

— Mon frère, — répondit-il froidement, — Dieu est plus puissant que la science humaine. Plusieurs des jeunes filles ici présentes ont sollicité et obtenu le supplice de la croix, comme sœur Thérèse; et vous le voyez, elles peuvent encore louer Dieu avec les justes (1). Sœur Thérèse

(1) *La vérité sur les convulsions*, ouvrage contemporain.
(2) Le crucifiement était pour les jeunes filles convulsionnaires l'œuvre la plus méritoire et la plus sublime. (*Naturalisme des convulsions*.)

(1) Le docteur Hecquet cite une femme convulsionnaire qui, à 35 ans, avait été crucifiée vingt et une fois.

a fait vœu de rester attachée à la sainte croix pendant une heure ; le temps fixé pour l'accomplissement de ce vœu n'est pas encore passé.

— Et moi je vous dis que dans quelques minutes elle n'existera plus, — dit le jeune docteur en s'efforçant toujours d'arracher les gros clous qui retenaient les membres de la suppliciée ; — elle n'a pas sans doute la vigueur de constitution de ses compagnes ; elle va mourir.— L'abbé parut se concerter avec quelques-uns de ses confrères. Maurice, les mains souillées de sang, regardait autour de lui avec angoisse ; il aperçut Leblanc agenouillé devant l'image du Christ ; il se crut certain de l'appui du vieux sectaire, et courut à lui en s'écriant : — Monsieur, vous êtes père et vous avez souffert qu'on assassinât votre enfant sous vos yeux ; mais vous pouvez la sauver encore, vous pouvez réparer votre crime en m'aidant à la rappeler à la vie... Venez ! venez !

Le vieillard, les mains élevées avec un enthousiasme mystique, ne semblait pas avoir entendu, et il chantait avec le chœur :

— *Gloria Patri, et Filio, et Spiritui sancto.*

— Tout le monde l'abandonne, même son père ! — s'écria Maurice avec rage. — Que la punition du ciel retombe sur eux !

Au même instant, comme si le ciel eût exaucé cette imprécation, un grand bruit de voix et de pas s'éleva dans la cour. Sur un signe de l'abbé, l'assemblée fit silence, excepté Leblanc, qui continua de réciter seul le *Magnificat*. Mais sa voix se perdit bientôt dans le tumulte excité par de nouveaux arrivans ; des soldats et des nombreux agens de police envahissaient la salle.

— Honte sur le traître qui a livré ses frères ! — s'écria l'abbé à la vue des uniformes.

— Rassure-toi, misérable, — dit quelqu'un bien connu de Maurice, — ce ne sont pas tes frères qui t'ont trahi !

Les rangs des soldats s'ouvrirent, et le vieux Dubourg entra suivi de madame Leblanc. La pauvre femme semblait frappée de vertige ; ce fut Maurice qu'elle aperçut le premier.

— Ma fille ! — s'écria-t-elle en s'élançant vers lui, — qu'avez-vous fait de ma fille ?

Maurice se taisait ; mais Estelle expirante trouva encore assez de force pour dire :

— Pardonnez-moi, ma mère...

Et elle rendit le dernier soupir en prononçant ces paroles. Madame Leblanc, sans même jeter un cri, tomba évanouie à côté du corps de sa fille.

Pendant ce temps, les exempts de police avaient fait main basse sur les assistans. L'un d'eux s'approcha de Leblanc, qui, malgré les événemens qui venaient de se passer, était resté dans la même position, chantant paisiblement le cantique d'actions de grâces.

— Laissez ce malheureux, — dit le vieux Dubourg ; — ne voyez-vous pas qu'il est fou ?

Ce mot sauva le père d'Estelle, et Dubourg, sans le savoir, avait dit la vérité. Malgré son exaltation, l'ancien marchand n'avait pu supporter la vue du supplice de sa fille ; il avait perdu la raison pendant l'effroyable scène du crucifiement.

Leblanc fut enfermé dans une maison d'aliénés ; presque tous les autres convulsionnaires, au nombre desquels se trouvait Faverel, furent jetés à la Bastille et moururent en captivité.

Madame Leblanc se retira dans un couvent.

Quelques jours après cette catastrophe, le vieux Dubourg disait, en se laissant tomber sur les banquettes passablement dures du coche qui partait pour Fontainebleau :

— Par tous les diables ! monsieur mon fils, je me souviendrai de notre voyage à Paris.

— Et moi, mon père, — répondit le jeune homme avec une mélancolie profonde, — croyez-vous que je n'emporte pas aussi de cruels souvenirs ?

FIN DE LA CONVULSIONNAIRE.

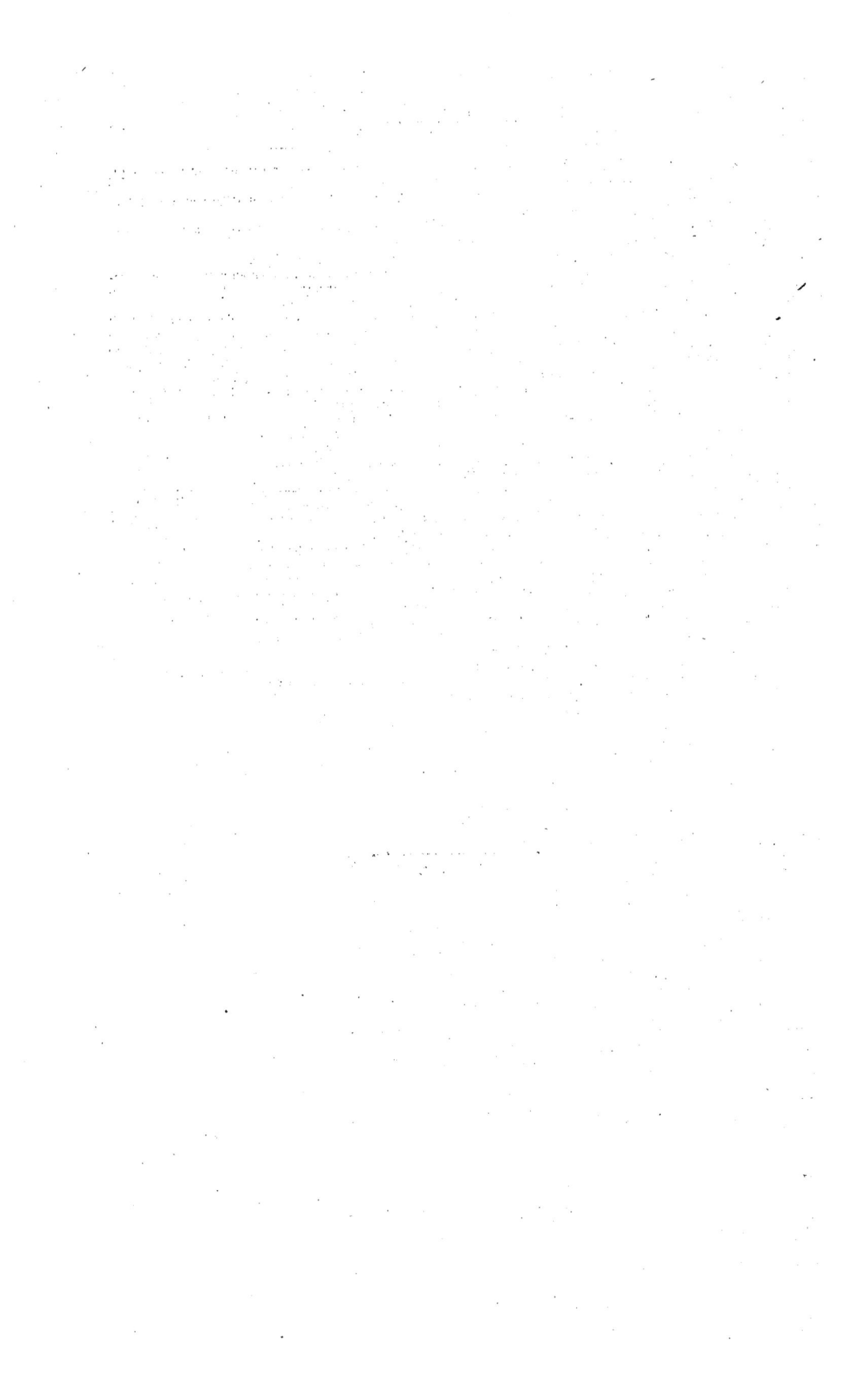

LE PÈRE XAVIER

I

LE VOYAGE.

Vers le milieu du siècle dernier, un convoi de ces barques légères appelées *balses* , en usage sur les dangereux affluens de la Plata, remontait le cours de l'Uruguay, vers cette partie du pays qui de nos jours encore porte le nom de *Misiones*.

La flottille s'avançait en bon ordre sous la surveillance du père Xavier, jésuite missionnaire d'une des peuplades de Guaranis établies le long de la rive orientale du fleuve. Le père Xavier était un de ces courageux apôtres du christianisme qui, seuls et sans armes, avaient pénétré les premiers dans le centre de l'Amérique méridionale, à la recherche d'anthropophages qu'ils voulaient convertir. Il avait bravé bien des périls pendant sa longue carrière, et son corps portait plus d'une cicatrice reçue dans cette guerre de l'ardente charité contre la barbarie féroce. Cependant, loin d'avoir été abattu par tant de fatigues et de souffrances, il ne semblait que plus fort et plus vigoureux. Il avait plus de soixante ans et il en paraissait quarente à peine. Sa taille était haute et droite ; son visage, presque aussi bronzé que celui des Indiens par l'intempérie des saisons, exprimait la plus douce sérénité. Avec sa vieille soutane noire râpée et son grand chapeau à la Basile, il se tenait toujours en vue des rameurs, à l'arrière de la barque, sans s'inquiéter de la pluie ou du soleil, sans songer à chercher dans la petite cabane du canot un abri contre les morsures des moustiques et des maringouins, dont le pays est infesté, encourageant d'un sourire et d'un mot amical les rameurs qui luttaient avec effort contre le courant. Parfois même, joignant l'exemple au précepte, il saisissait lui-même un aviron et le mettait en mouvement de deux bras robustes, jusqu'à ce que la sueur ruisselât de son front. En toutes choses, le bon père semblait prendre à tâche de se montrer l'égal des Indiens qu'il commandait ; sobre et dur à la fatigue autant qu'eux

mêmes, il vivait de la même vie et leur donnait gaiement l'exemple du courage, de la patience et de la charité.

De leur côté, il est vrai, les Guaranis qui formaient l'équipage des canots n'étaient pas disposés à abuser de cette humilité du bon missionnaire. Ils connaissaient de longue date la sainteté de sa vie, et presque tous avaient personnellement contracté envers lui une dette de reconnaissance. Le *padre*, comme ils l'appelaient, était pour eux la manifestation visible de la divinité sur la terre. Dans leurs conversations à voix basse ils se répétaient les miracles qu'il avait opérés, ils énuméraient les malades que son intercession avait rendus à la santé ; ils racontaient comment un Indien infidèle, ayant voulu le percer d'une flèche, avait senti tout à coup son bras frappé de paralysie et sa main desséchée ; comment un cacique des Chiriguanes avait empoisonné plusieurs fois sa nourriture avec le suc mortel de la grande euphorbe, sans que le jésuite en eût paru le moins du monde incommodé. Aussi, pendant cette longue navigation à travers des nations barbares, hostiles pour la plupart aux chrétiens des Missions, était-on sans cesse occupé de sa sûreté et de son bien-être, qu'il était lui-même si disposé à oublier. Dans chaque canot on voyait les néophytes, revêtus d'une veste et d'un caleçon bleus, les cheveux enveloppés dans un réseau d'écorce, se pencher de temps en temps sur leurs rames pour apercevoir le missionnaire au milieu de l'agitation de la marche. Quand ils l'avaient retrouvé calme et souriant à son poste ordinaire, ils ne semblaient plus avoir aucun souci. Parfois des roches à fleur d'eau ou des bancs de sable menaçaient l'escadrille de l'échouement ou du naufrage. Dans ce danger commun, on ne songeait qu'à l'embarcation où se trouvait le père Xavier ; cette embarcation passée, qu'importaient les autres ? Le digne prêtre était le seul qui s'en inquiétât sérieusement.

Les Indiens chargés de procurer des provisions à la troupe ne songeaient non plus qu'à tuer à coups de flèches des poissons d'espèce délicate, pour les apporter à leur chef vénéré. Souvent quatre ou cinq d'entre eux, profitant d'une inattention du père, débarquaient furtive ment dans une crique écartée du fleuve. Pendant que les barques continuaient d'avancer, ils s'enfonçaient dans des forêts presque impénétrables, au risque d'être massacrés par les bandes de sauvages qui erraient dans ces solitudes : c'était pour recueillir quelque rayon de miel ou quelque fruit rafraîchissant, pour tuer un paca bien gras ou un beau maraîl à huppe éclatante, gibier savoureux qu'ils venaient offrir au missionnaire à la halte du soir. Le père, après leur avoir adressé une petite réprimande sur le danger de ces excursions, acceptait leurs présens ; mais il les distribuait aussitôt à ceux de la troupe qui étaient épuisés de fatigue ou malades. Pour lui, après avoir mangé quelques poignées de maïs et bu deux ou trois tasses d'infusion d'*yerba* ou thé du Paraguay, il récitait à haute voix la prière du soir ; puis chacun se livrait paisiblement au sommeil jusqu'au lendemain.

Depuis huit jours déjà le convoi avait quitté Buénos-Ayres, et aucun événement fâcheux n'était venu troubler ce voyage. La gaieté, compagne habituelle d'une bonne conscience, avait régné constamment parmi les néophytes. La chasse et la pêche avaient fourni abondamment à leurs besoins. D'ailleurs chaque heure, chaque minute rapprochait les voyageurs de la peuplade de Saint-Michel, où ils avaient laissé leurs familles et leurs amis. On supportait donc avec courage le travail des rames, si pénible sous les tropiques, en songeant aux consolations d'un prochain retour. Quand les rameurs étaient accablés par la chaleur, et quand leur ardeur semblait se ralentir, tous les équipages, sur un signal du missionnaire, se mettaient à entonner un cantique. Les échos de la rive répétaient ces pieux concerts ; les oiseaux des forêts vierges écoutaient en silence ces sons inconnus ; les bœufs sauvages des pampas dressaient la tête avec étonnement dans les roseaux ; puis les chants cessaient tout à coup, on reprenait les rames, et les canots continuaient leur route avec une rapidité nouvelle.

Parmi les voyageurs se trouvait un personnage dont nous n'avons pas encore parlé, et dont la présence au milieu des Indiens Guaranis pouvait piquer vivement la curiosité. C'était un Européen, jeune encore, blond, pâle, mélancolique, en proie à une sombre misanthropie. Son œil plein de feu avait quelque chose de fiévreux et de hagard. Ses vêtemens conservaient une sorte d'élégance, quoiqu'ils fussent en partie usés par les fatigues du voyage, et ses cheveux en désordre portaient encore la trace de la poudre dont ils avaient été longtemps couverts. Cet étranger ne quittait jamais la balse du père Xavier. Assis devant la cabine, il restait souvent des journées entières sans faire un mouvement, sans prononcer une parole, la tête appuyée sur sa main. Quand les soins divers dont il était accablé laissaient au missionnaire un moment de repos, il lui adressait la parole en espagnol, avec cette bienveillance onctueuse et insinuante qui le rendait irrésistible. Alors l'inconnu répondait avec déférence, et souvent une conversation animée s'établissait entre eux ; mais bientôt un nouvel incident de la route venait occuper le père, et l'Européen retombait dans sa taciturnité.

Pendant tout le voyage, le jésuite avait prodigué à son hôte les soins les plus affectueux ; il veillait sur lui avec une tendresse vraiment paternelle ; les produits les plus délicats de la chasse et de la pêche lui étaient réservés. La nuit, le père Xavier l'enveloppait de son manteau, tandis que lui-même dormait fréquemment sur la terre nue. Les Indiens ne s'étonnaient nullement de cette sollicitude à l'égard d'un étranger que le missionnaire avait connu à Buénos-Ayres peu de jours seulement avant leur départ de cette ville ; ils savaient de longue main quelle était son ardente charité pour tous les êtres souffrans et malheureux. Mais ils n'avaient pas oublié quels réglemens sévères interdisaient aux Européens, même espagnols, l'entrée de leurs missions, et ils se demandaient comment le père Xavier excuserait auprès du provincial, alors résidant à Saint-Michel, la présence de son protégé. D'ail-

leurs une circonstance particulière avait frappé les Guaranis. Trois fois par jour, on faisait halte pour la prière en commun ; soit à midi, à genoux dans les canots, soit le soir, sous les ombrages des palmiers, on récitait dévotement le chapelet, on chantait des hymnes à la Vierge, on se livrait enfin aux pratiques de la plus fervente dévotion. Or, jamais l'étranger de la barque ne s'était joint à ces actes extérieurs de religion. Pendant que tous ses compagnons de route étaient agenouillés, il les contemplait de loin avec une tristesse sereine. Cet homme n'était donc pas chrétien ? lui qui était né dans le pays de la foi et des lumières, il n'avait donc pas eu part à ces grâces infinies que les missionnaires venaient apporter de par delà les mers aux pauvres sauvages de l'Amérique ? Mais, en dépit de ces observations, nul n'eût été assez hardi pour blâmer, même au fond du cœur, la conduite du père Xavier ; car, pour ces Indiens simples et dociles, le père Xavier ne pouvait faire mal. Aussi, voyant combien leur chef se préoccupait du bien-être de son protégé, s'ingéniaient-ils eux-mêmes à lui rendre tous les services possibles, services que l'Européen recevait avec une gratitude réservée et mélancolique.

Enfin, le jour où l'on devait arriver à la peuplade de Saint-Michel était venu. Dès le matin les néophytes s'étaient préparés à reparaître avec éclat dans leurs familles, qu'ils avaient quittées depuis un mois. Ils avaient revêtu leurs plus beaux habits ; ils avaient orné leur cou de tous les chapelets, de toutes les médailles, de tous les scapulaires qu'ils rapportaient de la ville. La flottille naviguait à travers un splendide pays ombragé, au milieu duquel le fleuve se déroulait comme une écharpe d'argent. Sur les bords s'élevaient de grands bois où retentissaient les cris incessans des perroquets, les chants du moqueur, les appels réitérés du coucou indicateur. Des macaques, suspendues par la queue aux branches des palmiers, saluaient les passans de clameurs joyeuses. Parfois un guêpier rose et bleu rasait de son aile rapide la surface des flots, puis allait se perdre dans les joncs et les bambous du rivage. La nature elle-même semblait avoir voulu se parer de tous ses charmes pour fêter ces Indiens revenant dans leur patrie après une longue absence.

On se préparait à quitter le cours rapide et tourmenté de l'Uruguay pour entrer dans l'Yuby, belle et paisible rivière sur les bords de laquelle s'élevait la bourgade de Saint-Michel. Déjà les rameurs se montraient avec de grands transports de joie ces eaux limpides qui avaient baigné les murs de leurs demeures. Cependant, à mesure que l'on avançait, le père Xavier devenait soucieux. Il observait avec inquiétude les forêts qui bordaient l'Uruguay et celles encore plus touffues qui avoisinaient l'Yuby. Bientôt il ordonna de garder le silence et de diriger la flottille vers le milieu du fleuve, encore assez large en cet endroit.

L'Européen, qui était assis sur une peau de tigre à côté de lui, parut surpris de ces précautions inaccoutumées. Mais, trop fier ou trop indifférent pour interroger, il se contenta de regarder le missionnaire. Celui-ci devina sa pensée.

— Quelques bandes de Payaguas rôdent souvent dans ces bois, — dit-il en espagnol ; — ce sont de pauvres idolâtres qui jusqu'ici sont restés sourds à la parole... ils savent que nous rapportons des choses précieuses à la peuplade, et ils ont eu peut-être la pensée de se mettre en embuscade pour s'en emparer ?

— Et qu'en ont-ils besoin ? — répliqua l'inconnu dans la même langue, mais avec un accent étranger ; — n'ont-ils pas la simplicité et l'indépendance de la nature ?

Le père Xavier jeta encore un regard sur la campagne pour s'assurer que rien ne justifiait ses craintes ; puis, s'asseyant à côté de son interlocuteur, il lui dit d'un ton de reproche :

— Toujours ces idées, milord ! toujours la même haine contre la société, ses institutions et ses lois ! Pauvre âme blessée, qui a cru trouver le remède à ses maux dans les extrêmes et les contraires !... Je vous l'ai dit, mon fils, ces sauvages que vous êtes venu chercher sur ce point éloigné du globe, ces sauvages pour lesquels vous vous êtes passionné, en haine de la civilisation européenne, ne sont pas tels que vous les supposez. Cette indépendance absolue que vous prisez en eux n'existe pas réellement, car ils sont sans cesse asservis par leurs instincts, par leurs besoins. Ce sont de grands enfants livrés à tous les caprices de leur imagination ou de leurs appétits ; l'état où ils vivent est honteux, misérable, dégradant pour l'espèce humaine, que Dieu a faite à son image. Si vous les voyez de près, ils vous inspireraient de l'horreur... Moi, à mon tour, j'ai voulu vous montrer combien l'homme est admirable pris individuellement et en société quand il a la foi, quand il n'est pas soumis aux mauvaises influences qui travaillent l'ancien monde ; ayez patience, encore quelques heures et je tiendrai ma promesse... Puisse la vue des miracles de religion et d'amour accomplis dans ces solitudes produire sur vous l'impression salutaire que j'en attends ! Ce sera mon excuse de vous avoir conduit ici malgré nos rigoureuses lois.

— Mon père, — répliqua l'étranger avec découragement, — vous m'avez averti que la foi était un don de Dieu ; mais alors je suis donc maudit, car mon âme est froide et desséchée.

— Hélas ! mon fils, il est vrai... l'action destructive du siècle a été mortelle pour vous ; votre raison superbe a rendu vains mes efforts de conversion. Cependant il me reste une espérance. Votre cœur est encore jeune et généreux, malgré les cruelles épreuves de votre existence passée ; peut-être une larme mouillera-t-elle encore vos yeux, et de ce moment vous serez renouvelé ; vous vous relèverez fort et plein de sève, comme un arbre flexible après la tempête.

Le jeune lord garda un moment le silence.

— Que le ciel vous exauce, mon père ! — dit-il enfin en secouant la tête ; — peut-être en effet vous avez raison ; le jour où je pourrai pleurer je serai guéri et régénéré ; mais mes yeux n'ont plus de larmes.

Pendant cette conversation, la flottille s'était avancée jusqu'à l'embouchure de l'Yuby. D'énormes roseaux, appelés tiskets et bouléonas, dont les Indiens font des flèches et des paniers, formaient un épais marécage qui interdisait l'approche de la rive. Sur la terre ferme, des palétuviers, des palmiers, des gaïacs, des platanes, reliés par les inextricables nœuds de lianes aux fleurs jaunes, blanches et rouges, se dressaient comme un mur impénétrable. La rivière, étroite et sinueuse, s'enfonçait au milieu de cette puissante végétation, et les branches se rejoignaient en plusieurs endroits au-dessus d'elle, semblables à des portiques de verdure.

Au moment de s'engager dans ce passage, les rameurs hésitèrent la tête, et tous les regards se tournèrent vers le père Xavier. Mais la contenance calme du missionnaire, qui continuait à causer avec le gentilhomme anglais, les rassura, et ils poussèrent les balses dans ce canal clair et limpide, où régnait une délicieuse fraîcheur.

Tout à coup une bande nombreuse de tourterelles naines et de tangaras s'envola au-dessus d'eux en poussant des cris de frayeur. Au même instant, un gigantesque mimosa, tout hérissé d'épines, qui dominait les arbres du voisinage, pencha lentement sa tête en avant. On le vit pendant quelques secondes osciller à droite et à gauche, à mesure que les lianes qui le retenaient se brisaient une à une ; puis un craquement sourd se fit entendre, et l'arbre entier, avec son tronc raboteux et ses dangereux branchages, tomba à grand bruit en travers de la rivière.

Heureusement la fuite des oiseaux avait été un avertissement pour les rameurs, qui d'ailleurs se tenaient sur leurs gardes, et la lenteur de la chute du mimosa leur avait permis de manœuvrer rapidement pour éviter d'être écrasés. Une seule balse eut son gouvernail et ses avirons brisés ; mais les navigateurs en furent quittes pour une

aspersion assez abondante d'eau fraîche, ce qui n'était pas un inconvénient grave à cette heure et sous ce climat.

Cependant un grand trouble régnait dans la flottille, et les Guaranis poussèrent des cris d'effroi.

— Où est le père ? — demandaient-ils ; — le père n'est-il pas blessé ?

— Me voici, mes enfants, — dit le jésuite en se levant aussitôt et en secouant les perles liquides qui ruisselaient sur sa soutane ; — et vous, n'avez-vous souffert aucun dommage ?

— Aucun, aucun, bon père ; l'intercession miraculeuse de la sainte Vierge nous a préservés contre la méchanceté de ces scélérats de Payaguas.

— Remercions donc la sainte Vierge, mes amis, et ne maudissons personne.

Les Indiens firent le signe de la croix et rendirent au ciel de courtes actions de grâces ; puis ils se mirent en devoir de débarrasser la rivière de l'arbre monstrueux qui obstruait son cours. Quant au père Xavier, saisissant son bréviaire et son crucifix, il ordonna à ses rameurs de le conduire sur-le-champ au rivage. Les bonnes gens manifestèrent une extrême inquiétude.

— Père, — dirent-ils, — les Payaguas qui nous ont tendu ce piège sont dans le bois ; on les a aperçus tout à l'heure à travers les roseaux. Ne vous fiez pas à eux ; ce sont des méchans, encore livrés à la puissance du démon.

— Raison de plus, mes enfans, pour que j'aille les trouver, ne fût-ce que pour leur faire comprendre la faute qu'ils ont commise tout à l'heure en exposant plusieurs de nous à mourir sans confession.

— Eh bien ! alors, souffrez que nous vous accompagnions ; nous vous accompagnerons tous.

— Non, non, mes amis, je vous le défends ; continuez votre route, et je vous rejoindrai bientôt ; si je ne vous rejoins pas, vous prierez pour moi.

Telle était la soumission absolue des néophytes, que pas un d'eux n'osa résister à cette injonction du père spirituel. Ils se contentèrent de lever les mains au ciel : plusieurs versèrent des larmes. Le missionnaire mit pied à terre et congédia ses amis d'un geste affectueux. Mais, au moment où il allait s'engager dans le fourré, quelqu'un s'élança légèrement à côté de lui : c'était l'étranger.

— Mon père, — demanda-t-il, — l'excursion que vous allez tenter présente-t-elle en effet quelque péril ?

— J'espère que non, mon fils ; cependant...

— Alors permettez-moi de vous suivre.

— Non, non, milord, je n'y consentirai jamais. J'ignore dans quelles dispositions je vais trouver le parti de sauvages qui était ici en embuscade ; je ne veux pas vous exposer aux hasards d'une réception hostile.

— Ne vous y exposez-vous pas, vous ?

— Moi, mon fils, c'est mon devoir... je dois savoir mourir pour le service de mon divin maître ; au lieu que vous...

— Moi, mon père, je bénirai la main qui me tuera, — dit le jeune homme d'une voix sombre ; — votre foi et mon dégoût de la vie nous rendent égaux.

Il prit le bras du prêtre interdit, et l'entraîna rapidement.

II

LE CACIQUE.

Le père Xavier et son compagnon errèrent au hasard pendant quelques instans au milieu des hautes herbes et des arbustes épineux qui bordaient la rivière. A demi aveuglés par l'innombrable essaim d'insectes dangereux qui se levaient à leur approche, ils avaient encore à se prémunir contre les épines vénéneuses et les roseaux tranchans. Cependant le missionnaire ne cessait de presser l'Européen de retourner en arrière et de regagner les barques; mais celui-ci gardait le silence, et s'enfonçait avec une impatience fébrile dans le marécage.

Enfin ils atteignirent un sol plus solide et plus découvert, et ils purent reconnaître l'empreinte d'un grand nombre de pieds nus sur la vase humide. Parmi ces traces, l'une, toute fraîche, se dirigeait vers le mimosa. C'était sans doute celle du sauvage qui, après avoir scié le tronc de l'arbre, était allé donner l'impulsion dernière pour le renverser sur le passage des voyageurs. Ce genre d'embuscade était connu depuis longtemps du missionnaire, et il était sûr que les auteurs du piège n'avaient eu garde de quitter sitôt le voisinage; mais rien ne se montrait.

Il examina ces traces avec un grand soin, et jugea que les agresseurs devaient être nombreux. Il en avertit son compagnon et le conjura encore une fois de rejoindre les canots; mais ses instances furent inutiles. N'espérant plus rien de ce côté, il suivit la piste des Payaguas jusque dans la forêt; là elle devint de moins en moins distincte, et disparut enfin tout à fait. Cependant le père Xavier, habitué aux ruses des sauvages, savait bien que l'ennemi, quoique invisible, n'était pas loin. Il s'attendait que, aussitôt les canots suffisamment éloignés, de chaque buisson, de chaque touffe de roseaux surgirait un Indien. Aussi ne jugea-t-il pas à propos de continuer ses recherches. Il s'assit sur un tronc d'ébénier renversé par l'orage, invita le jeune lord à prendre place auprès de lui, puis, posant un crucifix sur ses genoux, il ouvrit son bréviaire et se mit à lire paisiblement.

Un silence solennel régnait dans la forêt; on était au milieu du jour; la chaleur était accablante. Par intervalles, le craquement d'une branche sèche trahissait de loin les mouvemens d'un singe endormi au sommet d'un cocotier; le frôlement d'un reptile contre les feuilles flétries dont le sol était jonché, le bourdonnement d'un insecte, se faisaient entendre distinctement au milieu de cette immobilité muette. En dépit de sa fermeté d'âme, l'Anglais éprouva une sorte de frisson. Son organisation nerveuse subissait l'impression d'une vague terreur; il était pâle et un tremblement involontaire agitait ses membres.

Un hurlement effroyable s'éleva dans toutes les directions et se prolongea sous les voûtes séculaires de la forêt; on eût dit des rugissemens de bêtes féroces, des glapissemens de chacals affamés; en même temps une vingtaine d'Indiens à demi nus, le visage bizarrement peint, brandissant des flèches et des lances, semblèrent sortir de terre autour des deux Européens, et s'élancèrent sur eux avec impétuosité. L'Anglais se leva convulsivement et s'arma d'un pistolet caché dans ses vêtemens. Le père Xavier, au contraire, ne se montra nullement ému de cette brusque apparition. Il ferma son livre, fit posément le signe de la croix, et il dit à son compagnon en souriant :

— Lord Edgerton peut voir maintenant que l'incrédulité et la foi ne sont pas égales devant la mort! Mais, de grâce, ne vous servez pas de cette arme; je vous supplie, quoi qu'il arrive, de ne pas répandre le sang.

Et il s'avança d'un air calme au-devant des sauvages. Tous semblaient en proie à une colère furieuse, et ils continuaient à pousser des cris menaçans. En un instant ils eurent entouré le jésuite; les lances étaient levées sur sa tête, les flèches empoisonnées étaient dirigées contre sa poitrine. Cependant, au-dessus de cette masse d'hommes nus et continuellement agités, apparaissait toujours un crucifix tenu d'une main ferme et assurée; en même temps le missionnaire, dominant les clameurs des Payaguas, leur adressait une allocution chaleureuse dans leur propre langue.

Au bout de quelques minutes, il se fit un changement remarquable : les hurlemens devinrent moins frénétiques, les mouvemens moins désordonnés. Bientôt même

ils cessèrent tout à fait, et les regards irrités se baissèrent. Les Indiens qui pressaient le père Xavier reculèrent insensiblement et formèrent un large cercle autour de lui. On put alors voir le missionnaire dans toute la grandeur de son saint ministère. Il était debout, la tête découverte, drapé dans sa longue robe noire; son œil brillait d'un bleu céleste, son beau et noble visage rayonnait d'inspiration. Sa voix mâle, qui tantôt tonnait comme la foudre, tantôt devenait presque caressante, éveillait dans les profondeurs de cette sombre forêt de faibles murmures, mais échos plaintifs, comme un frémissement respectueux de la nature en écoutant la parole divine.

Les hommes de la nature passent presque sans transition de la fureur à l'attendrissement. Déjà un cri d'amour et de religion semblait prêt à s'échapper des lèvres des sauvages, déjà leurs genoux semblaient prêts à fléchir devant l'apôtre du Christ, quand un autre Payagua, d'un port noble et imposant, sortit du fourré et s'avança précipitamment vers le groupe dont Xavier occupait le centre. C'était un jeune homme grand et bien fait; son visage n'était pas barioIé de ces peintures bizarres, partie indispensable de la toilette des Indiens : on pouvait voir ses traits vraiment beaux et réguliers. Les vêtemens de peau, les ornemens de plumes éclatantes et de griffes d'animaux qui formaient sa parure désignaient un guerrier, ou tout au moins un chef important dans sa tribu.

Quand il parut, les Payaguas se tournèrent respectueusement vers lui, et le saluèrent en disant dans leur langue :

— Guandari ! le cacique Guandari est venu.

— Guandari ! — répéta vivement le missionnaire.

Il courut au nouveau venu avec tous les signes d'une grande joie, et l'embrassa. Puis il se mit à lui parler avec une douceur, une onction, une chaleur inexprimables, en lui montrant le crucifix qu'il tenait à la main. Le jeune cacique l'écoutait d'abord avec une froide réserve; c'est à peine si, à de longs intervalles, quelques paroles brèves sortaient de sa bouche. Cependant il ne tarda pas à ressentir comme les autres l'influence irrésistible du missionnaire; peu à peu son stoïcisme disparut; l'expression hautaine de ses traits s'effaça, et, se jetant à son tour dans les bras du prêtre, il l'embrassa avec effusion.

Alors l'enthousiasme des Indiens ne connut plus de bornes; ils entouraient le père Xavier avec vénération, ils baisaient ses mains et ses vêtemens, ils semblaient lui demander quelque chose avec instance. De son côté, le missionnaire, rayonnant de joie et d'orgueil apostolique, leur adressait des encouragemens, des promesses qui redoublaient leurs transports.

Lord Edgerton, à peine remarqué au milieu de ces rapides péripéties, avait été spectateur passif de cette scène étrange, dont il ne pouvait ou dont il n'osait comprendre le véritable sens. Comment cette rage aveugle des sauvages s'était-elle changée en transports d'allégresse et d'amitié ? Comment ces hommes farouches se prosternaient-ils maintenant devant celui qu'ils voulaient massacrer peu d'instans auparavant? Que s'était-il passé dans cette demi-heure, que le père Xavier et lui avaient regardée comme la dernière de leur vie ? Le père Xavier devina sans doute sa pensée, et se rapprocha de lui.

— Mon fils, — dit-il avec un accent ému, — Dieu a sans doute des desseins sur vous, puisqu'il a permis que vous fussiez témoin de ce qui vient de se passer ici. Je sais maintenant pourquoi vous avez dû m'accompagner malgré mes instances.

— Je vois en effet, mon père, que vous avez fait la paix avec ces Indiens; mais je ne puis m'expliquer...

— Ils sont chrétiens ! milord, — s'écria le prêtre avec explosion ; — le ciel vient de manifester sa miséricorde sur eux, et il a touché leurs cœurs... Ils vont tous me suivre à la Mission, ils abandonnent la vie sauvage, ils renoncent à leur honteuse idolâtrie... Mais regardez ce jeune homme, milord, — continua-t-il en prenant par la main le chef qu'on avait appelé Guandari, — c'est la plus belle et la plus glorieuse conquête de cette journée trois fois bénie... Guandari est chrétien depuis longtemps ; il a passé ses premières années à Saint-Michel. Un amour exagéré de l'indépendance, une malheureuse impatience de toute espèce de gêne l'avaient fait fuir dans les déserts, renier son Dieu et vivre parmi ses ennemis. Mais Satan a été vaincu encore une fois : Guandari est à nous, et pour toujours.

Lord Edgerton devint pensif.

— Mon père, — dit-il bas au missionnaire, — ce que vous venez d'accomplir devant moi tient du prodige. Ah ! pourquoi ces miracles sont-ils impossibles pour moi seul ? pourquoi n'ai-je pas un cœur neuf, une âme simple comme ces misérables sauvages !

— Patience et courage, mon fils ! — dit le prêtre en levant les yeux au ciel ; — mais ne restons pas ici plus longtemps... Mes amis, — continua-t-il en s'adressant aux Indiens ; — les barques sont maintenant trop éloignées pour que nous puissions espérer de les rejoindre ; il nous faut donc aller à pied à la peuplade, et nous devons marcher vite pour arriver à Saint-Michel avant la nuit. Je vous recommande cet étranger, qui n'est pas encore habitué à faire de longues courses dans nos bois.

— Père, je veillerai sur lui, — dit le cacique avec empressement en espagnol assez pur. — Puisqu'il est votre ami, ne craignez plus rien ; il est sous la garde de Guandari.

Aussitôt il se mit en marche ; quatre robustes Payaguas s'avançaient les premiers pour ouvrir le passage au reste de la troupe, à travers les broussailles et les arbustes entrelacés. Puis venait le père Xavier, entouré des nouveaux chrétiens qu'il catéchisait tout en marchant. Lord Edgerton et Guandari suivaient en silence.

Les obstacles se multipliaient sous leurs pas. Là c'était un buisson à tourner, plus loin des flaques d'eau croupissante, des bancs de vase fétide à traverser. Les sauvages, habitués à ces difficultés, semblaient à peine y songer, et le père Xavier n'en continuait pas moins ses pieuses prédications ; mais elles eussent été presque insurmontables pour l'Européen si Guandari ne fût venu à son aide. Le jeune cacique, sans prononcer un mot, sans attendre que son compagnon réclamât ses services, le dirigeait avec un zèle attentif, une sagacité merveilleuse. Parfois même il l'enlevait dans ses bras et le transportait comme un enfant, par delà l'obstacle, sans que la marche rapide de la troupe en fût retardée.

Lord Edgerton éprouvait une vive curiosité mêlée d'intérêt pour le guide qui veillait sur lui avec tant de sollicitude. Il y avait dans la taciturnité du sauvage, dans la réserve de son maintien, un mystère que le protégé du missionnaire essayait vainement de pénétrer. Evidemment Guandari n'avait pas cette foi vive et expansive des autres Payaguas. Son attendrissement avait été court ; peu à peu sa physionomie avait repris le masque d'insensibilité qui semblait lui être ordinaire. Guandari, de son côté, observait à la dérobée cet Européen si différent de ceux qu'il avait eu l'occasion de voir au Paraguay ; mais, grâce à un sentiment de délicatesse et de dignité naturelles, cet examen n'avait rien d'offensant pour celui qui en était l'objet.

Cependant on avait quitté le voisinage de la rivière ; les arbres devenaient moins touffus et moins serrés ; le sol plus uni permettait d'avancer sans donner une attention constante à ses pas. Lord Edgerton crut le moment favorable pour adresser à son guide quelques questions.

— Si je ne me trompe, — demanda-t-il à demi-voix, — vous entendez l'espagnol ?

— L'espagnol a été la langue de mon enfance dans les Missions, — reprit l'Indien laconiquement.

— Je puis alors vous exprimer toute ma reconnaissance pour vos prévenances et vos soins obligeans à mon égard ? — Guandari ne répondit pas ; lord Edgerton reprit après une pause : — Y a-t-il longtemps que vous avez quitté Saint-Michel ?

— Dix ans environ ; j'étais bien jeune, presque enfant... Un jour on voulut m'infliger une punition qui révolta ma fierté ; je m'enfuis, et je vins rejoindre les Payaguas de ma nation dans les bois... Je ne les ai pas quittés depuis ce moment, et je suis devenu cacique d'une tribu.

— Mais alors comment avez-vous été assez ingrat pour prendre part aujourd'hui à cette lâche embuscade où le père Xavier et vos anciens amis ont pensé périr ?

— Je n'étais pas avec ces hommes qui ont coupé le mimosa sur le bord de l'Yoby, — répliqua l'Indien avec chaleur, — ils n'appartiennent pas à ma tribu. Ce matin, quand j'ai appris ce qu'ils méditaient, sans prendre le temps d'assembler mes compagnons, je suis accouru pour défendre le père... quand je suis arrivé, il était trop tard.

— Il fit quelques pas en silence. — Non, — répondit-il bientôt comme si le soupçon de l'Anglais l'avait vivement agité ; — ce n'est pas ainsi que Guandari se venge de ceux qui l'ont offensé !... Guandari ne se cache pas ; il attaque toujours en face. Quand quelqu'un a excité sa colère, il marche à sa rencontre, et l'oiseau dans son vol rapide ne saurait échapper à la flèche de Guandari.

Tout en parlant avec une sorte d'enthousiasme farouche, il avait bandé son arc. Un superbe ara, au plumage jaune et bleu, traversait en piaillant une clairière ; il tomba sanglant aux pieds du chasseur. Celui-ci retira sa flèche, suspendit l'oiseau mort à sa ceinture, et continua sa marche. Mais le jeune Anglais était loin d'être à bout de questions.

— Votre existence, actuelle, — reprit-il, — a dû vous sembler bien pénible, quand vous avez quitté la peuplade ; vous avez dû regretter vivement le bien-être de la vie civilisée, quand il vous a fallu supporter la faim et la soif, le froid, la chaleur et la fatigue ?

— Nous autres enfans de la solitude nous pouvons quelque peu différer sur ce sujet des hommes venus de l'autre côté de l'eau, — répondit Guandari avec une sorte d'ironie. — Ces avantages dont on jouit là-bas avec les pères, il faut les acheter bien cher. Il faut se dompter et obéir, s'enfermer dans des maisons, manquer d'air et de soleil ; plus de périls, plus d'inquiétudes, plus de combats ; le cœur s'affadit, le courage s'éteint. Ici, au contraire, l'homme devient plus puissant, plus intrépide ; il faut lutter de vigueur avec le tigre, de ruse et d'adresse avec le chevreuil ; il faut toujours être prêt à l'attaque et à la défense ; on craint et on espère, on cherche et on désire. Le peu que l'on acquiert par la constance et la sagacité a plus de valeur que les biens obtenus sans périls et sans fatigue. On combat toujours et on vit, car combattre c'est vivre. On souffre quelquefois, mais on a pour récompense de ses souffrances tout le soleil, tout l'air pur, toutes les fleurs de la savane, tous les fruits de la forêt et l'indépendance que donne le courage.

Ces pensées devaient trouver de l'écho dans l'âme misanthropique de lord Edgerton. Il regarda fixement Guandari :

— Comment se fait-il que nous nous entendions, — dit-il avec une sorte d'égarement, — nous qui avons vécu dans des milieux si différens, à chaque extrémité du monde ? Comment, par des chemins si opposés, sommes-nous arrivés au même abîme, à la même folie, je le sens !.. Mais vous me trompez, Guandari, — continua-t-il avec amertume ; — dans vos bois comme dans nos villes, le mensonge fleurit naturellement sur les lèvres de l'homme. Si vous chérissiez tant cette vie errante dont vous parlez, eussiez-vous consenti si aisément à revenir parmi ceux que vous aviez abandonnés ?

Cette observation parut appeler un sombre nuage sur le front du cacique ; il baissa la tête et fit lentement un signe de croix :

— Guandari est chrétien, — murmura-t-il avec son laconisme habituel.

Sans doute le Payagua avait un autre motif que celui de la religion pour renoncer à cette vie errante à laquelle il tenait tant ; mais quelle que fût sa curiosité, lord Edgerton dut cesser ses questions. Les difficultés de la marche devenaient plus insurmontables et plus multipliées. Force fut donc à l'Européen d'attendre une occasion plus favorable de pénétrer le secret du mystérieux Guandari.

La journée se passa ainsi. Vers le soir les Indiens et le père Xavier ne semblaient pas plus fatigués de ce pénible voyage que s'ils venaient de faire une simple promenade; mais lord Edgerton, en dépit des soins constans de Guandari, pouvait à peine se soutenir. Ses mains et son visage étaient couverts de morsures d'insectes, ses pieds déchirés par les épines, ses vêtemens en lambeaux. Heureusement on sortit enfin de la forêt, et le spectacle riant de la Mission fit oublier aussitôt à l'Européen ses souffrances et son accablement.

Un abatis de plusieurs lieues de tour avait été pratiqué dans ces grands bois que la troupe venait de traverser avec tant de peine; il formait une vaste plaine demi-circulaire dont la rivière de l'Yuby était la corde. Jamais plus riche campagne n'avait frappé des regards humains; partout de fraîches prairies où pâturaient des troupeaux, de vigoureuses plantations d'arbres fruitiers et d'yerbas du Paraguay, des champs de maïs aux teintes pourprées, de blondes moissons de froment roulant au souffle du soir leurs flots opulens. Sur le bord de la rivière s'élevaient les habitations de la peuplade; c'étaient des maisons blanches, régulières, à un seul étage, chacune avec un petit jardin dont les arbres l'ombrageaient pendant toute l'année de leur feuillage. Elles étaient disposées le long de plusieurs rues larges, aérées, tirées au cordeau, qui toutes aboutissaient à une grande place centrale de manière à former une sorte d'éventail.

Sur cette place on apercevait des bâtimens considérables servant de greniers publics et de demeure aux missionnaires; puis une grande et belle église, toute construite en pierre, dont le clocher élevé faisait resplendir sa croix dorée dans un ciel pur aux derniers rayons du soleil couchant.

Ce spectacle d'une civilisation déjà si avancée était si étrange, si inattendu, que lord Edgerton croyait être le jouet de quelque hallucination maladive. Il se retourna plusieurs fois pour voir encore cette forêt séculaire, asile des bêtes féroces et de la barbarie; ces sauvages deminus, aux ornemens bizarres, qui escortaient le père Xavier et écoutaient respectueusement ses doctrines, et le contraste de toutes ces choses avec les créations humaines qui frappaient ses regards le confondaient d'admiration.

Une certaine agitation régnait en ce moment à Saint-Michel. La flottille était déjà arrivée, comme on pouvait en juger au grand nombre de canots amarrés au rivage, et l'absence prolongée du père Xavier commençait à donner de vives inquiétudes. La population entière, hommes, femmes et enfans, était réunie dans l'église, et on se communiquait en tremblant ses conjectures sur le sort probable du courageux missionnaire.

Tout à coup un Indien accourut précipitamment vers cette multitude agitée; il avait rencontré le père sur la limite des terres cultivées; on l'avait dépêché en avant pour annoncer le retour de Xavier avec les Payaguas convertis. A cette nouvelle la joie la plus franche éclata dans la bourgade. Les cloches sonnèrent à grandes volées; puis les portes de l'église s'ouvrirent, et les deux autres missionnaires qui dirigeaient la peuplade de Saint-Michel parurent, revêtus de leurs ornemens sacerdotaux. Suivis de tous les habitans, sans distinction d'âge et de sexe, ils s'avancèrent processionnellement au-devant des voyageurs en chantant des cantiques d'actions de grâces. En un instant les deux troupes se furent rejointes. Les missionnaires et le père Xavier se donnèrent le baiser de paix, pendant que les Guaranis comblaient de caresses les Payaguas, leurs anciens et mortels ennemis. Tous ensemble se dirigèrent ensuite vers l'église avec calme et recueillement, habitués qu'ils étaient à soumettre leurs émotions les plus fortes à l'observance des devoirs religieux.

Cette église, bâtie par les Indiens eux-mêmes sur des plans venus d'Espagne, était vaste et magnifique. L'autel et le sanctuaire resplendissaient d'or et d'étoffes précieuses; des lampes d'argent tombant de la voûte projetaient, avec des milliers de cierges, une clarté éblouissante. On voyait que, dans ce pays de foi récente, le luxe de l'église était le luxe national, l'orgueil de chaque individu. Des orgues majestueuses saluèrent le cortége à son entrée. Les voyageurs furent conduits au pied de l'autel; puis les autres assistans ayant pris place, les hommes d'un côté de la nef, les femmes de l'autre, on entonna un *Te Deum* solennel, accompagné par un orchestre d'instrumens européens.

Lord Edgerton n'avait pas songé à se soustraire à l'entraînement général. Ebloui, fasciné, palpitant d'émotion, il s'était prosterné comme les autres au pied de l'autel, et, pour la première fois depuis bien longtemps, il adressa une prière ardente au Dieu de son enfance. En se soulevant, il aperçut les Payaguas, avec leurs singuliers ornemens de plumes et de peintures, gauchement agenouillés à côté de lui d'un air de stupéfaction profonde, Guandari seul gardait une contenance noble et fière; un genou en terre, une main appuyée sur sa lance, il semblait conserver sa dignité, même devant Dieu.

Un chœur de voix féminines se fit entendre; le cacique tressaillit. Dans cet ensemble de voix harmonieuses il en avait distingué une qui lui était connue sans doute; il se leva brusquement et répéta avec agitation, en cherchant à voir ce qui se passait dans un point éloigné de l'église:

— Carolina! Carolina!

Le regard sévère d'un des missionnaires le rappela à lui-même; il s'agenouilla de nouveau et retomba dans un sombre recueillement.

L'office s'acheva et la foule quitta l'église. Lord Edgerton sortit des derniers pour chercher le père Xavier, qui avait disparu subitement.

Un changement complet s'opérait dans tout son être; des sensations inconnues et délicieuses qu'il ne se croyait plus capable d'éprouver remplissaient son âme. La société qu'il avait connue jusque-là lui paraissait être un misérable assemblage d'êtres corrompus, malfaisans, dégénérés; l'humanité véritable, avec de nobles et généreux instincts, venait enfin de se révéler à lui; il voulait se rallier à cette humanité d'élite, se soumettre à ses lois, vivre de sa vie, prendre part à sa félicité. Son cœur était gonflé d'admiration; il était impatient de retrouver le missionnaire pour se jeter dans ses bras à son tour, et lui dire: « Mon père, je suis vaincu... Cette larme d'attendrissement et de repentir que vous attendiez, voyez-la dans mes yeux... Mon orgueil est brisé, ma raison s'humilie devant vous... parlez-moi, achevez ma défaite, car je vous appartiens. »

La nuit était venue, et sur la place qui précédait l'église régnait déjà une profonde obscurité. Cependant un grand murmure de voix annonçait que la plupart des habitans de la peuplade s'y trouvaient réunis. Lord Edgerton allait s'élancer à travers la foule quand deux personnages vêtus de noir qui l'observaient en silence le retinrent doucement.

— Le père Xavier? où est le père Xavier? — demanda lord Edgerton avec égarement sans savoir ce qu'on lui voulait.

— Attendez les ordres du grand père, — dit un des hommes noirs; les règlemens vous interdisent d'aller ainsi seul dans la bourgade.

L'Anglais n'entendit pas ou ne comprit pas ce qu'on lui disait.

— Je vous le répète, messieurs, — reprit-il avec chaleur, — il faut que je voie le père Xavier sur-le-champ, il y va de mes intérêts les plus chers, les plus sacrés.

— Attendez, — lui fut-il répondu sèchement.

Et deux bras robustes se placèrent sous chacun des siens de manière à l'empêcher de fuir.

Alors Edgerton parut sortir comme d'un accès de fièvre ; le coloris, qui empourprait son visage disparut subitement. Il chercha à voir ceux qui le retenaient ainsi, mais l'obscurité cachait leurs traits bas et vulgaires.

— Voilà qui est étrange ! — murmura-t-il avec une profonde stupéfaction.

Quelques minutes s'écoulèrent ainsi. Ses gardiens, voyant qu'il ne paraissait plus songer à s'échapper, l'avaient lâché, sans toutefois cesser de le surveiller d'un œil défiant. Pendant ce moment d'attente, l'étranger aperçut à quelques pas l'Indien Guandari, gardé comme lui par deux surveillans.

— Mes frères, — dit le cacique payagua d'un ton suppliant, — ne pourriez-vous me conduire à la maison qu'habite Anna Lopez et sa fille Carolina ?

— C'est impossible sans la permission du grand père, — lui répliqua-t-on.

Il va sans dire que le *grand père* c'était le provincial, supérieur de toutes les missions du Paraguay.

— Du moins, — reprit le cacique doucement, — l'un de vous ne refusera pas de porter à la veuve Lopez ces humbles présens de la part d'un enfant qu'elle avait adopté autrefois, et qui reconnut mal sa tendresse... de la part de Guandari le Payagua.

Il détacha de sa ceinture quelques morceaux de vanille et plusieurs gousses odorantes de coumarou, produits des forêts vierges ; il joignit l'ara et deux ou trois autres oiseaux qu'il avait tués pendant le voyage, et il les remit au surveillant.

— Je demanderai permission au grand père, — répondit celui-ci, — et, si je l'obtiens, votre commission sera faite avec soin. Mais, si je ne l'obtiens pas...

— Tu garderas tout, frère, — dit l'Indien avec impatience, — Guandari ne reprend pas ses présens.

En ce moment quelques personnes sortirent de l'église et s'arrêtèrent sous le porche : c'étaient les missionnaires de la peuplade. Le provincial, reconnaissable à sa haute taille, à sa contenance imposante, parlait avec chaleur aux deux autres prêtres, dont l'un était le père Xavier.

A la vue du provincial, tous ceux qui étaient présens mirent un genou en terre et firent le signe de la croix : c'était la manière habituelle de saluer ce haut dignitaire ecclésiastique. Puis les gardiens de lord Edgerton et de Guandari s'approchèrent humblement et lui parlèrent bas.

— L'Indien Guandari sera conduit à la Mission, — répliqua-t-il d'un ton ferme,— et, sous quelque prétexte que ce soit, aucun chrétien de la peuplade n'aura de rapports avec lui, sous peine d'excommunication... Il importe de s'assurer si la conversion de ce relaps est sincère, et faite seulement en vue de Dieu, ce dont il est permis de douter. La veuve Lopez est une sainte femme, qui n'a pas besoin de ses présens. Les autres Payaguas seront conduits dans le quartier destiné aux néophytes qui attendent l'instruction. Quant au gentilhomme anglais, il sera reçu à la Mission, conformément aux règles observées à l'égard des étrangers comme lui : si ces règles lui paraissent sévères, qu'il s'en prenne à celui dont le zèle imprudent l'a conduit ici.

Les surveillans s'inclinèrent, et le provincial passa au travers de la foule, qui s'entr'ouvrit respectueusement. Le père Xavier allait le suivre, lord Edgerton le retint et lui dit avec tristesse :

— Ah ! mon père, mon père, pourquoi m'abandonnez-vous dans un tel moment ?

— Milord, — répondit le missionnaire avec embarras, — je ne suis pas digne d'avoir charge d'âmes. L'homme le plus humble garde toujours au fond du cœur une confiance en lui-même qui n'est que de l'orgueil déguisé. J'ai commis une faute dont je vais porter la peine. Mais, courage ! nous nous reverrons, je l'espère.

Et il s'éloigna rapidement pour rejoindre le provincial, tandis que les surveillans conduisaient lord Edgerton à la Mission.

III

LES PÈRES.

Lord Edgerton passa une nuit troublée ; les agitations de l'âme l'emportaient sur la fatigue physique, et si parfois un sommeil léger venait fermer ses paupières, des rêves pénibles où se reproduisaient les événemens de la journée le réveillaient en sursaut.

Le jour parut enfin, et l'Européen examina avec attention la pièce où il se trouvait, ce qu'il n'avait pu faire la veille dans le désordre de son arrivée. C'était une chambre vaste et nue ; un lit de nattes et de paille de maïs, quelques escabeaux, une table grossière, un prie-Dieu, un crucifix de bois sculpté par les Indiens, un bénitier rempli d'eau bénite, et quelques estampes encadrées de bois noir, la meublaient d'une manière insuffisante. Rien n'était plus simple, plus austère même. Cependant ce bien-être matériel semblait d'un luxe raffiné quand on songeait aux affreux déserts qui s'étendaient autour de Saint-Michel pendant des centaines de lieues.

Bientôt la cloche de la Mission sonna l'*Angelus ;* des chants pieux accompagnés de musique annoncèrent que les Indiens étaient déjà réunis à l'église pour la prière. Edgerton s'empressa de se lever ; il avait toujours une grande impatience de revoir le père Xavier ; le père Xavier seul pouvait dissiper quelques doutes, éclaircir certaines obscurités qui lui restaient encore au fond du cœur. Mais quel fut son étonnement de trouver là porte de la chambre solidement fermée en dehors ! il courut à la fenêtre qui donnait sur le jardin de la Mission ; cette fenêtre était grillée.

Le jeune lord ne pouvait s'expliquer ces singulières précautions envers un étranger. Il frappa à la porte, et il appela à haute voix ; mais sans doute tous les habitans de la maison étaient à l'église, car personne ne lui répondit. Force lui fut donc d'attendre que l'on jugeât à propos de venir le délivrer.

Enfin un petit guichet pratiqué dans la porte s'ouvrit avec précaution. Quelqu'un regarda dans la chambre ; après s'être assuré que lord Edgerton était déjà sur pied, on referma le guichet et on se retira. Au bout d'un moment, un Indien vêtu de noir entra portant du pain, des fruits et du lait, qu'il déposa sur la table, et invita l'étranger par un geste silencieux à faire honneur à ce repas.

Lord Edgerton obéit machinalement ; mais vainement demanda-t-il des nouvelles du père Xavier : soit ignorance de langue, soit tout autre motif, le servant ne répondit à aucune de ses questions.

Le repas fini, il voulut encore sortir ; mais on lui fit entendre par signes expressifs qu'il allait recevoir une visite. Il n'était ni dans le caractère ni dans les habitudes du jeune lord de résister aux volontés de ses hôtes, quels qu'ils fussent ; il se rassit donc, non sans quelque impatience. Du reste, son attente ne fut pas longue. A peine l'Indien eut-il desservi les restes du déjeuner, qu'il introduisit avec beaucoup de cérémonie les deux jésuites collègues du père Xavier ; mais le père Xavier n'était pas avec eux.

Ces personnages, que lord Edgerton n'avait fait qu'entrevoir la veille, ne possédaient pas les dehors séduisans, les manières prévenantes de leur digne confrère. Le provincial, comme nous l'avons dit, était un homme de haute taille, maigre, le front chauve, le visage pâle, les yeux enfoncés ; il rappelait les types célèbres des moines de Zurbaran. Ses formes étaient glaciales ; sa parole brève et inexorable. L'autorité souveraine dont il était revêtu se manifestait dans ses moindres gestes. Tout en lui rappelait la discipline ecclésiastique dans ce qu'elle a de plus dur, l'ascétisme monastique dans ce qu'il a de plus rigoureux.

Son compagnon était bien différent. Mince, grêle, toujours en mouvement, il y avait en lui quelque chose du furet et du chat. Son œil vif et sournois sautillait d'un objet à un autre sans s'arrêter à aucun ; son oreille semblait toujours au guet ; il penchait à chaque instant la tête à droite et à gauche comme pour recueillir les plus faibles bruits. Ses traits exprimaient une grande intelligence, mais son sourire étudié lui donnait un caractère d'hypocrisie qui repoussait du premier abord.

Les deux missionnaires, après avoir pris de l'eau bénite dans le bénitier de faïence placé à l'entrée de la chambre, saluèrent froidement lord Edgerton, qui s'était levé pour les recevoir. Le père provincial l'invita à prendre sa place, mais de l'air d'un supérieur qui accorde une grâce. Il s'assit lui-même avec son compagnon, et on échangea quelques politesses banales.

— Mon fils, — dit enfin le provincial d'un ton austère, — nous vous avons dispensé d'assister aujourd'hui à l'office du matin, ce qui est tout à fait contraire aux usages de cette pieuse maison... Mais notre chère père Xavier nous a appris que lord Edgerton était hérétique, et nous n'avons pas voulu paraître violenter sa conscience.

— Je suis hérétique en effet, — répliqua l'Anglais avec mélancolie, — mais ce que j'ai vu et entendu hier au soir dans votre église m'a profondément touché... Mes pères, je vous demande la permission d'assister désormais à vos exercices religieux, quelque indigne que je soie de cette faveur.

Le provincial adressa à son compagnon, qui s'appelait le père Joseph, un signe mystérieux.

— Que Dieu vous confirme, milord, dans cette pensée de salut! — reprit-il, — mais nous examinerons en chapitre s'il n'y a pas inconvénient à vous accorder votre demande. En attendant, vous ne sauriez trop tôt donner suite à vos projets de conversion, puisque vraiment la grâce commence à agir en vous. Je vous engage donc...

— Mon père, — interrompit l'Anglais avec quelque fermeté, — permettez-moi de vous rappeler que les affaires de conscience doivent être traitées avec une délicatesse infinie... Le premier, le respectable père Xavier a reçu la confidence de mes chagrins ; le premier, il a pansé les blessures saignantes de mon âme ; laissez-lui l'honneur d'achever ma guérison.

— Vous ne savez pas ce que vous refusez, — dit le père Joseph d'un ton mielleux ; — no're père provincial est le plus fort théologien. D'ailleurs, peut-être le père Xavier sera-t-il désormais dans l'impossibilité de vous donner des consolations.

— Je ne vous comprends pas... Pourquoi cet excellent homme ne continuerait-il pas l'œuvre qu'il a si bien commencée ?

— Mon fils, — reprit enfin le provincial, — le père Xavier est en retraite dans sa cellule pour plusieurs jours ; il a besoin de demander pardon à Dieu des fautes qu'il a commises pendant son dernier voyage.

— Le père Xavier mis en punition ! — s'écria lord Edgerton avec chaleur ; — lui héroïque apôtre que j'ai vu braver avec tant d'énergie les fatigues et la mort! lui qui est revenu parmi nous en traînant comme vaincus devant l'autel de son Dieu les sauvages féroces des forêts américaines et un fils désespéré de la civilisation européenne!

— Le juste, suivant l'Écriture, pèche jusqu'à sept fois en un jour, — répliqua le provincial sèchement ; — mais il n'appartient pas à un laïque de s'immiscer dans de pareilles matières... Maintenant, milord, votre persistance au sujet du père Xavier serait de l'opiniâtreté et pourrait nous inspirer des doutes sur les dispositions véritables de votre conscience...

— J'attendrai le père Xavier, — répondit lord Edgerton révolté de cette espèce de persécution.

— Allons! — reprit le père provincial avec sévérité, — nos soupçons se confirment, et il est de notre devoir de les éclairer sur le champ. Milord, ne vous offensez pas ; mais des hommes chargés d'une haute responsabilité sont obligés de se montrer défians... Je vous dirai donc sans détours que votre présence dans nos bourgades ne nous paraît pas suffisamment justifiée ; nous attendons de vous des explications capables de nous rassurer. Qui êtes-vous ? que venez-vous faire dans ces contrées lointaines ? Qu'attendez-vous de nous ?

— Le père Xavier ne vous l'a-t-il pas appris ? — demanda lord Edgerton.

— Notre cher père Xavier, — dit le père Joseph en pinçant les lèvres, — habite les Indes depuis quarante ans, et il est plus habitué à convertir des Chiquitos ou des Moxos qu'à déjouer les ruses des Européens... Nous ne manquons pas d'ennemis là-bas, sur l'ancien continent. On a calomnié nos saintes missions, on a accumulé les mensonges pour nous attirer les censures de nos supérieurs spirituels et temporels... Nous devons être sur nos gardes et prendre soin que personne ne vienne ici étudier nos institutions pour en faire plus tard une critique injuste ou partiale.

— Ainsi donc, — répliqua l'Anglais avec indignation en se levant, — vous avez osé me prendre pour un ..

— Pour un voyageur curieux que ses préjugés hérétiques peuvent aveugler sur tout ce qui concerne la véritable foi, — se hâta d'interrompre le père Joseph avec volubilité. — Mon fils, réfléchissez... Pouvons-nous user de trop de précautions pour défendre le précieux dépôt que le ciel nous a confié ?

L'étranger fit deux ou trois tours dans la chambre avec précipitation.

— Soit, — dit-il enfin en tirant de sa poche un portefeuille qu'il posa sur la table ; — je ne m'attendais pas qu'en m'enfonçant dans les solitudes de l'Amérique j'aurais besoin d'invoquer jamais ces titres d'un orgueilleux passé. J'ignore même par quel hasard je les possède encore. Lisez cependant, mes pères, et jugez si celui à qui appartiennent ces papiers peut être un espion et un délateur.

Et il continua sa promenade pendant que les jésuites examinaient curieusement les pièces contenues dans le portefeuille. Le provincial, après les avoir lues, les passait successivement au père Joseph, qui en pesait avec rapidité chaque expression.

— Lord Edgerton, duc et pair d'Angleterre, — se disaient-ils l'un à l'autre, — un des seigneurs fidèles qui quittèrent l'Angleterre à la suite des Stuarts... Voici des lettres affectueuses de Jacques II au chef de cette famille... Ah ! voici ce qui concerne plus particulièrement Edward Edgerton, notre hôte, colonel au service du prétendant... Des duels, des batailles, des intrigues de femmes, des plaintes, du désespoir, des blasphèmes !

Ils échangèrent encore quelques observations à voix basse. Évidemment, quoique depuis longtemps ils habitassent un pays où avaient disparu les inégalités sociales, ils n'avaient pas oublié ces traditions de respect pour le pouvoir et la haute naissance, qu'on a accusé leur ordre d'avoir poussé jusqu'à la servilité.

— Il suffit, milord, — dit enfin l'austère provincial d'un air marqué de déférence ; — reprenez ces papiers : ils témoignent de grands malheurs et d'une existence qui n'est pas exempte de fautes ; mais ils ne peuvent appartenir qu'à un homme dont les idées sont aussi élevées que la condition.

— Le père Xavier n'a pas eu besoin de toutes ces preuves pour croire à moi, — répliqua l'Anglais avec amertume. — Il m'a vu errant, proscrit, malheureux, et il m'a ouvert les bras.

Il y eut là un nouveau silence.

— Milord, — reprit le provincial, — quels que soient les égards que méritent votre rang et vos malheurs, nous ne pouvons faire fléchir pour vous, comme le désirait le

père Xavier, les règles inexorables de notre constitution...
Vous le savez, un décret des rois d'Espagne, nos souverains temporels, défend à tout Européen laïque de séjourner plus de trois jours dans chacune de nos peuplades...
Cette règle, qui a pour but de préserver nos pieux néophytes des vices et de la corruption des hommes prétendus civilisés, doit être rigoureusement observée. Une barque qui vient d'une de nos missions en amont de l'Uruguay doit passer ici dans quelques jours pour se rendre à Montévidéo ; vous partirez avec elle. Je donnerai des ordres pour que vous soyez traité avec égard et considération. En attendant, vous resterez à Saint-Michel ; vous pourrez à votre aise y chercher des exemples d'édification et vous occuper de votre salut, si vous vous engagez à respecter les prescriptions établies ici...

— Et quelles sont ces prescriptions, mon père ?

— La première et la plus importante, c'est que vous n'adresserez la parole à aucun de nos néophytes, quels qu'ils soient, et que vous n'aurez avec eux de rapports d'aucune sorte. À la vérité, vous ignorez la langue de la plupart d'entre eux ; et quand à ceux qui comprennent l'espagnol, vous ne seriez pas homme à les scandaliser par des vices ignobles, des paroles impures et blasphématrices, comme certains visiteurs Espagnols ou portugais qui parfois traversent nos peuplades ; mais la règle est commune à tous les voyageurs, et nous ne pourrions sans danger faire une exception en votre faveur.

— Il suffit, — répliqua lord Edgerton avec la raideur de l'orgueil offensé, — je saurai me conformer à vos ordres.

— Ce ne sont pas des ordres, mon fils, mais des mesures générales indispensables pour la conservation des bonnes mœurs et de la foi dans nos missions. Du reste, nous n'avons l'intention de vous rien cacher de ce qui peut être ici un sujet d'étude et de bon exemple pour vous. Le père Joseph, dans les courts instants de repos que lui laisse son saint ministère, se fera un plaisir de vous conduire partout, de vous montrer l'ordre qui règne parmi les Indiens, de vous expliquer les principes qui les régissent... Enfin j'espère qu'il ne vous laissera pas trop regretter l'absence du père Xavier, votre premier ami. — L'Anglais fit un signe de tête froid et poli, mais qui n'annonçait pas la conviction. — Il me reste encore un devoir à remplir, — reprit le provincial ; — l'argent n'a pas cours ici, car nous nous procurons les objets nécessaires uniquement par l'échange des denrées. D'ailleurs vous recevez l'hospitalité de la peuplade et nous ne possédons rien que l'on ne soit disposé à vous fournir gratuitement sur votre simple demande ; je vous invite donc à déposer entre mes mains votre or, vos bijoux, et généralement tous les autres objets qui sont, hors de cette heureuse contrée, des signes d'orgueil et des causes de perdition.

— Cette fois l'Anglais, sans hésiter, retira de ses doigts plusieurs bagues de prix et les déposa, avec une bourse qui paraissait bien garnie, devant le jésuite. Le provincial se leva. — Ces objets, — dit-il, — vont être inscrits un à un sur nos registres, et ils vous seront exactement rendus quand vous quitterez le Paraguay... Maintenant nous allons vous laisser vous livrer à vos méditations ; après l'office de midi, le cher père Joseph viendra vous prendre pour vous montrer en détail notre bel établissement de Saint-Michel.

— Fort bien, mes pères ; mais, en attendant votre retour, dois-je rester ici enfermé comme dans une prison ?

— Vous n'êtes pas prisonnier, milord, seulement vous devez vous astreindre à des lois qui ont été faites avant vous et qui subsisteront encore après vous. Il vous est interdit de parcourir seul les rues de la peuplade ; mais rien ne s'oppose à ce que vous vous promeniez dans le jardin jusqu'à l'heure convenue. — Le père Joseph glissa rapidement quelques objections à l'oreille de son supérieur ; mais celui-ci l'interrompit d'un geste :— Cela n'arrivera pas ! — répliqua-t-il tout haut ; — d'ailleurs j'ai accordé une grâce, elle ne sera pas retirée.

Après leur départ, lord Edgerton resta plongé dans une profonde méditation.

— La voilà donc, — disait-il, — cette société modèle, cette civilisation si parfaite dont la renommée remplit le monde ? Voilà donc en quoi elle se résume : la tyrannie ombrageuse et l'espionnage. Ces prêtres ont compris la société comme un grand couvent. Eh bien ! qu'importe ? — ajouta-t-il après un moment de silence, — qu'importent les moyens si le but est atteint ? qu'importe la discipline sévère si ces religieux ont su vaincre les passions dissolvantes, maintenir tous les individus dans la voie droite et assurer leur bonheur ? Tout ici respire la paix, l'abondance et le contentement. Ces avantages sont-ils achetés trop cher par la perte d'une vaine et stérile indépendance ?

Il prit machinalement un livre pieux placé sur le prie-Dieu, et il se dirigea vers la porte, que les pères avaient laissée entr'ouverte en se retirant. A l'extrémité du corridor, il se trouva dans le jardin de la Mission.

Ce jardin, d'une étendue considérable, présentait la plupart des plantes utiles de l'Europe unies à celles de l'Amérique. Le caféier, le bananier, le goyavier, entremêlaient leurs branches à celles des pruniers et des pêchers de nos climats tempérés. Des espaliers soigneusement entretenus voilaient de leur luxuriante verdure les hautes murailles qui entouraient ce vaste enclos. Des allées droites et bien sablées séparaient des carrés de légumes où le superbe ananas prospérait à côté de la prosaïque pomme de terre, la fraise du nord à côté du manguier tropical. Dans ce jardin, formé dans un but d'utilité, peu de place était laissée à l'agrément ; quelques fleurs s'épanouissaient à peine dans d'étroits parterres ; mais ces fleurs, des espèces les plus précieuses, exhalaient des parfums délicieux. Des croix, des petits calvaires, des statuettes de la Vierge, délicatement sculptées, s'élevant aux carrefours et à l'extrémité des avenues, rappelaient à chaque pas des idées religieuses aux promeneurs tentés de les oublier. Par-dessus les murailles, on apercevait au loin les sombres forêts qui bornaient de toute part cette oasis de la civilisation au milieu des déserts.

Au milieu d'une profonde solitude, Edgerton ouvrit avec distraction le livre qu'il tenait à la main, c'était l'*Imitation de Jésus-Christ*. Aucune œuvre humaine ne pouvait mieux convenir à la tristesse de ses pensées et à l'état de son âme. Il vint s'asseoir à l'écart sur le piédestal d'une statue de saint Michel, patron de la peuplade, et s'abandonna au charme mélancolique de cette lecture.

Au bout de quelques instants, un bruit léger attira son attention. Une jeune fille de seize ans à peine, d'une charmante figure et de la tournure la plus gracieuse, venait de se glisser furtivement dans le jardin. Sa robe courte ou faldellin de coton blanc laissait voir ses jambes nues et ses petits pieds renfermés dans des brodequins de peau de chevreuil. Une large ceinture bleue entourait sa taille : ses cheveux nattés formaient autour de sa tête une parure de bon goût. Son col avait pour ornement un chapelet de corail monté en argent ; mais ce bijou semblait être plutôt le signe d'une dignité religieuse qu'une parure.

La jeune fille jetait des regards inquiets tantôt du côté de la Mission, tantôt du côté du jardin. Elle semblait craindre d'être surprise, et cependant il était visible qu'elle cherchait quelqu'un. Le moindre frémissement de feuillage la faisait tressaillir ; toute rose de pudeur, d'espérance et de crainte, elle s'arrêtait par moments tremblante, prête à s'enfuir.

Un peu rassurée par le calme qui régnait dans le jardin, elle fit quelques pas et se mit à cueillir précipitamment les fleurs qui se trouvaient sur son passage. Souvent elle s'interrompait, elle tournait la tête à droite et à gauche pour voir et pour écouter ; puis elle continuait son bouquet en soupirant.

Déjà elle avait moissonné une grande quantité de lis jaunes, de fleurs d'orangers, d'anémones, de chirimoyas, de rares et balsamiques arérumas, et sa main mignonne avait peine à contenir sa récolte. Tout à coup Guandari, dont lord Edgerton n'avait pas soupçonné la présence dans le jardin de la Mission, sortit d'un massif de verdure et s'élança vers l'enfant, qui ne put retenir un petit cri de joie.

Le cacique mit un genou en terre devant elle, baisa le bas de sa robe, et lui dit avec un accent de respect et de tendresse :

— Carolina, ma sœur, ma bien-aimée, tu n'as donc pas oublié Guandari ?

— Je ne t'ai pas oublié, frère, — répliqua la jeune fille avec une émotion profonde ; — bien souvent j'ai prié pour toi... bien souvent j'ai pleuré en songeant que je ne te reverrais peut-être jamais. Hier au soir, quand je t'ai reconnu au milieu des autres Payaguas, mon cœur s'est brisé et j'ai cru que j'allais mourir.

— Tu m'aimes donc encore, Carolina ? — demanda l'Indien.

— Je crois que je ne dois pas répondre à une pareille question, — répliqua Carolina avec une admirable innocence, en baissant les yeux. — Mais écoute-moi, je commets un grand péché en venant ici te chercher malgré la défense des pères ; car c'était toi que je cherchais, Guandari.,. Le salut de ton âme l'a emporté sur toute considération. Le bruit s'est répandu aujourd'hui que ta conversion n'était pas sincère, que des motifs terrestres t'avaient fait revenir à la peuplade en trompant le père Xavier, et ces nouvelles m'ont causé de cruelles angoisses.

Guandari sourit.

— Je suis chrétien, Carolina, et je n'ai jamais cessé de l'être, — répondit-il ; — mais s'il faut te l'avouer, c'est pour toi, pour toi seule que j'ai consenti à revenir ici, où, tu le sais, mes goûts et mon caractère sont soumis à une cruelle contrainte. Ta pensée ne me quittait plus ; dans mes courses vagabondes, dans mes chasses, dans mes périls, ta belle et douce image me suivait partout. Je n'ai pu y tenir plus longtemps. J'ai feint de me rendre aux raisons du bon père Xavier, qui voulait me réunir aux autres chrétiens de Saint-Michel ; mais en réalité je n'avais qu'un but, c'était de te dire : « Viens avec moi, » Carolina, tu seras la femme et la compagne de Guan- » dari. Je te construirai un carbet dans la forêt ; je te » nourrirai de ma chasse et de ma pêche ; tu ne manque- » ras de rien. Ta vieille mère sera la bienvenue dans la » demeure de ses enfans, et la Vierge nous bénira tous. » Le Dieu des chrétiens est trop grand pour être adoré » dans des maisons de pierre ; nous l'adorerons sur la » montagne et dans la plaine, et il nous entendra mieux. »

Carolina écoutait ces paroles avec un mélange de joie et de tristesse.

— Guandari, — répliqua-t-elle, — pauvre ignorant, que me demandes-tu ? Moi désoler ma bonne mère, quitter la belle église de Saint-Michel, que je suis chargée d'orner chaque jour, abandonner mes compagnes de la congrégation de la Vierge, dont je suis la prieure ! y penses-tu, Guandari ? Les pères l'ont dit bien des fois du haut de la chaire : la grâce n'a pas d'effet durable sur ceux qui vivent dans les bois ; on y manque de secours spirituels, on est exposé sans guide à toutes les entreprises du démon. Non, non, frère, ne demande pas cela : consens plutôt à dompter ton humeur indocile, reste à la peuplade sous la protection de nos saints missionnaires, et tu retrouveras ta sœur, ta compagne, ton amie, qui ne te quittera plus...

Le cacique réfléchit un moment.

— Ce sacrifice excédera peut-être mes forces, — répliqua-t-il ; — j'avais oublié dans quelle gêne insupportable on vit ici, et, à peine arrivé, on s'est hâté de me le rappeler durement... Néanmoins je t'aime tant, ma Carolina, que je serais capable de supporter les injures, les humiliations, les châtimens, pourvu que tu fusses à moi, pourvu...

Il s'arrêta brusquement ; une femme âgée venait de sortir de la Mission et accourait vers eux : c'était Anna Lopez, la mère de Carolina. En voyant sa fille avec le cacique, elle donnait les signes du plus violent désespoir.

— Malheureuse enfant ! — dit-elle quand elle l'eut rejointe, — que fais-tu ici ? Ignores-tu que les pères ont défendu, sous les peines les plus terribles, de parler à Guandari ?... Seigneur, ayez pitié de nous !

— Ma mère, — balbutia Carolina, — les fleurs de l'autel de la Vierge étaient flétries ce matin, et j'ai voulu les remplacer... Que penserait de nous notre sainte patronne, si les jeunes filles de sa congrégation négligeaient ainsi... Mais non, non, ma mère, — ajouta-t-elle aussitôt en fondant en larmes, — je ne dois pas faire de mensonge, ce serait aggraver ma faute... Je conviens donc que je suis venue ici dans l'espoir d'y trouver Guandari ; j'avais entendu dire qu'il chancelait dans la foi, j'ai voulu l'encourager, le soutenir, l'implorer pour lui-même ; j'étais sûre qu'il ne resterait pas sourd à mes instances, et peut-être, en effet, mes paroles n'auront-elles pas été vaines.

— Chère enfant, qu'as-tu fait ? — répétait Anna Lopez en se tordant les mains de douleur ; — toi qui étais ma joie et mon orgueil !... Mais ne restons pas ici plus longtemps ; chaque minute qui se passe est un péché de plus. Viens, viens, partons, Carolina.

Et elle voulut entraîner sa fille.

— Anna Lopez, ma mère, — dit doucement Guandari derrière elle, — n'avez-vous donc pas un regard, un mot d'amitié pour celui qui fut votre fils d'adoption, qui partagea avec Carolina vos soins maternels ?... Je fus bien ingrat envers vous quand un mouvement exagéré d'amour-propre me fit fuir brusquement de la peuplade... mais je me suis toujours souvenu de votre bonté, de votre douceur pour le pauvre enfant payagua, et j'ai prononcé souvent votre nom comme celui d'une sainte.

La bonne femme, en dépit d'elle-même, était vivement émue.

— Et moi, Guandari, — répliqua-t-elle, — j'ai bien dit des chapelets pour obtenir de la miséricorde divine qu'un jour enfin tu rentrasses au bercail comme la brebis égarée. Quoiqu'un peu fier, tu étais juste et généreux ; aussi... Mais que fais-je, bon Dieu ! — s'interrompit-elle avec effroi, — voilà que je me laisse aller à la même faute que Carolina... Ne nous retiens pas, Guandari ; pour ton salut, pour celui de nous tous, laisse-nous partir sans retard,... Adieu, adieu !

— Adieu, Guandari, — murmura Carolina en suivant sa mère, — sois bon chrétien, et je t'aimerai toujours.

Lorsqu'elles eurent disparu dans les bâtimens de la Mission, Guandari s'avança lentement vers un massif de feuillage pour y chercher une retraite, et il se trouva tout à coup en face de lord Edgerton.

Ils se regardèrent. Sans aucun doute l'Européen avait été témoin de cette mystérieuse entrevue ; cependant le cacique se contenta de dire d'un ton grave :

— Frère, une parole indiscrète peut être plus dangereuse que le venin du boïciminga.

Puis, sans daigner recommander la discrétion d'une manière plus pressante, il s'enfonça dans le bocage.

Un instant après, lord Edgerton aperçut le père Joseph qui venait à lui en flairant l'air de droite et de gauche, comme un chien de chasse suit les vagues émanations du gibier sans le voir. L'Anglais s'empressa d'aller le joindre pour détourner son attention, et ils sortirent ensemble du jardin.

IV

LES MISSIONS.

Les peuplades du Paraguay, à l'époque où se passent

les événemens de cette histoire, étaient dans l'état le plus florissant. Les Indiens Guaranis, qui les composaient en majeure partie, s'étaient d'abord établis près du fleuve qui donne son nom à la province. Mais plus tard, afin de les soustraire aux vexations des mameluks portugais du Brésil, on les avait transportés sur les bords du Parana et de l'Uruguay. Dans ce nouveau poste, ils étaient devenus assez nombreux et assez forts pour se défendre eux-mêmes contre leurs turbulens voisins, et ils formaient environ quarante bourgades contenant chacune dix, quinze et même vingt mille néophytes. Saint-Michel était une des plus petites; néanmoins elle pouvait donner une idée exacte des autres, toutes étant bâties à peu près sur le même plan et gouvernées de la même manière.

On sait déjà quel aspect agréable présentait cette Mission. L'art et la nature s'unissaient pour en faire un séjour de bien-être et de paix. L'ordre qui régnait dans l'administration n'était pas moins étonnant. Les Indiens cultivaient en commun les terres de la peuplade, et, grâce au principe religieux qui servait de mobile à toutes leurs actions, on ne trouvait pas parmi eux de travailleurs nonchalans ou de mauvaise foi. Les récoltes, transportées dans les greniers publics, se divisaient en trois parts. La première était distribuée mensuellement aux familles des néophytes, suivant leurs besoins; la seconde était destinée aux dépenses publiques de la peuplade, c'est-à-dire aux orphelins, aux veuves, aux infirmes : c'était la part des hospices, la part des pauvres. On réservait la troisième à l'entretien de l'église; à la nourriture des musiciens et autres personnes chargées d'ajouter à la splendeur du service divin, et enfin aux missionnaires, qui ne recevaient pas d'autre rémunération matérielle de leurs pénibles labeurs.

Par suite de la fécondité du sol et de l'infatigable activité des Indiens, la production excédait de beaucoup chaque année la consommation. Cet excédant en céréales, en coton, en bestiaux, en laine, miel, cire et surtout en yerba, dont l'usage est universel dans l'Amérique méridionale, était transporté par des canots, comme nous l'avons vu, soit à Santa-Fé, soit à Buénos-Ayres. Là, une partie du prix des diverses denrées était employée à acquitter les droits de la couronne d'Espagne; l'autre était échangée contre diverses marchandises utiles dont manquaient les habitans des Missions. De cette manière, il n'entrait jamais dans les peuplades ni or ni argent qui, en amenant le luxe, eussent pu corrompre les mœurs, et l'indigence n'y existait que de nom.

L'organisation était des plus simples. Chaque peuplade avait un chef ou *fiscal* chargé de surveiller les individus, de scruter leurs mœurs et leurs habitudes, de s'assurer s'ils manquaient aux exercices du culte. Un *teniente* ou lieutenant et d'autres officiers subalternes devaient l'aider dans ses fonctions, sans compter un certain nombre de surveillans parmi les chrétiens les plus fervens. Si une faute était commise, on en donnait avis immédiatement au fiscal, qui faisait son rapport aux missionnaires. Ceux-ci prononçaient en dernier ressort, et, si la faute était très légère, ce qui était le cas le plus ordinaire, ils employaient seulement les remontrances et la persuasion pour décider le coupable à s'amender.

Tel était le singulier État dont le père Joseph expliquait le mécanisme à lord Edgerton en le promenant à travers la bourgade de Saint-Michel. La vue de ces coquettes habitations et de leurs jardins verdoyans, de ces églises splendides, de ces vastes magasins publics, l'air calme et satisfait des passans, la modestie et la docilité des enfans, filles et garçons, qui se rendaient en bon ordre à leurs écoles respectives, tout cela était bien de nature à frapper vivement un esprit ulcéré par les maux de la civilisation européenne. Mais le souvenir de ce qui s'était passé en sa présence, dans la maison des pères, mettait lord Edgerton en garde contre l'étalage de cette prospérité, et il l'admirait moins depuis qu'il entrevoyait ce qu'elle pouvait coûter.

— Mon père, — disait-il au missionnaire qui lui expliquait avec complaisance ces institutions, — vous avez obtenu, je l'avoue, de merveilleux résultats; cependant, je ne puis croire encore qu'un état social qui comprime toute ambition, toute passion énergique, toute personnalité hors ligne, pour soumettre chaque individu à une règle unique et inflexible, ne froisse pas en secret bien des cœurs, n'assemble pas dans certaines âmes des rancunes et des colères qui doivent éclater par momens en terribles explosions...

— Vous raisonnez, milord, — répliqua le jésuite, — d'après les idées de ce monde corrompu au milieu duquel vous avez vécu jusqu'à ce jour. Le peuple qui nous entoure est un peuple vierge, sans passé et sans histoire; des traditions d'examen et de révolte ne se sont pas perpétuées dans son sein comme parmi les nations de l'ancien continent; on n'a pas pris à tâche de développer en lui, pendant des siècles, des instincts d'égoïsme et d'orgueil individuel. Sa naïve intelligence n'a pas été pervertie par cette avalanche de sophismes, d'idées mal conçues, qui jettent le chaos dans les civilisations avancées et encombrent leur marche de problèmes insolubles. Ne cherchez donc ici aucun des principes en vertu desquels subsistent les sociétés européennes; ces principes eussent été insuffisans pour assurer à nos néophytes ce calme intérieur, cette harmonie extérieure, qui causent votre admiration; la foi seule a fait ces prodiges : sans la foi, notre œuvre périrait sur l'heure.

— Soit, mon père; mais, quelle que soit la puissance de la religion sur vos Indiens, ils participent toujours de la faiblesse et de l'imperfection humaine... Or, je ne vois aucune trace de cette pénalité nécessaire dans toute société.

— En effet, milord, nous n'avons ici ni code, ni prisons, ni gibets, ni juges, ni bourreaux; cependant la morale publique n'est pas désarmée devant les passions mauvaise et les actes coupables... Nous possédons des moyens de répression qui, chez un peuple simple et honnête, ont une effrayante énergie.

— Et quels sont-ils, mon père ?

Le jésuite le regarda obliquement.

— Votre scepticisme d'homme civilisé en rirait peut-être... Attendez plutôt une occasion, qui sans doute ne tardera pas à se présenter... Soyez assuré seulement qu'il ne se commet pas une faute, un délit, un scandale dans toute la peuplade, dont nous ne soyons instruits sur-le-champ, et dont nous n'assurions la punition prompte et complète.

— Mais comment pouvez-vous savoir...

— Nous savons, — murmura le jésuite avec un sourire mystérieux. — Cependant la promenade se prolongeait; un soleil de feu ruisselait dans les rues larges et droites que parcouraient lord Edgerton et son guide. — Milord, — dit le père Joseph, — la chaleur est accablante; peut-être ne seriez-vous pas fâché d'entrer prendre une tasse de thé du Paraguay chez quelqu'un de nos néophytes; ce vous serait un prétexte de voir l'intérieur de leurs maisons, de jouir du spectacle de leurs mœurs douces et innocentes... A l'heure où nous sommes, la plupart travaillent aux champs; mais voici la demeure du vieux Martin et de sa femme Thérèse : ils sont trop âgés l'un et l'autre pour cultiver la terre, et ils nous accorderont de tout cœur un moment d'hospitalité.

L'Européen fit un signe d'assentiment, et le père Joseph s'avança vers une maison peu différente des autres, mais plus petite; il poussa la porte, fermée seulement au loquet, et il introduisit son compagnon dans une salle basse où une bonne vieille femme, assise sur un escabeau, filait tranquillement de la laine. La propreté la plus scrupuleuse régnait dans cette pièce. Quelques estampes, représentant des sujets de religion, ornaient les murailles garnies de nattes. Les meubles, en bois du pays, avaient un éclat et un poli qui s'élevaient presque jusqu'à l'élégance.

A la vue du père Joseph, la bonne femme, dans un mouvement de surprise assez semblable à de l'effroi, laissa échapper son fuseau. Mais, se remettant aussitôt, elle se leva, fit un signe de croix, et vint respectueusement baiser la main du missionnaire. Puis, après avoir salué l'étranger, elle offrit à ses hôtes les deux meilleurs sièges de la maison, en balbutiant quelques mots de reconnaissance pour l'honneur inespéré qui lui était fait.

Néanmoins, l'accueil des habitans de Saint-Michel était d'ordinaire beaucoup plus empressé quand un des missionnaires franchissait le seuil de leur demeure ; et le père Joseph parfaitement remarqué l'embarras de Thérèse à son arrivée. Mais il dissimula ses soupçons et il se contenta de dire en peu de mots à la vieille le but de sa visite. La maîtresse du logis se mit aussitôt en mouvement pour allumer du feu et préparer le thé. Cependant, au milieu de son empressement, une secrète inquiétude altérait visiblement sa sérénité habituelle.

Le père Joseph s'était assis, et, tout en continuant sa conversation avec lord Edgerton, il promenait son regard inquisiteur autour de lui. Ce regard s'arrêtait particulièrement sur une porte fermée qui donnait dans l'intérieur de la maison.

— Thérèse, ma fille, — demanda-t-il enfin d'un ton doucereux, — je ne vois pas le bonhomme Martin, votre mari... il ne peut être sorti à pareille heure...

Une sueur froide perla sur le front ridé de la vieille femme ; elle répondit d'une voix entrecoupée, sans se retourner :

— Non, non, père, il n'est pas sorti.

— Où donc est-il alors ? — demanda le jésuite en fronçant le sourcil ; son devoir n'est-il pas de venir recevoir les hôtes que Dieu lui envoie ?

— Excusez-le, bon père, il est là, dans sa chambre, mais... il est malade.

— Malade ? — répliqua le missionnaire en se levant, — alors je veux le voir... Vous savez, ma bonne Thérèse, que je suis un peu médecin.. Je veux m'assurer si ce qu'il éprouve n'est pas le commencement d'une indisposition grave.

Thérèse paraissait toujours en proie à de mortelles angoisses.

— Oh ! son état n'a rien de grave, — dit-elle en s'efforçant de sourire ; — seulement je crois qu'il fait la sieste en ce moment ; or, à son âge, mon père, le sommeil est une chose précieuse.

Le père Joseph examinait son interlocutrice de son œil perçant et soupçonneux ; cependant il allait reprendre sa place, quand une voix faible et chevrotante se mit à chanter un cantique dans la pièce voisine. Le jésuite sourit avec ironie.

— Il ne dort pas, puisqu'il chante ! — reprit-il : — voyons donc ce joyeux malade ? — Et il entra brusquement dans la seconde pièce. Thérèse tomba sur un siège et se mit à sangloter. Au fond de la chambre, sur un lit fait de nattes et de peaux de bêtes tuées à la chasse, était couché tout habillé un homme d'un âge très avancé, à longue barbe et à cheveux blancs. Son œil, éteint d'ordinaire, brillait en ce moment d'un éclat particulier ; ses joues creuses et parcheminées s'étaient colorées d'un léger vermillon. Un sourire de béatitude se jouait sur ses lèvres, et, malgré la présence du missionnaire, il continuait à chantonner entre ses dents un air d'église ; près de lui, sur une table, on voyait un vase vide et une coupe de bois où étaient restées quelques gouttes d'une liqueur noire et bourbeuse. Le père Joseph s'approcha du vieillard, et lui adressa quelques mots d'un ton amical. Martin le regarda avec son sourire hébété, semblable à celui des buveurs d'opium quand ils sont sous l'influence de la drogue narcotique, puis il reprit son chant avec l'insouciance et la naïveté d'un enfant. Le missionnaire examina le gobelet de bois placé sur la table : — Martin a bu la *chica* et il est ivre, — dit-il enfin.

Il rentra dans la salle et referma la porte sur lui. Thérèse se traîna à ses genoux.

— Mon père, — dit-elle tout en pleurs et en joignant les mains, — ayez pitié de lui, il est si vieux ! Martin, avant d'être converti, buvait tous les jours la chica ; c'est une ancienne habitude ; il n'a pu s'en défaire complètement... Il est si rare qu'il ait occasion d'avaler quelques gouttes de sa boisson favorite ! D'ailleurs la chica lui fait du bien ; le bonhomme s'engourdirait et deviendrait paralytique si de temps en temps quelque chose ne réchauffait son sang. Les prêtres ont défendu cette liqueur, je le sais bien ; mais ne pourrait-on faire une exception pour mon pauvre Martin ?... Souvenez-vous de ce bon missionnaire qui vous a précédé ici, et qui est mort saintement en cherchant à convertir les infidèles ; la plus chétive et la plus misérable nourriture lui suffisait, mais il ne pouvait se passer d'un peu de café chaque jour : c'était aussi une habitude de jeunesse ; sans cette liqueur, il n'eût pas eu la force de supporter les fatigues de son pieux ministère. Eh bien ! il en est de même pour mon pauvre Martin ! La chica lui est nécessaire pour sa santé ; c'est un remède qui le guérit de tous ses maux. D'ailleurs, s'il est coupable, je dois porter la peine de sa faute ; c'est moi qui, ce matin, le voyant triste et malade, lui ai préparé cette boisson maudite. Si vous saviez combien il m'a remerciée, combien il était reconnaissant !... Ensuite, je vous prie de remarquer qu'un vieillard doit être traité avec des ménagemens extrêmes. Martin est un homme pieux, honnête et fort jaloux de sa bonne renommée ; si vous vous montriez trop sévère pour lui quand il reprendra connaissance, l'émotion pourrait lui causer une révolution dangereuse... Mon père ! si l'un de nous doit être puni pour cette faute, que ce soit moi, moi seule, je vous en conjure !

— Chacun de vous sera pesé dans une juste balance, — répliqua le jésuite durement ; — je ferai mon rapport au père provincial, et il vous jugera tous les deux.

— Quoi ! le grand père va connaître notre faute ! — s'écria la pauvre femme avec épouvante.

— Aussitôt que votre mari aura recouvré sa raison, vous lui direz que je l'attends au confessionnal. Je saurai alors s'il se repent de sa faute et s'il mérite quelque indulgence.

— Oh ! il ira, mon père, et j'irai aussi... et, tous les deux à genoux, nous demanderons pardon à Dieu, à la sainte Vierge et aux saints.

— Il suffit : persistez dans ces bonnes résolutions ; et nous, sortons, milord.

L'Européen se leva.

— Quoi ! mon père, — demanda Thérèse avec désespoir, — ne voulez vous pas prendre le thé que j'ai préparé ?

— Non, femme, nous ne nous arrêterons pas un moment de plus dans la maison d'un chrétien dégradé, d'un ivrogne...

En même temps il prit le bras de lord Edgerton, et l'entraîna hors de la maison sans écouter les lamentations de la vieille Thérèse.

Le père Joseph marchait fort vite ; sa physionomie exprimait, en dépit de lui-même, une vive irritation ; sans doute aussi la pensée qu'un étranger avait été témoin de cette scène ne contribuait pas peu à augmenter son mécontentement. Lord Edgerton le sentit.

— J'avais raison de croire, — dit-il, — qu'ici comme partout il fallait faire la part des faiblesses de la nature humaine... Aussi, mon père, s'il vous était possible d'user d'indulgence envers ces pauvres gens...

— Ne parlez pas d'indulgence, milord, — interrompit le missionnaire avec quelque aigreur ; — vous ignorez l'importance de ce que vous demandez... Dans la civilisation européenne, il est vrai, les crimes contre les mœurs passent pour des bagatelles, tandis qu'on se montre impitoyable pour les crimes contre les lois. Ici c'est tout le contraire, la force de nos institutions réside dans la pureté, dans la moralité de la vie privée. Un scandale est souvent plus dangereux qu'une atteinte portée aux droits temporels du prochain. D'ailleurs, croyez-vous que si l'indulgence était possible, nous ne saurions pas la trouver dans notre cœur? — Lord Edgerton ne répondit rien, et ils continuèrent de s'acheminer vers le bâtiment de la Mission. Ils allaient l'atteindre, quand une femme sortit précipitamment d'une des maisons qui formaient l'angle de la place, et s'avança vers le jésuite. Edgerton reconnut Anna Lopez, la mère de Carolina. Elle avait les traits bouleversés, les yeux rouges de larmes. Elle marchait la tête baissée, écrasée sous le poids de la honte et de la douleur. En la voyant venir, le père Joseph s'était arrêté pour l'attendre; elle, au contraire, parut un moment près de revenir sur ses pas. Enfin surmontant sa faiblesse, elle joignit le missionnaire et lui baisa la main selon l'usage; mais quand elle voulut parler, les larmes l'en empêchèrent. — Eh bien! ma fille, que signifie ce chagrin? — demanda le père d'un ton caressant, — que vous est-il arrivé? Vous semblez avoir quelque chose à me dire?

— Oui, oui, mon père, — balbutia Anna Lopez en sanglotant, — mais je ne l'oserai pas, je n'en aurai jamais la force.

— Il faut toujours avoir la force d'accomplir un devoir, si pénible qu'il soit... Voyons, avez-vous à me faire quelque aveu? — La pauvre femme fit un signe d'assentiment. — Anna Lopez, vous êtes trop bonne chrétienne, vous avez trop la crainte de Dieu pour avoir pu vous laisser entraîner à une omission grave, à une action coupable.

— Plût au ciel, mon père, que je n'eusse à accuser que moi!

— Alors, votre fille... mais Carolina est un ange de pureté et d'innocence; le soupçon ne doit pas même approcher de la prieure de la congrégation de la Vierge, de celle qui est un modèle de douceur et de piété pour toutes les jeunes filles de la peuplade.

— O Carolina! ma fille! ma chère enfant! — murmura la malheureuse mère en se cachant le visage.

— C'est donc de Carolina dont il s'agit? — reprit le missionnaire avec plus de force; — allons, Anna Lopez, déchargez votre conscience... Si votre fille a commis une faute à votre connaissance, vous en devez faire l'aveu à vos pères spirituels, à peine d'avoir part dans le péché, et aussi dans le châtiment. Parlez donc, je vous l'ordonne, au nom de votre salut éternel!

Anna Lopez, épouvantée de la solennité de cette adjuration, se pencha sur l'épaule du missionnaire, et lui parla bas d'une voix étouffée.

Lord Edgerton pâlit.

— Une mère qui dénonce sa fille! — murmura-t-il. Il commençait à comprendre ce que signifiaient les airs mystérieux du père Joseph, quand il disait un moment auparavant: Nous savons tout.

Cependant le jésuite écoutait Anna Lopez avec une attention extrême.

— Mais du moins, — interrompit-il haut, — cette jeune imprudente ignorait la défense expresse du père provincial? elle ignorait qu'en cherchant un entretien avec le cacique payagua, elle s'exposait aux censures ecclésiastiques?

La malheureuse femme hésita avant de répondre.

— Elle ne l'ignorait pas, — murmura-t-elle enfin avec un sourd gémissement.

Le père Joseph secoua la tête et invita Anna Lopez à continuer son récit; mais elle ne tarda pas à l'interrompre de nouveau.

— Êtes-vous bien sûre de ce que vous avancez? — demanda-t-il avec un sentiment assez semblable à de la joie. — Est-il bien vrai que l'affection de ce Guandari pour Carolina soit le seul et véritable motif de son retour à Saint-Michel?

Il en a donné positivement l'assurance à Carolina, qui me l'a répété.

— Voilà donc cette magnifique conversion dont le père Xavier était si fier? — reprit le missionnaire avec un sourire ironique. — Mais je connaissais depuis longtemps l'affection mutuelle de ces jeunes gens, et j'ai été le premier à inspirer au père provincial le soupçon de la vérité. Poursuivez. — Anna Lopez achève son récit. — Maintenant, ma fille, — reprit le jésuite d'un ton grave, — vous avez fait votre devoir et Dieu vous récompensera; allez en paix et laissez-nous le soin de concilier les intérêts de la charité avec ceux du ciel...

— Mon père, invoquez l'indulgence du provincial pour ma pauvre Carolina... elle se repent, elle a fait sa faute... Ne soyez pas trop rigoureux pour mon enfant!

— Souhaitez plutôt que le châtiment terrestre soit sévère, afin de désarmer plus sûrement la colère divine... Adieu, ma fille. — Anna Lopez se traîna jusque chez elle, pâle, épuisée, mourante. Le jésuite et lord Edgerton se dirigèrent de nouveau vers la maison. — Encore un scandale à punir, une grande leçon à donner, — disait le père Joseph tout pensif, sans songer qu'on l'écoutait; — mais ce n'est pas cette légère et frivole jeune fille qu'il eût fallu atteindre, c'était cet audacieux sauvage, dont l'orgueil est d'un si fâcheux exemple... Ce matin j'ai visité les autres Payaguas que nous a amenés le père Xavier; ils ne paraissent que trop disposés à prendre pour modèle ce cacique si fameux dans leurs tribus. Comme lui, ils voudraient être chrétiens sans aliéner leur indépendance sauvage; tout serait perdu si de pareilles idées avaient cours chez nos Indiens... Il serait donc de la plus haute importance d'abaisser cet esprit altier, d'humilier ce superbe orgueil.

— Prenez garde, mon père, — répondit lord Edgerton; — il est de ces hommes de fer qu'on brise sans les faire plier. Guandari est peut-être de ce nombre.

Le missionnaire parut surpris d'avoir été entendu.

— Il faudra trouver un moyen, — reprit-il après une pause; — il aime Carolina... cette passion nous permettra d'arriver à nos fins pour la plus grande gloire de Dieu.

V

LA PÉNITENCE PUBLIQUE.

Le lendemain matin, à peine lord Edgerton avait-il quitté sa couche un peu claustrale, qu'on vint l'inviter, de la part du provincial, à se rendre à la prière dans l'église de Saint-Michel. On lui avait montré tant de défiance jusque-là que cette invitation était presque une faveur; il s'empressa donc de descendre sur la place, où affluaient déjà, de toutes les rues avoisinantes, les Indiens de la Mission. La plupart tenaient à la main des livres d'heures; d'autres, moins lettrés, avaient des chapelets de bois. Tous avaient un air empressé qui témoignait de leur ardeur à remplir les devoirs religieux.

Ce jour-là, cependant, une circonstance particulière semblait altérer l'aspect paisible et recueilli de la peuplade; les groupes, en se rencontrant, échangeaient quelques mots à voix basse et les visages aussitôt prenaient l'expression de la consternation et de la stupeur. Sous le porche de l'Église, le provincial, entouré des Payaguas nouvellement convertis, leur adressait chaleureusement les recommandations les plus pressantes. Guandari était parmi eux; mais on lui avait retiré, pour assister au service divin, son arc et sa lance, dont il ne se séparait jamais, et, soit honte de se voir désarmé, soit tout autre motif, il semblait triste et agité. A quelques pas, sur la place, le père Joseph écoutait distraitement deux femmes, qui l'imploraient d'un air de désespoir.

Ce fut de ce côté que lord Edgerton se dirigea d'abord, le père Joseph ayant été spécialement chargé de lui servir de guide. En approchant, il entendit le missionnaire qui disait froidement :

— Résignez-vous, mes filles, je ne peux plus rien. Vous devez déjà vous trouver heureuses de n'avoir pas été enveloppées dans le châtiment qui frappe les coupables, car l'une et l'autre vous n'étiez pas exemptes de reproches... n'essayez donc pas d'arrêter la justice d'en haut. La pénitence lave les pécheurs comme avec l'hysope, et ils deviennent plus blancs que la neige... Quiconque s'abaisse sera élevé.

Il profita de l'arrivée de lord Edgerton pour couper court à ces consolations banales, et donna congé aux deux pauvres femmes. Elles firent une humble révérence et se perdirent dans la foule qui entrait alors à l'église, mais le jeune Anglais les avait reconnues; l'une était la vieille Thérèse, la femme du vieux Martin, le buveur de chica; l'autre était Anna Lopez, la mère de Carolina.

Le père Joseph conduisit Edgerton à une sorte de tribune isolée où se trouvaient déjà Guandari et les autres Payaguas. Cette tribune était particulièrement réservée aux hérétiques et aux idolâtres de passage à la peuplade. Les jésuites, dans leur dédaigneuse intolérance, confondaient ainsi le descendant d'une illustre famille européenne et les grossiers sauvages ramassés dans les bois. Mais l'orgueil patricien du jeune Anglais ne songea pas à se révolter contre cette assimilation. Il y prit à peine garde, et son attention se porta tout d'abord sur la nombreuse assemblée réunie en ce moment autour de lui.

Comme nous l'avons dit, la nef était séparée en deux parties par une balustrade. D'un côté se trouvaient les femmes, à genoux, la tête enveloppée d'une espèce de voile ou mantille de coton blanc qu'elle ne mettaient qu'à l'église; de l'autre les hommes, également agenouillés. Au milieu de la foule, on distinguait le fiscal, le teniente et les autres surveillans aux longues baguettes blanches, qu'ils tenaient à la main comme des alcades de village. Le chœur était réservé aux musiciens et aux officiers de l'église en aubes blanches et en surplis. Déjà la plupart avaient pris place autour du grand aigle doré, aux ailes étendues, qui formait le lutrin. Dans une des stalles destinées aux missionnaires, le père Xavier paraissait absorbé par une profonde et triste méditation. En levant la tête, il rencontra le regard de lord Edgerton. Aussitôt une légère rougeur vint colorer le visage du bon père, et il s'inclina de nouveau, comme s'il eût craint de laisser lire sur ses traits quelque secrète et pénible pensée.

Mais il était un point de l'église vers lequel se portaient spécialement les regards. Entre le lutrin et l'autel, où resplendissaient des vases précieux et des cierges allumés, s'élevaient à droite et à gauche deux estrades découvertes que l'on pouvait apercevoir de toutes les parties de la vaste basilique. Sur chaque estrade, au-dessous de la chaire, on voyait plusieurs sièges de bois grossier : c'était ce que l'on appelait au temps des premiers chrétiens, alors que les pénitences publiques étaient pratiquées, des *sellettes de repentance*. Les jésuites du Paraguay avaient conservé dans leurs peuplades cet antique usage, et deux personnes occupaient en ce moment ces sièges réputés infâmes.

A droite, du côté des hommes, c'était un personnage de haute taille, au corps maigre et osseux, enveloppé d'une longue robe de pénitent. Il avait sur la tête un capuchon pointu dont le voile, retombant fort bas, était percé de deux trous à la hauteur des yeux. Le malheureux caché sous ce lugubre costume semblait pris par intervalles d'un tremblement convulsif; il était oppressé, des sanglots soulevaient fréquemment sa poitrine. L'autre personne qui souffrait en même temps l'affront d'une pénitence publique était une femme. Une ample robe de toile grise en forme de sac et une espèce de voile de même étoffe la cachaient aussi tout entière. Son immobilité était complète; on eût dit une statue de marbre sous ces habits du repentir. Pas un souffle ne soulevait le voile, pas un tressaillement de muscle n'agitait les draperies

flottantes. Seulement une main blanche, diaphane, mais inerte, retombait le long des plis de la robe comme la main d'une morte.

Ces figures sombres et muettes occupaient exclusivement les fidèles assemblés. Néanmoins le respect pour l'autorité des supérieurs et la sainteté du lieu comprimaient toute apparence d'émotion. Les cœurs étaient serrés, mais les lèvres ne murmuraient que des prières.

Lord Edgerton ne sut point cacher son pénible étonnement à la vue de ces pauvres victimes de la discipline religieuse; il croyait deviner qui elles étaient et pour quelles misérables fautes on les frappait ainsi de réprobation en présence de toute la population chrétienne; mais que pouvait-il faire? Ceux qui avaient repoussé les prières d'une épouse désolée, d'une mère au désespoir, écouteraient-ils ses représentations et ses instances?

Il se tourna vers Guandari. Le cacique, debout, les mains convulsivement serrées, semblait vouloir percer du regard l'étoffe épaisse qui cachait la pénitente : il épiait avec une anxiété inexprimable un geste, un mouvement capables de justifier ses soupçons. Sa respiration était haletante; il rougissait et pâlissait tour à tour; les veines de son front se gonflaient. Il ne fallait qu'une étincelle pour déterminer dans cette énergique organisation une explosion terrible; cette étincelle allait jaillir d'un mot, d'un signe peut-être.

Enfin le provincial et le père Joseph parurent en costume de chœur, et l'office, qui commença aussitôt, fit diversion aux douloureuses impressions de l'assemblée.

Les devoirs religieux ne s'accomplirent pas tout à fait avec la ferveur et la solennité accoutumées. Quand les cantiques commencèrent, certaines voix jeunes et fraîches parurent altérées par les larmes; parfois on surprenait dans les profondeurs du temple des sons faibles comme des gémissemens ou des soupirs.

Cependant la prière s'acheva, et le moment vint où les Indiens avaient l'habitude de quitter l'église pour retourner à leurs travaux; mais ils n'ignoraient pas que tout n'était pas fini ce jour-là, et ils restèrent à genoux.

Alors le pénitent prosterné devant l'autel se leva péniblement et écarta le voile qui lui couvrait le visage. C'était un vieillard à longue barbe blanche, aux joues creuses et ridées; c'était Martin, le mari de Thérèse.

— Mes frères, — dit-il d'une voix tremblotante, — je me suis laissé aller à l'intempérance; malgré mon âge avancé, je n'ai pas su résister aux tentations de Satan... Mes frères, j'en demande pardon à Dieu et au prochain, priez pour moi !

Et il retomba épuisé par ce pénible effort. Un cri déchirant se fit entendre dans cette partie de l'église où étaient les femmes; mais le chœur, en psalmodiant le *Miserere*, couvrit aussitôt ce cri isolé de la malheureuse Thérèse.

Le psaume achevé, un profond silence s'établit de nouveau dans l'église. L'assistance paraissait pétrifiée; les enfans eux-mêmes retenaient leur haleine.

La pénitente se leva à son tour, et, écartant son capuchon, découvrit un visage pur, d'une blancheur de cire, un visage de morte. C'était une jeune fille, une enfant; c'était Carolina.

— Mes frères et mes sœurs, — dit-elle d'une voix brisée et cependant distincte; — je m'accuse devant vous et devant Dieu d'avoir trop écouté mes affections terrestres, d'avoir succombé à des sentiments profanes en contrevenant aux ordres des pères... Mes jeunes sœurs de la congrégation de la Vierge, je vous demande pardon d'avoir été pour notre sainte confrérie un objet de scandale, je suis indigne de prendre rang parmi vous désormais. Vous tous, chrétiens et chrétiennes qui m'écoutez, priez pour une pauvre pécheresse, priez pour moi !

Et elle s'affaissa lourdement sur elle-même.

Un douloureux gémissement partit encore du milieu des femmes; mais au même instant une sorte de rugissement qui se fit entendre dans la tribune où étaient placés les Payaguas glaça de terreur tous les fidèles. Guandari, l'œil en feu, les cheveux épars, la bouche écumante, s'élança d'un bond prodigieux au milieu du chœur, en s'écriant d'une voix de tonnerre :

— C'est pour moi qu'elle a souffert cette humiliation, ce sera moi qui la vengerai... Honte et malédiction sur les prêtres chrétiens et sur leur Dieu,..! Carolina, comment as-tu accepté cette infamie ?

Il saisit avec frénésie la jeune fille presque mourante. Cette étreinte parut la ranimer, elle rouvrit avec effort ses paupières et elle murmura faiblement :

— Guandari, malheureux! que fais-tu? dans une église, c'est un sacrilége! Tu perds ton âme et la mienne!

— Qu'importe mon âme pourvu que je te venge! — répliqua Guandari hors de lui ; — mais tu ne peux plus rester maintenant parmi ces lâches... Je t'emporte avec moi. Malheur à qui osera barrer le passage à Guandari !

— Non, non, mon ami, par pitié !...

Elle ne put en dire davantage : elle avait perdu connaissance. Guandari se retourna vers la tribune où se trouvaient ses compatriotes :

— Payaguas! — dit-il avec énergie dans leur langue, — on a fait une grave insulte à Guandari, l'allié de votre tribu... Laissons ces chrétiens qui ne savent pas respecter les droits de l'hospitalité. Retournons à nos carbets dans les forêts; secourez-moi, suivez-moi si vous êtes des hommes !

Ces paroles brûlantes ne restèrent pas sans effet. Comme nous l'avons déjà dit, les impressions des sauvages sont rapides, leurs variations d'humeur brusques et fréquentes. A la voix du cacique respecté, les Payaguas oublièrent leur conversion récente. Revenus à leurs instincts naturels, une sorte d'ivresse farouche s'empara d'eux, et ils coururent rejoindre Guandari en poussant des hurlemens affreux. Deux ou trois seulement restèrent dans la tribune, ne sachant quel choix faire entre leur religion nouvelle et leurs sentimens de fraternité nationale.

Cette scène sacrilége avait pris moins de temps qu'il n'en faut pour en lire le récit, et les Guaranis étaient restés à leurs places, frappés de stupeur et d'épouvante. Cet audacieux esclandre dans une église, en présence de Dieu et des missionnaires, était pour eux chose si extraordinaire, si monstrueuse, qu'ils semblaient ne pouvoir ajouter foi au témoignage de leurs sens. Ils s'attendaient à voir la voûte du sanctuaire crouler sur les blasphémateurs ou la foudre sortir de l'autel pour les pulvériser; ils n'osaient s'avancer de crainte d'offenser la justice céleste. Les jésuites eux-mêmes, consternés et perdant la tête, ne songeaient ni à donner des ordres ni à s'interposer pour faire cesser le scandale.

Cependant Guandari serrait toujours Carolina évanouie contre sa poitrine, et il se préparait, avec l'aide des autres Payaguas, à percer la foule des Guaranis pour gagner avec son fardeau les portes de l'église. Ces sauvages au visage bariolé, demi-nus sous leurs oripeaux de plumes et leurs colliers de graines, hurlant et gesticulant comme des forcenés au milieu du sanctuaire d'une église, offraient un tableau d'un caractère surnaturel, presque infernal. On eût dit, à voir cette forme blanche et gracieuse dans les bras de leur chef, une cohorte d'audacieux démons venus pour enlever une âme chrétienne jusqu'au pied des autels.

Le provincial sortit enfin de l'espèce d'accablement où l'avait jeté cette épouvantable profanation ; il se tourna vers l'assistance et s'écria d'une voix forte qui domina le tumulte :

— Chrétiens qui êtes ici présens, souffrirez-vous qu'on insulte plus longtemps la majesté divine?

Aussitôt le charme qui semblait régner sur l'assemblée cessa brusquement. Tous les hommes se levèrent à la fois, et, sans prononcer une parole, sans pousser un cri qu'interdisait la sainteté du lieu, ils s'avancèrent pour s'emparer des Payaguas révoltés. Le fiscal et ses officiers marchaient les premiers ; derrière eux se pressait une foule impatiente de venger l'injure faite à son culte et à ses missionnaires. Vainement Guandari et les Payaguas essayè-

rent-ils la résistance ; ils étaient quinze hommes robustes et vigoureux, il est vrai, mais désarmés, contre deux mille; en un instant on se fût rendu maître de leurs mouvemens. Guandari, qui n'avait pas voulu se dessaisir de son précieux fardeau, fut pris comme les autres. On lui arracha le corps de la jeune fille évanouie, malgré ses efforts désespérés et ses horribles menaces ; on la remit à sa mère et à d'autres femmes, qui la transportèrent en pleurant hors de l'église.

Au milieu du désordre et de l'agitation, le fiscal vint demander au provincial ce qu'il devait faire des prisonniers.

— Conduisez-les à la Mission, — répondit le père d'une voix éteinte. — Ce sont des êtres ignorans et grossiers... Ils rentreront aisément en eux-mêmes, et se repentiront de leur crime. Quant à Guandari, ce chrétien renégat, instigateur et provocateur de cet attentat, inouï dans nos annales, enfermez-le dans la *chambre des indociles*. Je consulterai les pères sur le parti que nous devons prendre à son égard.

On emmena les Payaguas, et, longtemps encore après qu'ils furent sortis du sanctuaire, on entendit Guandari répéter avec une sorte de frénésie :

— Carolina! rendez-moi Carolina!

Cependant, sauf les hommes nécessaires à la garde des prisonniers, les assistans avaient repris leur place et attendaient dans un morne silence. Le provincial semblait accablé de douleur : de grosses larmes brillaient dans l'orbite enfoncée de ses yeux.

— Mes frères, — dit-il enfin d'un accent plein de tristesse et de solennité, — que faisons-nous ici? Nous ne sommes plus dans le temple de Dieu, dans une maison de prières... Nous sommes dans un lieu profane, où l'impiété s'est livrée à l'abomination et aux blasphèmes. Le Christ n'est plus là : il a détourné sa face et il est remonté au ciel. Le service divin sera interrompu jusqu'à ce que l'expiation ait purifié le sanctuaire. Eteignez les cierges, voilez le crucifix et les images de la Vierge... Dieu n'a plus de temple dans la peuplade de Saint-Michel !

Alors, retirant son étole et ses ornemens sacerdotaux, il les déposa sur sa stalle ; les deux autres missionnaires l'imitèrent. Les sacristains s'empressèrent d'éteindre jusqu'à la lampe d'argent qui brûlait nuit et jour devant l'autel, et couvrirent l'autel lui-même d'une draperie de deuil.

Rien ne saurait rendre la douleur et le désespoir des Indiens à la vue de ces désolantes cérémonies. Des gémissemens et des sanglots éclatèrent de toutes parts, hommes, femmes, enfans tombèrent à genoux. Les uns heurtaient la pierre du front, les autres se frappaient la poitrine avec désespoir. Jamais pareil désastre n'avait frappé ces fervens chrétiens. Les vieillards se lamentaient d'avoir assez vécu pour voir un jour si néfaste ; épouvantés de la grandeur de l'offense, ils se demandaient si jamais la génération présente pourrait obtenir son pardon. Certains néophytes se couchaient par terre et priaient le ciel à haute voix de les faire mourir sur-le-champ en expiation du sacrilége dont ils venaient d'être les témoins.

Cependant, à un signe du provincial, ils sortirent lentement de l'église, tandis que les missionnaires se rendaient à la sacristie pour délibérer sur le parti à prendre dans un cas aussi grave.

Lord Edgerton avait été complètement oublié au milieu de ces événemens dont aucune circonstance ne lui avait échappé. Mais seul peut-être parmi les milliers de personnes habitant la bourgade, il était plus touché des souffrances de Carolina et du désespoir de Guandari que des profanations de l'église. Il savait maintenant en quoi consistait la pénalité dont le père Joseph lui avait fait mystère la veille ; il venait de voir par lui-même combien cette autorité des jésuites, si douce et si paternelle en apparence, était en réalité inexorable; et il se demandait si une justice qui punissait ainsi des fautes légères n'était pas cent fois plus inhumaine que celle qui frappe les criminels dans les pays civilisés.

Resté seul dans la tribune, il s'abandonnait sans contrainte à ses réflexions. Enfin, rappelé à lui-même par le silence et la solitude de l'église, il quitta sa place et se dirigea vers la sacristie, où il avait vu le père Xavier se retirer avec les autres missionnaires. Cette fois ce n'était plus de lui-même qu'il désirait occuper cet homme pieux et éclairé, si éloigné de l'étroite et mesquine sévérité de ses collègues ; mais il espérait intéresser le bon père en faveur de ces malheureux jeunes gens, devenus un objet d'horreur pour toute la peuplade, et il eût été heureux de contribuer pour quelque chose à adoucir leurs maux.

Au moment où il allait franchir la porte cintrée de la sacristie, il entendit le bruit d'une conversation à quelques pas de lui, dans l'obscurité d'un arceau.

— Cher père Xavier, — disait le provincial d'un ton de regret, — peut-être, en effet, nous sommes-nous montrés un peu sévères à l'égard des malheureux qui ont causé tout à l'heure ce déplorable scandale... Je suis fâché d'avoir suivi les conseils du père Joseph, dont pourtant les intentions étaient bonnes... Je m'adresse à vous, cher père, pour réparer notre erreur. Votre éloquence entraînante réussira peut-être à faire rentrer dans la bonne voie ces esprits égarés... Je vous relève entièrement de la punition que vous aviez encourue à propos du gentilhomme anglais ; votre pénitence est finie à partir de ce moment, et vous pouvez reprendre vos travaux apostoliques. Seulement, je vous supplie instamment de ne pas tarder à visiter ce Payagua sacrilége, cet audacieux Guandari. Il importe aux intérêts de la religion qu'un pareil éclat soit racheté par le repentir... Je m'en remets à votre sagesse du soin de cette affaire.

— J'avais prévu ce résultat, — répliqua le père Xavier en soupirant, — et nous eussions pu éviter de grands malheurs... Mais je vous remercie de toute mon âme, cher père, des deux faveurs signalées que vous m'accordez, l'une en me faisant remise de la peine que j'ai justement encourue, l'autre en me donnant l'occasion de tenter une œuvre agréable à Dieu et utile à la religion... Je vais me rendre auprès de cet infortuné que les passions avaient rendu fou, et peut-être, avec l'aide du Tout-Puissant, parviendrai-je à émouvoir son cœur !

— Oh ! vous y parviendrez, — dit la voix aigre et stridente du père Joseph, — car ce qui est impossible aux autres vous est facile... Vos néophytes sont dociles pour vous seul ; ils nous repousseraient, le cher père provincial et moi, comme si nous ne prêchions pas la même doctrine.

Le père Xavier ne répondit pas à cette observation, qui ressemblait à un sarcasme. Quelques minutes après, il sortait seul de l'église. Lord Edgerton le rejoignit sur la place.

L'accueil du missionnaire fut respectueux comme d'habitude, mais profondément triste ; il n'ignorait pas que l'Européen, depuis son arrivée à la peuplade, avait dû concevoir des préventions défavorables contre cette société dont il lui avait conté tant de merveilles, et les événemens de la journée avaient dû augmenter encore ces préventions. Aussi, dans le court trajet de l'église au bâtiment de la Mission, n'essaya-t-il pas de combattre les préjugés qu'il lui soupçonnait. Le temps et la présence d'esprit nécessaire lui eussent manqué pour une tâche semblable. De son côté, Edgerton se contenta de lui exprimer en termes vagues sa sympathie pour Guandari, son ancien guide sur les bords de l'Uyby, sans se prononcer au sujet des circonstances qui avaient plongé dans la consternation la peuplade entière.

Pendant cette conversation, où chacun des deux interlocuteurs apportait un embarras, une réserve bien opposés à leurs entretiens autrefois si pleins de confiance et d'abandon, ils étaient arrivés à la Mission. A l'extrémité d'un corridor, le père Xavier s'arrêta devant une porte basse gardée par un surveillant

— L'Indien Guandari est-il là, — demanda-t-il ?

— Il est là, mon père.

— Que fait-il ? est-il plus calme ?

Au contraire, la solitude semble avoir augmenté sa frénésie... Il a par momens de véritables accès de rage... Tout à l'heure il a brisé les meubles de la *chambre des indociles*, et, ce qu'un chrétien refuserait de croire, — ajouta l'Indien en faisant un signe de croix, — il a renversé le bénitier et répandu l'eau sanctifiée... Tenez, jugez-en vous-même !

En effet, on entendait derrière la porte des rugissemens qui n'avaient rien d'humain.

— Plus cette frénésie est violente, moins elle sera durable... Ouvrez-moi cette porte, mon fils, il est temps de porter secours à cette âme souffrante et déchirée... Adieu, milord, — continua-t-il en s'adressant à l'Européen ; — allez en paix... Bientôt sans doute je pourrai revenir à vous.

— Mon père, — demanda lord Edgerton avec étonnement,— vous n'aurez pas l'imprudence d'approcher de ce malheureux sauvage dans un pareil moment ? Prenez garde, dans l'état d'irritation où il se trouve, il serait capable...

Le père Xavier sourit et entra dans la chambre, dont il referma précipitamment la porte sur lui. Aussitôt les cris redoublèrent dans l'intérieur ; on entendit un bruit de meubles et comme les trépignemens d'une lutte. Mais ce fracas s'éteignit peu à peu , et tout redevint silencieux.

Lord Edgerton, le cœur serré, regagna sa cellule.

VI

L'EXPIATION.

La conférence du père Xavier et de Guandari dura une partie de la journée. Le provincial et le père Joseph, réunis dans une salle de la Mission, attendaient avec une vive anxiété le retour de leur collègue. Plusieurs fois ils avaient envoyé prendre des informations auprès du surveillant qui gardait la porte de la *chambre des indociles ;* mais cet homme n'avait rien entendu depuis quelques heures, et il ignorait ce qui avait pu se passer entre le prisonnier et son confesseur. Le père provincial commençait à s'inquiéter sérieusement de cette absence prolongée quand le père Xavier lui-même entra dans la salle.

Il était pâle, son visage ruisselait de sueur. Un peu au-dessus du front, ses cheveux gris cachaient à peine une légère blessure encore sanglante. Cependant il souriait, et le contentement brillait sur sa noble et vénérable physionomie.

— Eh bien ! mon père, — demanda le provincial avec empressement, — avez-vous réussi ?

— Dieu a béni mes efforts, — dit le bon missionnaire en se laissant tomber sur son siége ; — le Payagua Guandari a compris enfin l'énormité de son crime... Sa fureur est apaisée et sa contrition est sincère...

— Gloire à Notre Seigneur, — dit le provincial avec une satisfaction évidente, — et à vous aussi, cher père, qui avez été l'instrument de ses miséricordes !... Votre zèle pour le salut des âmes a dû être rudement éprouvé... Mais que vois-je à votre front ?... Seriez-vous blessé ?

— Rien, ce n'est rien, — répliqua le missionnaire en s'efforçant de ramener ses cheveux sur la plaie, — quand je suis entré j'ai voulu embrasser mon pauvre pénitent... Machinalement il s'est débarrassé de mes étreintes, et, perdant l'équilibre, je suis tombé la tête contre la muraille... Ce n'est qu'une égratignure, et Guandari a bien regretté sa maladresse quand il est revenu à lui, car il est maintenant soumis comme un enfant.

— En vérité, notre cher père Xavier fait des miracles de son vivant ! — dit le père Joseph d'un ton doucereux. — Ainsi donc Guandari acceptera sans murmurer les pénitences que nous jugerons à propos de lui imposer ?

— Je... je l'espère, — balbutia le père Xavier avec embarras ; — mais j'avoue franchement que je n'ai pas osé aborder prématurément une question si délicate ; je me suis contenté de m'assurer que son repentir était réel et profond.

— Cela suffit-il, mon père ? était-ce là principalement la tâche que vous aviez acceptée ? Qu'importerait à la religion cette contrition stérile cachée au fond d'une conscience ?

— En effet, — prononça le provincial d'un ton austère, — si le cacique Guandari ne veut pas être retranché de la communion des fidèles et chassé honteusement de Saint-Michel, il devra rendre son repentir public et s'humilier sans réserve devant ce Dieu qu'il a gravement offensé.

— Je me range à l'avis de notre digne supérieur, — dit le père Joseph, — et je crois de plus qu'il n'y a pas une minute à perdre pour effacer l'impression funeste produite par les événemens de cette triste matinée. Je proposerais donc, sauf le respect que je dois aux vénérables pères, d'ordonner pour aujourd'hui même une procession générale en expiation des outrages faits à l'autel du Christ. Guandari paraîtrait à cette procession vêtu d'un habit de pénitent, nu-pieds, la tête couverte de cendre ; il ferait amende honorable à genoux et un cierge à la main, en deux endroits différens, d'abord à l'entrée de l'église, puis devant l'autel qu'il a profané... On réunirait dans cette cérémonie tout ce qui pourrait frapper le plus vivement les yeux et l'imagination de nos néophytes. Ainsi la réparation serait aussi grande que l'offense. — Le provincial approuva ce plan de tous points. — Eh bien donc ! — reprit le père Joseph avec vivacité, — que notre cher père Xavier retourne vite auprès du Payagua Guandari, pour le décider à donner à Dieu et au monde cette preuve éclatante de son repentir... Quant à moi, je désire avoir part aussi à cette belle œuvre, et je vais visiter les autres Payaguas pour les préparer à la soumission et à l'humilité.

— Mes pères, — dit Xavier timidement, — Guandari était accablé de fatigue à la suite de ses fureurs insensées ; il y aurait de l'humanité peut-être à attendre, pour lui demander un semblable sacrifice, qu'il eût recouvré ses forces et son sang-froid...

— Avec votre permission, mon père, je pense différemment, — interrompit le père Joseph ; — il faut au contraire profiter du moment où son âme indomptable est abattue pour exiger de lui l'accomplissement d'un pénible devoir ; avec la force et l'énergie, l'endurcissement et l'orgueil lui reviendraient peut-être.

Le père Xavier réfléchit.

— Mes pères, — dit-il enfin, — j'ai sondé le cœur de ce malheureux jeune homme, et, j'en suis convaincu, il a une profonde horreur de son acte sacrilége. Cependant songez, je vous prie, qu'on ne change pas en quelques heures des habitudes invétérées, des préjugés d'indépendance, des idées de dignité devenues comme une seconde nature... Franchement je crains d'échouer en exigeant de Guandari cette expiation publique.

— Elle est nécessaire pourtant : il faut que, dans cette lutte impie d'un sauvage contre Dieu, force reste à la religion... L'avenir de la foi dans ces contrées est à ce prix.

— Eh bien donc ! mes pères, je l'essayerai ; mais alors vous me permettrez de m'adjoindre un auxiliaire dont la voix sera plus puissante que la mienne peut-être.

— Qui donc, mon père ?

— Carolina Lopez, la jeune fille cause première de tant de malheurs et de tant de crimes.

— On m'a appris, — dit le provincial, — que, à la suite de son acte de pénitence, Carolina Lopez avait été transportée chez sa mère dans un état alarmant.

— Qu'importe, — répliqua le père Joseph, toujours implacable dans ses résolutions, comme son homonyme l'éminence grise du Palais-Cardinal, — cette jeune fille est sincèrement pieuse, malgré sa faute récente ; elle fera un effort pour réparer les abominations dont elle a été le prétexte... Mais on tiendra cette circonstance secrète, et la gloire du succès restera entière à la foi.

— J'y consens, — reprit le provincial, — emmenez cette jeune fille avec vous, mon père, puisque, hélas ! les affections charnelles sont plus fortes sur certains êtres que la grâce... Je vous ai déjà donné plein pouvoir de lier et de délier. Promettez, accordez à ce sauvage tout ce qu'il demandera, fût-ce la main de cette jeune fille qu'il aime, pourvu qu'il consente à réparer ses effroyables torts.

Le père Xavier se prépara à sortir.

— Maintenant je suis presque sûr de réussir, — dit-il avec vivacité ; — et peut-être Dieu fera-t-il éclater sa clémence en donnant le bonheur terrestre aux deux pauvres créatures qui l'ont tant offensé... Mais, avant de me rendre auprès de Guandari, je dois vous apprendre, mes pères, une fâcheuse nouvelle... Tout à l'heure, quand j'ai traversé le parloir, on m'a annoncé que le vieux Martin, en sortant de l'église, où il avait éprouvé des émotions si vives, avait succombé subitement à une attaque d'apoplexie.

Un moment de silence suivit ces paroles.

— On laissera croire qu'il est mort des suites de sa honteuse ivrognerie, — dit enfin le père Joseph à demi-voix, — et on le recommandera aux prières des fidèles.

Quelques instans après, le père Xavier se trouvait dans une pièce sombre et voûtée appelée la chambre des indociles, et qui eût pu tout aussi bien s'appeler un cachot. Guandari, pâle et encore tout agité, était assis par terre, adossé à la muraille au milieu des débris de meubles brisés dans son récent accent de rage. A genoux devant lui, Carolina, vêtue de blanc, les mains jointes, lui adressait d'ardentes prières. Cette jeune fille, si fraîche et si rose la veille encore, n'était plus que l'ombre d'elle-même. Ce groupe restait dans l'obscurité, tandis que les traits graves et accentués du père ressortaient vivement sous le rayon lumineux qui s'échappait d'une étroite lucarne en haut du cachot.

— Ne me demande pas cela, Carolina, — disait le Payagua avec désespoir. — Pour toi j'avais renoncé à la liberté des forêts, à l'orgueil de commander une tribu vaillante et guerrière ; n'exige pas davantage. Je ne puis consentir à descendre si bas en présence de tout ce peuple, à donner ma honte en spectacle aux vieillards et aux plus faibles enfans.

— Guandari, — répliqua la jeune fille avec chaleur, — ce n'est pas devant les hommes que tu dois t'humilier, c'est devant Dieu, ton créateur et ton maître.

— Eh bien ! donc, pourquoi ce Dieu si grand et si bon exigerait-il le sacrifice de cette noble fierté dont il m'a doué lui-même ? Que n'est-il satisfait des remords cuisans qu'il a mis dans mon cœur ? Je désavoue mes égaremens, et je lui en demande pardon ; jusqu'à ma dernière heure, je le supplierai d'oublier mes transports sacriléges d'aujourd'hui ; que faut-il de plus pour mériter sa miséricorde ? D'ailleurs, si j'étais assez lâche pour accepter cette punition déshonorante, mes compagnons, les guerriers payaguas, me mépriseraient et refuseraient de suivre mon exemple.

— Vous vous trompez, mon fils, — murmura le missionnaire, — aucun n'hésiterait à suivre l'exemple donné par vous, et, en sauvant votre âme, vous sauveriez aussi celles de vos frères.

Le cacique retomba dans un morne silence.

— Guandari, mon bien-aimé, — reprit Carolina en lui prenant la main, — écoute-moi... Crois-tu que je n'aie pas bien souffert aussi ? Hier encore j'étais heureuse et fière, car toutes les grâces du ciel semblaient réunies sur moi, toutes les mères enviaient la mienne... J'étais chargée d'entretenir de fleurs la chapelle de la Vierge : j'étais prieure de la congrégation des jeunes filles; j'avais le droit d'orner mon cou d'un beau chapelet de corail, en signe de ma dignité ; dans les solennités, c'était moi qui portais la bannière de notre sainte patronne. En quelques heures tout a changé. On m'a ôté mon collier, on m'a revêtue d'un sac de toile grossière, on m'a traînée, malgré mes larmes, au siége de la pénitence ; mes compagnes se sont éloignées de moi; ma mère elle-même rougit de m'avoir pour fille... Quoique j'aie mérité ce châtiment cruel, mon âme est brisée; je ne me relèverai pas de ce coup terrible ; j'en mourrai, je le sens, et je ne m'en plaindrai pas, car la mort sera désormais pour moi un bienfait de Dieu... Eh bien ! Guandari, c'est pour toi que j'ai souffert tout cela ; c'est à cause de toi que je suis couverte d'opprobre; et quand je te demande, pour prix de tant de sacrifices, d'humiliations et de fautes, d'avoir pitié de toi-même, tu me repousses, tu restes sourd à mes prières !

— Ne m'accuse pas, Carolina, — répliqua Guandari avec un accent déchirant; — mais si toi, jeune fille simple et docile, habituée dès l'enfance à l'obéissance et à la résignation, tu as tant souffert de cette honte publique, que serait-elle pour un homme fort et hardi, chef d'une tribu de guerriers ?

Le père Xavier essuya ses yeux pleins de larmes.

— Courage, enfans ! — dit-il en s'efforçant de sourire, — pourquoi douter de la miséricorde divine ? pourquoi désespérer de vous-mêmes ?... Sachez donc ce que je vous ai caché jusqu'ici, pour ne pas mêler des considérations égoïstes à une œuvre de conscience et de résignation. Les pères connaissent votre amour mutuel, et comme cet amour est innocent, il ne peut offenser le ciel. Que Guandari se réconcilie avec Dieu, et dans le plus bref délai vous serez unis par les saints nœuds du mariage. Peu à peu le souvenir de vos erreurs et de votre expiation s'effacera de toutes les mémoires. Les chrétiens de nos bourgades sont simples, bons, charitables; ils vous aimeront, ils vous estimeront, quand vous leur donnerez l'exemple de la piété et de la sagesse.

Les deux jeunes gens éprouvèrent une émotion visible en écoutant ces paroles ; mais aucun d'eux ne laissa éclater ces transports de joie que le missionnaire attendait peut-être.

— Mon père, — dit Carolina en rougissant, — il n'est plus temps... Autrefois j'eusse été fière d'appartenir à Guandari, mon ami d'enfance. Aujourd'hui, une malheureuse déshonorée, vouée au mépris, est indigne de lui...

— Et moi, — s'écria le cacique, — je refuserais également de passer ma vie dans un monde où la force, le courage, la probité humaine sont soumis à un joug de fer...! Mais consens à me suivre, Carolina ; viens habiter avec moi ces solitudes paisibles où l'homme est roi, où il n'y a plus d'intermédiaire entre lui et Dieu, où personne ne pourra plus nous rappeler un humiliant passé, et alors...

— Jamais! — interrompit la jeune fille avec exaltation ; — n'espère pas, Guandari, que je puisse renoncer, même pour toi, à vivre au milieu des fidèles, près de ma pauvre mère, à portée de recevoir les secours de la religion... Je t'aime, Guandari, mais moins que la sainte Vierge et le salut de mon âme.

Le père Xavier prit la parole, et, employant toutes les ressources de son éloquence, il les engagea, par les argumens les plus forts, à céder à la loi du devoir, à ne pas être eux-mêmes les ennemis de leur bonheur.

Carolina pleurait en silence ; quant au Payagua, il semblait n'écouter qu'avec une grande distraction. Par moment il regardait fixement Carolina comme s'il eût voulu lire au fond de son âme, puis il tombait dans une morne rêverie.

— Père, — dit-il enfin avec un accent singulier, — je vous remercie de votre zèle. Je le sais, votre cœur à vous est sincèrement bon et vos intentions sont droites, mais veuillez accorder un moment de repos à notre faiblesse. Carolina souffre; moi-même je me sens défaillir : ne pourriez-vous nous faire donner quelques gouttes d'yerba pour ranimer un peu nos esprits abattus?

—En effet, mes enfans, – dit le missionnaire en se levant précipitamment, — la charité même a pu me rendre cruel. Vous êtes malades tous les deux, et vous avez besoin de secours matériels... Pardonnez-moi, je vais réparer cet inconcevable oubli.

Et il sortit du cachot. Aussitôt Guandari se pencha vers la jeune fille, toute surprise d'une pareille exigence, et il lui dit d'une voix étouffée :

— Est-il bien vrai, Carolina ? la vie t'est à charge, et tu bénirais la mort si elle venait tout à coup ?

— Rien n'est plus vrai, Guandari; mais pourquoi cette question?

— Nous ne pouvons plus être unis, — répliqua le jeune homme. — N'est-ce pas que, dans notre désespoir, la plus grande consolation serait de mourir ensemble, le même jour, à la même heure ?

— Ce serait en effet la plus douce des morts... Mais songes-y, Guandari, il ne nous appartient pas d'attenter nous-mêmes à l'existence que Dieu nous a donnée : ce serait un crime et la condamnation éternelle...

— Tais-toi ! — En ce moment le père Xavier rentra. Il tenait à la main une tasse et un petit vase contenant de l'yerba. Il s'empressa de remplir la tasse, et l'offrit à Guandari. — Merci, mon père, — dit le cacique ; — jamais boisson plus bienfaisante n'aura été versée à des malheureux. — Il prit le vase, et y glissa quelque chose qu'il tira furtivement de sa ceinture ; puis aussitôt, paraissant se raviser, il présenta la liqueur fumante à Carolina. — Bois, bonne sœur, — dit-il avec tendresse, — tu es moins forte que moi ; tu dois avoir hâte de ne plus souffrir.

La jeune fille avala machinalement quelques gorgées. Mais tout à coup elle éloigna la tasse de sa bouche, et elle balbutia en regardant Guandari avec une sorte d'épouvante :

— Est-ce que tu aurais osé...?

D'un geste le Payagua lui imposa silence. Puis, prenant la coupe, il la vida d'un trait.

Dans l'obscurité du cachot le père Xavier n'avait pas remarqué ces détails.

— Mon fils, — reprit-il en voyant les deux jeunes gens calmes en apparence, — maintenant que vous avez pourvu aux besoins du corps, ne songerez-vous pas aussi à ceux de l'âme ?... Les cérémonies pour la purification de l'église s'apprêtent en ce moment, n'y paraîtrez-vous pas?...

Guandari ne répondit pas d'abord.

— Oui, — dit-il enfin, — j'y assistrai, mon père, à moins que Dieu ne m'en laisse pas le temps.

— Soyez béni pour cette bonne résolution ! — s'écria le père Xavier au comble de la joie ; — soyez bénie aussi, noble jeune fille, pour la part que vous avez prise à cet heureux résultat!

— Mon père, ce n'est pas assez, — dit Carolina en se levant avec effort, — il faut encore que vous nous donniez l'absolution de nos fautes; elles sont si grandes qu'elles surpassent peut-être la clémence céleste... Effacez nos péchés afin que nous soyons dignes de comparaître devant le Tout-Puissant.

Guandari comprit sa pensée, et tous les deux s'agenouillèrent devant le prêtre. Celui-ci prononça, en versant de douces larmes, les paroles sacramentelles de l'absolution.

Pendant ce temps toutes les cloches de l'église sonnaient à la fois pour annoncer la cérémonie, et les Indiens se préparaient avec un empressement extrême à cette fête expiatoire. Dans les rues où la procession devait passer, les habitans ornaient le devant de leurs maisons de guirlandes de feuillage, de peaux d'animaux tués à la chasse; ils jonchaient la terre de fleurs. En même temps on voyait aller et venir les membres des congrégations diverses, hommes et femmes, avec leurs insignes et leurs bannières, les pénitens de toutes couleurs et pieds nus, les choristes et les musiciens en costumes d'apparat. C'était partout une animation, une activité dont la tranquille bourgade de Saint-Michel offrait rarement l'exemple.

Cependant cette agitation n'était pas du désordre; le rôle du fiscal et des autres officiers civils qui se promenaient au milieu de la foule était purement passif. Chacun savait exactement ce qu'il avait à faire; tout était réglé depuis longtemps d'avance pour les circonstances de cette nature. Aussi ces préparatifs, qui ailleurs eussent exigé plusieurs jours, étaient-ils terminés au bout de quelques heures.

Bientôt ceux qui devaient composer la procession, et c'était la majeure partie de la population, vinrent se ranger en bon ordre sur la place, un cierge d'une main et un chapelet de l'autre. Etablis sur deux lignes, ils formaient une double haie qui s'étendait de la porte de la Mission à celle de l'église. Là aussi de grands apprêts avaient été faits pour donner à la fête toute la magnificence possible. La nef avait été tendue de précieuses étoffes de soie réservées pour de semblables occasions; les ornemens les plus riches paraient l'autel; des milliers de bougies parfumées répandaient dans le temple un éclat éblouissant; l'encens fumait dans les encensoirs. On n'attendait plus que les missionnaires pour se mettre en marche.

Enfin cependant le père Joseph parut avec les Indiens payaguas sur le perron élevé qui précédait la grande porte de la Mission; ils furent bientôt suivis du père provincial lui-même. Les deux jésuites étaient revêtus de magnifiques chapes d'or; le provincial tenait à la main son bâton pastoral. Les Payaguas, pieds nus et tête nue, portaient la robe des pénitens, et, sous ce costume nouveau pour eux, ils gardaient un air d'étonnement farouche et stupide. Mais Guandari, le profanateur du temple, manquait seul à la solennité.

Un profond silence régna alors sur la place. Tous les assistans étaient attentifs; tous les cous étaient tendus, tous les regards tournés vers la Mission.

Tout à coup, le père Xavier s'élança sur le perron; ses traits étaient bouleversés.

— Mes pères, et vous, mes frères, — s'écria-t-il d'un ton lamentable en se jetant à genoux, — priez pour de malheureux pécheurs que Dieu vient de rappeler à lui... priez pour les âmes de Guandari et de Carolina Lopez !

Quelques cris de douleur et d'étonnement se firent entendre, mais tout le monde se prosterna.

Le père Xavier et ses collègues échangèrent quelques mots. Puis le père Joseph se leva et dit d'une voix retentissante :

— Chrétiens, c'est le châtiment de Dieu ! La justice du Tout-Puissant a frappé le blasphémateur et le contempteur de son nom; elle s'est appesantie même sur l'infortunée créature qui avait été le prétexte d'une épouvantable profanation... Chrétiens, que cet exemple vous serve pour vous et pour vos enfans ! Vous saurez comment Dieu punit les impies et les sacrilèges. — Une terreur religieuse planait sur l'assemblée et refoulait jusqu'aux larmes. Le père Xavier semblait douloureusement surpris

du tour que son collègue venait de donner à ce tragique événement, et il voulut exprimer l'espoir que Dieu avait pardonné à ces infortunées victimes; le père Joseph lui lança un regard significatif. — Paix ! — murmura-t-il; — avez-vous songé au danger de tout dire ?

Et le père Xavier se tut.

La cérémonie fut brillante, pompeuse, magnifique. Pendant que la procession parcourait en triomphe les rues de Saint-Michel, à travers des flots d'encens et une pluie de fleurs; pendant que l'église retentissait de chants d'allégresse, on emportait furtivement de la Mission deux cadavres pour dérober aux regards les traces du poison. On les enterra dans un coin du cimetière, sans éclat et sans prière. Ce fut le père Xavier qui, plus tard, planta lui-même une petite croix à la place où reposait Carolina, pour la désigner au désespoir d'une malheureuse mère.

Deux jours après, lord Edgerton et le père Xavier se dirigeaient vers l'Yubi, où attendait un canot destiné à ramener l'Européen à Buénos-Ayres.

— Mon fils, — disait le missionnaire avec tristesse, — ce long et pénible voyage vous aura donc été inutile pour la paix de votre conscience et le salut de votre âme ?

— Mon père, — répliqua lord Edgerton sans amertume, — vous vous trompez peut-être ; ce que j'ai vu ici aura une grande influence sur le reste de ma vie... Je sais faire la part de ce qu'il y a de bon et de simplement grand dans cette société chrétienne dont vous êtes un des chefs ; mais je me sens peu de sympathie, je l'avoue, pour un Etat où la liberté individuelle est supprimée sans réserve, où l'individu est sacrifié sans cesse à l'intérêt public, où le scandale est puni plus sévèrement que le crime, où l'espionnage et la délation sont érigés presque en vertus... Cependant, en rentrant dans ce monde civilisé où j'ai vécu jusqu'ici, je n'y apporterai plus cette misanthropie sombre et dénigrante d'autrefois; je ne m'irriterai plus contre ces désordres, ces abus, ces injustices qui me blessaient ; je sais maintenant que partout où les hommes se sont réunis, ces désordres, ces abus, ces injustices se montrent inévitablement, parce qu'ils sont le résultat de l'imperfection humaine.

— C'est là un grand pas de fait, mon fils ; mais est-ce donc tout ce que vous avez appris dans nos peuplades chrétiennes ?

— Non, mon père, — dit lord Edgerton en portant respectueusement à ses lèvres la main du missionnaire; — j'ai appris encore que si notre nature est méchante et égoïste, il est des individus bons, généreux, pleins de dévouement et d'abnégation, qui relèvent l'humanité, et font oublier les crimes de l'espèce. Ces hommes d'élite, au cœur noble et généreux, laissez-moi croire qu'ils ne sont pas tous cachés sous la robe du prêtre; le but de ma vie sera de les chercher désormais. Et quand j'aurai le bonheur d'en rencontrer sur mon chemin, je les admirerai, je les respecterai, comme je vous admire, comme je vous respecte, mon père. — On était arrivé à la barque ; lord Edgerton et le missionnaire s'embrassèrent. — Adieu, — dit le jeune Anglais, — nous ne nous reverrons peut-être jamais. Souvenez-vous de moi !

— Je m'en souviendrai dans mes prières, mon fils ; mais nous nous reverrons un jour...

— Où donc, mon père?

— Où se retrouvent tôt ou tard les âmes pures et les hommes de bien, — répliqua le missionnaire avec un sourire plein de douceur,

Et il montra le ciel.

FIN DU PÈRE XAVIER.

LE MARQUIS DE BEAULIEU

LE NOUVEAU-NÉ.

Deux heures du matin venaient de sonner à l'horloge de Saint-Germain-des-Prés, et cependant la fête que donnait le duc de Verceil dans son magnifique hôtel de la rue de Grenelle ne semblait pas près de finir. Les salons étaient remplis de tout ce que la cour pouvait fournir de jeunes roués et de femmes élégantes ; là on jouait, là on dansait ou l'on chantait au son du clavecin. L'éclat des lustres et des parures, cette musique, ce mouvement, cette gaieté aristocratique formaient un tableau enchanteur à faire mourir d'envie les pauvres et les roturiers.

Dans un boudoir splendidement décoré, attenant à la salle de jeu, était une jeune dame qui semblait s'être échappée de la brillante cohue pour venir attendre quelqu'un.

Elle avait fait ses préparatifs comme pour le départ ; une mante doublée de cygne couvrait son costume de bal, et le capuchon était relevé sur sa tête poudrée.

Elle restait debout au milieu du boudoir et, de temps en temps, elle frappait du pied avec impatience.

Enfin un laquais en grande livrée sortit de la salle voisine.

— Mademoiselle, — dit-il respectueusement, — monsieur le marquis de Beaulieu refuse obstinément de quitter le jeu. Il est d'une humeur...

— Retournez bien vite, — reprit la dame, — dites-lui que c'est moi qui le demande, qu'il s'agit d'une affaire de la plus haute importance, qu'il faut qu'il vienne sur-le-champ.

— Mais, — dit le valet en hésitant, — monsieur le marquis est un peu brusque, il m'a menacé...

— Voici pour la menace, — répondit-on en lui tendant un louis ; — mais, au nom du ciel ! hâtez-vous.

Le laquais s'éloigna de nouveau ; pendant un moment la jeune femme n'entendit que le roulement de l'or sur les tapis de l'autre pièce, et le cri bref et monotone du banquier.

— Au diable les femmes ! — dit enfin quelqu'un à côté d'elle.

Un jeune seigneur poudré, couvert de bijoux, à la démarche vive et pétulante, s'élança dans le boudoir en chiffonnant son jabot avec colère.

Cependant quand il vit la dame il sembla se radoucir un peu, et il lui dit avec une sorte de confusion :

— Pardonnez-moi, Elise ; mais je perds cinq cents louis sur parole, et les usuriers ne veulent plus de ma signature...

— Assez, monsieur ; si je vous ai persécuté ce soir, au risque de compromettre ma réputation, déjà si aventurée à cause de vous, c'est que j'ai de grandes nouvelles à vous apprendre. Le moment est trop précieux pour que nous nous occupions de semblables bagatelles.

— Bagatelles ! — murmura le marquis d'un ton tragicomique, — une dette de cinq cents louis ! Et ma femme refuse de payer mes obligations !

— Marquis, — dit à voix basse celle qu'il venait d'appeler Élise, — c'est justement de votre femme que j'ai à vous parler... Babet, sa suivante, qui est accourue ici en toute hâte, vient de me prévenir que la marquise a été saisie par les douleurs de l'enfantement peu après votre départ de l'hôtel ; sans doute en ce moment vous êtes père.

— Y songez-vous, Élise ? — répondit Beaulieu en pâlissant ; — une femme si faible, pulmonique, et que les médecins ont condamnée !

— Babet a mandé près de la marquise ce médecin discret et sûr que je vous ai indiqué moi-même... Il a assuré que cette femme mourante allait donner le jour à un enfant... qui vous ruine à tout jamais, monsieur, vous le savez bien.

— Que faire, Élise ? — murmura Beaulieu si bas qu'on pouvait à peine l'entendre. — Cette succession que je croyais si prochaine, je l'ai déjà escomptée... La fortune de ma femme m'est nécessaire pour combler le gouffre toujours plus profond de mes dettes. Si elle me manque,

je ne suis pas seulement ruiné, mais encore déshonoré!
La jeune femme se rapprocha de lui et lui pressa convulsivement le bras.

— Marquis, je dois désormais partager votre sort. Cet amour coupable qui unit nos destinées m'a donné avec vous une communauté d'intérêts contre la mère et l'enfant... Je me dévouerai donc pour votre cause, quoique la femme que je trahis soit ma parente et mon amie, quoiqu'elle m'ait accueillie comme une sœur dans sa maison...

— Élise, que me conseillez-vous donc?

— Rentrons à l'hôtel; qui sait ce que nous y trouverons!

— Un enfant, peut-être, qui me privera de cent cinquante mille livres de rente!

— Ou peut-être un cadavre.

— Que faire?

— Que faire? — Ils se turent. L'orchestre du bal retentissait dans le lointain; l'or roulait toujours dans la salle du jeu; le bruit des chants et des danses arrivait jusqu'à eux comme pour insulter à leurs angoisses. — Marquis, — dit enfin Élise d'un ton lent et ironique, — pourriez-vous consentir à quitter cette vie de luxe et de plaisir à laquelle vous êtes habitué depuis votre naissance? Quand vous passeriez à pied, misérablement vêtu, à côté d'un de ces riches et insolens seigneurs qui assistent à cette fête, consentiriez-vous à vous entendre dire avec un sourire méprisant : « Ruiné! ruiné! »

— Et vous, Élise, qui avez partagé avec moi cette opulence, comment supporteriez-vous la médiocrité maintenant! Comment pourriez-vous reprendre les vêtemens des bourgeoises, vous qui êtes habillée d'or et de soie, vous qui portez des diamans à votre cou, à votre bras, à votre front?

Ils échangèrent un sourire sinistre.

— Partons! — s'écrièrent-ils tous les deux à la fois.

Ils montèrent dans un carrosse qui les attendait à la porte; bientôt ils arrivèrent à l'hôtel de Beaulieu, situé dans une rue voisine.

A cette heure avancée de la nuit, une seule fenêtre était éclairée, tout le reste de la maison semblait plongé dans le sommeil.

Aussitôt que le marquis et sa compagne furent descendus de voiture et eurent franchi les premières marches de l'escalier, une femme d'un âge mûr, qui semblait être une gouvernante, accourut au-devant d'eux.

— Eh bien! Babet? — demanda Élise.

— Madame vient de donner heureusement le jour à un garçon.

— Plus bas... Quelqu'un le sait-il?

— Personne, excepté le médecin, qui est encore près de la malade, et moi.

— Sur ta vie, garde-toi d'en parler! — dit le marquis d'un ton dur. On monta en silence. Au moment d'entrer dans la chambre de la marquise, on trouva le médecin, qui se préparait à quitter l'hôtel. — Comment va la malade?

— Aussi bien que possible, monsieur; seulement je vous recommande les plus grands ménagemens. Dans l'état de faiblesse où elle est, la moindre émotion pourrait la tuer.

— La moindre émotion pourrait la tuer! — répéta le marquis, les yeux baissés.

— Oh! sur-le-champ, — ajouta le médecin.

— Sur-le-champ! — répéta encore le marquis. — Il fit un mouvement brusque et dit à Élise en lui montrant la porte de la chambre : — Entrez, mademoiselle, je vous rejoindrai bientôt; j'ai quelques mots à dire au docteur.

Il prit le bras du médecin et descendit avec lui.

Élise avait surpris un regard, et dans ce regard il y avait une horrible pensée.

Sans doute elle comprit, car elle était pâle et chancelante quand elle entra chez la marquise.

Une voix douce, qui s'élevait du fond de l'alcôve, la fit tressaillir.

Elle s'avança, et, soulevant les rideaux de soie, elle put voir à la lueur d'une lampe d'albâtre le visage de la pauvre malade.

C'était une femme jeune encore, et belle malgré les ravages qu'une phthisie, suite de grands chagrins, avait fait sur ses traits. Elle tendit languissamment sa main blanche et maigre à sa parente.

— C'est donc vous, ma bonne Élise? — lui dit-elle avec douceur. — Mon mari, me le ramenez-vous?

— Il me suit, madame.

— Oh! tant mieux! — reprit la jeune mère avec une joie naïve; — ne croyez-vous pas comme moi, Elise, que la naissance de cet enfant me fera aimer de son père... car il m'a bien négligée depuis quelques mois?... Il est toujours courant les maisons de jeu, les bals, les fêtes; il a même des maîtresses, Elise, je le sais; mais je lui pardonnerai tout s'il aime son fils... Son fils! voyez, Elise, comme il est beau! — Et elle baisait doucement un enfant nouveau-né, qui s'agitait à côté d'elle dans des flots de dentelle et de satin. Des larmes silencieuses coulaient sur ses joues; elle continua à voix basse, avec cet épanchement affectueux d'une mère qui cherche des confidens même parmi ses ennemis : — Il sera riche, mon fils, il sera puissant... Je veux qu'après moi il soit envoyé à mon père, en province; le vieillard et l'enfant s'entendront; ils parleront de moi... Mon mari est trop fou, trop étourdi encore pour être son tuteur... La fortune de mon fils passerait dans les mains des croupiers de jeu et des danseuses d'Opéra; je veux... — En ce moment le marquis parut. Elise respira comme si sa présence venait de l'arracher à un horrible supplice. Beaulieu fit signe à la gouvernante qui l'avait accompagné de sortir sur-le-champ. Elle obéit. Aussitôt que la malade aperçut son mari, elle chercha à se soulever sur sa couche, et un sourire de bonheur effleura ses lèvres. — Oh! venez, monsieur, venez partager ma joie, — dit-elle de sa voix plaintive. Le marquis s'approcha et resta debout près du lit, sans prononcer une parole. — Pourquoi ne l'embrassez-vous pas? — reprit elle en lui montrant par un geste gracieux l'innocente petite créature.

— Madame, cet enfant ne peut rester près de vous, — dit sèchement Beaulieu, — il vous fatiguerait.

— Oh! non, monsieur, depuis longtemps je n'avais été aussi bien... Donnez vos ordres pour qu'on cherche la nourrice. Qu'elle vienne ici, qu'elle ne me quitte plus, car je ne veux plus me séparer de mon fils!

— Il faut pourtant que je l'éloigne, madame; il ne peut pas, il ne doit pas rester ici.

— Et pourquoi? — s'écria la jeune mère avec terreur; — j'ai si peu de jours à vivre, ne les passerai-je donc pas près de lui?

— Je vous le répète, madame, il faut que vous me remettiez cet enfant; on l'attend.

— Mais qu'en voulez-vous faire, monsieur? Pourquoi cet enlèvement précipité? Oh! il y a dans tout ceci quelque chose d'affreux mystère que je ne puis comprendre... Monsieur, par pitié! pourquoi êtes-vous si dur envers une femme qui n'a pas mérité votre colère? — Sans répondre, Beaulieu sembla vouloir arracher l'enfant de la couche de la marquise. Elle étendit ses bras crispés sur le corps du nouveau-né comme pour le défendre. — Oh! laissez-le, laissez-le! Élise, venez à mon secours; cet homme est fort et robuste, moi je suis mourante... Élise, aidez-moi; que veut-il donc faire de mon fils?

Élise se leva et se pencha sur le lit.

— Tenez-lui les mains, — dit le marquis d'un ton bref. Élise resta immobile; un regard foudroyant sembla lui reprocher son hésitation. Alors elle saisit les faibles bras de la malade. Dans le mouvement qu'elle fit, sa mante, qu'elle n'avait pas quittée, tomba à terre, et elle se montra dans son brillant costume de bal. A cette vue, la marquise sembla frappée d'un sentiment nouveau; elle s'agita convulsivement et écarta avec une force surhumaine ses deux agresseurs.

— Mes diamans ! mes diamans ! — s'écria-t-elle. — Élise, qui vous les a donnés ? Ah ! je devine maintenant... je sais pourquoi vous l'aidez dans son infâme projet... Vous devez partager les dépouilles de la mère et de l'enfant... O mon Dieu ! mon Dieu, pardonnez-leur ! — Et elle retomba épuisée sur son lit. Les deux bourreaux la contemplèrent dans une morne apathie, sans lui donner aucun secours. La jeune mère se débattait en proie à une douloureuse agonie. — Vous voulez me tuer, je le vois bien, — dit-elle d'une voix entrecoupée ; — je suis condamnée... Vous êtes là, attendant mon dernier soupir... Grâce au moins, grâce pour mon enfant, pour le vôtre, monsieur ! Prenez sa fortune, la mienne, prenez tout, mais laissez-lui la vie !

— Qui vous dit, madame, qu'on veuille la lui ôter ?

La marquise resta un moment sans pouvoir parler ; tant de secousses avaient brisé en elle les derniers ressorts de l'existence.

— Merci pour la promesse que vous me faites, — soupira-t-elle enfin, — car c'est une promesse, n'est-ce pas ? En revanche, je vous pardonne à tous les deux ! — Élise ne put se défendre d'un sentiment de pitié pour tant de souffrances. Elle laissa échapper un sanglot. — Mademoiselle, — lui dit la malade, — il est bien tard pour se repentir, le coup est porté... Mais au moins laissez-moi mourir en regardant mon enfant.

Élise le plaça dans les bras de la marquise, qui lui adressa un sourire d'une douceur ineffable et expira.

Un silence solennel régna un moment dans la chambre.

Le marquis et Élise, l'amant et la maîtresse, encore parés pour une fête, se regardèrent en face de ce lit mortuaire et s'étonnèrent de se retrouver assassins.

L'enfant vagissait sur le corps déjà glacé de sa mère. Ses cris tirèrent Beaulieu de la stupeur dans laquelle il était plongé.

— Le médecin avait raison, — dit-il en regardant sa complice. Puis il ajouta : — Profitons du moment... La moindre lâcheté peut nous perdre.

— Le médecin ?

— Il est à nous ; on publiera que la mère et l'enfant sont morts à la fois.

— Babet ?

— A nous encore, comme tous ceux qui approchaient cette femme.

Élise s'empara de l'enfant, l'enveloppa soigneusement dans les langes, le plaça sous sa mante et se prépara à sortir.

Le marquis l'interrogea du regard.

— Ne craignez rien ; je m'en charge.

— Pourquoi pas moi-même... ?

— Vous voulez donc que je reste seule près de ce cadavre ? — murmura Élise avec une indicible terreur. Elle dit à la gouvernante de la suivre ; puis elles sortirent seules à pied, sans avoir été aperçues de personne. Au bout d'une heure elles étaient de retour ; mais l'enfant avait disparu. Élise s'approcha du marquis, qui pendant son absence était resté dans une immobilité complète, comme écrasé déjà sous le poids du remords. — Monsieur, — lui dit-elle à voix basse, — nous sommes maintenant unis par le crime,... il faut que nous le soyons par la loi.

— Oui, vous serez ma femme, —répondit Beaulieu d'un ton sombre.

En ce moment des cris et des gémissemens se firent entendre de toutes les parties de l'hôtel.

Babet venait d'annoncer aux nombreux domestiques la mort de la marquise.

Tous accoururent dans sa chambre pour prier.

Beaulieu et Élise s'agenouillèrent au milieu d'eux, avec les témoignages de la plus vive douleur.

Au moment où l'on se leva pour jeter de l'eau bénite sur le corps de la défunte, Élise dit à l'oreille du marquis:

— Si jamais vous vouliez me traiter comme *elle*, souvenez-vous que j'ai une vengeance toute prête.

II

LA FAMILLE PATUREAU.

Par une froide soirée d'hiver, toute la famille de maître Patureau, le tourneur en bois le plus achalandé de la Cité, était réunie dans l'arrière-boutique autour d'un paisible foyer.

Le bon vieux tourneur, étendu dans son fauteuil de cuir, se reposait des fatigues de la journée.

A côté de lui étaient ses deux filles Nina et Victorine, belles toutes les deux dans leurs simples ajustemens d'artisanes, intéressantes par l'air de douceur et de simplicité qu'on voyait sur leur visage.

Victorine, la plus jeune, travaillait assidûment à un ouvrage d'aiguille, à la lueur de la lampe de cuivre.

Sa sœur tenait un livre qui semblait occuper toute son attention ; mais un observateur se serait bien vite aperçu qu'elle ne lisait pas. Pensive et mélancolique, elle laissait parfois retomber sa tête sur sa poitrine.

Néanmoins, quand par hasard ses yeux rencontraient ceux d'un jeune homme robuste qui, appuyé contre la muraille, l'examinait de temps en temps avec inquiétude, elle tournait précipitamment les feuillets du volume, comme pour cacher un embarras qui perçait involontairement sur ses traits.

Ce jeune homme était le fils adoptif, l'élève et le premier ouvrier de maître Patureau.

Son corps vigoureux, ses mains calleuses laissaient deviner, plus encore que le tablier de cuir serré autour de sa taille, des habitudes de travail.

Sur sa figure, où brillaient la jeunesse et la santé, on pouvait reconnaître cette expression sereine qui résulte d'une vie paisible et occupée.

Seulement, un peu de mélancolie était peinte sur ses traits, pendant qu'il suivait attentivement chacun des mouvemens de la jolie liseuse.

Toutes ces personnes gardaient le silence depuis un moment, quand un violent coup de vent qui s'engouffra dans la cheminée et fit claquer dans la boutique voisine quelques ouvrages légers de tournerie, vint tirer le vieux Patureau de l'espèce de somnolence où il était plongé.

— Pardieu ! mon garçon, — dit-il au jeune ouvrier en se renversant dans son fauteuil avec béatitude, — je ne puis voir une nuit triste et froide comme celle-ci sans songer à celle où je t'ai trouvé à la porte de ma boutique, presque nu et venant de naître, il y a de cela quelque vingt ans.

Les assistans échangèrent un sourire bienveillant, comme l'on fait quand un vieillard va raconter pour la centième fois une histoire favorite.

— Mon père, — dit le jeune homme avec douceur, — pourquoi me rappeler, au moment où je vais m'unir à vous par des liens encore plus étroits, que je pourrais avoir une autre famille que la vôtre ? Pourquoi parler toujours...

— Si, parlons de cela, — dit le tourneur avec ténacité ; — et vois-tu, Etienne, il n'est pas si mal à propos que tu le penses de revenir un peu sur ce sujet... Tu vas épouser ma fille, Etienne, et, quant à moi, mon garçon, cette union me comblera de joie. Je t'ai toujours aimé comme mon véritable fils, parce que tu es bon, laborieux, habile dans notre état, et que tu pourras faire le bonheur de Nina ; mais je ne veux pas, vois-tu, que tu t'engages à rien dont tu puisses te repentir plus tard, et c'est pour cela qu'il nous faut causer un peu de toi.

— Que voulez-vous dire, mon père ?—demanda Etienne avec inquiétude.

— Ecoute-moi, mon garçon, et ne te fâche pas si je répète des choses que tu connais déjà... Tu sais comment tu es devenu mon enfant d'adoption... C'était donc par une nuit silencieuse et noire comme celle-ci ; on frappa violemment à la porte de ma boutique. Ma pauvre défunte Marion, la mère de ces petites, ne voulait pas que j'allasse ouvrir ; mais on frappa de nouveau si longtemps et avec tant d'insistance que je m'habillai à la hâte, j'allumai la lampe et je courus à la porte. Quel fut mon étonnement de ne voir personne ni sous l'auvent ni dans la rue ! Seulement un objet blanchâtre était placé avec précaution sur le seuil de la boutique. Je me baissai, j'écartai les langes brodés qui enveloppaient cet objet, et je trouvai un petit garçon nouveau-né, bleu de froid, et qui tendait vers moi ses petits bras. « Quelle infamie ! » m'écriai-je avec indignation. Un murmure sourd qui se fit entendre au milieu du silence de la rue me prouva que l'on m'épiait. J'étais comme abasourdi, lorsque ma femme, inquiète de ne pas me voir revenir, accourut vers moi toute tremblante. Je remis l'enfant dans ses bras et je lui dis tout haut : « Tiens, Marion, nous n'avions pas de garçon ; en voilà un que Dieu nous envoie ! » De nouveaux chuchottemens s'élevèrent à quelque distance, au milieu de l'obscurité. Je me mis à courir dans cette direction ; je vis distinctement deux femmes qui s'enfuyaient. Je les poursuivis un instant ; mais au détour d'une rue elles disparurent, et je n'ai jamais pu savoir qui elles étaient. Ma femme nourrissait alors ma chère Nina, qui avait à peine deux mois, et j'ai toujours pensé que les personnes qui m'avaient confié leur enfant avaient eu, je ne sais comment, connaissance de ce fait. Quoi qu'il en soit, Marion prit soin de toi, Etienne, et elle partagea son lait entre toi et sa propre fille ; est-il étonnant que tu aimes Nina et que tu en sois aimé ?

A ces dernières paroles, Nina, qui écoutait le vieillard avec la plus profonde attention, rougit tout à coup et baissa la tête.

— Mon père, — demanda-t-elle, — ne nous avez-vous pas dit que vous aviez fait des recherches afin de découvrir les parens d'Etienne ?

— Oui, ma petite, mais tout a été inutile. Cependant je suis presque sûr que ses parens sont de grands personnages et qu'ils n'ont pas perdu de vue l'enfant qu'ils m'ont confié. Je crains bien qu'un jour on ne vienne le réclamer, et alors...

— Que dites-vous ? — s'écria Etienne.

— Je dis, mon garçon, — reprit Patureau avec émotion, — que j'ai eu tort peut-être de t'élever comme un ouvrier, quand tu peux devenir riche et noble, que j'ai eu tort de te considérer comme mon fils et mon successeur dans l'état de mon père, quand tu peux devenir un étranger pour ma famille et pour moi ; que j'ai eu tort enfin de te promettre la main de ma fille, quand il pourrait arriver un moment où tu rougirais de nous.

— Mon père, que vous ai-je fait pour que vous me traitiez ainsi ? — demanda Etienne en versant de grosses larmes.

— Allons, allons, calme-toi, mon garçon, je n'ai pas voulu te fâcher ; je sais que jamais la fortune ne te rendra ni fier ni ingrat... mais enfin écoute-moi : le monsieur noir, tu sais ? ce mystérieux inconnu qui vient quelquefois s'informer de tes nouvelles dans le voisinage... il est allé aujourd'hui chez la fruitière ici tout près. Il a beaucoup parlé de toi, de moi, de mes filles...

— Eh bien ! mon père, que vous dit que ce soit moi qui appelle l'attention de cet étranger sur votre maison ? Vous parlez de vos filles, mon père ; avez-vous oublié qu'elles sont jeunes, qu'elles sont belles ?... C'est bien assez pour attirer les freluquets de la ville et de la cour !

— En prononçant ces mots, il s'approcha de Nina, lui prit la main, et ajouta en essayant de sourire : — Tenez,

mon père, voici celle qui est le véritable objet de toutes ces allées et venues... Sa beauté a tout fait.

— Il faudrait, pour que l'on osât tenter de semblables démarches, que ma fille eût donné des espérances à quelqu'un de ces freluquets dont tu parles, — reprit le tourneur avec sévérité ; — et si cela était...

— Oh ! cela n'est pas ! cela n'est pas !—s'écria la jeune fille avec précipitation.

Sa sœur la regarda étonnée.

Un silence pénible suivit cette exclamation.

— Je sais que cela n'est pas, — reprit enfin Patureau, et cependant, Nina, j'ai à vous reprocher vos airs de coquetterie avec ces jeunes seigneurs qui se sont pris d'une belle admiration pour la tournerie, et qui viennent souvent acheter les ouvrages guillochés d'Etienne... Vous aimez trop la parure, le luxe, tout ce qui est beau, tout ce qui est riche...

— Oh ! grâce, mon père ! — interrompit la jeune fille en fondant en larmes et en tombant à genoux.

— Que signifie ceci ? — demanda le tourneur étonné de cette vivacité de repentir. — Nina, vous êtes donc plus coupable que je ne pensais ? Quelle est la cause...

— La cause, — répéta Etienne avec amertume, — je pourrais vous le dire, mon père ; c'est que Nina est trop fière pour m'aimer, c'est qu'elle a de la répugnance pour ce mariage...

— Vous êtes injuste et méchant, — dit Victorine en s'adressant à Etienne ; — elle vous aime, ne le savez-vous pas ?

Nina secoua la tête en signe d'assentiment, mais sans regarder son fiancé.

— Allons ! — reprit le père Patureau, — c'est une petite querelle que vous arrangerez entre vous ; la jalousie ne me regarde pas... Quant à toi, mon garçon, — ajouta-t-il, — tu feras ce que tu voudras. Seulement, si jamais ce que je prévois arrivait, tu te souviendras que je te l'ai prévenu.

— Mon père, — dit Etienne d'une voix mélancolique,— gravez bien ces paroles dans votre mémoire !... Je n'ai pas et je ne veux pas avoir d'autre famille que la vôtre. Que m'importe cette mère qui ne m'a pas nourri de son lait, qui ne m'a pas prodigué les premières caresses, qui n'a pas soutenu mes premiers pas ! Que m'importe ce père qui n'a pas eu soin de mon enfance, qui n'a pas corrigé mes fautes quand j'ai été plus grand, qui ne m'a pas appris à être honnête homme et à gagner mon pain ! Que m'importent ces gens que je ne connais pas, à qui je ne dois rien ! Non, je ne puis, je ne veux pas vous quitter jamais... Qu'irais-je faire dans le monde des riches ? Je ne suis qu'un ouvrier comme vous. Voyez, mes mains ; sont-elles moins calleuses que les vôtres, mon habit est-il moins grossier que le vôtre ? N'est-ce pas vous qui m'avez recueilli nouveau-né et mourant de froid à votre porte, où les autres m'avaient laissé ? N'est-ce pas vous qui pendant vingt ans m'avez aimé comme vos propres enfans ?

— N'en parlons plus, mon ami, — dit le vieillard d'une voix altérée, — et sois heureux avec nous, puisque tu n'ambitionnes pas d'autre bonheur que le bonheur obscur dont nous jouissons. — Il se leva, alluma une lampe et se prépara à sortir. — Voilà l'heure du sommeil, — reprit-il ; — il est temps de se retirer... Venez tous m'embrasser, et bonne nuit... Ils s'approchèrent les uns après les autres. Quand vint le tour de Nina, elle serra vivement son père dans ses bras, et appuya la tête sur sa poitrine en poussant des sanglots étouffés. — Nina, ma fille, sûrement tu me caches quelque chose ? — s'écria-t-il avec inquiétude.

— Oh ! non, mon père, — répondit Victorine, — mais sans doute les reproches que vous lui avez adressés et ceux de ce méchant Etienne ont déchiré l'âme de ma pauvre sœur.

— Pardonnez-moi, Nina, — dit le jeune ouvrier avec une simplicité affectueuse.

On se sépara.

Le vieux tourneur monta dans son entresol au-dessus

de la boutique ; les jeunes filles gagnèrent, en causant à voix basse, la chambrette qu'elles occupaient près de lui.

Quant à Étienne, il grimpa à sa mansarde, tout en haut de la maison, fort inquiet de pénétrer la cause du chagrin de Nina.

Il était depuis longtemps absorbé par ses réflexions et il n'avait pas encore songé à se livrer au repos, quand un bruit singulier qui se faisait entendre dans la rue attira son attention.

C'était d'abord comme le roulement sourd d'une voiture qui s'avance lentement et avec précaution.

Cette voiture parut s'arrêter juste en face de la maison du tourneur; au même instant on frappa trois coups dans les mains à courts intervalles.

A ce signal une fenêtre s'ouvrit, quelques paroles furent échangées à voix basse, puis tout rentra dans le silence.

La nuit était déjà avancée ; pas une lumière ne brillait dans la rue.

Etienne se mit à la fenêtre ; il parvint à distinguer plusieurs hommes, enveloppés de manteaux, qui semblaient faire le guet.

Il était encore tout habillé ; il s'élança vers l'escalier.

Arrivé à la porte de l'allée qui donnait sur la rue, il la trouva ouverte; une personne, debout sur le seuil, poussait des sanglots étouffés : c'était Nina.

— Allons ! ma belle, ne faites pas l'enfant,— disait une voix d'homme railleuse et suppliante à la fois ; — vous savez bien que je ne veux que votre bonheur... Que diable aussi, vous songez par trop aux cheveux blancs de votre vieux bonhomme de père et aux jérémiades de la petite sœur...! Dépêchez-vous, nous allons être surpris.

Et le personnage inconnu semblait chercher à entraîner la jeune fille qui hésitait toujours.

Un lien invisible la retenait au moment de franchir la porte de la maison paternelle.

— Nina ! Nina ! dit Etienne avec un accent de terreur.

Ce seul nom prononcé, cette voix connue qui l'appelait, suffirent pour changer les projets de Nina.

— Etienne ! ah ! sauvez-moi ! — s'écria-t-elle en se jetant dans les bras de son frère adoptif ; — j'étais une insensée !

— Qu'est-ce à dire ! — s'écria l'inconnu ; — de la résistance, maintenant?... Voilà qui est piquant, sur ma parole ! Ah! vous voulez être enlevée de force, ma charmante, eh bien ! on vous enlèvera, pardieu ! nous savons comment on s'y prend !

Il appela ceux qui rôdaient à quelque distance.

Ils approchèrent aussitôt pour arracher la jeune fille des mains de son défenseur.

— Arrière, misérables ! — cria celui-ci d'une voix terrible.

— Ah ! c'est le petit prétendant, le petit frère, que sais-je, moi !... Mais vraiment l'aventure est impayable et il en sera parlé en bon lieu !... — Deux mains de fer lui étreignirent la gorge ; l'inconnu ne semblait plus être de la première jeunesse ; il luttait avec avantage contre un jeune homme robuste et furieux; mais les autres ravisseurs s'élancèrent sur Etienne et le terrassèrent.

— Tudieu ! tenez il y va ! — dit l'inconnu, — on voit bien que le drôle est habitué à ne toucher que du bois... Allons, vous autres, un bâillon à ce coquin ! liez-le et dépêchons. — Nina fut emportée dans la voiture, une main était posée sur sa bouche pour l'empêcher de donner l'alarme. Cependant le bruit avait déjà éveillé quelques voisins ; on commençait à se mettre aux fenêtres. Les bandits, laissant Etienne bâillonné et garrotté se tordre dans des transports impuissans, grimpèrent devant et derrière la voiture. Au moment de partir, leur chef passa la tête à la portière, et dit au pauvre jeune homme, de sa voix insultante : — Prends courage, petit; elle n'est pas perdue, ta fiancée... Je te la rendrai dans deux mois et peut-être auparavant... Aie patience !

N. ET R. CH. — II.

Et la voiture partit au galop.

Alors on parut comprendre la grandeur du crime qui venait de se commettre.

Les voisins, voyant un homme étendu sur le pavé, descendirent dans la rue et le débarrassèrent de ses liens.

A peine Etienne se vit-il libre qu'il s'élança dans la maison de son père adoptif et referma la porte sur lui.

Il monta rapidement dans la chambre du vieux Patureau; il le trouva occupé à donner des secours à Victorine évanouie.

— Étienne, Etienne, où est Nina ? — demanda le bonhomme avec désespoir.

— Enlevée, mon père, enlevée par un de ces nobles qu'elle aimait tant... flétrie, déshonorée...

— Et maudite, — hurla le vieillard en tombant comme frappé de la foudre à côté de sa seconde fille.

— Ne la maudissez pas, elle se repentait... Le riche suborneur est seul coupable; mon père, je vous le jure, elle sera vengée !

— Nina, ma sœur ! — s'écria à son tour Victorine d'un accent déchirant; — elle m'a trompée comme vous; elle s'est enfuie pendant mon sommeil...

— Quand je vous jure qu'elle sera vengée ! — répéta le jeune ouvrier avec un geste menaçant.

Toute la nuit on entendit des cris de désespoir, des gémissemens, des imprécations sortir de la maison du vieux tourneur.

Le matin la nouvelle de ce rapt audacieux se répandit dans le quartier.

La boutique resta fermée, et on vit passer Patureau et son fils adoptif dans leurs plus beaux habits.

Ils allaient chez le lieutenant de police demander justice.

On les accueillit avec indifférence.

C'était chose si commune à cette époque de voir un père ou un amant se plaindre de semblables crimes commis par de puissans débauchés!

Ils revinrent une seconde, une troisième fois.

Bientôt on les arrêta dans les antichambres du lieutenant de police.

Les commis ricanaient, et on répondait froidement à leurs instances qu'on n'avait rien découvert.

— Il faut renoncer à ce moyen, mon père, — dit Etienne au vieux Patureau. — Vous le voyez, les lois sont pour eux comme tout le reste.. Laissez-moi chercher moi-même et accomplir mon serment.. Nous autres gens de rien, pour avoir justice il faut que nous nous la fassions nous-mêmes!

Le vieillard conservait toujours l'espérance de retrouver Nina et d'appeler sur le ravisseur les rigueurs de la loi.

Mais bientôt il dut renoncer à cette idée.

On lui signifia au nom de sa fille un ordre de début à l'Opéra, obtenu sans doute par le ravisseur inconnu ; et dès ce moment, d'après le singulier et immoral privilège accordé à ce théâtre royal, ni le père, ni le fiancé n'avaient plus de droits sur la pauvre Nina.

Pour cette fois il ne fut pas possible de contenir Etienne.

Il abandonna ses occupations; on ne le vit presque plus dans cet atelier où il chantait si joyeusement autrefois pendant son travail.

Il parcourait les rues, les places, les promenades que fréquentait la foule opulente; il rentrait le soir à la maison, toujours plus sombre et plus abattu, sans avoir rien trouvé.

Un jour pourtant il errait tristement et les yeux baissés dans une rue du faubourg Saint-Germain, quand un brillant carrosse passa près de lui.

Un cri aigu qui partit de l'intérieur de cette voiture lui fit lever la tête...

Il reconnut Nina, Nina dans tout l'éclat de la richesse, surchargée de dentelles et de diamans.

A côté d'elle était un homme d'un âge mûr, à l'air autain et railleur, que l'ouvrier reconnut pour le ravisseur nocturne.

— Arrêtez! — s'écria-t-il en courant de toutes ses forces.

Il parvint à s'accrocher à la portière, au risque de se faire écraser, il put encore voir Nina pâle et tremblante qui se couvrait le visage avec honte.

— Chassez-moi ce manant! — commanda l'inconnu. Un violent coup de fouet sangla Etienne au visage. Il lâcha prise, car il avait été frappé dans les yeux et il tomba. En même temps il entendit une voix railleuse qui lui disait : — Attends encore, mon beau Céladon ; ne sais-tu pas que je t'ai promis de te la rendre?

Etienne, d'abord étourdi de sa chute, se releva prompt comme l'éclair.

Il voulut poursuivre la voiture, mais il était trop tard.

— C'est bien, — murmura-t-il froidement ; — encore un outrage à punir!

Pendant plusieurs jours de suite il revint se placer en embuscade dans la rue où il avait fait cette rencontre.

Il observait avec la plus rigoureuse attention tous les carrosses qui passaient ; mais, sans doute on avait soupçonné ses intentions, car il n'aperçut plus celui qu'il cherchait.

Un soir qu'il rentrait triste et découragé, il trouva assis dans la boutique du père Patureau un homme vêtu de noir qui semblait attendre depuis longtemps.

Cet homme se leva respectueusement aussitôt qu'Etienne parut et lui présenta un billet soigneusement cacheté. Etienne rompit le cachet et lut :

« Si monsieur Etienne veut connaître le mystère de sa
» naissance et retrouver le grand nom et le riche héritage
» qu'on lui a ravi par un crime, il n'a qu'à suivre sur-le-
» champ le porteur de ce billet. »

L'ouvrier passa avec insouciance le papier à son père adoptif.

— Quand je te le disais, Etienne ! — s'écria celui-ci au comble de la joie. — Il faut y aller, mon fils.

— A quoi bon, mon père? vous savez bien ce que j'ai promis.

— Etes-vous fou, Etienne? — reprit le vieillard avec étonnement.

— Je ne veux ni être noble ni être riche, mon père... Je n'ai qu'un rêve, un désir, c'est de venger Nina.

— Eh bien ! ne le pourras-tu pas plus tôt si les promesses que l'on te fait ne sont pas menteuses?—Etienne parut frappé de cette idée. Il se leva et saisit son chapeau avec vivacité. — Quel est le nom de celui ou de celle qui vous envoie? — demanda le vieillard à l'homme noir qui les écoutait.

— Je ne puis le dire.

Etienne sourit.

— Qu'importe, mon père ; puis-je avoir quelque chose à craindre des grands, moi qui suis si peu de chose?

Il fit signe à l'étranger et sortit avec lui après avoir embrassé Patureau.

III

LES AVEUX.

Le mystérieux conducteur d'Etienne le fit passer par des rues écartées sans lui adresser une parole.

De son côté, le jeune ouvrier avait trop de sujets de réflexions pour s'occuper de ce personnage subalterne, et ils arrivèrent ainsi à une maison de somptueuse apparence. Ils montèrent l'escalier de marbre sans qu'aucun des

domestiques en livrée qu'ils trouvèrent sur leur passage leur adressât aucune question ; le guide introduisit Etienne dans un boudoir meublé avec la dernière élégance.

Une dame d'une quarantaine d'années était assise sur un sofa, dans une attitude pensive.

Aussitôt qu'elle aperçut les nouveaux arrivés, elle se leva.

— Est-ce lui? — demanda-t-elle à l'homme noir. Celui-ci fit un signe de tête affirmatif. — C'est bien, laissez-nous. — L'introducteur s'inclina et sortit. L'inconnue observait curieusement le jeune ouvrier. De son côté, Etienne, après avoir jeté un rapide coup d'œil autour de lui, examina cette femme qui allait sans doute lui révéler de grandes choses. Elle avait dû être belle ; mais l'âge, peut-être les remords, avaient flétri ses traits ; il y avait dans son extérieur quelque chose de sec et de repoussant.

— Vous êtes monsieur Etienne, le fils adoptif de maître Patureau le tourneur? — demanda-t-elle enfin.

— Oui, madame.

Elle lui montra une place sur le sofa et s'assit près de lui.

— Jeune homme, — reprit-elle d'une voix lente et en pesant ses paroles, — je veux réparer envers vous une grande injustice. Mais avant tout promettez-moi de me pardonner la part funeste que j'ai prise à la fraude dont vous avez été victime.

— Mais, madame, je ne sais encore...

— Oh ! oui, j'ai été bien coupable, — continua la dame en versant des larmes ; — sûrement, vous qui paraissez généreux, vous me pardonneriez mon crime si vous saviez les souffrances terribles par lesquelles je l'expie depuis de longues années !

— Il n'est pas de faute que ne puisse effacer un tel repentir, madame... Mais vous oubliez que je ne puis encore être votre juge.

— Vous avez raison, monsieur Etienne, — reprit l'inconnue d'un ton mystérieux et solennel ; — écoutez-moi donc. — Elle se pencha vers lui et continua : — Il y a environ vingt ans, cet hôtel où nous sommes maintenant appartenait à une femme jeune, belle et riche, qui avait épousé un homme d'un grand nom, mais débauché, dissipateur, ruiné par le jeu et les plaisirs. Elle était en proie à une maladie de langueur qui devait infailliblement la tuer, et déjà son mari convoitait la fortune que cette mort allait lui livrer, quand elle devint enceinte. La naissance d'un enfant allait renverser toutes les espérances du mari, et il maudit cet enfant avant même qu'il fût né.

Ici la narratrice s'arrêta pour étudier l'expression des traits de son auditeur.

— Pauvre mère ! — dit Etienne avec un soupir.

— Ce n'est pas tout : le mari avait pour maîtresse une jeune parente que sa femme avait recueillie avec bonté et à qui elle avait offert une généreuse hospitalité dans sa maison... Après la mort de la malade, les deux amans avaient fait le projet de s'épouser et de jouir ensemble du riche héritage. Cependant il arriva qu'une nuit la femme légitime donna heureusement le jour à un garçon, et, en rentrant du bal, le mari et la maîtresse trouvèrent tous leurs projets renversés.

Etienne, pâle et immobile, écoutait avec avidité les paroles que l'inconnue laissait tomber une à une.

— Oh ! je comprends tout ! — s'écria-t-il ; — l'enfant fut sacrifié, n'est-ce pas? il fut exposé dans la rue, jeté à la charité d'un simple artisan... Mais la mère, pourquoi ne s'opposa-t-elle pas à cette barbarie ?

— La mère, — répondit la dame avec un accent étrange et en baissant la tête, — la nuit même elle mourut des suites de ses couches.

— Pauvre femme ! — répéta Etienne.

Et il pleurait.

Après un moment de silence, la narratrice continua :

— L'enfant, c'est vous.

— Et mon père... comment s'appelle-t-il ?

— Le marquis de Beaulieu.

— Et vous, madame?

— Je suis Élise, aujourd'hui la marquise de Beaulieu.

— Ah ! — fit le jeune homme en se détournant avec dégoût.

— Ne soyez pas injuste, monsieur Etienne ; si votre père vous avait oublié au milieu des dissipations du monde, je songeais à vous, moi qui avais partagé le crime de votre abandon : je faisais surveiller votre enfance et votre jeunesse... Les remords me sont venus bien vite, et si je n'avais conservé pour votre père un fatal attachement, depuis longtemps je vous aurais rendu tout entiers les droits que j'avais travaillé à vous ravir.

— Et aujourd'hui, sans doute, cette affection est morte. Vous avez quelque injure à venger, n'est-ce pas ? Oh ! oui, il faut qu'on m'ait trouvé nécessaire pour qu'on m'ait appelé.

Elise resta un moment interdite, soit de sa propre imprudence, soit de la pénétration de ce jeune homme qu'elle croyait naïf et grossier.

— Eh bien ! oui, — reprit-elle enfin, — je veux me venger ; pourquoi vous le cacherais-je ? Le marquis m'a poussée à bout ; il m'humilie, il m'outrage maintenant que je n'ai plus la fraîcheur de la jeunesse ; il remplit tout Paris du bruit de ses folies et de ses débauches... Soit vengeance, soit remords, que vous importe la cause de cette réparation tardive, pourvu qu'elle vous soit accordée !.., Tenez, — ajouta-t-elle en lui présentant un paquet cacheté, — ces papiers sont la preuve la plus complète de votre naissance et de vos droits. Ils contiennent les déclarations du médecin et de la suivante de votre mère ; ils contiennent le récit de toute cette histoire, écrite de ma main, signée de mon nom... Oh ! je ne me suis pas épargnée non plus, j'ai tout avoué, je me suis accusée sans réticence et sans arrière-pensée ; je soutiendrais à la face de l'univers la vérité de ces déclarations.

Etienne jeta avec indifférence le paquet sur le sofa.

— Que voulez-vous que je fasse?

— Ce que je veux que vous fassiez, monsieur de Beaulieu ! car c'est aussi votre nom à vous ; mais vous ne me comprenez donc pas ?... Je veux que vous redemandiez solennellement tout ce qu'on vous a volé au jour de votre naissance ; je veux que vous vous présentiez à la barre du parlement de Paris et que vous disiez : « Je suis le fils du marquis de Beaulieu qui m'a abandonné jusqu'à vingt ans à la charité d'un homme du peuple ; du marquis de Beaulieu qui m'a arraché des bras de ma mère mourante pour m'exposer dans la rue par une froide nuit d'hiver ; du marquis de Beaulieu qui prodigue ma fortune en orgies tandis que je travaille de mes mains dans la misérable échoppe d'un tourneur ! » Croyez-moi, monsieur, les juges vous rendront justice, les preuves que contiennent ces papiers sont claires, patentes, irréfragables... D'ailleurs je serai là, moi, pour vous soutenir par mes conseils et mes témoignages, dussé-je aussi me déshonorer à jamais ! Écoutez, — continua-t-elle d'un ton entraînant, — la réparation que je veux vous faire obtenir n'aura pas son effet dans un an, dans six mois, demain... Consentez à soutenir ce procès, et dans une heure, à l'instant même, votre sort va changer. J'ai tout prévu ; un hôtel est préparé pour vous ; des équipages, des gens vous attendent.. Et ne rougissez pas d'accepter : tout est à vous par le plus saint des droits ; je ne fais qu'une restitution... Vous n'êtes encore qu'Étienne l'ouvrier en bois, le pauvre manœuvre, et tout à coup vous allez avoir un nom sonore, un titre, une fortune à éclipser le luxe des plus grands seigneurs. Que me répondrez-vous ?

— Je refuse, monsieur.

— Que dites-vous ? — s'écria la marquise au comble de l'étonnement ; — vous refusez de porter le nom de votre mère ?

— Que ma mère me pardonne ! — répondit Etienne en levant les yeux au ciel. — Mais ce nom a été tellement souillé par celui que vous appelez mon père, qu'il ne mérite pas d'être acheté par un hideux scandale. J'aime mieux n'être qu'Etienne, l'ouvrier, le manœuvre, comme vous disiez tout à l'heure.

— Mais votre héritage ..

— Je suis robuste, bien portant, habile dans mon état, j'ai des habitudes de frugalité ; que ferais-je de toutes ces richesses qui poussent à des crimes si noirs, qui étouffent les sentimens les plus sacrés ?

— Oh ! vous êtes un insensé !

— Vous ne vous attendiez pas, madame, — dit Etienne avec un sourire dédaigneux, — à une semblable résistance... Vous pensiez que l'enfant du peuple accepterait avec enthousiasme vos offres brillantes. Je haïssais les grands, madame, parce que l'un d'eux m'a ravi tout mon bonheur en flétrissant une femme que j'aimais, je les hais encore plus depuis que je connais les honteux secrets de la famille dont je suis né.., Le père qui m'a répudié, je le répudie à mon tour... Vous, madame, vous avez une vengeance à exercer ; j'en ai une aussi, moi ; j'en ai une plus noble et plus sainte que la vôtre... Séparons-nous donc, puisque nous ne pouvons nous entendre. S'il vous faut mon pardon pour le mal que vous m'avez fait, je vous le donne, mais oubliez-moi.

Il se releva, poussa du pied le précieux paquet et se prépara à sortir.

La marquise l'arrêta :

— Restez, restez encore ! — s'écria-t-elle ; — réfléchissez un instant seulement : votre détermination ne peut être que le résultat d'un emportement passager. Restez ; et d'ailleurs vous allez voir votre père...

— A quoi bon, madame, — répondit Etienne froidement ; — je le méprise déjà, peut-être je le haïrais.

— Monsieur le marquis ! — annonça un valet en ouvrant la porte à deux battans.

Etienne demeura cloué à sa place.

La dame laissa échapper une exclamation de joie ; le marquis parut.

Il était vêtu à la dernière mode de la cour, malgré son âge déjà avancé ; il entra d'un pas léger, en fredonnant une ariette d'opéra, et il n'aperçut pas d'abord le jeune ouvrier.

— Vous m'avez fait demander, madame la marquise, — dit-il avec une galanterie ironique ; — c'est en vérité une bonne fortune ; nos entrevues sont si rares depuis quelque temps... — Pour toute réponse Elise lui montra du doigt avec un sourire infernal Etienne qui était derrière elle. — Ah ! vous êtes en compagnie ! — Le jeune homme poussa un cri sourd, profond, terrible. Ses yeux sortaient de son front, ses membres se crispaient frénétiquement.— Ma foi ! marquise, je ne vous fais pas compliment sur l'air aimable de vos visiteurs... — reprit Beaulieu avec insolence.

Etienne s'élança d'un bond vers la dame.

— Est-ce là? — demanda-t-il d'une voix stranglée ;— est-ce là le marquis de Beaulieu ?

— Eh mais ! — s'écria le marquis à son tour, — je reconnais ce drôle ; oui, pardieu ! c'est l'ancien prétendant de la petite Nina. La plaisanterie est charmante, madame, fort originale et fort gaie !

— Vous vous connaissiez donc ?

— Celui-là, — dit Etienne en rugissant, — celui-là c'est l'homme infâme qui m'a ravi ma fiancée ; c'est celui qui m'a foulé aux pieds, qui m'a fait déchirer le visage avec le fouet de ses laquais !

— Celui-là, c'est votre père ! — dit Elise avec énergie.

Le jeune homme recula d'un pas.

Beaulieu pâlit tout à coup, mais il ne perdit pas son apparente gaieté.

— Cette comédie peut être fort spirituelle, marquise ; mais je ne comprends plus, parole d'honneur! je ne comprends plus du tout.

— Eh quoi ! vous ne comprenez pas que cette vengeance dont je vous ai menacé si souvent je l'ai enfin accompli? Vous ne comprenez pas que ce jeune homme aux grossiers vêtemens qui est là devant vous, c'est votre fils, cet enfant oublié qui vient maintenant vous demander compte de tout ce que vous lui aviez volé !... Mais, j'y songe... c'est vous sans doute qui êtes le ravisseur de celle qu'il aimait. Votre Rosalinde, cette femme si fameuse déjà dans tout Paris par son luxe et sa coquetterie, c'est Nina, Nina la grisette, la fille du tourneur, Nina que vous avez flétrie...

Étienne lui saisit la main avec violence.

— Assez, madame, assez! — Le marquis tomba sur un siége comme fasciné par le regard de son fils; celui-ci s'approcha à pas lents, les bras croisés sur sa poitrine : — Les hommes comme vous, monsieur, sont des monstres... Ma mère est morte peut-être parce que vous étiez mauvais époux ; vous m'avez abandonné parce que vous étiez un mauvais père ; vous m'avez outragé et frappé parce que vous étiez riche et noble, et que j'étais pauvre et obscur ; vous m'avez enlevé Nina parce que vous êtes perdu de vices et de débauches... Tous mes maux, à moi, votre fils, viennent de vous ; tous les crimes dont je suis la victime sont votre ouvrage... Voici maintenant quelle sera ma vengeance : Je ferai connaître à la France entière les actions coupables du marquis de Beaulieu ; je revendiquerai ma fortune, et j'aurai le courage aussi de revendiquer ce nom qu'il a souillé. — Puis il se tourna vers Elise et lui dit d'une voix brève : — Madame, j'accepte tout ce que vous m'avez proposé ; demain il faut que le procès commence.

A ce mot le marquis, qui était resté foudroyé, se redressa avec effort.

— Un procès! Et des preuves, insensé? Croyez-vous que le témoignage de cette femme perfide puisse suffire ?

— Des preuves ? — reprit Etienne en ramassant les papiers qui étaient encore à terre, — en voilà monsieur ; et de sûres, de convaincantes... Fiez-vous-en à la haine de madame.

Il se disposait à sortir.

— Où allez-vous? — demanda la marquise ; — pourquoi déjà déserter nos projets ?

— Il faut que je dise adieu à ma famille d'adoption, à ma vie d'ouvrier, avant de commencer cette nouvelle existence de colère et de scandale ; mais je reviendrai, madame ; je reviendrai, mon père ; soyez-en sûrs :

Il descendit rapidement l'escalier,

Quand le bruit de ses pas cessa de se faire entendre, le marquis et Elise se regardèrent avec menace.

— Bien joué, marquise! mais ce jeune rustre, dont vous avez fait mon fils, ne sait pas tout le secret ; je pourrais le lui apprendre.

— Vous ne l'oseriez pas, monsieur.

IV

L'EXPIATION.

Trois mois s'étaient écoulés.

Le parlement de Paris avait été saisi de la cause, et, pendant que le procès s'instruisait, il n'était bruit dans toute la France que de ce fils, homme du peuple et de ce père grand seigneur.

Les mémoires qui furent lancés avec profusion dans le public, et dans lesquels toute l'histoire de Nina était racontée, contribuèrent à augmenter le scandale.

La cour elle-même, la cour de Louis XV, si indulgente d'ordinaire pour des crimes dont plusieurs de ses familiers s'étaient rendus coupables, n'osa prendre le parti de l'accusé.

Les philosophes, ces moralistes à tout propos qui régnaient alors sur l'opinion, s'emparèrent de ce texte pour déclamer contre le siècle et contre les mœurs.

Le peuple, qui était aussi intéressé par un côté au résultat de cette lutte, mêlait son exécration contre le marquis à l'exécration universelle.

Dès les premiers momens, les preuves présentées par Etienne et Elise avaient paru si claires, que le parlement n'avait pas hésité à ordonner le séquestre de tous les biens de la première dame de Beaulieu.

Le marquis, loin d'avoir conservé quelque chose de sa fortune patrimoniale, avait dépensé depuis vingt ans en prodigalités des sommes énormes provenant de la succession de la mère d'Etienne.

Aussi, dès que le séquestre fut ordonné, se vit-il dépossédé de tout, chassé de son hôtel, réduit presque à l'indigence ; et il ne devait guère lui rester d'espérance dans le jugement définitif qui allait avoir lieu, s'il était vrai, comme le bruit s'en était répandu, que le roi avait donné aux juges l'ordre exprès d'agir dans cette affaire avec la dernière rigueur.

La jour même où la sentence devait être prononcée au parlement, Etienne, vêtu avec l'élégance des jeunes courtisans, était assis tout rêveur dans une chambre somptueuse.

La marquise était près de lui et examinait en silence les divers sentimens qui se retraçaient les uns après les autres sur la physionomie expressive de son protégé.

— Eh bien ! madame, êtes-vous contente ? — dit enfin Etienne avec abattement. — Ai-je bien rempli mon rôle de diffamateur? Cet homme a-t-il été assez froissé, dépouillé, déshonoré ? Et ce coup, ce dernier coup qui doit le frapper aujourd'hui, ne tombera-t-il pas sur un coupable qui a déjà souffert tout ce qu'on peut souffrir avant la mort?

— C'était justice, monsieur, — répondit la marquise.

— Tenez, madame, — continua Etienne avec angoisse, — il faut que je me sois trompé, il faut qu'il y ait véritablement quelque chose de sacré dans ce titre de père, puisque j'éprouve des remords de ma conduite... Tant que j'ai vu riche et puissant l'homme à qui je dois mes chagrins, je l'ai détesté de toute la force de mon âme ; aujourd'hui qu'il est malheureux, je songe qu'il est mon père... Ah! s'il m'avait jamais donné une preuve de repentir, si une seule fois dans mon enfance il m'avait pressé affectueusement dans ses bras, comme ce bon et simple vieillard qui m'avait adopté !...

— Jamais un sentiment généreux n'a germé dans le cœur du marquis de Beaulieu ; ne songez qu'à notre vengeance. — Un bruit de pas se fit entendre dans l'antichambre. — Voilà sans doute, — dit la marquise, — un des valets que j'ai envoyés au Palais pour nous rendre compte de moment en moment de ce qui se passe au tribunal. — En effet, un valet de confiance parut aussitôt.
— Eh bien?

— Madame, le conseiller rapporteur vient de lire son mémoire ; il est tout en faveur de monsieur Etienne.

— Et que dit-on dans la foule?

— On dit que Sa Majesté vient d'envoyer à messieurs de la grand'chambre l'ordre de presser le jugement...

La marquise jeta sur Etienne un regard de triomphe.

— C'est bien, — reprit-elle, — retournez au parlement.

Le valet resta immobile avec un embarras évident.

— Madame... c'est qu'il y a en bas quelqu'un...

— Qui donc?

Le valet s'approcha de sa maîtresse et prononça un nom à voix basse.

— Qu'il n'entre pas! qu'il n'entre pas! — s'écria la marquise avec effroi.

— Mais, madame...

— Qu'il n'entre pas! vous dis-je, ou plutôt j'y vais moi-même.

Elle allait sortir quand la porte s'ouvrit et le marquis s'élança dans l'appartement.

— Arrière ! hors d'ici, monsieur ! Que voulez-vous ? — s'écria Elise en se plaçant devant lui.

Mais elle se sentit enlevée de terre avec légèreté par les deux mains du robuste Etienne.

— Ce n'est pas à vous de le chasser, puisque c'est moi qu'il vient voir, — dit une voix ferme à son oreille.

Elise se jeta avec terreur dans un fauteuil ; le père et le fils se trouvèrent encore en présence.

Le marquis n'avait plus l'extérieur et la contenance d'autrefois.

Son costume était simple, presque grave.

Ses cheveux gris, sans poudre et sans frisure, retombaient négligemment autour de sa tête.

Une expression morne et douloureuse avait remplacé sur son visage la moquerie et le dédain.

— Les rôles sont changés, monsieur, — dit-il à Etienne en l'examinant. — A vous les broderies maintenant, à moi la bure !

Ces paroles simples et vraies émurent profondément celui à qui elles étaient adressées.

— Qui vous amène ici, — demanda-t-il d'une voix altérée, — en ce moment où la lutte à mort que nous soutenons l'un contre l'autre va enfin se terminer ? Qu'attendez-vous de moi ?

— Rassurez-vous, monsieur, — répondit le marquis avec un reste d'ironie, — je ne viens vous demander rien pour moi-même... Quelque méprisable que vous me supposiez, j'aurai du moins la fierté de ne pas implorer celui que j'ai si cruellement outragé. — Il reprit après une pause : — L'issue de ce procès ne saurait être douteuse, monsieur ; je serai condamné. La honte, la misère, la prison sans doute, m'attendent au sortir de chez vous. Je viens vous implorer pour une pauvre jeune fille envers laquelle j'ai été aussi bien coupable. Elle est seule maintenant, abandonnée ; peut-être demain elle sera sans asile.... Elle a voulu voir son père et son père l'a repoussée avec horreur. Il ne lui reste que vous pour ami, vous qui comprenez ce qu'elle a dû souffrir... Monsieur, accordez-moi la seule grâce que je doive vous demander jamais.... prenez pitié de Nina !

— Vous avez donc un cœur ! — s'écria Etienne avec exaltation. — Dites, marquis de Beaulieu, est-il vrai qu'il y ait autre chose qu'un morceau de pierre dans votre poitrine ? N'est-ce pas là encore une ruse pour me tromper ?

— Défiez-vous de ce démon ! — s'écria la marquise.

Tout à coup des cris perçants retentirent dans l'intérieur de l'hôtel.

— Etienne ! Etienne ! — appelait une voix déchirante.

Tous les personnages de ce drame restèrent immobiles et attentifs.

Enfin la porte s'ouvrit, et une femme pâle, les yeux égarés, les cheveux épars, entra dans la chambre en chancelant.

C'était Nina.

Elle vint se précipiter aux genoux d'Etienne.

— Pardonnez-moi, mon frère ! — s'écria-t-elle en élevant vers lui ses mains jointes.

— Nina, au nom du ciel ! calmez-vous ; pourquoi ce désordre, cette pâleur, ce tremblement convulsif ?

Etienne et le marquis la transportèrent sur un sofa ; elle les remercia d'un signe de tête.

— Etienne, — reprit-elle, — si vous me revoyez couverte de honte, c'est que je vais mourir et que je n'ai pas voulu quitter ce monde sans avoir obtenu votre pardon !

— Mourir ! — répétèrent Etienne et le marquis en même temps.

— Oui, — répondit la jeune fille d'une voix entrecoupée, — écoutez-moi... Celui qui m'a perdue va m'abandonner ; mon père me repousse et me maudit ; et vous, Etienne, vous me méprisez... Il n'y a qu'un instant, un exempt de police est venu dans la maison que j'habite ; il m'a montré un ordre qui m'enjoint de quitter Paris sur l'heure... Alors j'ai vu combien j'étais tombée bas dans le vice, com-

bien j'étais méprisable aux yeux des hommes. Du poison était sous ma main ; j'ai tout pris... Oh ! dites-moi bien vite que vous ne me maudirez pas ! — Etienne arrosa de larmes les mains déjà glacées de Nina. — Pardonnez-lui aussi, — reprit-elle avec une nouvelle énergie en montrant le marquis qui restait sombre et comme écrasé de douleur à côté d'elle ; — pardonnez-lui, Etienne, car il se repent et il est votre père !

— Mon père ! mon père !

Etienne ouvrit les bras, le marquis allait s'y précipiter.

— Les juges se sont retirés dans la chambre des délibérations, — dit à haute voix le laquais qui revenait du tribunal ; — dans une demi-heure on pense que la sentence sera prononcée.

— Une demi-heure ! — s'écria Etienne.

Il se plaça à une table sur laquelle se trouvaient des plumes, de l'encre et du papier ; il se mit à écrire avec rapidité.

— Que faites-vous ? — demanda la marquise.

— Je rends au marquis de Beaulieu son honneur, son rang, sa fortune. J'écris aux juges que je retire ma plainte, que j'ai trompé tout le monde, que je me suis trompé moi-même...

— Malheureux ! mais alors on vous poursuivra comme imposteur.

— Qu'importe ! Et d'ailleurs je vais fuir. Tenez, tenez !

Le marquis prit le papier.

Une seconde fois le père et le fils allaient se précipiter dans les bras l'un de l'autre, quand la marquise vint se placer entre eux.

— Etienne, point de pacte avec cet homme, il est le meurtrier de votre mère.

— Horreur ! — dit le jeune Beaulieu en reculant jusqu'à l'autre bout de la chambre.

— Et voilà ma complice ! — hurla le marquis d'une voix de tonnerre en désignant Elise.

Etienne se pencha avec une sorte de délire vers Nina expirante.

— Entendez-vous, Nina, ce nouveau crime de ma famille ! Le voilà, ma sœur, ce grand monde que vous vouliez voir... L'avarice, l'ambition, la violence, le rapt, l'adultère, le meurtre, voilà ce qu'il cache dans ses palais de marbre, sous ses pompeux habits, sous ses voluptueux sourires ! Nina, vous êtes bien heureuse de mourir ! — La jeune fille tourna vers lui ses yeux éteints et laissa échapper son dernier soupir. Etienne la contempla un moment d'un air farouche. — Que me reste-t-il à faire ici ? — reprit-il avec égarement. — Est-ce donc à moi de venger tous ces crimes que je découvre à chaque pas ? Eh ! que me font les infamies de ces riches et de ces nobles ; je ne suis pas riche, je ne suis pas noble, moi ! je n'ai pas de famille, je suis Etienne, l'enfant trouvé, l'ouvrier tourneur ; j'ai été élevé par charité dans la boutique d'un artisan... je suis du peuple, moi, et je retourne au peuple !

— Il voulut sortir ; le marquis et la marquise se placèrent devant lui. — Que me veulent ces étrangers ? — s'écria-t-il avec un éclat de fureur qui les fit trembler ; — je ne vous connais pas.

Il s'élança hors de la chambre et disparut.

Le marquis profita du moment ; il courut au palais de justice, présenta la déclaration d'Etienne, et le jugement fut différé.

Bientôt l'affaire s'assoupit, et, l'accusateur n'étant plus là pour faire valoir ses droits, Beaulieu fut réintégré dans tous ses biens.

Un an après environ, quand on eut oublié les évènemens que nous venons de rapporter, le vieux Patureau et sa fille Victorine travaillaient paisiblement un soir dans l'arrière-boutique.

Etienne entra en chantant une chanson de compagnonnage.

Ses habits grossiers étaient couverts de poussière ; il portait sur son dos un mince paquet qui semblait contenir toute sa fortune ; il s'appuyait sur une canne de voyage.

Le père Patureau et la jeune fille poussèrent à la fois un cri de joie,

— J'ai fini mon tour de France, mon père, — dit-il en les embrassant cordialement, — et je viens réclamer la main de Victorine afin de ne plus vous quitter ! — Aucun souvenir du passé ne sembla troubler sa tranquillité. Seulement, quand il aperçut son tablier de cuir et sa veste de travail, qui étaient restés suspendus dans l'arrière-boutique pendant son absence, il passa la main sur son front et dit d'une voix triste : — Mon Dieu ! mon père, que j'ai fait un rêve affreux !

Le marquis de Beaulieu ne tarda pas à mourir.

Dans son testament, il reconnut solennellement Etienne pour son fils et son héritier.

Etienne donna les biens aux hospices et succéda à son père adoptif dans son commerce de tournerie, le jour où il épousa Victorine.

Quant à la marquise de Beaulieu, elle se fit dévote et mourut, dit-on, en odeur de sainteté.

FIN DU MARQUIS DE BEAULIEU.

LES DEUX MOURANS

I

B... est un de ces élégans villages des environs de Paris où la partie privilégiée de la population parisienne vient chercher, pendant la belle saison, l'air vital et le soleil bienfaisant de la campagne. Assis d'une manière pittoresque au bord de la Seine, il est dominé par des coteaux dont la ligne sévère se découpe majestueusement sur un ciel pur, comme dans un tableau du Poussin. Au penchant de ces coteaux, parmi les massifs d'arbres exotiques et d'arbustes fleuris, apparaissent de blanches villas italiennes, des cottages anglais, voire des châteaux gothiques en miniature, produits hybrides d'imaginations déréglées, mais ornemens variés pour l'ensemble du paysage. Le village lui-même s'allonge démesurément, afin d'accompagner les courbes capricieuses de la rivière. Par intervalles, la locomotive d'un chemin de fer passe à l'horizon, en déployant son panache de fumée, et déchire l'air de ses lugubres sifflemens.

Deux habitans notables de B... suivaient en sens inverse la chaussée ombragée d'arbres qui côtoie la Seine et se rencontrèrent à l'endroit le moins large de la voie publique ; c'étaient le curé et le médecin du village. L'abbé Roger, le curé, petit vieillard grassouillet, au teint frais, soigné dans sa mise, avait la bonhomie et la simplicité bienveillante d'un prêtre campagnard ; néanmoins on jugeait à l'inflexibilité de sa taille, à la vivacité de son geste, que la fermeté du caractère ne devait pas lui faire défaut au besoin. Le docteur Mignot, à peu près de même âge, avait déjà l'œil cave et le dos voûté. Il tenait à la main son chapeau à larges bords, et l'on pouvait voir son front chauve, poli comme l'ivoire, où se reflétaient les fatigues et les soucis de sa rude existence. Malgré l'aménité apparente de ses traits, son sourire fin, son regard moqueur trahissaient un certain penchant pour la controverse et l'épigramme.

Mignot et l'abbé Roger s'étaient rencontrés bien des fois, soit au lit des malades, soit dans les réunions bourgeoises de la localité, et peut-être avaient ils rompu l'un contre l'autre plus d'une lance. Mais, comme ils ne pouvaient s'empêcher de s'estimer, malgré la divergence de leurs opinions, ils ne cherchèrent pas à s'éviter. D'ailleurs, l'homme de science croyait avoir en ce moment un avantage secret sur l'homme de religion, et il lui tardait de s'en prévaloir. Il s'avança donc le premier et salua d'un air de familiarité amicale ; le curé s'arrêta, rendit le salut, mais avec une réserve évidente.

Après quelques paroles de politesse, le médecin reprit :

— Sans doute, mon cher curé, vous allez visiter le père Simonnet, ce vieux bonhomme qui habite le petit chalet au bout du village ? Je compte le voir aussi, mais je ne suis pas sûr de le retrouver vivant, car son état me semble désespéré... Vous ne devez pas avoir eu grand mal avec lui, l'abbé ; Simonnet est tout à fait *des vôtres*... Quant à moi, je me rends à cette maison blanche que vous voyez là-bas, chez le célèbre monsieur Laboissière, un des princes de la science, comme on dit aujourd'hui. Cette gloire nationale ; je le crains, va s'éteindre aussi d'un moment à l'autre.

— Quoi ! docteur, monsieur Laboissière serait-il si mal ?

— Il est si mal que peut-être, comme Simonnet, ne passera-t-il pas la journée. Son asthme le suffoquera certainement à la première crise, et nous n'y pouvons rien. Ainsi donc, mon cher abbé, — poursuivit Mignot avec malice, — monsieur Laboissière ne vous a pas fait appeler encore ?

— Non, — répondit simplement le curé, — mais, puisqu'il est en danger de mort, mon devoir est d'aller lui offrir, comme à mes autres paroissiens, les secours de la religion... Avec votre permission, docteur, je vais vous accompagner chez monsieur Laboissière.

— Vous ! — demanda le médecin en ouvrant de grands yeux, — vous simple curé de campagne vous songeriez à convertir un des premiers physiologistes de notre époque, l'adversaire invincible de tous les spiritualistes du monde savant ?

— Et pourquoi non, docteur ? Je puis du moins l'essayer ; encore une fois, c'est mon devoir. Si donc vous voulez me servir d'introducteur...

Mignot le regardait toujours d'un air effaré; enfin il partit d'un éclat de rire :

— Il le ferait, — s'écria-t-il, — sur mon honneur! il le ferait comme il le dit; ces gens d'église ne doutent de rien... Voyons, curé, croyez-vous que le grand Laboissière se tiendrait coi et muet devant votre parole, avec la complaisance des bonnes vieilles femmes que vous prêchez le dimanche? Il sait penser et parler celui-là; et, franchement, il pourrait se trouver trop fort pour vous... D'un autre côté, je vous apprendrai qu'il n'a pas besoin qu'on l'aide à bien mourir. Il voit sa position réelle et il la considère avec la fermeté d'un homme de cœur, avec le stoïcisme d'un sage. Toute votre éloquence se briserait contre son indomptable énergie.

— Je ne suis rien par moi-même; mais la vérité que je suis chargé d'annoncer peut vaincre les forts et rabaisser les superbes. Celui qui parle par ma bouche opère de plus grands miracles que de convertir à la dernière heure un savant matérialiste... Quant à l'énergie que vous vantez, j'ai vu mourir bien des personnes pendant ma longue carrière, et j'ai toujours constaté que les incrédules étaient pusillanimes devant la mort.

— Oh! pour le coup, l'abbé, vous calomniez les sceptiques, et, en ne citant que des noms fameux, C..., D... et A... sont morts avec le plus grand courage.

— On l'assure, en effet; mais l'incrédulité a son orgueil aussi, et l'esprit de parti dénature toutes choses. Un observateur impartial, mis en présence de ces personnages célèbres quand ils avaient conscience de leur fin prochaine, eût certainement découvert en eux des signes de faiblesse. La mort pour ces malheureux est l'abîme du néant; or les nerfs les plus solides tressaillent dès qu'apparaît l'abîme... Pour moi, je vous le répète, je n'ai rien observé de pareil. Au contraire, la chair et le sang n'ont jamais manqué de se troubler au moment décisif, et la religion seule a pu donner aux mourans la force de franchir courageusement le terrible passage.

— Eh! ne vous ai-je pas dit cent fois, curé, la cause de votre apparente victoire? D'ordinaire, chez les mourans, l'intelligence est souffrante, brisée, comme l'organisme. Dans l'état de prostration physique et morale où vous les prenez, ils n'ont plus de vigueur pour la lutte, ils subissent irrésistiblement toutes les influences. Et puis l'ardeur de votre zèle, les convenances, souvent des obsessions de famille... Mais Laboissière ne se trouve pas dans les mêmes conditions. Son cas est un de ces cas rares où l'on conserve jusqu'au dernier souffle l'usage de ses facultés. Il connaît sa maladie aussi bien que moi-même; il en apprécie les incessans progrès avec un admirable sang-froid. Il continue de penser et d'agir; son esprit n'a rien perdu de sa lucidité, de son ressort; rien ne fléchit dans cette âme de bronze. C'est la fermeté d'un Romain et la résignation d'un musulman fataliste... Eh bien! curé, puisque vous le désirez, je suis prêt à vous présenter chez Laboissière; il est homme du monde, plein desens; il vous recevra poliment, du moins je l'espère...

— Merci, docteur; je courrai, s'il le faut, les chances d'un mauvais accueil... Partons, et, en quittant la maison Laboissière, nous pourrons nous rendre ensemble chez Simonnet.

— C'est entendu; mais vraiment, curé, votre assurance me confond! Songez donc que vous allez vous heurter contre une des plus puissantes intelligences de ce temps-ci! Je tiendrais à vous prouver qu'un sceptique peut bien mourir; mais je voudrais aussi vous épargner une démarche inutile et peut-être... une humiliation.

— Je sers un Dieu d'humilité, — répondit l'abbé Roger avec un sourire.

— Soit; je vous ai prévenu... Mais, morbleu! l'abbé, vous méritez une leçon, et vous allez la recevoir, j'en suis sûr. Partons donc!

Ils s'avancèrent côte à côte vers la maison Laboissière. Tout en causant, le médecin conservait son air dédaigneux et narquois, le curé son air de bonhomie paisible.

II

Laboissière était en effet un de ces hommes éminens dont ..ur pays cite le nom avec orgueil. Depuis plus de quarante ans, il occupait du résultat de ses études tous les esprits sérieux. Naturaliste, physicien, chimiste, mathématicien, il avait contribué pour sa part à toutes les grandes découvertes scientifiques de notre époque. De Londres à Berlin, de Florence à Stockholm, ses opinions étaient accueillies avec respect; ses jugemens faisaient autorité dans la science; d'un mot il ruinait une théorie naissante ou donnait la sanction à un principe de création nouvelle. Cependant, en dehors du cercle des faits, ses idées avaient rencontré parfois les oppositions les plus vives. Hardi et novateur, il ne reculait jamais, comme certains de ses collègues, devant les conséquences rigoureuses de ses doctrines. De là des luttes passionnées où, nous devons le dire, il n'avait pas toujours eu l'avantage. Mais, vainqueur ou vaincu, rien n'avait pu abattre cet esprit hautain, qui se lançait sans autre guide que lui-même dans les aventures de l'inconnu. Toutefois, les honneurs, les dignités, les plus flatteuses distinctions n'avaient pas manqué à Laboissière, malgré l'audace de ses idées. Sa voix éloquente parlait à la jeunesse studieuse du haut de plusieurs chaires; les souverains lui prodiguaient des pensions et des titres; toutes les sociétés savantes de l'Europe voulaient le compter parmi leurs membres; et, au milieu de cette gloire, due à d'illustres travaux, il conservait cette indépendance qui convient à la royauté du génie.

La maison de campagne que Laboissière habitait au village de B... avait quelque chose du caractère grave de son propriétaire. C'était un bâtiment élevé d'un seul étage et construit en pierres, dont la fondation remontait au milieu du siècle dernier. Il avait servi primitivement de maison de retraite à un couvent de Paris, et, malgré la couche de badigeon qui le couvrait maintenant, il conservait un aspect froid, ascétique, claustral, qui rappelait son origine. Il était séparé de la voie publique seulement par une cour étroite; mais des murs élevés et une grille de fer doublée d'une cloison de bois faisaient obstacle à la curiosité des passans. De l'autre côté de l'habitation s'étendait un jardin carré, rectiligne, presque inculte. Une allée de charmilles, sombre et touffue, en dessinai. les limites et donnait surtout à la propriété cet air triste et solitaire qui contrastait avec la gaieté des habitations voisines.

Quand le médecin et le curé atteignirent la grille, ils la trouvèrent hospitalièrement ouverte. Plusieurs voitures, qui semblaient venir de Paris même, étaient arrêtées devant la maison. Mais le concierge avait reçu sans doute une consigne sévère, car personne ne pouvait être admis auprès du maître. Après avoir demandé des nouvelles et s'être inscrits sur une liste spéciale, les visiteurs étaient obligés de repartir aussitôt.

Mignot savait qu'une pareille consigne ne le concernait pas; aussi passa-t-il devant la loge en se contentant d'adresser au portier un signe de reconnaissance. Le portier, de son côté, le salua respectueusement; mais, à la vue du curé, un grand étonnement se peignit sur son visage, et il demeura bouche béante.

Mignot et l'abbé Roger traversèrent la cour et montèrent un escalier de pierre à rampe de fer qui conduisait au premier étage. Le docteur ayant poussé une porte, ils entrèrent dans une espèce d'antichambre où se tenait une gouvernante. Une voix qui partait d'une pièce intérieure faisait la lecture; ce bruit continu, régulier, monotone, ressemblait au murmure sourd d'une fontaine.

— On prie là-dedans, — dit le bon curé dont le visage s'épanouit.

— On étudie encore comme on a étudié toute la vie, — répliqua le docteur.

Cependant la gouvernante s'était levée avec empressement. Quand Mignot se mit à la questionner au sujet de son maître, elle secoua la tête :

— Ah ! monsieur le docteur, — répliqua-t-elle, — vous oubliez qu'*il* ne peut plus aller bien... La nuit a été mauvaise ; monsieur Charles et moi, nous ne pouvions parvenir à le calmer. Il parlait toujours, et il disait des choses superbes que je ne comprenais pas. Il s'en va et il le sait bien, car il sait tout. Cependant, — ajouta-t-elle en regardant le prêtre avec embarras, — il n'avait pas demandé, je crois...

— Pensez-vous donc qu'il me reçoive mal, ma bonne ? — dit timidement l'abbé Roger.

— Vous recevoir mal ! non, monsieur, il en est incapable. Un homme si doux, si affable ! Je le sers depuis bien des années, et il ne m'a jamais adressé une parole plus haute que l'autre... Avec cela, une vie si simple, si régulière ! Il n'a causé de tort à qui que ce soit... Aussi ne doit-il avoir aucun péché sur la conscience, et, peut-être monsieur le curé, allez-vous le tourmenter inutilement.

— Nous sommes tous pécheurs, ma fille ; et, quoique votre maître n'ait pas mal vécu, il peut avoir besoin, comme les autres, des secours de la religion à cette heure solennelle.

— Monsieur n'est pas un homme ordinaire, et ce qui est vrai pour les autres n'est pas vrai pour lui... Mais entrez, messieurs, vous pouvez entrer ; vous le trouverez avec son neveu, monsieur Charles, qui lui sert de secrétaire... Tenez, mes bons messieurs, — poursuivit la gouvernante en baissant la voix, — vous accompliriez une action méritoire si vous pouviez, l'un ou l'autre, le décider à faire enfin son testament. Le notaire s'est présenté déjà deux fois inutilement, et il va revenir tout à l'heure. Je ne parle pas pour moi, quoique je sois depuis trente ans bientôt au service de monsieur et que je ne puisse plus gagner mon pain si l'on me renvoie, mais pour ce pauvre monsieur Charles, qu'il a élevé comme son fils. Le digne jeune homme, bien qu'il appelle monsieur Laboissière son oncle, est seulement son parent très éloigné. Si notre maître vient à mourir sans testament, ses biens passeront à son frère, qui est encore plus riche que lui, et avec lequel il est brouillé, tandis que son pupille vivra dans la gêne. Cependant si vous saviez comme ce brave enfant le soigne avec dévouement ! Il ne le quitte pas ; voilà quatorze nuits qu'il ne s'est couché. C'est une patience, un zèle, une tendresse dont on n'a pas d'idée... Or, que deviendra-t-il si monsieur persiste à congédier le notaire et à ne pas vouloir faire ses dernières dispositions ?

— Cette obstination annonce un esprit troublé, — dit l'abbé Roger tout pensif.

— Bah ! — répliqua le médecin, — on fatigue les malades de sollicitations qui finissent par les irriter.

— Monsieur Charles du moins n'a pas commis une pareille faute, — reprit la gouvernante, — et il m'a bien défendu d'importuner monsieur à ce sujet. Mais que voulez-vous ? c'est plus fort que moi... Monsieur n'a-t-il pas déclaré cent fois qu'il voulait donner tout son bien à son jeune parent ? Vous le voyez, il y aurait conscience à dire quelques mots en faveur du pauvre orphelin, et je vous conjure, dans l'occasion, de ne pas y manquer.

Mignot et l'abbé Roger firent la promesse demandée, et, laissant la bonne femme un peu rassurée par cette condescendance, ils entrèrent à pas légers chez Laboissière.

La chambre était fort sombre ; les persiennes fermées et les doubles rideaux interceptaient le jour. Cependant, après quelques secondes, les yeux des visiteurs, s'habituant à l'obscurité, parvinrent à distinguer tous les détails de cette chambre mortuaire.

Elle était vaste et nue ; le mobilier très simple, auquel on avait ajouté quelques accessoires comfortables, suffisait dans une maison de campagne habitée seulement pendant un ou deux mois de la belle saison. Les murs, tendus en papier de couleur foncée, n'offraient d'autre ornement qu'un portrait en pied représentant Laboissière en costume officiel, avec tous ses ordres et toutes ses décorations. Ce portrait, œuvre d'un de nos artistes les plus célèbres, trônait seul dans cette grande pièce, et reproduisait assez bien la personnalité puissante mais exclusive de l'orgueilleux savant.

Des papiers, des livres, des brochures dont, pour la plupart, les bandes n'étaient pas encore enlevées, encombraient les consoles, les tables et jusqu'aux fauteuils. En face de l'alcôve, un bureau d'acajou marquait la place de Charles Stainville, le parent, le secrétaire et le disciple de Laboissière. Charles, à l'arrivée des visiteurs, avait interrompu sa lecture à haute voix et s'était levé poliment pour les recevoir. C'était un grand jeune homme mince, pâle, à la figure douce et intelligente. Ses yeux étaient rougis par les veilles et la fatigue, ses vêtemens négligés attestaient son insouciance de lui-même dans l'accomplissement de ses devoirs. Plein d'affection pour son tuteur, pénétré de respect et d'admiration pour son illustre maître, il s'était mis tout entier à son service, cœur, tête et bras. Il ne le quittait ni le jour ni la nuit ; il s'honorait de lui rendre les plus humbles offices, de prévenir ses moindres désirs. Tantôt il lui faisait la lecture des ouvrages nouveaux qu'on ne cessait d'adresser à Laboissière, tantôt il rédigeait sous sa dictée des notes toujours impatiemment attendues par le monde savant ; il était son esclave, son martyr. Non pas que Laboissière se montrât dur et égoïste envers son jeune parent, mais il en était venu à considérer l'aveugle soumission des personnes qui l'entouraient comme chose naturelle et qui lui était due. D'ailleurs, sévère pour lui-même, infatigable dans ses études, il ne comprenait pas que d'autres pussent avoir des ménagemens pour leur santé ; le travail lui semblait avoir assez de charmes pour dédommager les plus pénibles efforts.

Mais l'attention de l'abbé Roger et de Mignot se dirigea tout d'abord vers Laboissière lui-même. Son lit occupait l'alcôve, dont les rideaux, en partie baissés, affaiblissaient encore la lumière autour de lui. Des oreillers soutenaient la partie supérieure de son corps, et il était comme assis dans sa couche. Sur ce fond obscur se détachait une tête majestueuse, au front large, couronnée de rares cheveux blancs. Le visage était maigre et livide ; les membres étaient alanguis. Les bras, dégagés de couvertures, retombaient inertes par intervalles. En revanche, les yeux n'avaient rien perdu de leur éclat, de leur puissance. Il semblait au contraire qu'ils se fussent agrandis, et que l'âme, la pensée, la vie s'y fussent concentrées. Il en sortait des éclairs comme ceux que produit un miroir quand on l'agite au soleil, mais, en même temps, ils avaient une fixité, une pénétration que peu de personnes eussent pu supporter. C'était de l'intelligence pure qui rayonnait ainsi, c'était un fluide d'une nature supérieure et mystérieuse qui se dégageait de cette prunelle ardente. Il ne se trouvait pas un point de cette pièce obscure où l'on ne crût sentir, comme une flèche de feu, l'atteinte de ce regard dominateur.

Mignot, quoique blasé sur de pareilles scènes, et l'abbé Roger, malgré la confiance qu'il tirait de l'élévation et de la sainteté de son ministère, s'étaient arrêtés respectueusement, après avoir fait quelques pas. Laboissière ne pouvait voir encore le prêtre, que lui cachait un rideau.

— Laisse cette brochure, Charles, — dit-il à son secrétaire avec un enjouement peut-être un peu forcé ; — décidément le temps me manque pour apprécier la doctrine nouvelle de mon confrère de Berlin... Il est temps de fermer le livre... Voici le bon docteur qui va m'engager sans doute à écrire le mot *fin* au bas de mon dernier ouvrage.

— Et il fit entendre un petit rire qui dégénéra en toux douloureuse. Cependant le docteur s'était approché de l'alcôve. Prenant d'une main une montre à secondes posée sur la table, de l'autre il chercha le pouls du malade. Il y eut un moment de silence profond. — Eh bien ! docteur, — demanda enfin Laboissière, — combien de pulsations ?

— Je me serai trompé sans doute, — répliqua Mignot avec quelque embarras ; — on y voit si mal ici que je dis tingue à peine l'aiguille...

— Pas d'enfantillage, docteur, vous savez que j'exige la vérité... combien de pulsations?

— Mais... soixante, je crois.

— Soixante! alors j'ai encore baissé; il y a une heure que j'en trouvais soixante-deux ; aucune illusion n'est plus possible, ce qui doit arriver arrivera bientôt.

— Il ne faut pas raisonner si rigoureusement; la moindre émotion aura pu causer ce symptôme; d'ailleurs la tension continuelle de vos facultés quand vous êtes déjà si faible...

— Laissez donc, le travail me fait du bien, — répliqua le malade avec une sorte d'impatience; — il m'aide à chasser des idées... fort peu riantes.

En ce moment Laboissière tressaillit, il venait enfin d'apercevoir le curé immobile derrière la draperie.

— Un prêtre! — s'écria-t-il d'une voix vibrante ; — qui l'a mandé? que me veut-il? — Le digne ecclésiastique fut intimidé en voyant la répulsion qu'il inspirait. Mais bientôt les dispositions du mourant changèrent à son égard.

— Eh! c'est, je crois, monsieur le curé de B... qui vient rendre visite à son paroissien? — reprit-il d'un ton poli.— Je craignais encore qu'une de ces éloquentes robes du haut clergé ne se fût glissée jusqu'ici... Soyez le bienvenu, monsieur le curé! Charles; mon enfant, un siége, je te prie.

Son neveu s'empressa d'avancer un fauteuil. L'abbé Roger, un peu rassuré, s'assit modestement.

— Monsieur, — balbutia-t-il, — je venais, en ma qualité de voisin et sous les auspices du docteur Mignot, m'informer des nouvelles de l'homme illustre qui.... que...

Le regard perçant et le sourire amer du malade l'empêchèrent d'achever.

— Ne cherchez pas de prétextes, curé, — interrompit Laboissière ; — je devine la cause réelle de votre visite, et vous voyez que je ne vous repousse pas... Un cardinal et deux archevêques, sans compter bon nombre de théologiens du premier ordre, ont essayé inutilement ce que vous voulez tenter aujourd'hui; mais un simple prêtre de village tel que vous a beaucoup plus de chances de succès... D'ailleurs, — poursuivit-il avec une certaine émotion, — lors des tentatives dont je parle, j'étais robuste et bien portant; j'entrevoyais à peine la mort dans un vague lointain ; à présent je suis suspendu par un fil au-dessus d'un gouffre sans fond, à présent je me trouve fatalement placé devant ce terrible problème du to be or not to be (1), et je sens que les choses ont singulièrement changé d'aspect... Oui, oui, causons, monsieur le curé; j'y consens volontiers. — L'abbé Roger jeta un regard de triomphe sur le docteur, qui se leva et fit mine de quitter la chambre avec Charles. Laboissière les retint du geste :
— Où allez-vous ? — demanda-t-il aigrement, — croyez-vous que nous en soyons déjà là ?... Restez, restez, je le veux; vous pourrez entendre tout ce que je dirai à monsieur le curé. — Mignot, à son tour, adressa un sourire moqueur au prêtre; puis, versant dans une cuiller quelques gouttes d'une potion calmante, il les fit boire au malade. Celui-ci reprit bientôt d'un ton d'impatience : — Je vous écoute, monsieur le curé; voyons votre solution du to be or not to be... Vraiment, dans ma situation actuelle, cette question a des proportions formidables! Parlez, parlez donc, je suis prêt à vous répondre.

— Quoi ! — demanda le prêtre avec un mélange d'étonnement et de tristesse, — allez-vous discuter avec moi?

— Et, vous-même, pensez-vous que j'accepterais une opinion sans examen? Ma raison peut s'abaisser, elle ne peut pas s'anéantir. Avez-vous jamais lu mes ouvrages, monsieur ?

(1) Être ou n'être pas.

— Jamais, — répliqua naïvement l'abbé Roger.

— Je m'en doutais; si vous les aviez lus, vous comprendriez combien il faut que mes idées se soient modifiées récemment pour que je provoque moi-même cette discussion, avec un désir ardent de la voir tourner contre moi... Mais ce terrible to be...! Allons! ne perdez pas de temps, j'écoute.

— Mon oncle, — dit timidement Charles, — ne craignez-vous pas qu'une conversation trop animée...

— Paix! — commanda le savant d'un ton péremptoire. Il y eut un silence. Le bon ecclésiastique semblait à la fois cruellement embarrassé et découragé. L'attitude du mourant n'annonçait pas ce désarmement de l'orgueil humain, cet assouplissement des facultés, conditions premières de la foi ; et le curé campagnard, dans son humilité chrétienne, hésitait à se mesurer avec ce redoutable champion de l'incrédulité. Cependant, après s'être un peu recueilli, il reprit d'une voix douce et onctueuse :

— Votre condescendance, monsieur, m'avait fait croire d'abord que la grâce divine avait touché votre cœur ; il n'en est rien, malheureusement; Dieu ne vous a donné encore que le désir sincère de trouver la vérité, et je vais tenter de vous la faire connaître à des signes certains... Saint Augustin, qui fut homme du monde avant de devenir un des plus illustres Pères de l'Eglise, dit quelque part, dans la Cité de Dieu...

— Ne me parlez pas des Pères de l'Eglise, — interrompit Laboissière avec véhémence; — je ne saurais admettre leur autorité. Ils ont pris tous la révélation pour point de départ, et c'est précisément la révélation qu'il faudrait démontrer d'abord.

— Eh bien ! si vous niez l'autorité des Pères de l'Eglise, vous ne nierez pas du moins celle des philosophes profanes. Le plus grand de tous, Platon, le disciple de Socrate, a soutenu dans ses immortels écrits...

— Ne me parlez ni de Platon, ni de Socrate, ni de ces outres gonflées de vent qu'on appelle des philosophes ! — repartit Laboissière d'un ton d'indignation et de mépris.— Socrate et Platon surtout ont été comme des fléaux pour l'humanité; ils l'ont poussée dans cette voie d'idées folles, d'argumentations vides, de discussions oiseuses, de chimères, où elle s'embourbe depuis tant de siècles, quand elle avait tout le monde des faits scientifiques à découvrir. N'est-ce pas en effet Platon qui a publié cette sotte et funeste maxime : gnôti seauton (connais-toi toi-même)? N'est-ce pas là l'origine de ces hypothèses absurdes et sans fin auxquelles donne lieu le monde moral, qui est imaginaire, au détriment du monde réel? Rien que pour avoir débité le premier cette maxime, Socrate aurait mérité de boire la ciguë. Avant ce fatal gnôti seauton, les intelligences d'élite semblaient être sur les traces de la science. Elles avaient bien compris que, pour expliquer l'homme, il fallait commencer par expliquer le milieu dans lequel il vivait, l'ensemble de la création avant l'espèce de la créature. Je vous le répète, elles étaient sur les traces de la science. Thalès de Milet avait découvert le neptunisme de Werner ; Héraclite, l'éternel plutteur, avait deviné le vulcanisme de Leibnitz : par malheur, le problème cosmogonique était insoluble sans des études préalables. Il y avait nécessité d'abord, pour le résoudre, de connaître parfaitement les élémens et les forces qui constituent l'univers, c'est-à-dire de créer des sciences d'analyse, la physique, la chimie, l'astronomie, la géologie, la paléontologie. Toutefois ces philosophes de l'Orient et de la Grèce étaient dans le vrai ; l'odieux gnôti seauton vint tout gâter. Les esprits se détournèrent de la contemplation du monde extérieur si lumineux pour se concentrer dans l'observation exclusive d'eux-mêmes, microcosmes ténébreux où nulle loi n'est fixe et certaine. Alors commencèrent ces controverses éternelles sur des sujets inutiles, ces argumentations à perte de vue sur des bagatelles, ces sophismes, ces folies de parole qui prodiguent en pure perte l'intelligence humaine; alors commencèrent ces prétendues sciences de raisonnement, qui sont à la véritable science ce que les rêves d'un malade sont à la réalité; alors les mots remplacèrent les choses, l'étude des phénomènes physiques dut céder la place aux nébuleuses visions de quelques oisifs. La Grèce d'abord, puis l'école d'Alexandrie, puis la scolastique du moyen âge, occupèrent de leurs sonores et pédantesques bavardages l'attention qui eût pu se fixer sur des faits incontestables. Nous autres, enfans de la science moderne, nous avons enfin détourné l'humanité de ses anciens erremens; mais il a fallu plus de vingt siècles pour qu'elle s'aperçût de la fausse route où l'avait lancée le *gnôti seauton*. Vous voyez donc, monsieur, que ni Platon ni Socrate ne sauraient être des autorités pour moi !

Laboissière avait parlé très chaleureusement, comme s'il eût développé un de ses thèmes favoris, et il s'arrêta épuisé. Son neveu l'obligea de prendre encore une cuillerée de cordial, en lui reprochant doucement de s'échauffer ainsi.

Cependant le bon curé demeurait frappé de stupeur; ces opinions, nouvelles pour lui, le révoltaient. Il avait entrevu, comme à la lueur d'un éclair, les immenses ravages, les ruines, la dévastation que le scepticisme avait fait dans cette âme.

— Monsieur, — demanda-t-il, — je me serai trompé ou je vous aurai mal compris, sans doute. Il m'a semblé que vous alliez jusqu'à nier absolument... le raisonnement humain !

— Pas absolument, mais...

— Alors, bon Dieu ! — s'écria le prêtre épouvanté, — à quoi pouvez-vous donc croire ?

— En dehors des vérités mathématiques, je ne crois qu'aux faits matériels et à leurs déductions immédiates, — répliqua le savant avec une sorte d'emphase. — Je dis à leurs déductions immédiates, car j'ai trouvé presque toujours en défaut cette science boiteuse qu'on appelle la logique. Ces raisonnemens qui s'engendrent l'un l'autre tournent à l'absurde dès qu'ils commencent à s'éloigner du point de départ. Je crois au sens commun, mais je ne crois pas à la logique. A une certaine distance du fait, la vérité devient multiface, et il n'est plus de mensonge qui ne puisse être soutenu par d'excellens argumens.

— Mais alors vous niez le monde moral presque tout entier ? — Laboissière sourit avec dédain. — Est-il possible, — s'écria le prêtre en levant les yeux et les mains au ciel, — qu'une grande intelligence ait pu atteindre cet effrayant résultat !... Et maintenant, que nous servirait de poursuivre cet entretien ? — continua-t-il d'un air d'abattement et de consternation ; — un espace vaste comme tous les déserts de l'Arabie nous sépare l'un de l'autre ; nous ne parlons pas la même langue... que me reste-t-il à faire ici ?

— Oh ! ne me quittez pas... causons encore ! — s'écria Laboissière dans une agitation extrême ; — j'ai eu tort de vous laisser voir... ma fâcheuse habitude m'a emporté trop loin... Ne me quittez pas, je vous en supplie. Tenez, l'abbé, — ajouta-t-il d'un ton déchirant, — je vais vous ouvrir mon cœur : depuis que mon état est désespéré, je m'efforce de paraître calme et stoïque ; je me réfugie dans le travail afin d'échapper à la pensée qui a fini par triompher de moi... Peu m'importe qui l'entende : j'ai peur de la mort !... oui, j'ai peur, parce que la mort, c'est la fin de l'être, c'est l'extinction de l'individualité. Je suis, et dans quelques instans je ne serai plus. *N'être pas* cela paraît horrible quand on *est* encore... O monsieur le curé ! on dit que vous autres prêtres vous êtes obligés par devoir de vous montrer compatissans et charitables ; je vous adjure donc, par pitié, par charité chrétienne, ne m'abandonnez pas !

Quand le fier savant avait laissé échapper, comme un cri de désespoir, cet aveu : « J'ai peur de la mort ! » aveu qui semblait arraché par d'atroces tortures, le curé n'avait pas songé à regarder le docteur. Tout souvenir de la discussion antérieure s'était effacé de son esprit; il ne pouvait plus s'occuper maintenant que de cet homme

souffrant, déchiré, martyr de lui-même, qui implorait son appui.

— Eh bien ! soit, mon fils, — reprit-il, — je ne vous refuse pas les consolations qu'il est en mon pouvoir de vous donner ; mais, à votre tour désignez vous-même les points sur lesquels vous désirez être éclairé, et je m'efforcerai de vous répondre d'une manière satisfaisante.

Cette promesse apaisa le mourant ; il devint rêveur.

— Monsieur le curé, — dit-il enfin, — connaissez-vous les ouvrages de Cuvier, de Lamark, de Bory-Saint-Vincent?

— Je ne les connais pas.

Laboissière eut comme une rechute d'impatience.

— Eh ! que connaissez-vous donc ? — demanda-t-il.

— L'Evangile, mon fils.

— Que dit cet Evangile ?

— Que celui qui croit vivra.

— Vivre ! oh ! je veux vivre... Mais pourquoi ne puis-je croire ?

— La foi est un don que le Seigneur accorde à ceux qui sont simples de cœur.

— Pourquoi ne me l'accorde-t-il pas à moi? J'ai toujours passionnément aimé la vérité ; depuis ma première jeunesse, je passe les jours et les nuits à la chercher ; j'ai blanchi, je me suis usé à la peine... Pourquoi n'ai-je pas la foi comme les autres ? Pourquoi faut-il que je meure dans le désespoir?

— Parce que vous n'avez eu confiance qu'en votre raison, parce que vous avez pris pour un astre du ciel une lueur trompeuse qui vous a égaré dans les marais et vous a conduit dans un gouffre de boue.

— Mais la raison elle-même n'est-elle pas un présent de Dieu ? Et si Dieu me l'a donnée, n'est-ce pas pour que j'en fasse usage ? Or, ma raison se révolte contre toutes les erreurs, si consolantes qu'elles puissent être.

— Eh bien ! donc, homme superbe. — dit le prêtre avec énergie, — appelez-la maintenant à votre secours, cette intelligence omnipotente ! Oui, invoquez l'aide de cette science humaine qui accomplit tant de merveilles et promet de changer la face du monde ! Qu'elle prolonge d'une seconde seulement le temps qui vous est mesuré, ou qu'elle essaye du moins de mêler un peu de douceur à l'amertume de ce terrible moment !

— Ne blasphémez pas la science ! — s'écria Laboissière avec une véhémence pareille. — Elle est jeune encore, mais elle grandira et produira des miracles. Un jour, j'en suis sûr, elle enfermera dans une formule simple et mathématique l'humanité, les mondes et Dieu lui-même... Mais ce jour, — ajouta-t-il avec un sombre accablement, — moi je ne le verrai pas !

— Non, vous ne le verrez pas, — reprit l'abbé Roger, — et ceux qui viendront après vous, et les milliers de générations qui viendront après eux, ne le verront pas non plus... Vous remonterez d'effets en effets, mais la cause première vous échappera toujours, et vous demeurerez tous ensevelis dans votre impuissance.

Les assistans se taisaient. Cette discussion avait fatigué le malade, et il haletait sur sa couche. Cependant sa pensée conservait sa dévorante activité ; des réflexions tumultueuses continuaient à troubler son esprit. Après avoir bu encore quelques gouttes de potion, il reprit d'un ton d'accablement :

— Je comptais que ce prêtre verserait un peu de baume sur mes plaies, et il n'a fait que les envenimer. Cependant la mort est là qui me presse ; le *not to be* me serre à la gorge... Docteur Mignot, vous qui êtes aussi un homme de pensée, vous, Charles, mon élève chéri, parlez-moi donc à votre tour... Cherchez-moi de ces mots qui donnent du courage ; rappelez-moi, si vous pouvez, ces argumens que j'employais moi-même autrefois et que j'oublie maintenant quand ils me seraient si nécessaires... Vous, du moins, parlez-moi, aidez-moi, soutenez-moi !

Cette adjuration singulière ne reçut pas d'abord de réponse. Charles et le docteur se regardaient d'un air effaré, tandis que l'abbé Roger soupirait tristement. Enfin le médecin s'enhardissant se pencha vers le malade.

— Voyons, monsieur Laboissière, — dit-il, — un savant de premier ordre tel que vous peut-il donner l'exemple de semblables faiblesses? Ce qui vous semblait hier si juste et si vrai peut-il vous paraître faux et absurde aujourd'hui? Soyez donc vous-même, et, à défaut d'autres consolations, laissez-moi vous rappeler cette arithmétique vulgaire de la vie humaine : L'existence se compose d'impressions *agréables*, d'impressions *pénibles*, d'impressions *neutres* ou *indifférentes*. Les sensations agréables sont courtes et rares ; les sensations douloureuses, au contraire, longues et fréquentes. Quant aux sensations indifférentes, les plus nombreuses de toutes, elles ne contiennent ni peine ni plaisir. Donc la somme du mal dépasse de beaucoup la somme du bien ; donc la vie est un mal.

— La vie est un mal, — répéta le mourant comme un écho ; — voici enfin quelque chose !... Vous avez raison, docteur, la vie pourrait bien être UN MAL. — Il resta un moment absorbé dans ses méditations. — La vie est un mal ! — s'écria-t-il tout à coup transporté d'indignation, d'une voix tonnante ; — voilà ce que vous dites, vous qui êtes plein de vigueur et de santé, vous qui ne voyez pas, comme moi, la mort debout et menaçante à votre chevet !... La vie un mal, ingrats et insensés! Mais pour quelques jours de ce que vous appelez des sensations indifférentes, je donnerais à cette heure mes honneurs, mes dignités, ma fortune, ma renommée, mes découvertes, tout, je donnerais tout sans regrets... Ce que vous appelez sensations indifférentes, c'est aller, venir, voir la lumière, échanger ses idées avec ses semblables, rêver, agir, c'est vivre enfin, et vivre c'est le bien suprême... La vie est un mal ! Silence, imposteurs !... Ah ! si vous sentiez le déchirement intérieur qu'on éprouve quand l'anéantissement est prochain, inévitable, vous n'oseriez plus soutenir que la vie est un mal.

Le docteur n'essaya pas de répliquer pour défendre sa thèse. Comme Laboissière était retombé dans son morne abattement, Charles, s'approchant à son tour, lui prit affectueusement la main.

— Mon oncle, — dit-il d'un ton timide et respectueux, — au lieu de chercher Dieu avec votre esprit, pourquoi ne le cherchez-vous pas avec votre cœur ? Dieu, comme a dit Jean-Jacques, ne se démontre pas, il se fait sentir... Et si vraiment, mon oncle, vous ne pouvez admettre ces simples croyances qui depuis tant de siècles sont la consolation de l'espèce humaine, pourquoi n'accepteriez-vous pas de poétiques hypothèses en harmonie avec les opinions que vous avez professées? La matière est éternelle ; la mort n'est qu'une transformation, elle engendre la vie par une loi fatale. Dieu, ouvrier infatigable, est sans cesse à l'œuvre pour relever ce qui tombe, recréer ce qui meurt, raviver ce qui s'éteint. Pourquoi n'en serait-il pas ainsi de l'individualité humaine? Pourquoi ne reparaîtrait-elle pas sous une nouvelle forme quand la première a subi la désorganisation nécessaire? Pourquoi ne s'incarnerait-elle pas dans l'oiseau des champs, dans le vent qui murmure, dans la graine qui germe, dans le nuage qui passe? Pourquoi....

— Te tairas-tu, poëte, rêveur, songe-creux ! — interrompit Laboissière avec un rire méprisant ; — crois-tu qu'en ce moment je puisse me payer de ces vagues aspirations, de ces billevesées panthéistes et brahmaniques? Ce sont là des phrases à débiter quand on est jeune, quand on songe dans la campagne, sous un chêne, par un beau jour de printemps ; mais quand on est vieux, quand on souffre, quand on va mourir... Tenez, — poursuivit-il dans un malaise inexprimable, — ces misérables et inutiles discussions m'ont brisé... j'étouffe... Ouvrez ces fenêtres, que je respire et que je voie la nature encore une fois.

Charles et le docteur s'empressèrent d'obéir. Dès que les épais rideaux eurent été écartés et que les volets eurent

tourné sur leurs gonds, un flot de lumière éblouissante et d'air balsamique pénétra dans cette chambre jusque-là sombre et close comme un tombeau Laboissière parut se ranimer sur sa couche ; ses traits blêmes s'épanouirent, ses narines se dilatèrent. Un bien-être relatif se répandit dans toute sa personne, et il contempla silencieusement le beau spectacle qui s'offrait à lui.

La journée était magnifique : le soleil resplendissait dans un ciel d'azur. Du fond des bocages fleuris s'élevaient des chants d'oiseaux, chants de fauvettes et de rossignols. Des millions d'insectes remplissaient l'espace de leurs bourdonnemens ; des papillons voltigeaient autour des jasmins et des clématites qui encadraient les fenêtres ; les hirondelles se poursuivaient en criant dans l'atmosphère limpide. En face de la maison, la Seine coulait fière et majestueuse, reflétant le ciel. Sur la rive, des peupliers aux formes sveltes, au feuillage d'un blanc brillant, se balançaient mollement, selon les caprices d'une folle brise. Des barques élégantes, chargées de jeunes femmes et d'insouciants canotiers, sillonnaient dans tous les sens les eaux tièdes de la rivière. Ces barques s'appelaient, se défiaient à la course ; on entendait les rires argentins des femmes, les propos gais des rameurs. Des enfans jouaient en babillant dans les vergers voisins , des jeunes filles chantaient sous des tonnelles de verdure. Partout débordait la vie, le bonheur et la joie ; partout se manifestait l'activité humaine et l'activité de la nature ; le monde semblait toujours jeune, toujours vigoureux, toujours nouveau, comme s'il ne devait jamais mourir.

Laboissière observait ces détails avec une attention muette ; mais l'expression de soulagement que ses traits avaient pris d'abord s'était effacée. Bientôt deux grosses larmes roulèrent sur ses joues creuses, et il murmura faiblement :

— *Not to be*... n'être pas .. Quitter tout cela, ne plus voir tout cela !... Que cela est beau pourtant ! — Il se tut encore ; puis, se couvrant le visage de ses deux mains, il s'écria frénétiquement : — Fermez ces fenêtres ; fermez-les toutes... que je ne voie pas ce merveilleux tableau de la vie! Voulez-vous donc me tuer avant l'heure?

Et cette fois les sanglots éclatèrent au fond de l'alcôve. Les volets furent poussés précipitamment ; les rideaux interceptèrent de nouveau l'air et le soleil.

Les assistans avaient le cœur serré ; nul n'osait troubler de sa parole le silence solennel qui régnait dans la chambre.

En ce moment, la porte s'ouvrit avec précaution, et la gouvernante, entrant sur la pointe du pied, vint annoncer à son maître l'arrivée du notaire.

Laboissière tardait à répondre.

— Mon notaire ! — dit-il enfin d'un ton dur ; — que me veut-il ?

— Monsieur sait bien... monsieur a témoigné le désir de faire des dispositions...

— Dites-lui qu'il s'en aille... Qu'on me laisse en paix ! Que m'importent à moi les biens de ce monde? Que m'importent ceux qui vivent! Laissez-moi, vous dis-je !

La gouvernante, malgré les signes impérieux de Charles, ne bougeait pas, et semblait solliciter du regard l'intervention des autres personnes présentes. Mignot la comprit le premier.

— Monsieur, — dit-il avec assurance en s'adressant au mourant, — vous avez toujours vécu en honnête homme ; vous aurez sans doute à cœur de remplir le dernier devoir que cette qualité vous impose. Vous devez faire usage de votre richesse, à cette heure suprême, pour récompenser ceux qui vous ont fidèlement servi, surtout pour assurer l'avenir de votre enfant d'adoption. Ce jeune homme a été pour vous comme un fils tendre et respectueux ; nous sommes témoins de son dévouement. Je vous conjure donc de tenter quelques efforts...

— Monsieur Mignot, de grâce, — interrompit Charles navré en joignant les mains, — ne le tourmentez pas !

— Le docteur a raison, — dit l'abbé Roger à son tour,

— il s'agit en effet, monsieur Laboissière, d'un devoir de conscience et de probité. Quelques minutes·de conférence avec votre notaire suffiront... Accomplissez cette bonne action ; elle vous donnera de la force et du courage , s'il peut exister de la force et du courage en dehors de Dieu.

Mais Laboissière fronçait le sourcil avec impatience.

— Laissez-moi, — répéta-t-il ; — ces sollicitations m'irritent et me lassent. Pourquoi me rappeler de misérables intérêts humains dont je ne me soucie plus? Ils ne valent pas un souffle d'air vital. Ce jeune homme, qu'a-t-il besoin de fortune?... Voyez, — ajouta-t-il avec une sorte de colère, en désignant Charles, — voyez comme il est beau, comme il est jeune et fort! Toutes les fêtes, toutes les splendeurs de l'existence ne l'attendent-elles pas? Moi, je donnerais les plus riches trésors de la terre pour quelques jours, pour quelques heures seulement de sa jeunesse et de sa vigueur. — Puis il parut saisi d'un accès de rage : — Sortez! laissez-moi! — s'écria-t-il d'une voix sourde et oppressée ; — votre présence m'importune ; je ne veux voir personne, je veux mourir seul... Chacun de vous m'est odieux : celui-ci parce qu'il est jeune, celui-là parce qu'il est sain et actif, et cet autre, le plus heureux de tous, parce qu'il peut croire... Tenez, votre insolent bonheur est une insulte pour moi. Tout vit et je meurs... Je hais le monde et l'humanité!... Honte et malédiction sur...

On n'entendit plus que des mots incohérens et sans suite. L'air s'échappait avec effort et par saccades de la bouche du mourant ; des spasmes convulsifs soulevaient sa poitrine. Le docteur ne pouvait se méprendre à ces symptômes :

— La crise! — dit-il d'une voix brève.

— Mon oncle! mon pauvre oncle! — s'écria Charles éperdu.

Le curé s'agenouilla furtivement derrière le rideau et se mit à réciter tout bas la prière des agonisans.

. . . .

Quelques instans après, l'abbé Roger et Mignot sortaient de la maison Laboissière.

— Est-ce donc là ce que vous appelez un homme grand devant la mort? — demande le prêtre, qui avait été douloureusement affecté de la scène précédente.

— Les nerfs ont fléchi, je l'avoue, — répliqua le médecin beaucoup plus calme, — et cependant, l'abbé, vous ne l'avez pas ébranlé. Il ne vous a pas cédé un pouce de terrain.

— Et vous considérez cela comme un triomphe, docteur? Songez-vous à quel prix ce soi-disant avantage était acheté?... Eh bien! allons voir maintenant ce pauvre Simonnet. Ce n'est qu'un humble et obscur bourgeois ; mais peut-être trouverons-nous chez lui d'heureuses distractions à la pénible impression que nous a laissée votre illustre Laboissière.

III.

Simonnet, qu'on appelait à B... le père Simonnet, était un de ces petits marchands qui, après de longues années de travail, sont parvenus à s'assurer une modeste aisance pour leurs vieux jours. Son origine était très infime et il avait été seul artisan de sa fortune. Né dans une province du midi de la France, dès l'âge de seize ans il avait parcouru le pays, un ballot sur le dos, pour vendre de la toile et d'autres étoffes. Peu à peu son commerce s'était étendu dans les provinces voisines ; et, un beau jour, le jeune colporteur, toujours chargé de son ballot, s'était dirigé pédestrement vers Paris en se servant de sa demi-aune comme d'un bâton de voyage. A Paris, grâce à son activité, à sa bonne conduite, ses affaires n'avaient pas tardé à prospérer. Il avait d'abord ouvert une petite boutique dans le quartier des Halles ; puis, il était venu s'établir dans un luxueux magasin de la rue Saint-Honoré. Là, pendant plus de trente ans, il s'était livré à des spéculations sages, vivant d'ordre et d'économie. Il avait bien éprouvé quelques revers, comme on peut croire, et notamment la perfidie d'un de ses associés l'avait mis une fois à deux doigts de sa ruine. Néanmoins, cette période écoulée, Simonnet, déjà vieux, s'était trouvé possesseur de huit à dix mille livres de rente bien liquides. Sa famille n'était pas nombreuse elle se composait de sa femme, un peu moins âgée que lui, et d'une fille qu'il avait mariée avantageusement. Cette fortune paraissait donc largement suffisante, et Simonnet éprouvait le besoin de se reposer après tant de fatigues. Aussi se défit-il à de bonnes conditions de son établissement commercial, et, réalisant le rêve de la plupart des petits marchands de Paris, il résolut d'habiter la campagne pendant une partie de l'année. Son choix se fixa sur le village de B..., où sa bonhomie, sa probité, son affabilité le faisaient aimer de tous ceux qui le connaissaient.

Simonnet n'était pas ce qu'on appelle un dévot, mais originaire d'un pays profondément religieux, il avait toujours conservé les sentimens de piété de sa première éducation. Les influences parisiennes se font à peine sentir sur ces hommes de province constamment occupés, qui, dans le tumulte des affaires, conservent la simplicité de cœur, les mœurs traditionnelles, les idées locales du paisible coin de terre où ils sont nés. Sa femme, Catherine, n'avait pas peu contribué à le préserver de ce doute universel, fléau de notre époque. Fort pieuse elle-même, elle avait soutenu par ses exemples la foi naïve d'un mari qui l'adorait. Ils étaient du même village et ils s'aimaient depuis leur enfance. Quand Simonnet commença son pénible métier de marchand ambulant, Catherine, honnête et bonne jeune fille, mais très pauvre, vivait du travail de ses mains. Ils s'étaient promis de s'épouser sitôt que le colporteur aurait pu se créer une position convenable ; mais on devait craindre que, une fois installé à Paris, le provincial, perverti par le succès, ne revînt jamais au pays natal. Simonnet avait un faible pour l'argent, et il lui eût été facile sans doute de trouver un meilleur parti que Catherine, qui ne possédait rien. Cependant la jeune fille, au fond de son village, attendit patiemment l'exécution d'un engagement dont elle connaissait la sainteté. Elle eut raison, car à peine Simonnet crut-il pouvoir suffire aux besoins d'une famille, qu'il vint réclamer sa fiancée ; il épousa Catherine et la conduisit à Paris, où ils partagèrent les mêmes fatigues, menèrent la même existence ignorée et laborieuse.

Du reste, ces sentimens religieux n avaient pas été inutiles à Simonnet pour l'aider à supporter les malheurs des derniers temps de sa vie. Moins de deux ans après que les deux vieux époux s'étaient retirés du commerce, Simonnet avait perdu sa chère Catherine ; puis son gendre était mort à la suite de mauvaises affaires, laissant sa fille veuve, sans fortune, avec un enfant. Ce double coup l'avait cruellement atteint ; la perte de sa fidèle compagne pouvait même être considérée comme la cause première de la maladie dont il se mourait en ce moment. Cependant l'infortune ne l'avait pas abattu ; sa douleur était paisible, sans éclat extérieur. Il avait recueilli chez lui sa fille, madame Berton, et sa petite-fille Clémentine, maintenant âgée de dix-huit ans environ. Entre ces deux femmes qui le comblaient de soins et d'égards, il avait vécu ses derniers jours dans ce calme parfait que donne, en dépit des chagrins passés, la conscience des devoirs accomplis.

Simonnet, comme nous l'avons dit, occupait une petite habitation en forme de chalet suisse, à l'extrémité du village. Ce chalet, dont le bonhomme avait tracé lui-même le dessin, n'était pas, nous devons l'avouer, du meilleur goût. Frêle construction de bois, avec un balcon extérieur, elle rappelait de fort loin les élégantes habitations des montagnes helvétiennes ; mais elle était saine, commode intérieurement ; l'air y était pur, la vue magnifique, et le père Simonnet eût pu dire comme l'auteur latin, s'il eût su le latin : *Parva sed apta mihi.*

Le chalet s'élevait entre une cour où croissaient des troènes et des acacias aux touffes luxuriantes, et un jardin d'un demi-arpent dont la culture et l'entretien étaient l'occupation favorite de Simonnet quand sa maladie ne l'avait pas encore réduit à l'oisiveté absolue. Malgré son exiguïté, ce jardin contenait un bassin avec son jet d'eau, une grotte en rocaille, une volière, un kiosque, une serre, toutes merveilles conçues par l'imagination du vieillard et exécutées par lui-même. Là jadis on l'apercevait, par-dessus les haies de clôture, travaillant du matin au soir, une bêche ou même une truelle à la main. Artiste à sa manière, il s'était plu à multiplier dans cet étroit espace les ornements bizarres qu'il supposait devoir produire l'effet le plus pittoresque. L'ensemble était d'une naïveté qui touchait à la puérilité, et les riches propriétaires du voisinage appelaient ce modeste domaine la folie du père Simonnet.

Malgré tout cela, quand le curé et le médecin atteignirent le chalet, ils lui trouvèrent un air tranquille et riant qui contrastait avec l'aspect lugubre de la maison Laboissière. Bien que la mort fût venue aussi s'abattre sur ce humble toit, rien ne semblait attrister encore cette petite demeure cachée dans le feuillage. Le jet d'eau murmurait faiblement au bout du jardin ; les oiseaux ramageaient dans la volière ; le pigeon blanc favori roucoulait tout bas, posé sur la galerie de bois ouvragé. Bien plus, les sons d'un piano s'élevaient de la maison. Ils étaient plaintifs ; leur rhythme lent et solennel rappelait celui d'un chant d'église. Néanmoins cette musique en un pareil moment avait quelque chose d'inconvenant qui ne manqua pas de choquer les visiteurs.

Le curé fronça le sourcil ; il monta un escalier de bois qui conduisait au premier étage du chalet, et pénétra, suivi du docteur, dans un petit salon d'attente où l'on jouait du piano. La musicienne était une charmante jeune fille, vêtue d'une robe blanche et portant ses beaux cheveux châtains lissés en bandeaux sur le front : c'était mademoiselle Clémentine Berton, la petite fille de Simonnet. Interrompant brusquement la note commencée, elle se leva pour recevoir les arrivans. Alors on put voir que les traits gracieux de Clémentine étaient fort altérés et que ses yeux étaient pleins de larmes.

Malgré ces signes de chagrin, l'abbé Roger demanda sévèrement :

— Comment, mademoiselle, pouvez-vous, dans des circonstances aussi fâcheuses...?

— Ah! monsieur le curé, — répliqua Clémentine en sanglotant tout bas et en désignant la porte d'une pièce voisine, — grand-père le veut, et je n'ose lui refuser... Je jouais la Prière de Moïse, un morceau que grand-père affectionne, et puis il assure que la musique apaise ses souffrances.

— A la bonne heure, c'est différent... Comment va-t-il ce soir, mon enfant?

— Toujours mal, monsieur le curé ; il s'affaiblit de plus en plus. Ma mère est auprès de lui ; mais moi je ne puis le regarder sans pleurer... Alors il me gronde et il me renvoie à mon piano.

— Mademoiselle, — demanda Mignot avec embarras, — êtes-vous donc seule ici avec votre mère pour veiller votre cher malade? Il pourrait arriver, d'un moment à l'autre, tel événement... Enfin il serait bon que vous eussiez ici une personne de confiance, un homme si c'était possible, capable de vous assister en cas de besoin.

— Madame Durand, la garde-malade, doit venir un peu avant la nuit, et Gustave va nous arriver de Paris dès qu'il aura pu quitter son ministère...

— Gustave! — répéta le bon curé ; — je croyais, mon enfant, que vous n'aviez pas de frère?

Clémentine rougit.

— Monsieur Gustave n'est pas mon frère, — balbutia-t-elle.

— Mais alors comment se fait-il...

Clémentine devint plus rouge encore.

— C'est... c'est le fils d'un ami de mon grand-père, un jeune homme qui nous porte à tous beaucoup d'affection.

Mignot et l'abbé Roger sourirent ; ils avaient enfin compris.

Une voix cassée appela de la pièce voisine.

— Venez, messieurs, venez, — dit la jeune demoiselle avec précipitation, — il vous a entendus... il ne faut pas qu'il s'impatiente.

Elle entra légèrement, et les visiteurs entrèrent sur ses pas.

On se trouvait maintenant dans un salon d'été frais, propret, garni de meubles de canne, où tout respirait l'ordre et l'aisance. Une porte-fenêtre, ouverte sur la campagne, laissait pénétrer librement l'air extérieur, qui agitait par intervalles les rideaux de mousseline blanche. Devant cette porte-fenêtre, le vieillard mourant, vêtu de molleton et les pieds enveloppés de flanelle, était couché sur un lit de repos. Sa fille, madame Berton, dont la figure belle encore annonçait une quarantaine d'années, veillait sur lui avec une touchante sollicitude et cherchait à deviner ses désirs pour les prévenir aussitôt.

Au premier aspect, le bonhomme Simonnet ne semblait pas devoir justifier l'éloge qu'on avait fait de son énergie morale. Il était de taille moyenne, un peu replet encore, bien que la souffrance eût de beaucoup abaissé les rondeurs de son embonpoint. C'était une de ces natures lymphatiques, somnolentes, à fibre molle, qui ne peuvent trouver en elles-mêmes des ressources suffisantes pour réagir contre le chagrin ou contre la douleur physique. Ces nerfs détendus, cette organisation flasque et pâteuse, décelaient un caractère irrésolu, sans vigueur. Cependant la conduite passée de Simonnet son attitude présente contredisaient hautement ce diagnostic, et la faiblesse du tempérament s'appuyait sans doute sur une puissance venue du dehors.

Simonnet était atteint d'une de ces maladies du cœur qui résistent aux efforts de la science médicale et se terminent inévitablement par une catastrophe. Or, aucun des signes d'une mort prochaine n'avait manqué au vieillard et aucun espoir de guérison n'était plus possible, il le savait. Rien ne peindrait pourtant la tranquillité, la résignation, la sérénité de son visage. Il n'avait pas d'horreur, lui, pour ce brillant spectacle que lui offrait le monde extérieur ; il le contemplait au contraire avec une satisfaction évidente, mais en même temps avec ce détachement du voyageur pour les pays qu'il traverse avant d'arriver au terme de ses fatigues. Il avait sous les yeux son petit jardin, cet humble coin de terre où il avait tout créé après Dieu ; il voyait encore ce boulingrin dont il avait semé le gazon si fin et si velouté, ce bassin de marbre où il nourrissait des poissons rouges qui accouraient à sa voix, ce mince filet d'eau qui jaillissait en poussière de diamans, cette grotte ombragée de plantes vertes, ce cabinet rustique, cette serre, objets chers et familiers qui avaient été son orgueil et sa joie et qu'il allait quitter. Bien plus, il apercevait par-dessus les haies qui bordaient son domaine la campagne vaste et mobile, le fleuve superbe, les plantations, les collines, et enfin le ciel, cette sublime carrière que parcourent incessamment les astres et les mondes. Mais cet homme si lâche par sa nature même ne manifestait ni regrets ni douleur ; son œil débile ne versait pas une larme. Parfois seulement une espèce de langueur apparaissait sur sa figure, quand son regard rencontrait celui de sa fille ou de sa petite-fille ; mais aussitôt il se tournait vers un guéridon de marbre placé près de lui et un doux sourire venait effleurer ses lèvres flétries.

Sur ce guéridon se trouvait un crucifix d'ivoire qui, nous devons l'avouer, n'était pas un chef-d'œuvre de sculpture, mais dont la vue remplissait le mourant de foi et de confiance.

Quand les visiteurs entrèrent, Simonnet les salua d'un geste amical.

— Oh! oh! — dit-il avec gaieté, — le prêtre et le mé

decin tout ensemble, voilà qui serait inquiétant si je ne connaissais pas ma position véritable... Heureusement mon paquet est déjà fait, et je suis prêt à partir quand il le faudra ; n'est-il pas vrai, mon bon curé ? — Les deux dames s'empressèrent d'offrir des siéges. Pendant que l'abbé Roger et Simonnet échangeaient des paroles amicales, Mignot vint prendre la main du malade et se mit à le considérer attentivement. Malgré l'importance que devait avoir cet examen Simonnet, celui-ci ne semblait pas s'en apercevoir, et continuait sa causerie. En revanche, les dames attendaient avec une anxiété mal déguisée le résultat de ces observations. Le médecin demeura impassible ; sa contenance ne trahit aucune découverte fâcheuse, mais il n'adressa non plus aux pauvres femmes aucun signe encourageant, aucune parole d'espoir. Elles comprirent ce silence ; les yeux de la mère se mouillèrent de larmes, et Clémentine ne put retenir un sanglot. Le vieillard tressaillit, et bien que sa petite-fille, par un effort de volonté, eût aussitôt réprimé son émotion, il lui dit en la menaçant du doigt : — Comment, Clémentine, je t'y prends encore ? Si tu n'es pas plus raisonnable, je vais te renvoyer à ton piano, et tu seras condamnée à jouer la *Prière de Moïse* jusqu'à... ma foi ! jusqu'à nouvel ordre. Est-ce gentil de tourmenter ainsi ton pauvre grand-père ?... Ecoute, si tu es bien sage, je te dirai, dès que Gustave sera de retour, quelque chose qui ne te déplaira pas... Tu verras ! mais, en attendant... Quoi donc ! et toi aussi, madame Berton ?... à ton âge ? — La mère et la fille essuyèrent leurs yeux et vinrent prendre place aux côtés de Simonnet. — En vérité, mes chères petites, — poursuivit-il d'un ton moitié grondeur, moitié caressant, — je ne vous comprends pas ! que signifient ces pleurs et ces soupirs ? Est-ce sur moi, est-ce que vous craignez que vous vous désolez ainsi ? Vous, je ne veux pas vous offenser, mes enfans, vous m'aimez, j'en ai la certitude et vous ne m'oublierez pas de sitôt.... Pas un mot ; je sais ce que vous voulez dire... Mais vous avez d'autres affections, d'autres devoirs ; bientôt mon souvenir ne sera plus dans vos âmes qu'un sentiment tendre, mélancolique, sans amertume. Est-ce sur moi ? Alors pourquoi me plaindriez-vous ? Le chrétien ne meurt pas ; il change seulement une vie douloureuse et passagère pour une vie de gloire et de béatitude éternelles. Je vous quitte, il est vrai ; mais nous nous retrouverons plus tard, quand vous aurez accompli votre destinée sur la terre. Moi, je vais revoir Catherine, ma bonne et fidèle compagne, qui m'attend là-haut depuis dix ans, et nous ne nous séparerons plus... Oh ! n'est-ce pas, monsieur le curé, — poursuivit-il avec une naïveté d'enfant, — que je vais rejoindre ma bien-aimée Catherine ?

— L'Eglise, en effet, — répliqua l'abbé Roger, — permet cette consolante espérance ; les justes retrouveront dans l'autre vie les personnes qu'ils ont aimées dans celle-ci.

— Oh ! je compte bien me réunir à Catherine, car si le Seigneur, dans sa miséricorde infinie, nous accordait à tous deux le bonheur des élus, comment pourrions-nous être heureux l'un sans l'autre ? Catherine m'attend là-haut, je n'en doute pas... Elle était si vaillante, si courageuse, et en même temps si pieuse, si résignée ! Elle et moi nous avons traversé de bien mauvais jours. Notre enfance a été misérable : moi, j'étais un orphelin, élevé par la charité d'un habitant de notre village ; elle, privée de sa mère dès sa naissance, devait souffrir les caprices d'un père ivrogne et brutal. Comme moi elle a connu la pauvreté, la faim et le froid ; mais nous nous aimions saintement, et quand le courage venait à me manquer, elle me soutenait, me consolait... Tenez, laissez-moi vous conter un trait de notre enfance, qui me revient à cette heure, je ne sais pourquoi... Ecoutez bien, mes filles, il s'agit de votre mère !

Simonnet ne paraissait plus songer aux visiteurs ; il posa le doigt sur son front, comme pour aider le travail de sa mémoire. Madame Berton et Clémentine s'étaient penchées vers lui, si bien que la tête brune et sérieuse de

la mère, la tête fraîche et blonde de la jeune fille se trouvaient presque sur l'oreiller qui le soutenait :

Le docteur dit à voix basse au curé :

— Mauvais symptôme...! Quand les souvenirs d'enfance se réveillent chez un mourant, c'est signe que sa fin approche.

Simonnet venait de se soulever imperceptiblement, et une légère couleur reparaissait sur ses joues.

— Oui, oui... c'est cela ! — dit-il l'œil fixe et la bouche souriante, comme si de délicieuses visions passaient devant lui ; — j'avais dix ans, et votre mère en avait huit à peine ; j'étais un garçon alerte, aux longs cheveux flottans, aux pieds nus ; Catherine était une petite ménagère active, toujours coquette dans ses pauvres vêtemens ; on l'appelait la *petite vierge*. Un jour d'hiver, Catherine lavait un gros paquet de linge dans la rivière qui passe au bas du village. Il avait fallu casser la glace pour atteindre l'eau courante, et les mains de la jeune lavandière étaient engourdies par le froid. En sortant de l'école, j'accourus pour aider ma chère Catherine. Elle refusa d'abord : j'insistai et je finis par la décider à me céder son battoir pendant qu'elle réchaufferait un moment ses mains sous son tablier. Me voilà à l'œuvre ; mais j'étais gauche et inexpérimenté, comme vous pouvez croire. Tout à coup la cravate brodée du père de Catherine, la cravate des grands jours de fête, s'échappa de mes doigts inhabiles, et le courant emporta le léger tissu sous la glace. Je poussai un cri d'effroi et je demeurai consterné, ne sachant que faire... mais Catherine, la courageuse fille, n'hésita pas une minute ; elle sauta dans l'eau, disparut tout entière, et revint bientôt la précieuse cravate à la main... Pauvre, pauvre Catherine ! quand nous rentrâmes au village, ses vêtemens s'étaient couverts de glaçons, et cependant elle souriait tout le long du chemin pour me consoler, et elle ne voulut jamais m'avouer, plus tard, que son père l'avait battue parce qu'elle s'était mouillée.

— En racontant cette anecdote, Simonnet pleurait ; sa fille et sa petite-fille l'embrassèrent et lui reprochèrent de s'attendrir ainsi. — Laissez, laissez, mes enfans, — dit-il, — ce sont des larmes qui ne font pas de mal. — Il resta quelques instans encore plongé dans sa rêverie. — Mes filles, — reprit-il enfin, — vous n'aurez bientôt plus personne pour vous entretenir de votre sainte mère ; cependant, prenez-la toujours pour modèle et pour exemple ; qu'elle soit toujours présente à vos actions, à vos pensées. Toi, mignonne, — poursuivit-il en posant sa main sur l'épaule de Clémentine, — tu es jolie jeune, et, selon toute apparence, tu nous survivras longtemps ; eh bien ! n'oublie pas une recommandation dernière. Tu vois là-bas, près du bassin, cette jolie touffe de fleurs bleues dont l'odeur est si suave ? C'est une plante de notre pays ; j'en rapportai la graine il y a vingt ans, et depuis ce temps je l'ai toujours cultivée avec amour. Elle a un nom latin dont je ne me souviens plus ; mais comme ta grand'mère aimait beaucoup cette fleur, qui lui rappelait notre beau climat du Midi, je lui ai donné le nom de *fleur de Catherine*. Quand je ne serai plus là, cultive avec soin cette plante, qui te parlera de ta grand'mère et de moi. Qu'il y en ait toujours une touffe dans ce jardin où j'ai passé des heures si tranquilles, une autre dans le petit parterre qui est derrière l'église... Tu comprends ce que je veux dire ?

— Grand-père, — balbutia Clémentine en cachant son visage dans le sein du vieillard, — je ferai ce que vous souhaitez.

— Il suffit, merci, mon enfant... Eh bien ! ta récompense est prête... Tu vas voir ! tu vas voir ! — Il sourit d'un air de malice et baisa le front de Clémentine. Alors seulement il sembla remarquer la présence du curé et du médecin, témoins muets de cette scène de famille. — Pardon, mes amis, — reprit-il ; — au moment d'un départ, les soins et les préoccupations ne manquent pas, vous savez ?... Mais je suis maintenant tout à vous... Allons, mon cher curé, ne me direz-vous pas quelques-unes de ces bonnes paroles qui sont si agréables à l'oreille et au cœur?

— Je ne saurais rien vous dire, mon fils, que votre simple piété ne vous ait inspiré déjà. Vous êtes en paix avec le ciel, avec le monde, avec vous-même... Cherchez bien, pourtant, n'est-il aucun doute, aucune obscurité, aucune appréhension secrète qui trouble encore votre conscience?

Le mourant se recueillit.

— Je ne trouve rien, — dit-il après une pause; — je suis plein de confiance dans la bonté de Dieu... Et, si ce n'étaient ces pauvres petites que vous voyez là, jamais, dans le cours de ma vie, je n'aurais été aussi calme, aussi heureux que je le suis en ce moment.

L'abbé Roger échangea encore un regard avec Mignot, qui devint pensif. Le prêtre reprit bientôt:

— Êtes-vous sûr, mon fils, de ne plus ressentir ni haine, ni colère contre ceux qui vous ont offensé? Vous avez souffert de cruelles injustices, les avez-vous sincèrement pardonnées à leurs auteurs?

— Je vous comprends, mon père, — répliqua Simonnet dont les traits s'altérèrent d'une manière sensible, et dont la voix devint un peu tremblante; — il s'agit de Brissot, cet indigne associé qui, après avoir cherché vainement à se faire aimer de Catherine, s'enfuit à l'étranger en emportant le plus net de notre avoir... Ce fut pour moi un coup affreux. Sans le secours d'amis généreux, j'aurais été mis en faillite, nous eussions été ruinés, déshonorés... Ah! monsieur le curé, pourquoi rappeler à présent un tel souvenir? Vous savez bien que j'ai pardonné.

— Cependant, mon fils, vous parlez de votre ancien associé avec une sorte d'aigreur; on pourrait croire qu'il reste encore en vous un peu de levain du vieil homme...

— Le croyez-vous? — répliqua Simonnet; — alors, c'est à mon insu; je ne veux plus de mal à Brissot.

— Vous n'ignorez pas, mon fils, que ce malheureux a été cruellement puni de ses fautes. Il est rentré en France depuis quelque temps, et il se trouve maintenant à Paris, vieux, pauvre, malade, sans ressources...

— Mon père, c'est peut-être un châtiment de Dieu.

— Il est vrai, et pourtant Dieu nous commande d'aimer nos ennemis.

Le vieillard éprouva quelque agitation; sa volonté semblait lutter contre un sentiment secret. Mais cette lutte ne fut pas longue; bientôt les traits du bonhomme exprimèrent leur mansuétude accoutumée.

— J'admire votre pénétration, mon père, — dit-il; — une pensée mauvaise avait en effet germé dans mon âme, et je vous remercie de me l'avoir signalée; je vais l'expier autant qu'il est en moi. Je n'ai pas de testament à faire; le peu de bien qui me reste revient à mes chères filles, mais elles accompliront scrupuleusement mes vœux, je n'en doute pas. Je les prie donc de ne pas oublier non plus celle-ci: elles trouveront, dans ma grande cassette de palissandre, une bourse de cuir (mon ancienne bourse de colporteur) contenant une somme en or que j'avais économisée sou à sou et que je réservais pour les dépenses imprévues. Je désire que cette somme soit remise à Brissot; en même temps je charge ma fille de lui dire que je lui pardonne ses torts envers Catherine et envers moi. Si cette somme était insuffisante pour mettre Brissot à l'abri du besoin jusqu'à sa mort, mes enfans voudront bien l'assister de tout leur pouvoir... Encore une fois, je les en prie.

— Mon père, — répliqua madame Berton avec répugnance, — cette générosité est-elle bien justifiée? La conduite infâme de Brissot...

— Ne me parle plus de cela... Il est malheureux, il a besoin de pitié, je ne lui refuserai pas la mienne; ne lui refusez pas la vôtre, si vous m'aimez!

Les deux femmes promirent en pleurant.

— Bien, bien, mon fils! — s'écria l'abbé Roger avec enthousiasme; — j'ai deviné la grandeur de votre sacri-

fice, j'ai compris ce qu'il vous a fallu de courage pour atteindre ce degré d'abnégation... Vous avez remporté une grande victoire sur vous-même!

Simonnet, épuisé par ces émotions, restait immobile, les yeux à demi fermés.

— Je ne sais ce qui se passe en moi, — murmura-t-il: — j'ai des bourdonnemens dans la tête; le cœur me bat... Est-ce que déjà?... J'ai pourtant encore quelque chose à faire ici... Où est Gustave? Pourquoi Gustave ne vient-il pas?

— Grand-père, — répliqua Clémentine, — Gustave ne peut tarder, car voici l'heure du convoi du chemin de fer. Mais ne puis-je savoir...?

— Petite curieuse!... et ma surprise?... Qu'il se hâte, pourtant, car il arriverait trop tard.

— Attendez, grand-père, — dit Clémentine en courant vers la porte; — je crois entendre... oui, oui, c'est lui... enfin!

On traversait en effet la première pièce d'un pas rapide; au même instant, un jeune homme d'une figure agréable, vêtu avec une élégante simplicité, entra tout haletant. Il adressa un sourire à Clémentine, salua les assistans, puis, jetant son chapeau sur un meuble, il s'approcha de Simonnet, qu'il enveloppa d'un regard inquiet.

— Bonjour, mon vieil ami, — dit-il avec une affection presque filiale; — je suis un peu en retard, mais nous avions tant d'ouvrage au ministère... Comment cela va-t-il ce soir?

— Comme il plaît à Dieu, mon garçon, et par conséquent toujours bien... Mais arrive donc! je t'attendais avec impatience, car j'ai à te parler.

— A moi, monsieur Simonnet?

— A toi et à une autre personne... Mais je sens que nous ne devons pas perdre le temps en paroles inutiles... Viens t'asseoir ici, Gustave; toi, Clémentine, prends place de l'autre côté... Maintenant, donnez-moi vos mains, et écoutez-moi. Le curé et le médecin voulurent se retirer par discrétion. — Demeurez, mes bons amis, — dit Simonnet avec enjouement; — des témoins respectables sont nécessaires pour l'engagement que vont contracter ces jeunes gens, vous voudrez bien en servir. — Il parut contempler avec complaisance ces deux charmantes figures, dont le teint rose, la jeunesse et la fraîcheur contrastaient avec sa pâleur, sa vieillesse et ses traits ridés. — Chers enfans, — reprit-il de sa voix caressante, — vous êtes vraiment nés l'un pour l'autre, et ce fut une heureuse pensée que ton père et moi, Gustave, nous eûmes autrefois de songer à vous marier ensemble... Vous vous connaissez depuis vos premières années, vous vous estimez, vous vous aimez... Vous serez donc heureux quand vous serez unis par les saints nœuds du mariage, quoique ce bonheur, moi, je ne doive pas le voir!

— Et pourquoi non, monsieur Simonnet? — dit le jeune homme; — laissez-nous espérer...

— Ne m'interromps pas, Gustave, — répliqua le malade avec un fin sourire; — tu serais peut-être bien attrapé si je n'avais pas le temps d'achever... Donc, mes enfans, les vœux de mon vieil ami le défunt, les miens, les vôtres, sont près de se réaliser. Tu entres dans la vingt-cinquième année, Gustave, et c'est l'âge que ton père et moi nous avons fixé pour ton établissement. Tu es un honnête garçon, rangé, travailleur, posé; tu as un poste modeste, mais qui, grâce à ta bonne conduite, peut s'améliorer. Toi, de ton côté, ma chère Clémentine, tu es sage, bien élevée, tu as su mettre à profit les conseils de ta digne mère: à ton tour tu seras une ménagère soigneuse, une bonne épouse; une mère chrétienne. Le moment est donc venu de vous unir devant les hommes et devant Dieu. Aussi, en dépit de mon mal, ai-je pris mes mesures en conséquence. Les actes nécessaires ont été dressés, les publications légales ont eu lieu à Paris, et dans un court délai, demain, si vous voulez, le mariage peut s'accomplir.

Les deux fiancés couvraient de baisers les mains déjà froides du vieillard.

— Grand-père, — dit Clémentine en sanglotant, — pouvez-vous croire que nous songions à présent...

— Et pourquoi non, mignonne ? — reprit le bonhomme gaiement ; — les vieux sont faits pour s'en aller quand leur heure est venue, et les jeunes doivent rester afin de remplir la tâche qui leur est imposée. Comme je vous le disais donc, tout est prêt pour le mariage, et certes, si la chose dépendait de vous seuls, vous seriez très empressés de le conclure... Ne réponds pas, Gustave... il ne faut pas rougir, Clémentine... il n'y a là rien que de légitime et de naturel. Malheureusement voilà qu'au moment où les obstacles sont levés, le pauvre vieux grand-père est joué le mauvais tour de vous quitter brusquement ; les habits de deuil vont prendre la place des habits de noce, et, soit chagrin réel, soit convenance, il faut ajourner à six mois, un an peut-être, cette union tant souhaitée.

— Grand-père, je vous affirme...

— Monsieur Simonnet, je vous jure...

— Paix donc ! vous ai-je adressé quelque reproche ? Vous avez du cœur, je le sais, et vous remplirez ce devoir sans murmurer... mais j'ai résolu qu'il en serait différemment. Pourquoi attendriez-vous dans le deuil et dans la retraite que les délais d'usage fussent passés ? Suis-je donc tant à plaindre ? je vais me réunir à Dieu et trouver là-haut ma chère Catherine ; peut-être assisterai-je invisible à votre félicité... Accueillez donc mon vœu, mes enfans, et promettez-moi de vous y conformer. J'entends que ma... l'événement auquel je suis préparé depuis longtemps ne dérange en rien l'accomplissement de nos projets. J'entends que, quoi qu'il arrive, ce mariage ait lieu dans quinze jours à partir d'aujourd'hui, non plus à Paris, mais ici, à B..., dans l'église du village, et j'engage le curé et le docteur à vous rappeler au besoin cette expresse volonté de votre aïeul.

Tous les assistans étaient surpris de cette exigence inattendue.

— Mon père, — dit madame Berton douloureusement, — pouvez-vous croire que ces enfans et moi, quand nous aurons le cœur déchiré...?

— Et c'est précisément parce que vous aurez le cœur déchiré, ma fille, que je songe dès à présent aux moyens de modérer votre affliction. La Providence a doué la jeunesse d'une bienfaisante mobilité dans les impressions. Malgré la tendresse de ces enfans pour moi, malgré leurs vifs regrets, la joie d'un amour partagé envahira leurs âmes... Et toi qui es bonne mère, ma fille, tu ne pourras t'empêcher de sourire en voyant ces jeunes époux s'abandonner à leur affection mutuelle. Ainsi vous serez consolés les uns par les autres, et vous sentirez moins le vide que ma perte aura laissé.

Il y avait quelque chose de simplement grand dans ce vieillard qui, sur son lit de mort, préparait ainsi des consolations et méditait des fêtes pour faire diversion au deuil de sa famille.

Comme les deux dames et Gustave n'étaient pas en état de répondre, l'abbé Roger dit avec autorité :

— Promettez, il le faut ; un pareil vœu doit être sacré pour vous.

Madame Berton balbutia une promesse, tandis que Clémentine et Gustave continuaient à couvrir de baisers la main du mourant.

— Merci, mes enfans, — dit celui-ci avec effort ; — il était temps !... une révolution étrange vient de s'opérer en moi. Mais, grâce à Dieu! ma tâche est terminée... Gustave, rendez-la heureuse... Mes filles, soyez bénies !

Pendant ces dernières paroles, sa voix s'était altérée et ses traits avaient subi une décomposition presque instantanée. Le docteur se leva précipitamment ; à peine eut-il regardé Simonnet et compulsé son pouls, qu'il fit un geste silencieux et solennel. Les deux dames, Gustave et le curé tombèrent à genoux ; on n'entendit plus que des prières et des sanglots.

Nous avons dit que cette scène funèbre se passait dans une pièce ouverte d'où l'on dominait le jardin du chalet et la campagne environnante. En ce moment le soleil se couchait, projetant des rayons d'or sur les collines boisées, sur les massifs d'arbres, sur les eaux tranquilles de la rivière. Les acacias et les ébéniers frémissaient tout bas et commençaient à exhaler leurs délicieux parfums. La nature s'endormait pas encore, mais elle se reposait déjà dans une sorte de recueillement majestueux. Ces bruits divers qui, peu d'heures auparavant, se détachaient d'une manière nette et distincte, se confondaient maintenant dans un murmure vague, plein de grandeur. Les insectes ne bourdonnaient plus, mais ils remuaient encore sous les brins d'herbe ; les oiseaux ne chantaient plus, mais ils gazouillaient timidement l'hymne du soir dans la feuillée. Au loin on entendait les chants des bateliers, les tintemens de la cloche du village qui sonnait l'Angelus, la voix des promeneurs qui se répandaient par petites troupes dans la campagne ; mais ces sons de l'homme, ainsi que ceux de la nature, ne formaient plus qu'un bruissement doux, harmonieux, qui allait toujours en s'affaiblissant, semblable aux bouffées d'une brise expirante.

Le groupe dont Simonnet était le centre offrait lui-même un tableau plein de poésie religieuse. Le vieillard ne faisait plus aucun mouvement ; il avait les mains jointes sur sa poitrine, dans une attitude de profond repos. Un rayon du soleil couchant filtrant à travers les arbres de l'enclos venait s'épanouir sur cette figure vénérable, et lui formait comme une auréole d'un éclat surnaturel. Les assistans demeuraient pieusement prosternés : le prêtre, avec sa soutane noire et son air imposant ; Clémentine, si chaste et si pure dans sa robe virginale ; le jeune homme, si vif et si gai d'ordinaire, écrasé maintenant sous le poids du chagrin ; la mère, dont l'affliction contenue ne semblait que plus cruelle, tous unissaient leurs cœurs dans un commun sentiment, leurs voix dans une commune prière. Le docteur restait debout et silencieux, comme si cette fête de la mort du juste l'eût laissé indifférent ; mais il n'était pas le moins ému peut-être. Son sourire sceptique avait disparu ; il était rêveur, la tête penchée.

Une fois, Simonnet sembla vouloir parler, mais il lui fut impossible de prononcer des mots intelligibles. Madame Berton comprit pourtant, à l'expression du regard, la volonté du mourant. Elle prit sur la table le crucifix d'ivoire, et le remit à son père, qui la remercia d'un signe, et qui, saisissant le crucifix, le pressa contre sa bouche.

Quelques minutes s'écoulèrent encore ; les prières étaient finies, cependant la famille et le prêtre ne se relevaient pas, attendant que l'âme quittât la terre. Le docteur voyant que les doigts du vieillard pouvaient à peine soutenir l'image du Christ, voulut la lui ôter ; cette main, déjà morte en apparence, se crispa subitement avec une vigueur inattendue.

— Laissez, docteur, — dit madame Berton d'une voix entrecoupée ; — ce crucifix a reçu le dernier baiser de ma pauvre mère, et mon père ne doit plus s'en séparer.

Le mourant entendit sans doute cette assurance, car un sourire d'ineffable béatitude s'épanouit sur ses lèvres et ne les quitta plus.

Tout à coup la voix et la force lui revinrent. Ainsi parfois quand une lampe va s'éteindre elle jette un éclat plus vif et plus brillant.

— Adieu, mes enfans, mes amis, — murmura-t-il ; — que Dieu me reçoive dans son sein !

On retenait son haleine et on écoutait, mais il ne parla plus. La vie s'éteignit sans secousse ; on n'eût pu déterminer à quelle minute précise l'âme avait abandonné son enveloppe terrestre ; c'était une mort mélancolique et paisible comme le soir d'un beau jour.

Un moment encore la brise fraîche qui s'élevait de la rivière fit croire, en se jouant dans les cheveux du vieillard, que Simonnet conservait quelque mouvement; ses traits semblaient animés sous le rayon lumineux qui venait du ciel; ses yeux restaient ouverts, sa bouche souriait oujours. Mais bientôt l'illusion se dissipa. Le soleil se coucha, la brise s'éteignit, et l'immobilité éternelle se manifesta par ses signes indubitables.

Alors la famille désolée se releva et chacun vint à son tour déposer un baiser de paix sur ce front inanimé, tandis que l'abbé Roger disait d'un ton solennel :

— Puisse Dieu, quand notre heure sera venue, nous donner une pareille mort!

. . . .
. . . .

En sortant du chalet, le docteur et le curé n'éprouvaient pas ce sentiment douloureux qu'ils avaient ressenti en quittant la demeure de Laboissière. Ils étaient tristes, mais de cette tristesse sans amertume qui domine de haut les misères humaines.

— Eh bien! docteur, — demanda l'abbé Roger quand ils furent à quelque distance de la maison, — que pensez-vous du pauvre père Simonnet?

— Je l'avoue, mon cher curé, ce que je viens de voir m'a pénétré d'admiration. Un homme d'esprit et de condition vulgaires, sans élévation dans l'intelligence, et dont je connais de longue date le tempérament flasque et mou, s'est haussé par le sentiment religieux à une sublimité d'abnégation, à une énergie souveraine dont je croyais l'humanité incapable; tandis que l'autre, ce savant illustre, ce grand esprit, s'est montré faible et lâche comme un enfant.

— Vous reconnaissez donc enfin, docteur, que la foi seule fait supporter avec courage cette redoutable transition de la vie à la mort?

— Oui, curé; mais la foi philosophique, la foi de quelque nature qu'elle soit, aussi bien que la foi chrétienne.

— Cependant vous convenez que dans les deux cas dont il s'agit...

— Oui, dans ces deux cas particuliers, vous avez raison... mais vous aurez beau dire, mon pauvre abbé, le monde ne se fera pas trappiste.

— Ah! — répliqua le bon curé avec un soupir, — je ne demande pas tant!

FIN DES DEUX MOURANTS

TABLE

DES OUVRAGES CONTENUS DANS CE TOME.

LA BASTIDE ROUGE.	1
LA ROCHE TREMBLANTE.	33
LES MYSTÈRES DE LA FAMILLE.	77
LE SPECTRE DE CHATILLON	137
LE BRACONNIER	237
LE CHATEAU DE MONTBRUN	279
LE DERNIER IRLANDAIS.	345
LE VALLON SUISSE.	441
UNE MAISON DE PARIS.	497
LA MARQUISE DE NORVILLE.	565
LA FILLE DU NOTAIRE.	639
LA CONVULSIONNAIRE.	643
LE PÈRE XAVIER.	656
LE MARQUIS DE BEAULIEU.	677
LES DEUX MOURANS.	687

Paris. — Imprimerie J. Voisvenel, rue Chauchat, 14.

www.ingramcontent.com/pod-product-compliance
Lightning Source LLC
Chambersburg PA
CBHW060150100426
42744CB00007B/979